화법 교수학습 모형

화법 교수학습 모형

박재현 외 24인 지음

사회평론아카데미

머리말

하루의 일상에 관해 인공지능과 대화를 나누고, 인공으로 합성된 목소리에 위로를 받으며 사랑의 감정이 싹트는 영화 속 세상이 현실로 다가왔다. 그럴수록 사람과 사람이 얼굴을 마주 보고 감정을 나누며, 지혜를 공유하여 문제를 해결하는 구어 의사소통이 중요해지고 있다. 이러한 시기에 한국화법학회 소속 연구자들이 화법을 가르치고 배우는 데 필요한 교수·학습 모형에 대한 연구를 집대성하여 책으로 엮었다. 특히 국내외 화법 분야의 선행 연구를 고찰하고 우리나라의 의사소통 문화와 교육 환경을 고려하여 연구자가 직접 개발한 화법 교수·학습 모형을 소개하였다는 데 큰 의의가 있다.

이 책은 교수·학습 모형이라는 제목에 걸맞게 각 모형의 이론적 기반을 다룬 후, 해당 모형을 소개하고, 구체적인 교수·학습 방안을 안내하였다. 화법 교수·학습 주제를 탐구하는 연구자들에게는 중요한 선행 연구가 될 터이고, 화법 교육을 실천하는 교실 현장에는 실제적인 교수·학습 지침이 될 것이다. 한국화법학회 연구자가 뜻을 모아 발간한 이 책이 화법 교육 이론의 발전과 교육 현장의 실천에 기여하기를 기대한다.

이 책에는 화법 연구자 스물다섯 분의 선생님이 집필한 화법 교수·학습 모형 26개가 담겨 있다. 1부에서는 보편적 의사소통을 위한 화법 교수·학습 모형에 대해 전은주, 박창균, 김윤옥, 김정란, 조재윤 선생님이 6개 주제를 다루었다. 2부에서는 대인관계를 위한 대화 화법 교수·학습 모형에 대해 박재현, 서현석, 김윤경, 박성석, 박창균, 손다정, 정다운, 김유경, 구영산 선생님이 8개의 주제를 다루었다. 3부에서는 의사 결정을 위한 소집단 화법 교수·학습 모형에 대해 이민형, 박현희, 송유경, 김윤정, 정민주, 서영진, 박준홍 선생님이 7개의 주제를 다루었다. 4부에서는 사고력 계발과 학습을 위한 화법 교수·학습 모형에 대해 김승현, 이창덕, 백정이, 박종훈, 최영인 선생님이 5개의 주제를 다루었다. 힘들여 개발한 화법 교수·학습 모형을 틀에 담아 정리하여 제공해 주신 필자 선생님들께 진심으로 감사의 마음을 전한다.

이 책의 틀을 기획하고 원고를 수합하여 교정하는 업무에 기획팀 김윤경, 김윤정, 백정이 선생님의 노고가 컸다. 연구 데이터베이스를 탐색하여 화법 교수·학습 모형에 담을 내용을 발굴하고, 예시 원고를 다듬고, 수합된 원고를 일일이 검토하였다. 회의 때마다 즐거운 분위기에서 책의 발간을 위해 기꺼이 헌신해 준 기획팀 선생님들께 특별히 감사의 마음을 전한다. 팀을 이뤄 수고하여 하나의 결실을 맺을 때 그간의 노고가 말끔히 씻어지는 경험은 언제나 감격스럽다. 책의 출간을 결정한 권현준 사회평론아카데미 대표와 수많은 저자와 셀 수 없는 이메일을 주고받으며 원고를 꼼꼼하게 검토하고 보완해 준 편집자들에게도 진심으로 감사드린다. 책을 집필하고 발간할 때마다 편집자들이 원고를 한 자 한 자 검토하고, 참고문헌을 대조하고, 원문을 탐색하여 오류를 잡아내는 일이 머릿속에 생생하게 그려진다. 거친 초고를 하나의 작품으로 다듬어 내는 예술 행위에 점점 감사의 마음이 커진다.

2023년 7월
저자 대표, 한국화법학회 회장 박재현

차례

I부

보편적 의사소통을
위한 화법

1장

상호 관계적 말하기·듣기 교수·학습 모형[1]

전은주

　상호 관계적 말하기·듣기 교수·학습 모형은 화법 교수·학습 상황에 '상호 관계'의 개념을 적용하여 말하기와 듣기를 통합적으로 교수·학습할 수 있게 구안한 모형이다. 이 모형은 제7차 국어과 교육과정(1997년 12월 30일 고시) 시기에 제안된 것이다. 당시에는 국어과의 영역을 '말하기', '듣기', '읽기', '쓰기', '국어 지식', '문학'으로 구분하여 '말하기'와 '듣기' 영역을 분리하여 교육 내용을 제시하였는데, 이 모형은 '말하기'와 '듣기'를 분리하여 교수·학습하는 것, 듣기 교수·학습이 제대로 이루어지지 않는 것 등에 문제의식을 가지고 말하기와 듣기의 통합적 교수·학습을 강조하며 구안되었다.

　2009 개정 국어과 교육과정에서부터 '말하기'와 '듣기'를 통합하여 '듣기·말하기' 영역이 설정되었으나 여전히 말하기 중심의 교육이 이루어지

....
1　이 내용은 전은주(1998), 「말하기·듣기의 본질적 개념과 교육과정 구성 방안 연구」를 바탕으로 정리한 것이다.

고 있다. 특히 담화 유형에 대한 교수·학습에서 해당 담화 유형의 말하기를 수행하는 데 필요한 지식, 기능, 태도 학습에 중점을 두고 있는 경우가 많아 듣기 교수·학습은 여전히 간과되고 있다. 그러므로 현행 화법 교수·학습에서도 말하기와 듣기의 통합적 교수·학습, 듣기 교수·학습의 강화, 담화 유형의 교수·학습에서 학습자가 수행해야 할 화자와 청자의 역할, 기능, 태도의 명료화 등을 원할 때 이 모형을 적용할 수 있다.

1. 이론적 배경

상호 관계적 말하기·듣기 교수·학습 모형은 여러 이론을 근간으로 개발되었다. 모형의 내용 구성 면에서는 의사소통의 상호교섭적 관점, 의사소통의 구성주의 모델의 영향을 받았다. 학습자가 수행할 교수·학습의 형식적인 측면은 현시적 교수법과 협동 학습 이론을 기반으로 하였다.

1) 대인 관계 의사소통의 상호교섭적 관점

인간의 의사소통이 어떤 체계로 어떻게 기능하는가에 대하여 여러 연구자에 의해 다양한 의사소통 이론이 제시되었다. 김영임(1998), 마이어스와 마이어스(Myers & Myers, 1985 / 1995), 피어슨과 넬슨(Pearson & Nelson, 1994) 등에서는 대인 의사소통에 대한 관점을 화자와 청자의 작용 방향에 따라 작용적 관점, 상호작용적 관점, 상호교섭적 관점으로 구분한다.

작용적 관점(action theory)에서는 의사소통을 화자가 언어를 이용해 메시지를 전달하면 수신자인 청자가 그 의미를 이해하는 것으로 생각한다. 이 관점은 의사소통을 화자 측면에서 일방향적으로 작용하는 것으로 파악한다는 점에서 실제 의사소통의 양상을 기술하지 못한다는 문제점이 있다.

상호작용적 관점(interaction theory)에서는 의사소통을 화자가 주는 메시지를 청자가 받아 이해하고 이에 대하여 반응하는 과정으로 본다. 상호작용적 관점은 의사소통을 탁구공이 오가듯 화자와 청자 간에 메시지가 오가는 것으로 파악하는데, 이는 의사소통을 지나치게 단순화하여 말하고 답하는 선조적인 과정으로 본다는 문제점이 있다.

상호교섭적 관점(transactional theory)에서는 의사소통을 참여자 간의 역동적 관계하에서 송신자와 수신자가 구별되지 않으며 참여자가 동시적으로 메시지를 전달하고 수신하는 것으로 파악한다. 이 관점은 의사소통을 참여자의 상호 의존 과정이자 완전한 상호 인과관계의 과정, 의미가 협력적으로 창조되고 진행되는 상호교섭의 과정으로 봄으로써, 의사소통의 복합적인 실체를 이해하기에 적합한 관점으로 평가받는다(Myers & Myers, 1985 / 1995).

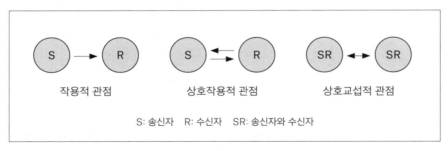

의사소통의 과정(김영임, 1998: 24)

2) 의사소통의 구성주의 모델

지식을 바라보는 관점에는 객관주의 관점과 구성주의 관점이 있다. 객관주의 관점에 따르면 대상 그 자체는 고유한 의미를 가지고 있으므로 지식은 주체의 인식과는 관계없이 객관적으로 존재하는 독립된 실체로서 고정 불변의 특성을 지닌다(최현섭 외, 2000: 11). 이에 비하여 구성주의(constructivism) 관점은 인간의 지식은 경험으로부터 구성되며 주변과의 능동적인 상호작용을 통해 스스로 구성되어 가는 것으로 이해한다.

구성주의의 대표 유형에는 인지적 구성주의와 사회적 구성주의가 있다. 인지적 구성주의 관점에서는 개인을 지식 구성의 주체로 파악하며 학습자가 주변 세계와의 상호작용을 통해 스스로 지식을 구성한다는 것을 강조한다. 인지적 구성주의 관점에서는 학습에서 타인의 역할이 중요할 수는 있지만 필수적인 것으로 보지는 않는다. 이에 비하여 사회적 구성주의 관점에서는 담화 공동체를 지식 구성의 주체로 파악하고 학습이 일어나는 맥락, 학습에서 사회적 상호작용과 협상을 중요하게 생각한다.

이처럼 인지심리학이나 교육학에서 널리 논의되고 있는 구성주의 이론을 의사소통 연구에 적용하여 의사소통에 대한 체계를 설명하고자 하는 것을 의사소통의 구성주의 모델이라고 한다. 인간이 상호작용을 통해 소통하고자 하는 정보나 감정, 의도 등은 구체적인 맥락에서의 발화를 거쳐야만 상대와 공유될 수 있다. 그러므로 섀넌과 위버(Shannon & Weaver, 1949)에서 의사소통을 정보 전달 과정으로 모형화한 전달 모델(transmission model)과 킨케이드(Kincaid, 1979)에서 엔트로피의 개념을 중심으로 의사소통을 의견 수렴의 역동적 과정으로 파악하는 수렴 모델(convergence model)은 인간의 의사소통을 설명하는 데 한계가 있다. 이에 비하여 의사소통에 대한 구성주의 모델은 맥락의 역할과 적절한 언어 사용의 중요성을 강조하기 때문에 함축이나 전제 등의 화용적 추론이 많은 일상 의사소통을 설명하는 데 매우 유용한 모델이 될 수 있어 대안적 모델로 평가받는다(이성범, 2019: 14-38).

3) 현시적 교수법

현시적 교수법(explicit instruction) 혹은 명시적 교수법은 교수·학습해야 할 내용을 명확하게 직접적으로 설명하고 학습자가 이를 충분히 연습하고 익힐 수 있게 하는 교수·학습 방법으로 범교과적으로 널리 사용되며 학습자의 성취도를 높이는 체계적인 방법으로 평가받는다(Archer & Hughes, 2011). 국어교육에서는 기능이나 전략을 효과적으로 교수·학습하기 위하여 사용되는 대표적인 모형으로 읽기 분야에서 주로 사용해 왔다.

현시적 교수법은 직접교수법의 발전된 형태로 평가되기도 하며, 다음의 세 가지 사항을 강조한다. 첫째, 교사가 교수·학습해야 할 기능이나 전략을 명시적으로 설명하고 그것이 왜 필요하며, 언제, 어떻게 사용하는지 등의 활용 방법을 시범으로 보여 준다. 둘째, 교사는 학생이 과제를 혼자서 수행할 수 있을 때까지 안내하고 적절한 피드백을 하는데 이 과정에서 과제 완수에 대한 책임이 교사에서 학생에게로 점차 이양된다. 셋째, 교사는 학생이 배운 전략을 새로운 상황에서 적용하여 사용할 수 있는가에 관심을 가진다.

현시적 교수법은 '안내→교사 유도 연습→강화→학생 독립 연습→적용'의 단계로 이루어진다. '안내' 단계에서 교사는 학생에게 학습해야 할 기능이나 전략을 간략하게 소개하고, 이것을 언제 어떻게 사용하는지를 시범적으로 보여 준다. '교사 유도 연습' 단계에서는 학생이 기능이나 전략을 익히기 위한 연습 활동을 하는데 이 과정에서 교사가 적절하게 피드백을 주며 돕는다. '강화' 단계에서는 학생이 학습한 기능이나 전략이 무엇이고 왜 사용해야 하며, 언제 어떻게 사용해야 하는지를 충분히 이해하게 한다. '학생 독립 연습' 단계에서는 학생이 앞서 배운 기능이나 전략을 적용하여 주도적으로 연습하며 이때 학생이 수행을 제대로 하지 못하면 '재강화'를 하게 한다. '적용' 단계에서는 학생이 학습한 기능이나 전략을 다양한 글에 적용하고 익히게 한다.

4) 협동 학습

협동 학습은 소집단을 구성하여 학습자 간에 의미 있는 사회적 상호작용을 통하여 학습을 하게 하는 교수법이다. 기존의 조별 학습에 나타난 문제점을 보완하기 위하여 개발된 협동 학습은 참여자 간의 긍정적인 상호의존, 개별적 책무성, 동등한 참여, 동시다발적인 상호작용을 기본 원리로 한다. 협동 학습으로 설계한 수업에서는 적정 인원으로 구성한 모둠이 구성원 간에 서로 협동하여 주어진 문제를 해결하는 과정에서 공동의 학습 목표를 성취하게 하며, 목표 달성의 양과 질에 따라 적절하게 보상을 받을 수 있게 한다.

협동 학습은 교사와 학생, 학생과 학생 간의 의사소통을 통하여 교수·학습 목표에 도달하고자 하므로 교사가 일방적으로 지식을 전달하고 학생이 수동적으로 이를 수용하는 전통적인 교수·학습 방법의 문제점을 극복할 수 있는 대안으로 제시되어 왔다(전은주, 2005: 584). 협동 학습은 학습자의 개별적인 탐구보다는 모둠 내에서 학습자가 개별 책무성을 지니고 긍정적으로 상호의존하며 서로 협력적 소통의 과정에서 학습하게 함으로써 학습 방법으로써의 장점뿐만 아니라 현대인 오늘날 사회 문화적 요구에 부응하는 인재 육성에도 필요하다고 평가받는다.

2. 상호 관계적 말하기·듣기 교수·학습 모형

상호 관계적 말하기·듣기 교수·학습 모형(전은주, 1998: 201)은 화법 교수·학습의 과정에 읽기나 쓰기 교수·학습과 차별화되는 특성을 반영할 수 있게 한 것이다. 이 모형에서는 이전의 화법 교육이 구두 의사소통의 상황적 특성을 고려하지 않고 몇몇 학생의 대표 수행으로 진행되는 문제, 기능에 대한 지도 없이 말하기 수행을 하게 하는 문제, 말하기 중심의 지도로 인하여 듣기 교육이 간과되는 문제 등이 개선되었다. 이를 통해 수업에 참여한 모든 학습자에게 유의미한 담화 수행이 될 수 있도록 하고, 말하기와 듣기 교수·학습을 위한 통합적 수업 설계와 실천을 강조한다. 이 모형에서는, 화법 교수·학습에 생태적으로 주어진 '상호 관계'의 개념을 화법 교수·학습의 과정에 적용하여 학습자가 수행해야 할 과제와 역할을 명확히 하여 활동의 과정을 단계적으로 제시하고 있다.

1) 상호 관계적 말하기·듣기 교수·학습의 원리

화법 교수·학습과 읽기, 쓰기 교수·학습은 언어 사용 기능을 신장하기 위한 교수·학습이라는 점에서 동일한 목표를 가지고, 학습자의 실제 수행 경험, 활동을 중시한다는 점에서 교수·학습 방법 측면에서도 동일한 지향점을 가진다. 그러나 교실 상황에서 화법 교수·학습은 읽기, 쓰기 교수·학습과 생태적 특징이 다르다. 읽기, 쓰기 활동은 학습자들이 동일한 활동을 동시에 개별적으로 수행할 수 있지만, 담화 수행을 위한 말하기와 듣기 활동은 학습자들이 화자와 청자로 역할을 분담해서 수행해야 하므로 동일한 활동을 동시에 할 수 없고 각자의 역할에 맞게 담화를 공동 수행해야 한다는 점에서 교수·학습의 진행 양상이 다르다. 발표 상황을 예로 들면, 발표에서 화자 역할을 해야 하는 학습자가 있고, 이 발표를 듣는 청자 역할을 해야 하는 학습자가 있다. 또 수업에 참여한 모든 학습자가 발표를 동시에 할 수 없으므로 학습자는 순차적으로 화자의 역할을 수행하게 된다.

교실 내 직접적인 담화 수행에서 모든 학습자가 동시에 말을 하게 하거나 동시에 듣게 하는 상황은 불가능하다. 학습자가 녹화되었거나 녹음된 매체 자료를 동시에 듣고 이에 반응하게 하는 활동은 교실 내에서 학습자들이 서로 의사소통하여 직접 담화를 수행하는 것이 아니다. 수업 설계에서 이러한 점을 간과하면 소수의 학생만이 실제로 말하기 수행을 경험하게 되고 나머지 학습자는 동료 학습자의 말하기 수행을 듣는 것으로 수업 시간을 보내게 된다. 또 화법 교수·학습에서는 두 명 이상의 학습자가 동시에 말을 하게 되는 발화 중첩의 상황이 거의 없으므로 한 학습자의 말하기가 진행되는 동안 다른 학습자는 듣고 있어야 한다. 그러므로 청자나 청중의 역할을 해야 하는 학습자에게도 성취해야 할 학습 목표와 내용을 제시하고 이에 맞는 과제를 부여하여 유의미한 학습 기회를 갖게 해야 한다.

의사소통을 참여자 중심으로 살펴보면 의사소통에 참여하는 주체는 '나'이지만 의사소통 수행자인 '나'는 단순히 나로서만 존재하는 것이 아니고 참여자인 '나'와 '너'의 관계가 투영되어 존재하게 되며 이러한 관계가 의사소통 과정에 반영되어 구어 의사소통의 표현과 이해의 구체적 양상으로 드러난다. 그러므로 상호 관계적 말하기·듣기 교수·학습 모형은 앞서 설명한 화법 교수·학습 상황의 생태적 특성과 구어 의사소통에 나타나는 인적 변인이 서로 긴밀히 관련되어 있음을 '상호 관계적 관점'으로 파악하여 수업을 설계하고 실천하는 데 다음과 같은 원리를 적용한다.

첫째, 교사와 학습자들이 상호 관계적으로 연결되어 각자의 역할을 해야 한다. 교사는 학습자의 수행에 필요한 지식, 기능, 태도를 안내하고 촉진하며, 필요한 경우 공동 참여자의 역할을 하는 등 학습자의 수행 능력 향상을 돕는 역할을 한다. 학습자는 자신에게 주어진 상황에 맞는 역할을 하며 유의미한 학습을 하고, 동료 학습자가 말하기·듣기 능력을 효과적으로 습득하도록 협동한다.

둘째, 말하기와 듣기가 서로 관계적으로 연결되어 통합적 교수·학습이 되어야 한다. 구어 의사소통에서 한 참여자가 말을 하면 상대 참여자는 그 말을 들어야 하므로 교수·학습해야 할 담화 유형의 말하기와 듣기를 관계 지어 통합하여 지도한다. 예를 들어 토론 교수·학습을 한다면 '토론하기'와 '상대의 토론을 비판적으로 듣기'를 함께 지도한다.

셋째, 주어진 상황 맥락에서 화자와 청자를 상호 관계적으로 관련지어 각자 자신의 역할을 능동적으로 수행하게 해야 한다. 말하기·듣기의 적용 활동에서 학습자가 화자, 청자, 청중으로서 유의미한 역할을 수행할 수 있게 교수·학습을 설계하고, 학습자가 수행 전에 수행해야 할 것을 알고 목적의식을 가지고 그 역할을 수행할 수 있게 한다.

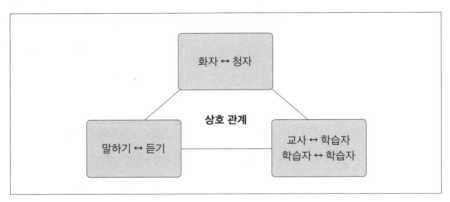

말하기·듣기 교수·학습에서 '상호 관계'의 의미(전은주, 1998: 202)

2) 상호 관계적 말하기·듣기 교수·학습 모형의 절차

말하기·듣기 교수·학습이 학습자의 실제 구두 의사소통 능력을 배양하도록 하기 위해서는 수행을 통하여 학습자가 말하기·듣기 기능을 명확히 익힐 수 있도록 교수·학습 단계를 설계해야 한다. 담화 유형에 대한 교수·학습에서 학생에게 담화 유형 수행에 필요한 말하기와 듣기 기능에 대한 적절한 교수·학습 없이 그 담화 유형을 말하게 해 보는 수행 경험 부여만으로는 해당 담화 유형에 대한 분명한 교수·학습이 이루어졌다고 볼 수 없다. 상호 관계적 말하기·듣기 교수·학습 모형은, 현시적 교수법을 기반으로 하되 현시적 교수법이 말하기·듣기 교수·학습 과정에 그대로 적용하기에는 구두 의사소통에서 말하기와 듣기의 상호교섭적 특성과 학습자가 수행해야 할 역할 등 활동에 대한 기술이 충분하지 않다는 한계를 개선할 수 있게 수정하였다. 이 모형에서는 현시적 교수법의 단계 중 '학생 독립 연습'과 '적용' 단계를 학습자의 주체적 수행이 이루어진다는 의미를 부각하여 '과제 수행하기' 단계로 통합하고 이 단계에서 수행해야 할 활동의 과정을 말하기 듣기의 특수성과 참여자의 역할을 상호 관계적 관점에서 반영하여 명시적으로 드러날 수 있도록 하였다.

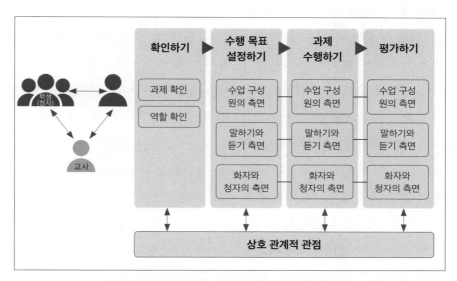

상호 관계적 말하기 듣기 교수·학습 모형(전은주, 1998: 212 수정)

'확인하기' 단계에서 학습자는 과제를 확인하고 그 과제의 수행에서 자신의 역할을 확인한다. 이 단계에서 학습자는 과제에 제시된 담화 유형에서 자신이 담화 참여자로서 수행해야 할 역할이 말하기인지 듣기인지 아니면 말하기와 듣기 모두인지를 분명히 한다. 이를 위하여 교사는 담화 수행 과제를 설계할 때, 수행의 맥락과 학습자 역할에 대한 상세한 정보를 상호 관계적 관점에서 분석하여 과제에 포함해야 한다. 또 교사는 과제 수행에 필요한 모둠 구성과 역할 분담을 사전에 구상하여 과제와 함께 제시하거나 학습자들이 이 단계에서 과제를 확인한 후 스스로 모둠을 구성하고 역할을 분담할 수 있도록 돕는다.

'수행 목표 설정하기' 단계에서는 학습자가 앞서 확인한 과제와 역할을 수행할 때 무엇을 어떻게 해야 하는가에 대하여 구체적인 목표를 설정하게 한다. 이때 수행 목표는, 1) 수업의 인적 구성원으로서 수행 목표 세우기, 2) 과제 수행에 필요한 말하기와 듣기의 종류를 상호 관계적으로 파악하여 각각의 목표 세우기, 3) 학습자에게 주어진 화자 혹은 청자로서 역할 목표 세우기로 구분하여 진행한다.

'과제 수행하기' 단계에서 학습자는 과제에 맞게 주어진 역할에 따라 실제 담화를 수행하며, 이 과정에서 교사는 학습자가 적극적으로 의사소통에 참여하게 한다. 특히 이 단계에서는 학습자가 주어진 과제를 수행할 때 학습자 개인의 학습 목표를 달성하는 것도 중요하지만, 동료 학습자, 공동의 담화 참여자로서 책무성을 가지고 협동적으로 과제를 수행하는 것이 필요함을 인식하고 상호 존중과 배려를 기반으로 활동하게 한다. 또 학습자가 활동 과정에서 효과적으로 과제를 수행하기 위한 말하기 기능과 듣기 기능을 적극적으로 익힐 수 있도록 한다. 이 밖에 담화 수행에서 화자 혹은 청자, 청중으로서 능동적으로, 목적의식을 가지고 활동하여 각자 주어진 역할에서 설정된 목표 중심 활동을 할 수 있도록 한다.

'평가하기' 단계는 학습자들이 자기 점검을 하거나 말하기와 듣기의 수행에 대해 피드백을 받아 자신의 수행을 반성적으로 살피는 단계이다. 이 단계에서는 학습자가 상호 관계적 관점에서 참여자로서 협동적 의사소통을 하였는지, 과제 수행에 필요한 말하기와 듣기 기능을 모두 익혔는지, 화자 혹은 청자로서 유의미한 학습을 하였는지 성찰하게 한다. 또 교사 평가, 동료 평가 혹은 자기 평가 등을 통해 피드백을 받으며 이러한 피드백을 통해 부족한 점을 인식하게 하고 다음 수행에서 실천하고 싶은 발전적 목표를 가지게 한다.

3. 교수·학습 방향

상호 관계적 말하기·듣기 교수·학습 모형은 토론, 토의, 발표, 대화, 협상, 면담 등의 담화 유형을 교육할 때 학습자에게 필요한 말하기와 듣기 각각에 대한 지식, 기능, 태도를 서로 관계 지어 함께 교수·학습할 수 있게 구안한 모형이다. 이 모형은 앞서 설명한 바와 같이 상호 관계라는 개념에 따라 화법 교수·학습에서 담화 수행 중심의 협동적, 통합적, 능동적 학습을 강조하므로 교수·학습 설계와 실천의 과정에 이러한 점이 구현되도록 하는 것이 중요하다.

학습자의 화법 능력을 신장하기 위해서는 수행 중심의 화법 교수·학습이 필요하다. 학습자가 여러 유형의 담화 수행에 필요한 말하기·듣기의 지식, 기능, 태도를 매우 잘 이해하고 있다 하더라도 이것을 실제 담화 상황에서 말하고 들을 때 제대로 적용하여 사용할 수 없다면 화법 능력이 있다고 보기 어렵다. 수업은 학습자가 교수·학습 목표를 성취할 수 있도록 적절한 내용과 방법으로 진행되는 계획적 과정이다. 그러므로 전체 학습자의 교수·학습에 대한 계획 없이 몇몇 학습자에게 대표 말하기를 수행해 보게 하는 방식, 듣기에 대한 교수·학습은 간과하고 말하기에만 치중하는 수업, 교사의 적절한 지도 없이 학생의 말하기 수행만 있는 수업 등으로 운영되어서는 곤란하다.

상호 관계적 말하기·듣기 교수·학습 모형을 적용하여 교수·학습을 설계할 때는 다음 과정에 유의한다.

첫째, 우선 해당 말하기·듣기 교수·학습의 목적을 설정한다. 이 단계에서는 교육과정이나 학습자 요구 분석 등을 통해 해당 교수·학습을 완료한 후 학습자가 할 수 있기를 바라는 것이 무엇인지를 확정한다.

둘째, 교수·학습 과제와 과제 상황을 분석한다. 교수·학습 목적을 성취하기 위하여 수행해야 할 담화 유형을 결정하고 수업에서 이 담화를 실제 수행하는 상황에 대하여 분석한다. 이때 교사와 학습자, 학습자와 학습자의 역할을 상호 관계 짓고, 담화 유형 수행에서 나타나는 말하기와 듣기를 상호 관계 짓는다. 또 담화 유형 수행 시 학습자가 맡게 될 역할을 화자와 청자로 관계 지어 파악한다.

셋째, 학습자 특성을 분석한다. 해당 담화 유형을 수행할 때 화자, 청자로서 학습자가 갖추고 있어야 할 지식과 기능, 태도를 갖추고 있는지를 분석한다.

넷째, 교수·학습 목표를 진술한다. 앞의 단계에서 분석한 결과를 기반으로 교수·학습 후 학습자가 성취해야 할 학습 목표를 구체적으로 기술한다.

다섯째, 활동 과제를 구성한다. 화법 교수·학습에서 실제적 수행 중심 교육을 하고자 할 때 학습자가 활동으로 수행해야 할 과제를 교실 환경과 학생 수, 수업 시간 등을 고려하여 구성하여야 한다. 상호 관계적 말하기·듣기 교수·학습의 원리를 적용하여 말하기·듣기 활동 과제를 다음과 같이 구성한다.

활동 과제 구성 과정(전은주, 1998: 215-216)
1. 활동 과제의 목표를 말하기와 듣기 각각의 관점에서 명확히 밝힌다.
2. 학습에서 수행에 배정된 시간을 확인한다.
3. 활동 집단의 크기를 결정한다.
4. 구성원의 역할과 해야 할 활동을 구체적으로 밝힌다.
5. 활동에 필요한 준비물을 구체적으로 생각한다.
6. 활동 평가 기준을 구체적으로 정한다.
7. 피드백을 주는 방법에 대해 생각한다.
8. 활동 과제의 이름을 정한다.
9. 활동 과제 전체를 평가해 보고 수정이 필요한 부분은 다시 조정한다.

과정 1에서는 '말하기와 듣기를 상호 관계 지어' 말하기와 듣기 각각의 관점에서 목표를 정하고, 과정 4에서는 활동 과제 내에서 '교사와 학습자를 상호 관계 짓고' '화자와 청자를 상호 관계 지어' 활동 수행 시 참여자의 역할을 분명히 한다. 또, 과정 5~7에서는 역할별로 해당 사항을 진행한다.

여섯째, 전체 설계 과정을 점검한 후 조정이 필요한 단계가 있으면 다시 돌아가 수정한다.

이상의 설계 과정을 '토론 교수·학습'을 예로 적용해 보면 다음과 같다. 토론 교수·학습의 효과에 대해서는 전은주(2000)에서 검증하였다.

상호 관계적 말하기·듣기 교수·학습을 위한 수업 설계의 과정

단계	내용	적용의 예
교수·학습 목적 설정	학습 후 도달 지점	쟁점별로 논증을 구성하여 토론에 참여한다.
교수·학습 과제와 과제 상황 분석	인적 변인을 상호 관계 짓기	• 교사: 토론 사회자 • 학습자: 토론 참여자 4인 • 그 외 학습자: 심판관
	말하기와 듣기를 상호 관계 짓기	• 토론 말하기: 쟁점별로 논증을 구성하여 말하기 • 토론 듣기: 논증 구성을 비판적으로 듣기
	화자와 청자를 상호 관계 짓기	• 화자 및 청자: 찬성 측 토론자 2인, 반대 측 토론자 2인 • 청중: 심판관(그 외 학습자)
학습자 특성 분석	선수 지식 확인	• 토론 말하기와 듣기 수행에 필요한 학습자의 선수 지식과 기능, 태도 확인
교수·학습 목표 진술	학습 결과로 성취해야 할 것	• 말하기 목표: 토론에서 쟁점별로 논증을 구성하여 말할 수 있다. • 듣기 목표: 토론에서 상대가 쟁점별로 논증을 구성하여 말하는지 비판적으로 분석하며 들을 수 있다.
활동 과제 구성하기	목표 달성을 위해 해야 할 과제	• 학습 목표를 성취할 수 있는, 토론 수행을 위한 실제적 과제 구성
평가	설계 과정에 대한 평가	• 토론 교수·학습을 위한 전체 과정을 점검, 조정

위의 자료는 토론 교수·학습에서 교사는 토론 사회자, 학습자는 찬반 토론자와 심판관으로 역할을 구분하여 설계하고 있다. 만일 교사가 토론에서 사회를 맡지 않고 학습자 중 한 명을 사회자로 정하는 경우 '토론 사회자'의 역할 수행에 필요한 학습 내용이 추가되어야 한다.

화법 교수·학습에서는 한 차시 내 전체 학습자가 모두 동일한 학습 목표를 가지고 동일한 수행 경험을 할 수 없다. 따라서 여러 차시에 걸쳐 전체 학습자가 화자와 청자의 역할을 동일한 수준으로 경험할 수 있도록 화법 교수·학습을 설계해야 한다. 이를 위하여 교사는 학습자의 담화 역할 수행에 필요한 말하기와 듣기 교육 내용을 상호 관계 지어 파악한 후, 말하기와 듣기 각각에 대한 학습 목표를 설정해야 한다. 또 학습자가 경험할 수행을 고려하여 학습자가 맡을 역할을 분배하고 이를 통해 화자 역할과 청자 역할을 고루 수행할 수 있도록 해야 한다.

참고문헌

김영임(1998), 『스피치커뮤니케이션』, 나남.

이성범(2019), 『소통의 화용론: 커뮤니케이션에 대한 화용론적 접근』, 한국문화사.

전은주(1998), 「말하기·듣기의 본질적 개념과 교육과정 구성 방안 연구」, 고려대학교 박사학위 논문.

전은주(2000), 「상호 관계적 말하기 듣기 교수−학습 방법을 이용한 토론 지도 프로그램의 교육 효과」, 『국어교육』 102, 181-209.

전은주(2005), 「국어과 협동학습에서의 의사소통 양상 분석」, 『국어교육』 117, 577-614.

최현섭·박태호·이정숙(2000), 『구성주의 작문 교수·학습론』, 박이정.

Archer, A. & Hughes, C.(2011), *Explicit Instruction: Effective and Efficient Teaching*, The Guilford Publications.

Kincaid, D.(1979), *The Convergence Model of Communication*, East-West Communication Institute.

Myers, G. & Myers, M.(1995), 『대인 관계와 의사소통』, 임칠성(역), 집문당(원서출판 1985).

Pearson, J. & Nelson, P.(1994), *Understanding & Sharing: An Introduction to Speech Communication*, WCB Brown & Benchmark Publishers.

Shannon, C. & Weaver, W.(1949), *The Mathematical Theory of Communication*, University of Illinois Press.

2장

맥락의 인식 과정을 고려한
듣기·말하기 교수·학습 모형[1]

박창균

    맥락의 인식 과정을 고려한 듣기·말하기 교수·학습 모형은 듣기·말하기 과정에 큰 영향을 미치는 맥락에 초점을 둔 모형이다. 이 모형은 맥락을 구성 요소 중심으로 분석하여 교육 내용을 선정하고, 맥락의 인지적 과정에 초점을 두어 교수·학습 활동을 연계하고 통합하여 교육 방법으로 절차화한 것이다.

1. 이론적 배경

    맥락의 인식 과정을 고려한 듣기·말하기 교수·학습 모형은 맥락의 개념, 맥락의 범주와 작용 구조, 맥락 설정의 유형과 방식에 대한 이해를 필요로 한다.

....

1   이 내용은 박창균(2008a), 「듣기·말하기 교육에서 맥락 설정에 관한 연구」를 바탕으로 정리한 것이다.

1) 듣기·말하기 맥락의 범주

맥락은 학문 분야나 연구자에 따라 다양하게 정의되는데 언어 사용 상황으로 한정되기보다 담화(텍스트)나 언어 사용자의 지식이나 심리와 관련되는 개념으로 확대 정의되고 있다(박창균, 2008b: 159). 이에 듣기·말하기 교육에서 맥락은 맥락에 관한 다양한 관점을 반영하되 영역 특성을 고려하여 '화자와 청자가 담화를 표현하고 이해하는 과정에서 작용하는 물리적(언어적/비언어적) 환경 및 화자와 청자의 심리적 구성체'로 정의할 수 있다(박창균, 2008a: 55).

그런데 맥락의 개념은 본질적으로 모호하여 조작적으로 정의하더라도 충분히 설명하기 어렵다. 그래서 맥락이 무엇인가를 구체적으로 드러내기 위해 맥락을 범주화한다. 할리데이와 하산(Halliday & Hasan, 1986)을 비롯한 대부분의 연구자들은 구성 요소를 중심으로 맥락을 범주화한다. 이들은 맥락을 분석적 관점에서 접근하여 맥락의 구성 요소를 언어, 참여자, 상황, 사회·문화 등과 같은 범주로 구분하고, 각각의 범주를 구성하는 하위 요소가 무엇인지를 구체화한다. 하지만 맥락의 실체를 규명하기 위해 맥락을 구성하는 요소를 구체적으로 분석할수록 맥락 고유의 속성에서 멀어질 수 있다. 또한 맥락의 구성 요소는 서로 대등한 것도 아니다. 맥락의 구성 요소 중 가장 핵심적인 것은 바로 언어 사용자다. 의사소통 참여자에 따라 맥락은 달라지기 때문이다. 따라서 언어 사용 주체인 화자와 청자가 의사소통 과정에서 맥락을 어떻게 인식하고 실현하는지에 관심을 기울여야 한다.

구성 요소 중심의 맥락 범주화는 정태적인 관점에서 맥락을 분석적으로 파악한 것이다. 이는 언어 사용자에 따라 맥락이 역동적으로 달라지고 변화한다는 점을 고려하지 못한 것이며, 언어 사용 과정에서 맥락이 언제, 어떻게 작용하는지를 설명하지 못한다. 맥락에 대해서는 정태적인 관점에서 객관적 상관물로 보고 분석적으로만 접근할 것이 아니라 인지적으로도 접근해야 한다(노은희, 1993). 이처럼 맥락을 동태적인 관점에서 언어 사용의 과정적 상관물로 보면, 듣기·말하기 맥락은 화자와 청자의 인식 과정에 초점을 두고 범주화할 필요가 있다.

　의사소통 참여자의 인식 과정을 중심으로 보면 맥락은 '잠재 맥락', '표상 맥락', '실현 맥락'으로 구분할 수 있다(박창균, 2008a). 잠재 맥락은 참여자의 지각이나 인식 범위 안에 존재하며, 표상 맥락은 참여자가 의사소통 과정 중에 인식하여 심리적으로 구성하는 것이다. 그리고 실현 맥락은 이해 및 표현 과정에서 담화에 구체화되는 맥락이다.

2) 듣기·말하기 맥락의 작용

　맥락에 관한 분석적 관점과 인지적 관점은 배타적인 것이 아니라 상호보완적인 것으로 보아야 한다. 분석적 관점은 맥락을 범주화하고 이를 구성하는 하위 요소를 구체화하는 데 유용한 반면에, 인지적 관점은 참여자가 의사소통 맥락을 어떻게 인식하고 담화 처리 과정에서 어떻게 활성화하는지를 설명하기에 유용하기 때문이다. 따라서 언어 사용 상황에서 맥락을 제대로 설명하기 위해서는 상호보완적인 관점을 취할 필요가 있다. 이러한 관점에서 화자와 청자가 담화를 생산하고 수용하는 의사소통 과정에서 맥락이 작용하는 구조를 다음과 같이 나타낼 수 있다. 다음 그림은 언어 사용 과정에서 맥락의 구성 요소가 의사소통 참여자의 인식 과정에 따라 어떻게 표상되고 실현되는지를 나타낸 것이다.

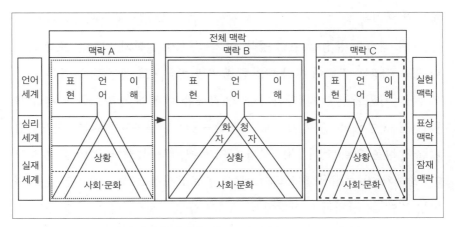

듣기·말하기 맥락의 작용 구조(박창균, 2008a: 69)

위 그림은 맥락의 핵심 구성 요소인 참여자(화자와 청자)를 중심으로 듣기·말하기 맥락 작용 구조를 나타낸 것이다. 실재 세계에 존재하는 의사소통 참여자는 사회·문화적 배경이나 상황 맥락에 관한 공동의 정보와 배경지식을 갖고 있지만, 화자와 청자가 표상하기 전에는 잠재적인 맥락에 불과하다. 다양한 잠재 맥락 중에 화자와 청자가 심리적으로 표상한 맥락은 개별성을 띠지만 일정 부분을 함께 공유하며 의사소통 전개 과정(맥락 A→맥락 B→맥락 C)에 따라 달라진다. 그리고 화자와 청자가 표상한 맥락은 표현과 이해 과정에서 담화에 실현된다. 이와 같은 듣기·말하기 맥락의 작용 구조를 고려하면, 의사소통의 외적 환경으로 주어진 맥락보다 화자와 청자가 의사소통의 상황과 사회·문화적 환경을 어떻게 맥락으로 인식하고 표상하며 담화에 실현하느냐에 관심을 가져야 한다.

3) 맥락 설정의 유형과 방식

듣기·말하기 교육에서는 학습자들이 효과적으로 듣고 말할 수 있는 맥락을 마련한다. 예를 들어 기초적인 듣기와 말하기 활동을 위한 의사소통 환경에 초점을 둘 수 있고, 담화를 생산하고 수용하는 인지적 과정에 초점을 두어 맥락을 설정할 수도 있다. 이처럼 듣기·말하기 맥락은 교육 목표나 교육 내용과 방법에 따라 다양한 유형과 방식으로 설정될 수 있다.

　목표 차원에서 듣기·말하기 교육 목표를 어떻게 정하느냐에 따라 맥락 설정 유형은 크게 두 가지로 구분할 수 있다. 첫째, 기초적인 의사소통 기능 신장을 위한 언어 사용 상황을 고려한 맥락 설정이다. 이 유형은 듣기·말하기 기능 신장을 위해서 언어 사용 상황을 고려하여 맥락을 설정하는 것이다. 구체적인 상황에서 말하고 들을 수 있는 실제적인 맥락 설정에 주안점을 두고, 학습자들은 일상생활의 화자와 청자 입장이 되어 말하기와 듣기 활동을 수행하게 된다. 둘째, 학습자들의 상위인지적 듣기·말하기 능력을 신장시키기 위해서 언어 사용자의 인식을 강조한 메타 맥락을 설정하는 것이다. 메타 맥락에서는 자신이나 타인의 말하기와 듣기에 대한 문제를 발견하고 해결하는 메타 언어적 활동이 강조되는 맥락 설정에 주안점을 두고, 학습자들은 학습 상황의 화자와 청자 역할을 수행하게 된다.

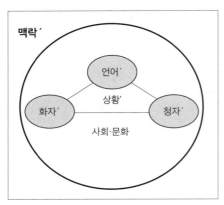

언어 사용 상황을 고려한 맥락
(박창균, 2008a: 93)

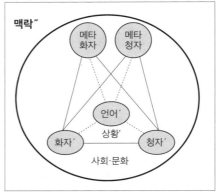

언어 사용자의 인식 과정을 고려한 맥락
(박창균, 2008a: 98)

듣기·말하기 교육 내용과 방법 차원에서 맥락을 설정할 때는 '초점화'와 '통합화'의 원리를 고려해야 한다. 먼저 듣기·말하기 교육에서 가르쳐야 할 맥락에 관한 내용 요소를 추출하고, 맥락을 가르칠 때 필요한 특정 교수·학습 활동을 구안해야 한다. 이때 초점화의 원리가 적용되는데 이는 다양하고 모호한 맥락을 듣기·말하기 교육의 장으로 수용하는 것이다. 다음으로 맥락의 특성을 고려하여 맥락에 관한 세부적인 내용 요소를 관련시키고, 맥락을 가르치기 위한 교수·학습 활동을 연계하거나 통합해야 한다. 이때 통합화의 원리가 적용되는데 이는 맥락 고유의 특성을 살려서 교육하기 위함이다. 결국 듣기·말하기 교육에서 맥락을 교육하기 위해서는 초점화 방식이, 맥락을 맥락답게 가르치기 위해 통합화의 방식이 필요하다.

2. 맥락의 인식 과정을 고려한 듣기·말하기 교수·학습 모형

맥락의 인식 과정을 고려한 듣기·말하기 교수·학습 모형은 듣기·말하기 수업을 염두에 두고 맥락에 관한 교수·학습 활동을 중심으로 정형화된 수업 절차에 따라 개발한 것이다.

다음 모형은 듣기·말하기 수업에서 메타 맥락을 설정하여 '맥락 탐구하기', '맥락 적용하기', '맥락 점검하기', '맥락 조정하기' 교수·학습 활동을 연계하고 통합한 것이다. 이때 메타 맥락에서는 언어 사용 주체인 자신을 포함한 다른 맥락 요소와 요소들 간의 관계에 대한 메타 활동과 화자와 청자가 수행한 말하기와 듣기에 대해 점검하고 조정하는 활동이 중심이 된다.

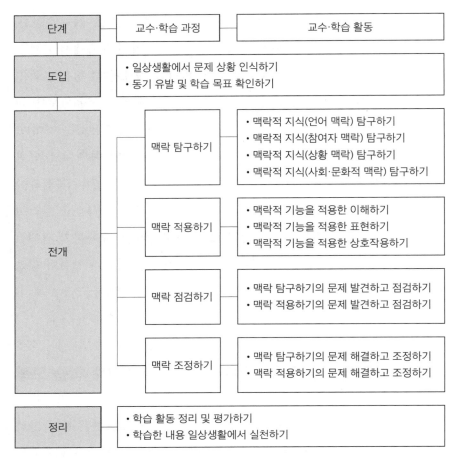

단계	교수·학습 과정	교수·학습 활동
도입		• 일상생활에서 문제 상황 인식하기 • 동기 유발 및 학습 목표 확인하기
전개	맥락 탐구하기	• 맥락적 지식(언어 맥락) 탐구하기 • 맥락적 지식(참여자 맥락) 탐구하기 • 맥락적 지식(상황 맥락) 탐구하기 • 맥락적 지식(사회·문화적 맥락) 탐구하기
	맥락 적용하기	• 맥락적 기능을 적용한 이해하기 • 맥락적 기능을 적용한 표현하기 • 맥락적 기능을 적용한 상호작용하기
	맥락 점검하기	• 맥락 탐구하기의 문제 발견하고 점검하기 • 맥락 적용하기의 문제 발견하고 점검하기
	맥락 조정하기	• 맥락 탐구하기의 문제 해결하고 조정하기 • 맥락 적용하기의 문제 해결하고 조정하기
정리		• 학습 활동 정리 및 평가하기 • 학습한 내용 일상생활에서 실천하기

맥락의 인식 과정을 고려한 듣기·말하기 교수·학습 모형(박창균, 2008a: 126)

1) 맥락 탐구하기

이 과정은 학습자들의 언어생활을 반영한 듣기와 말하기의 잠재 맥락(언어, 참여자, 상황, 사회·문화적 맥락)을 알고 이해하는 것이다. 이 과정에서는 맥락 범주의 하위 요소들에 주의를 기울여 심리적으로 맥락을 표상해야 한다. 따라서 학습자들이 듣기와 말하기 과정에 작용하는 언어 맥락, 참여자 맥락, 상황 맥락, 사회·문화적 맥락을 지각하고 인식하여 맥락을 구성하는 요소들의 특성은 무엇이고, 각각의 요소들은 서로 어떻게 관련되는지를 이해하도록 한다.

2) 맥락 적용하기

이 과정은 학습자들이 심리적으로 표상한 맥락을 구체적인 언어 사용 과정에 활용하는 것이다. 이 과정에서는 듣기·말하기 맥락에서 인식하여 선택한 맥락적 요소를 담화 처리 과정에 적용해야 한다. 따라서 학습자들이 표현, 이해, 상호작용을 위한 맥락을 심리적으로 표상하여 듣기와 말하기 과정에서 언어 사용 기능과 결합하여 담화에 구체화하여 실현하도록 한다.

3) 맥락 점검하기

이 과정은 듣기와 말하기 과정에 작용하는 맥락의 문제(맥락적 지식과 맥락적 기능)를 발견하고 확인하는 것이다. 이 과정에서는 학습자들이 자신들이 이해하고 활용한 맥락의 문제를 점검해야 한다. 따라서 학습자들이 메타 화자와 메타 청자의 입장에서 맥락 탐구하기와 맥락 적용하기 활동을 반성적으로 평가하여 문제점을 발견하고 확인할 수 있도록 한다.

4) 맥락 조정하기

이 과정은 맥락 점검하기 활동 과정에서 드러난 문제의 해결 방안을 모색하여 다시 말하고 듣는 것이다. 이 과정에서는 화자와 청자가 맥락을 표상하고 실현하는 과정의 문제를 해결해야 한다. 따라서 학습자들이 맥락 점검하기 활동과 연계하여 문제를 해결할 수 있는 방안을 모색하고 그 해결책에 따라 말하기와 듣기 행위를 다시 수행하도록 한다.

3. 교수·학습 방안

다음은 맥락의 인식 과정을 고려한 듣기·말하기 교수·학습의 예이다. 일반적인 수업 단계에 따라 주요 교수·학습 활동을 예시하고 수업 적용 시 유의할 점을 제시한 것이다(박창균, 2008a: 139-143).

1) 도입 단계

이 단계에서는 학생들이 일상생활에서 부탁하는 말과 거절하는 말에 대한 경험을 바탕으로 문제의식을 갖도록 한다. 이를 위해 학생들이 실생활에서 부탁하는 말과 거절하는 말을 주고받으면서 힘들고 어려웠던 점에 대해 이야기 나누면서 학습의 필요성을 느낄 수 있도록 한다. 그리고 학습 목표를 구체적인 학습 활동과 관련지어 안내한다.

(1) 일상생활에서 문제 인식하기

> ▶ 다음과 같은 상황에서 어떻게 해야 하는지 말하여 봅시다.
> [상황 ①] 준비물이 없어서 친구한테 빌려야 할 때
> [상황 ②] 친구가 돈을 빌려 달라고 할 때
> - 친구에게 어떤 말을 해야 하는 상황인가요?
> - 부탁을 받은 친구는 어떻게 해야 하나요?
> - 누구에게 어떤 부탁을 해 보았나요?
> - 친구에게 부탁을 받았을 때 어떻게 하였나요?
> - 부탁을 들어주지 않고 거절한 까닭은 무엇인가요?

(2) 학습 목표 확인하기

> ▶ 상대방의 처지를 생각하며 상황에 맞게 어떻게 부탁하는 말과 거절하는 말을
> 하는지 점검하고 조정해 봅시다.

2) 전개 단계

(1) 맥락 탐구하기

이 과정에서는 실제 대화 자료를 통해 부탁하는 말과 거절하는 말의 상황 맥락, 언어 맥락, 참여자 맥락 등에 대해 알아보도록 한다. 그리고 각각의 맥락적 요소들을 서로 관련지어 부탁하는 말을 주고받을 때 필요한 맥락적 지식을 학습하도록 한다.

> ▶ 친구들이 나누는 대화를 보고, 물음에 답하여 봅시다.
>   [정동이와 다빈이의 대화 자료를 제시한다.]
>   - 정동이와 다빈이는 어떤 상황에서, 어떤 이야기를 하고 있나요?
>   - 정동이는 다빈이에게 어떻게 말하였나요?
>   - 다빈이는 정동이에게 어떻게 말하였나요?
>
> ▶ 친구들의 입장이 되어 생각하여 봅시다.
>   - 정동이는 다빈이에게 부탁을 할 때 어떤 생각을 했을까요?
>   - 다빈이는 정동이의 부탁을 받았을 때 어떤 생각을 했을까요?
>   - 정동이와 다빈이는 어떤 친구들일까요?
>   - 정동이와 다빈이는 평소에 어떻게 지냈을까요?
>   - 다빈이는 왜 정동이의 부탁을 거절했을까요?
>
> ▶ 친구에게 부탁하거나 부탁을 받았을 때 어떻게 해야 하는지 알아봅시다.
>   - 우리는 어떨 때 부탁하는 말을 하나요?

- 우리는 부탁하는 말을 들었을 때 어떻게 하나요?
- 여러분은 친구에게 부탁하는 말을 어떻게 할 것인가요? 또 친구의 부탁을 받았을 때는 어떻게 할 것인가요?

(2) 맥락 적용하기

이 과정에서는 부탁이나 거절이 어려운 상황을 제시하고, 상황 맥락, 언어 맥락, 참여자 맥락 등을 인식하도록 한다. 그리고 참여자 맥락에 초점을 두어 학생들이 스스로 표상한 맥락을 부탁하는 말을 주고받는 과정에서 실현할 수 있도록 한다. 이때 학생들이 부탁하는 말을 주고받는 모습을 영상으로 촬영하여 맥락 점검하기 활동 자료로 활용한다.

▶ 다음 그림을 보고, 부탁하거나 부탁받는 상황에 대하여 알아봅시다.

[그림 ①] 친구에게 부탁을 해야 하는 상황

[그림 ②] 친구의 부탁을 거절해야 하는 상황

- 그림 ①, ②는 각각 어떤 상황을 나타낸 것인가요?
- 그림 ①, ②의 어린이가 고민을 하는 까닭은 무엇인가요?
- 친구에게 부탁하는 말을 하거나 거절하는 말을 할 때 생각해야 하는 것은 무엇인가요?

▶ 친구에게 부탁하거나 부탁을 받을 때 고민했던 상황을 떠올려 봅시다.

- 친구에게 어떤 부탁을 할 때 고민을 했었나요?
- 친구에게 어떤 부탁을 받았을 때 고민을 했었나요?

▶ 말하는 이와 듣는 이의 입장이 되어 부탁하거나 거절하는 말을 주고받아 봅시다.

- 어떤 상황에서 부탁하거나 부탁을 받는가요?
- 짝과 함께 부탁하는 사람과 부탁받은 사람의 입장이 되어 대화 글을 써 보세요. 짝과 함께 입장을 바꾸어 대화 글을 써 보세요.

- 짝과 함께 부탁하는 사람과 부탁받는 사람이 되어 부탁하는 말과 거절하는
  말을 주고받아 보세요.

(3) 맥락 점검하기

이 과정에서는 맥락 탐구하기 활동에서 학습한 맥락적 지식을 확인해 보고, 맥락 적용하기 활동에서 주고받은 대화 자료를 보며 메타 말하기 활동을 한다. 메타 말하기 활동에서는 동료들의 이야기를 먼저 들어 보고, 자신의 말하기에 대해서 어떤 의도를 갖고 그렇게 말했는지를 이야기해 보도록 한다. 그리고 부탁하는 말을 주고받는 과정에서 생긴 문제와 그 원인이 무엇인지도 함께 이야기하도록 한다.

▶ 부탁하는 말과 거절하는 말에 대해 잘 알고 있는지 확인해 봅시다.
　- 언제, 어떤 상황에서 부탁하는 말과 거절하는 말을 하나요?
　- 친구에게 부탁하는 말과 거절하는 말을 어떻게 해야 하나요?
　- 부탁하거나 거절하는 말에 대해 새롭게 알게 된 내용은 무엇인가요?

▶ 친구에게 부탁하는 말을 잘하는지 확인해 봅시다.
　- 친구의 처지를 생각하며 부탁하는 말을 잘하는가요?
　- 잘한 점은 무엇이고 잘못하거나 부족한 점은 무엇인가요?

▶ 친구에게 거절하는 말을 잘하는지 확인해 봅시다.
　- 친구의 처지를 생각하며 부탁하는 말을 잘하는가요?
　- 잘한 점은 무엇이고 잘못하거나 부족한 점은 무엇인가요?

(4) 맥락 조정하기

이 과정에서는 맥락 점검하기 활동에서 발견한 문제에 대한 해결 방안을 모색한 후에 다시 부탁하는 말을 주고받도록 한다. 맥락 조정하기 활동

은 주로 맥락적 기능에 대한 조정에 초점을 두되 교사의 개입은 최소화하고 학생들 스스로 해결 방안을 모색하도록 한다.

> ▶ 친구와 함께 말하거나 듣는 이의 입장이 되어 부탁하는 말을 다시 주고받아 봅시다.
> - 지난 시간에 친구와 주고받았던 부탁하는 말에서 다시 말해 보고 싶은 대화를 선택하세요.
> - 친구와 주고받았던 말에 대해 함께 이야기해 보세요. 잘한 점은 무엇이라고 생각하나요?
> - 잘못거나 부족한 점은 무엇이라고 생각하나요? 어떻게 말을 하면 좋을까요?
> - 각자 부탁을 하는 사람과 부탁을 받는 사람의 입장이 되어 부탁하는 말을 대화 글로 써 보세요.
> - 친구와 함께 대화 글을 바탕으로 부탁하는 말을 다시 주고받아 보세요.

3) 정리 단계

이 과정에서는 이전 학습 활동을 반성적으로 되돌아보며 정리한다. 그리고 부탁하는 말을 주고받는 상황을 일상생활 맥락으로 확장하여 부탁하는 말을 해 볼 수 있는 실천적인 과제를 제시한다. 그리고 다음 차시에 학생들이 부탁하는 말을 해 본 경험에 대해 함께 이야기해 보도록 한다.

(1) 학습 활동 정리 및 평가하기

> ▶ 상대방의 처지를 생각하며 부탁하는 말을 하거나 거절하는 말을 할 때 어떻게 해야 하는지 말하여 봅시다.
> - 상대방의 처지는 어떻게 생각할 수 있나요?

- 상대방의 처지를 생각하며 부탁하거나 거절하는 말을 할 때 어떻게 해야 하
　　　나요?

▶ 이번 시간에 대해 공부하면서 생각하거나 느낀 점을 말해 봅시다.
- 이번 시간 공부를 통해 새롭게 알게 된 점은 무엇인가요?
- 이번 시간에 공부하면서 어렵거나 재미있었던 점은 무엇인가요?

(2) 학습한 내용 일상생활에서 실천하기

▶ 일상생활에서 상대방의 처지를 생각하며 부탁하는 말을 실제로 하여 봅시다.
- 나는 언제, 어떤 상황에서 누구에게 부탁하는 말을 할 것인가요?
- 나는 어떤 부탁을 할 것인가요?
- 나의 부탁을 상대방이 들어주게 하려면 어떻게 말할지 생각해 보세요.
- 내가 부탁하고 싶은 내용을 생각하여 상대방에게 실제로 부탁하는 말을 해
　보세요.

참고문헌

노은희(1993), 「상황맥락의 도입을 통한 말하기 지도 연구」, 서울대학교 석사학위 논문.
박창균(2008a), 「듣기·말하기 교육에서 맥락 설정에 관한 연구」, 고려대학교 박사학위 논문.
박창균(2008b), 「듣기·말하기 맥락의 이론적 체계화 방안」, 『화법연구』 13, 149-179.
Halliday, M. A. K., & Hasan, R.(1989), *Language, Context, and Text*, Oxford University
　　press.

3장

상호주관성 형성의 과제 중심 수업 모형[1]

김윤옥

이 모형은 상호주관성을 토대로 의사소통 참여자들의 의미 나눔과 의미 형성 과정에 초점을 둔 화법 교육 방법이다. 상호주관성(intersubjectiv-ity)은 '참여자들이 자신의 주관을 가지고 인격적으로 동등한 위치에서 다른 사람과 의사소통하는 과정에서 서로의 관점을 이해하고 조정하며 생기는 공유된 이해이자 인식 능력'으로 정의할 수 있다. 화법의 과정에서 참여자는 역동적으로 교섭 과정에 참여하여 서로 의미를 재구성해 간다. 그동안의 화법 교육이 담화의 특성이나 전략을 가르치는 데 치중하였다면 이 모형은 의사소통 참여자가 상호작용하며 의미를 형성하고 나누는 과정에서 상대방을 존중하고 자신의 의사를 표현하는 경험을 제공하기 위해 개발하였다.

....

1 이 내용은 김윤옥(2007), 「상호주관성에 바탕을 둔 화법 교육 연구」를 바탕으로 정리한 것이다.

1. 이론적 배경

화법은 사람과 사람 사이의 만남을 중심으로 이루어지는 대인 의사소통으로, 삶을 함께 나누는 행위로 볼 수 있다. 그러므로 삶을 영위해 가는 대인 의사소통으로서의 화법에 상호주관성이 내재되어 있고 또한 상호주관성을 형성해 가는 방법이 화법임을 알 수 있다. 언어적 의미의 공유가 결국 사람의 공유가 되는 것은 언어의 의미가 낱말에 본래부터 주어져 있다기보다 그것을 사용하는 사람 나름의 삶의 경험과 그 말이 사용된 상황에 의해 결정되기 때문이다(이창덕 외, 2000: 25-26). 이처럼 삶을 공유하는 의사소통으로서 화법은 참여자들 간에 상호주관성을 전제로 하여 일어나는 것이면서 또 상호주관성을 형성해 가는 과정으로 볼 수 있다.

사람은 혼자 고립되어 살아가는 것이 아니라 늘 다른 사람과 어울려 상호작용하면서 살아간다. 사람들이 상호작용하는 데 필수적인 화법은 참여자들의 공동의 산물로 상호주관적이다. 화법은 의사소통 참여자들이 서로 의미를 나누는 행위이므로 화자는 자신의 생각을 청자가 이해할 수 있도록 표현하고 서로 의견을 나누는 과정에서 공통점과 차이점을 발견하게 된다. 그리고 참여자들의 생각 차이를 대화를 통해 좁혀 가면서 서로의 공통 부분을 넓혀 나간다. 이처럼 화법은 상대방과 상호작용하면서 의미를 생성, 재구성해 가는 상호주관적인 특성을 지닌다.

1) 상호주관성의 개념

상호주관성은 중요한 철학적 개념 중 하나로 간주된다. 현대 철학에서는 세계관 그 자체가 어떤 것이냐가 중요한 것이 아니라 그것이 인식 주체에게 어떤 의미를 갖느냐가 중요하다. 후설(Edmund Husserl)은 주관주의에서 보는 관념화된 세계와 구분하기 위해 생활세계라는 용어를 도입하였다. 상호주관성은 후설이 생활세계[2]의 공유성을 설명하기 위해 선험적 자아 대신 끌어들인 개념이다. 후설 이후 연구자들은 후설의 생활세계라는 개념으로부터 상호주관성의 문제에 대한 통찰의 근거를 획득했다고(김성동, 1993: 76) 지적하며, 그 후로 많은 철학자가 독일 관념론의 철학인 주관성의 한계를 극복하고자 상호주관성에 관심을 기울이게 되었다.

주관성은 보편적 이성으로 진리와 가치, 행위 등의 궁극적인 정당화 원천으로 간주되었다. 독일 관념론은 인간의 이성, 곧 주관성을 기본 원리로 삼는다. 인간은 이성의 주체이자 이성을 통해 세계를 받아들이고 지배한다. '생각하는 자아'를 내세우면서 주관주의적 이성은 이성에 기초한 판단과 행위만이 행복한 미래와 해방된 사회를 향한 진보를 보증한다는 계몽의 이상을 확산시켰다. 그러나 합리화와 기술적 진보에 맞춰 핵 문제, 환경 문제, 유전자 조작 문제 등 사회 병리적인 현상들이 동시에 발생하였다. 이것은 인류를 해방하려던 근대의 주관성에 반해 또 하나의 억압 체계가 생겨난 것을 의미한다.

이런 문제는 새로운 철학적인 반성을 불러일으켰는데, 주체와 객체를 구분하는 주관성의 한계를 느끼게 하여 주체와 주체의 관계로 보는 상호주관성으로 인식을 전환할 필요성을 이끌어 내었다. 상호주관성은 주관성을 거부하는 것이 아니라 주관성이 놓치고 있는 다른 면모를 제시하면서 주관성을 극복하려는 것이다. 상호주관이라는 말 자체가 주관이 전제된 말이며, 주관이 언제나 다른 주관을 통해서 주관으로 성립하며, 주관의 주관으로서의 활동 또한 언제나 다른 주관과의 관계에 입각한 상대적인 주관 활동임을 의미한다. 그러므로 주관성과 상호주관성은 상호 공존의 개

....

2 후설이 내세우는 생활세계는 주관주의가 말하는 관념화된 세계와 대조되는 세계로 추상화가 이루어지기 이전의 일상적이고 구체적인 삶의 세계이다. 그래서 전과학적이고 주관적이며 상대적이고, 직접 경험할 수 있으며 직관할 수 있는 근거의 세계이다.

넘으로 볼 수 있다.

의사소통상에서 상호주관성을 인식한 철학자로 대표적인 사람은 하버마스(Jürgen Habermas)와 부버(Martin Buber)이다. 하버마스는 비트겐슈타인(Ludwig Wittgenstein), 오스틴(John Austin), 설(John Searle) 등의 언어철학의 성과들 그리고 사회과학의 고전적 이론과 새로운 연구 성과들을 재구성함으로써 자신의 의사소통 행위이론을 수립할 수 있었다(설헌영, 1999). 하버마스(1981 / 2006a, 1981 / 2006b)에서는 의사소통 이론의 패러다임을 주체와 객체의 관계가 아니라 주체와 주체와의 관계가 중심이 되는 것으로 보면서, 상호 이해에 도달하는 문제를 주체의 조종과 인지 행위의 핵심으로 보았다. 그는 이성은 주체와 주체의 관계이며, 이러한 주체들이 공유하고 이해하는 상호주관성이 중심적인 현상이고, 상호주관적 관계는 말하고 행위하는 주체인 인간이 어떤 대상에 대하여 서로 간의 이해에 도달할 때만이 이루어진다고 보았다. 그리고 인간의 행위를 목표 중심이냐, 상호 이해 중심이냐에 따라 전략적 행위와 의사소통적 행위[3]로 나누고 있다.

하버마스(1981 / 2006a, 1981 / 2006b)에서는 '상호 이해'라는 개념을 통해 상호주관성의 개념을 발전시킨다. 언어적 의사소통에는 상호 간의 이해라는 목적이 내재해 있다고 생각하는 것이다. 그러면서 하버마스는 이성의 능력을 주관적인 인식 능력으로 보지 않고 객관적인 규칙을 인지하고 따를 수 있는 능력으로 이해한다. 객관적 규칙은 타자와 합의를 통해 형성된 것이다. 타자를 전제하는 상호성의 관점에서 의미를 갖는 권한으로 보고 주체와 주체의 관계로, 상호주관적으로 인식한다. 하버마스는 상

············

3 하버마스(1981 / 2006a, 1981 / 2006b)에서는 전략적 행위를 타인에게 자신의 '의도'나 '목적'을 관철하기 위해 영향력을 행사하는 행위로, 의사소통 행위는 행위자 상호 간의 '이해 도달'을 목표로 이루어지는 행위로 구분한다.

호주관성을 주체적 관계에서 형성된 전제일 뿐만 아니라 의사소통 행위를 통한 지향점인 상호 이해로 인식하고 있음을 짐작할 수 있다.

'나'와 '너'의 관계에서 상호주관성을 말하는 부버(Martin Buber, 1923 / 1996)에서는 인간이란 결코 홀로 그리고 독자적으로 실존하는 것이 아니라 항상 다른 인격과의 공존적 관계 속에서 실존한다고 하면서 상호성을 포함하지 않은 것은 도무지 존재하지 않는다고 하였다. 따라서 만남은 '나'와 '너'의 존재론적인 '사이'에서 성립하며, 이 '사이'에서 서로가 서로를 선택하고, 서로가 서로에게 선택당하는 상호 관계 또한 전(全) 존재를 건 행위이기에 수동인 동시에 능동인 상호 관계를 '상호주관성'이라고 했다. 그러면서 부버는 사람의 태도를 그 사람이 말하는 근원어의 두 가지 성질로 구분하는데 하나는 '나' – '너'이고 또 하나는 '나' – '그것'이라고 했다. 그러면서 '나' – '너'라는 근원어는 온 인격을 기울임으로써 비로소 말할 수 있지만 '나' – '그것'이라는 근원어는 온 인격을 기울여서 말할 수가 없다고 하면서 '나'와 '너'의 상호주관성을 강조했다. 부버의 철학은 사람들의 인격적인 만남과 인식 차원에서 시작해야 하는 화법의 특성을 잘 설명해 준다. 부버는 사람들의 동등한 인격체로서의 만남을 강조하며 이 '만남'을 상호주관성 형성으로 본다.

상호주관성에서 '상호'는 '두 주체 사이'를 의미하며, 상호주관성이란 사회적 활동을 통하여 상호작용하는 둘 혹은 그 이상의 사람들 간의 공유된 의미의 이해를 뜻한다. 구성원들 간의 상호작용을 통해 서로 다른 수준과 범위에서 이해하고 있던 참여자들이 서로의 관점을 이해하고 서로 조정해 나가면서 의사소통을 위한 공동의 화제를 생성한다. 그리고 그 과정에서 공동의 의미를 창출하고, 참여자 간의 공유된 이해를 형성하는 과정이 바로 상호주관성 구성이다.

상호주관성은 단순한 사회적 협상 과정이기 전에 근본적으로 존재론적이며 관계론적인 개념이기 때문에 상호주관성의 개념을 정의하기 위해서는 부버가 지적하는 자의식 이전의 조건과 하버마스가 요구하는 자의식적인 조건을 동시에 고려해야 한다. 그러므로 부버와 하버마스의 이론의 중심인 상호주관성을 '참여자들이 자신의 주관을 가지고 인격적으로 동등한 위치에서 다른 사람과 의사소통하면서 서로의 관점을 이해하고 조정하면서 생기는 공유된 이해이자 인식 능력'으로 정의할 수 있다.[4]

2) 상호주관성에 바탕을 둔 화법 교육의 원리

화법은 대화 참여자 개인 차원에서 일어나는 메시지의 생산과 표현, 수용과 이해라고 하는 '내용 차원'과 대화 참여자들의 상호작용과 같이 '관계 차원'으로 구분할 수 있다. 이에 따라 상호주관성에 바탕을 둔 화법의 특성은 내용 면과 참여자 관계 면으로 나누어 고찰해 볼 수 있다. 내용 면에서 중요한 것은 화법의 주제이다. 주제에 따라 내용이 진행되기 때문이다. 내용 면에서의 특성은 참가자들이 주제를 협력적으로 구성하고, 구성한 주제와 의미에 대해 책임을 지게 된다. 관계 면에서는 대화 참여자들의 관계이다. 대화 참여의 기본 전제는 참여자 모두 인격적으로 동등한 주체임을 인식하는 데 있다. 그러므로 화법에 참여하는 사람들의 관계는 어느 한쪽이 일방적으로 끌고 가는 것이 아니라 서로 존중하면서 의미를 구성해 가며 궁극적으로 서로 만족감을 느끼는 데에 있다. 화법에서 상호주관성 형성은 주제 면과 관계 면에서 대화 참여자들이 상호 이해에 도달하는 것이다.

....

4 상호주관성과 공감은 상대방을 존중한다는 의미에서는 공통점이 있으나 기본적인 관점에서 차이가 난다. 로저스(Rogers, 1972)에 따르면, 공감은 상대방에 대한 감정이입이지만 상호주관은 자기의 주관이 명확히 있으면서 상대방의 주관을 이해하고 서로 공유 영역을 넓혀가는 것이다. 화자 입장에서 비교해 보면, 공감은 화자 자신의 주관보다는 상대방의 주관에 초점을 두는 것이나 상호주관성은 화자의 주관이 있는 상태에서 상대방의 주관을 이해하는 것이다. 따라서 공감은 상호주관성을 형성하는 방법 중의 하나로 볼 수 있다.

상호 이해의 일차적 의미는 서로의 생각을 인정하고 이해하는 것으로 화법의 전제이자 일차적 목표가 된다. 그러나 단순히 화자의 의도와 명제적 내용을 이해하는 것에 그치지 않고 화용론적 차원에서 이해하고 그에 따라 실천하게 되는 것으로 상호 이해가 확장된다. 다시 말하면 상호 이해는 언어적인 의미 이해를 넘어서 참여자 간에 화용론적으로 받아들여지고 합의되는 상호 이해를 의미한다. 따라서 화자는 자기의 의도를 상대방이 이해하는 것이 일차적 목표이므로 진실하게 자신을 표현하면서 서로 이해할 수 있는 타당한 내용을 바탕으로 표현해야 한다.

상호 이해를 지향하는 화법은 화자와 청자가 서로를 인정하고 배려하면서 의미를 나누고 형성하는 것이다. 상호주관성에 바탕을 둔 모든 화법에서 일차적 목표는 상호 이해 도달이다. 상호 이해가 일어나면 자연스럽게 화자가 의도했던 발화 수반적 성과가 일어나게 된다. 참여자들은 서로 합의에 도달해 가면서 성취감을 느끼게 되며, 자기의 목적을 달성했다는 성취감과 상대방의 인정을 받아 합의에 도달했다는 만족감은 참여자들의 자기존중감을 향상시킨다. 이러한 경험은 의사소통에서 적극성으로 드러나고 의사소통 참여자 간의 관계를 증진시킨다.

또한 화법은 음성언어 의사소통 방식으로 화자와 청자의 만남에서 시작된다. 화법의 요소는 화법의 과정을 구성하면서 화법의 과정에 중요한 영향을 끼치는 요인들을 의미한다. 화법의 요소는 '화자, 청자, 메시지, 장면'의 네 가지다(이창덕 외, 2000: 35). 상호주관성에 바탕을 둔 화법 교육을 하기 위해서는 이러한 요소에서 드러나는 상호주관성을 인식해야 한다. 말을 하기 위해서는 화자는 자기가 어떠한 의도와 목적으로 말을 하는가에 대해 알고 있어야 한다. 이것을 자기 이해로 볼 수 있다. 그리고 화자는 자기와 의미를 나누는 상대방에 대한 이해가 필요하다. 이것은 상대 이해로 말할 수 있다. 또한 말할 내용과 화법이 일어난 상황에 대한 이해가 있어야 하고 이러한 것들을 조정하면서 상호 이해에 도달해 가는 상호교섭이 필요하다. 화자의 인식 차원에서 화자는 자기가 무엇을 원하고 어떤 사람인지를 알고, 상대방에 대한 정보를 바탕으로 상대방의 입장을 이해하면서 그 상황에 맞게 메시지를 생성하게 된다. 그리고 서로 교섭해가면서 상대방에 대해, 메시지에 대해 이해의 폭을 넓혀 가면서 관계가 증진되어 간다. 그러므로 상호주관성에 바탕을 둔 화법에서는 자기 이해와 상대 이해, 상호교섭을 거치게 된다고 할 수 있다. 그리고 이러한 과정을 통해 상호 이해에 도달해 가므로 화법 교육에서 중요하게 다루어야 한다.

(1) 자기 이해

자기 이해는 화자가 자기의 생각이나 의지를 아는 것이다. 여기에서 말하는 자기 이해는 타자와 고립된 자기만의 주관적인 생각이 아니다. 상대와의 의미 공유, 상호작용을 바탕으로 상대를 의식하고, 고려하면서 그 바탕 위에 자신의 말하기 의도나 말할 내용을 인식하는 것이다. 따라서 우리가 인식하고 있는 것은 자기만의 주관적인 것이 아니라 상호주관적인 것으로 볼 수 있다. 자아는 혼자 고립되어 존재하는 것이 아니라 늘 타자와 상호작용하면서 살아가는 존재이기 때문이다. 화법에서 참여자들은 자신의 '자아'를 표현하며 서로 의미를 주고받으며 상대방의 자아를 느낄 수 있다. 그러므로 자기 이해는 화법을 일으키고 상호작용을 가능하게 하는 바탕이 된다.

(2) 상대 이해

우리는 혼자만 아니라 늘 상대와 상호작용하면서 의미를 나누어 가는 사회적 존재이므로 자기 이해와 더불어 상대 이해는 화법에서뿐만 아니라 삶을 살아가는 기본 소양이라고 할 수 있다. 나와 함께 의미를 나누어 가는 상대가 어떠한 처지에 있으며 주제에 대해 어떠한 생각을 하고 있는지 이해하고 있어야 한다. 상대 이해는 상대 인식과 상대 존중으로 나눌 수 있다. 상대 인식은 상대방이 나와 인격적으로 동등한 존재이며 서로 영향을 주고받는 존재임을 인식하는 것이다. 상대 인식을 통해 상대방을 있는 그대로 인정하고 받아들이면서 상대 이해를 형성해 나갈 수 있다. 상대 인식에 기초하여 상대 이해를 시도하는 화법에서는 상대를 인정하고 배려하면서, 자연스럽게 상대 존중이 일어나게 된다. 상대 존중은 상대방에게 부담을 주지 않으며 상대방의 가치를 인정하는 것으로, 관계 형성에서 중요한 태도이다.

(3) 상호교섭

상호교섭은 서로 그리고 동시에 상대를 고려할 때 일어난다(Reardon, 1987 / 1997: 330). 의사소통에서 상호교섭은 상호 간 인식이 존재해야만 비로소 상호 간에 영향력을 행사할 수 있기 때문에 상호 간의 인식을 취한 상태에서 이루어져야 한다. 상호교섭 개념에는 많은 것이 함축되어 있다. 우리가 하는 행동은 상대방이 의미를 구축하는 데 있어 바탕이 되고 상대는 그 의미에 따라 행동할 것이다. 우리 또한 상대의 행동을 통해 의미를 구축해서 그 의미에 따라 행동하게 된다. 상호교섭을 통해 화법 참여자들은 상호 이해에 도달해 간다. 상호 이해는 자기 이해와 상대 이해를 통해 의사소통 참여자들이 공통된 합의에 도달하는 것이다. 상호 이해가 가능하려면 화자와 청자는 언어의 내용을 이해할 수 있어야 하며, 내용 또한 사회·문화적으로 타당한 내용이어야 한다.

그러면서 화법의 상황을 인식하고 있고 청자와 화자 모두에게 정보를 제공해 줄 수 있어야 한다. 만약 화법 상황에 맞지 않거나 화자나 청자 어느 한쪽에 부담이 될 경우에는 상호 이해가 가능하도록 화제나 내용을 조정할 수 있어야 한다. 상호 이해는 언어 및 행위 능력이 있는 주체들 사이에 합의를 이루는 과정이므로 어떤 발언의 내용에 대해 합리적 동기에 따라 찬성할 수 있게 하는 조건을 충족시키는 동의[5]가 목표이다.

2. 상호주관성 형성의 과제 중심 수업 모형

상호주관성에 바탕을 둔 화법 교육 내용은 서로를 인정하고 존중하며 협력해 가면서 서로에 대해 깊이 있는 이해를 할 수 있도록 한다. 그래서 학습자들이 자기의 주관에 치중하여 자기만의 말하기를 하고 고립되는 주체가 아니라 상호주관에 근거해 서로 의미를 나누고 관계를 형성해 가며 상생의 화법을 구사하는 적극적이고 능동적인 주체가 되는 데 기여할 것이다. 상호주관성에 바탕을 둔 화법 교육이 실제로 실현되기 위해서는 이것을 가르치는 교육 방법이 마련되어야 한다. 상호주관성 형성의 과제 중심 수업 모형은 의사소통 내용과 참여자 관계에서 상호주관성이 형성되는 과정에 초점을 둔 모형이다.

1) 수업의 전제

상호주관성에 바탕을 둔 화법 수업에서는 참여자들의 주관을 인정하고 각자의 주관이 상호작용을 통해 서로를 존중하면서 확장되어 가며, 참여자들의 관계가 증진되도록 수업을 설계해야 한다. 그러므로 다음과 같은 점을 중시해야 한다.

첫째, 참여자가 자기의 생각을 분명히 할 수 있도록 수업을 설계해야 한다. 학생들이 수업 시간에 제시된 과제를 수행하는 차원에서 말을 하는 것이 아니라 주제에 대해 자기의 생각을 정리해 보고 이러한 과정을 통해 자신이 진심으로 말하고 싶은 내용과 의도가 무엇인지 확실하게 깨닫도록 해야 한다. 자기의 생각이 분명해지면 학생들은 말하기 불안이 약해지고 자

....

5 하버마스(1981 / 2006a, 1981 / 2006b)에서는 한 집단의 사람들이 어떤 정서의 상태에서 하나로 느끼는 집합적 동일 정서를 상호 이해로 도달되는 동의와 다른 것으로 본다.

신감이 생겨 자기 생각을 잘 표현할 수 있다. 그러므로 자기의 생각을 구체화할 수 있는 다양한 방법을 모색하고, 생각할 시간을 충분히 주어야 한다.

둘째, 참여자의 생각 공유를 지향하는 상호작용을 중시하여 수업을 설계해야 한다. 상호주관성에 바탕을 둔 화법 수업에서 상호작용의 목적은 참여자의 생각을 공유하는 것이다. 일반적으로 수업 시간에 학생들과 교사들은 끊임없이 상호작용한다. 대부분 친교의 목적으로 또는 과제 결정이나 과제 해결을 목적으로 상호작용한다. 그러나 상호주관성에 바탕을 둔 화법에서는 상호작용을 통해 참여자가 생각을 나누어 가면서 그에 대해 책임을 느끼도록 하는 생각 공유에 초점을 두어야 한다. 서로의 생각 공유를 중시하므로 청자에 대한 이해와 배려가 중요하다.

셋째, 상호주관성에 바탕을 둔 화법을 통해 참여자의 생각이 발전해 가도록 수업을 설계해야 한다. 학생들은 서로 의미를 나누면서 생각의 차이를 확인하고 인정하는 데서 끝나는 것이 아니라 상호작용을 통해 각자의 생각이 확장하고 발전해 가도록 해야 한다. 친구와 상호작용하면서 학생들은 친구의 말을 듣고 새로운 사실을 알게 되거나 이미 알고 있던 내용에 더 많은 정보를 보충하게 된다. 이러한 협의 과정을 통해 학생들의 생각이 더욱 발전하게 된다.

넷째, 소통된 생각과 주제 내용에 대한 책임 의식을 강화하도록 수업을 설계해야 한다. 학생들은 대화를 통해 의미를 나누고 주제에 대해 토의하면서 정보를 공유한다. 그리고 이야기한 내용에 대해 참여자 모두에게 책임이 있다. 상대방이 말을 했다고 해서 상대방에게만 책임이 있는 것이 아니라, 그 상황에서 함께 의미를 구성하고 협의한 참여자로서 자신에게도 책임이 있음을 인지시키는 것이 중요하다. 상대방이 말을 하도록 분위기를 형성하고 대화를 형성하는 참여자로서 서로의 생각과 주제 내용에 대해 책임감을 가져야 한다.

다섯째, 자아 노출과 인정을 통한 친밀감 형성으로 인간관계를 증진하도록 수업을 설계한다. 자아 노출은 자신의 내면을 솔직하게 드러내는 것이다. 이것은 강요해서 되는 것이 아니며, 개방적이고 허용적인 분위기에서 주체들이 서로를 신뢰하면서 자연스럽게 자아를 노출하게 된다. 참여자들은 상대방의 내면을 있는 그대로 인정하고 존중하면서 서로 친밀감을 형성해 나간다. 만약 상대방의 내면이나 감정을 무시하면 상대방에게 상처를 주게 되어 인간관계를 그르치게 된다. 그러므로 서로를 존중하고 배려하는 분위기를 조성해야 한다.

여섯째, 학생들에게 공통 과제를 제시하여 협동심과 공동체 의식을 길러 주도록 수업을 설계한다. 학생들은 공통 과제를 해결하기 위해 상호작용하면서 협동하게 된다. 그리고 과제에 대한 책임 의식을 가지고 상대방과 서로 의지하면서 해결 방법을 모색해 간다. 참여자들은 이러한 과정에서 공동체 의식을 향상해 나간다. 또한 공통 과제를 해결해 나가면서 상대방과 상호작용을 통해 서로에 대해 더 이해하게 되면서 신뢰감을 형성해 나간다.

또한, 상호주관성에 바탕을 둔 화법에서는 교사의 역할이 중요하다. 학생들의 반응을 수용하고 인정하고 격려하는 분위기는 학습을 활발하게 한다. 그리고 학생들에게 존중감을 심어 주며, 학생들은 교사를 더욱 신뢰하게 되고 더 적극적으로 학습에 참여하게 된다. 그러므로 평소 학생들을 인정하고 학생들과의 상호주관성 형성을 중시하는 교사의 태도는 학생들의 화법 능력뿐만 아니라 긍정적인 자아상 형성에도 중요한 영향을 미친다고 볼 수 있다.

2) 수업 모형

상호주관성에 바탕을 둔 화법 교육은 동료 학습자와의 활발한 상호작용과 적극적이고 자발적인 참여가 중요하다. 현재 초등학교 수업은 차시별 목표 중심으로 이루어지고, 직접 시연해 보는 활동 중심으로 구성되어 있다. 이러한 현실을 감안하여 학생들이 단편적인 기능을 익히는 것이 아니라 말하기 상황 맥락을 인식하고 이를 탐색해 가면서 수업에서 익힌 말하기 기능이나 태도가 자연스럽게 일상생활에서 적용될 수 있도록 교육하는 것이 중요하다. 이러한 점을 강조하여 과제를 부여하고 과제를 해결해 가는 과정에서 학생들은 상호작용을 통하여 과제에 대해서뿐만 아니라 서로에 대해 깊이 이해하면서 관계가 증진되게 된다. 과제 중심 수업 모형은 다음과 같다.

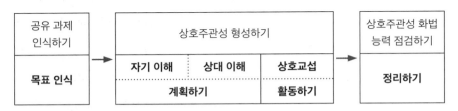

과제 중심 수업 모형

(1) 공유 과제 인식하기: 목표 인식

이 단계에서 교사는 수업을 통해 도달하고자 하는 목표와 목표를 달성하기 위해서 해결해야 할 과제를 제시한다. 그리고 과제에 해당되는 상황을 인식한다. 과제는 학생들이 상호주관성에 바탕을 둔 화법을 잘 습득할 수 있도록 연습할 기회를 제공하기 위한 것이다. 학생들은 과제가 주어지면 과제에 대해 서로 협의를 하면서 과제를 구체화한다. 과제에 대해 알고 있는 정보를 정리하고 해결해야 할 문제가 무엇이며, 어떤 계획을 세워야 하는지에 대해 탐색한다. 그리고 이러한 과정을 통해 과제를 인식하면서 목표와 주제를 공유한다.

과제를 제시할 때 유의점은 협의를 통하여 학생들에게 상호작용할 기회를 부여하고, 자신의 화법을 반성적으로 성찰할 계기를 마련해 주어야 한다는 것이다. 또한 과제에 설정된 상황은 학생들이 상호주관성에 바탕을 둔 화법을 구체적으로 익힐 수 있도록 자세히 제시되어야 하며, 학생들이 적극적으로 참여할 수 있도록 학습 동기를 유발할 수 있어야 한다.

(2) 상호주관성 형성하기: 계획하기

이 단계에서 학생들은 과제와 과제에 제시된 상황에 근거하여 앞으로의 과제 수행에 관한 계획을 세운다. 주어진 상황에서 중요한 요소는 무엇인지, 이 상황에서 상대방은 어떠한 처지에 있고, 어떠한 생각을 하는지를 생각하면서 상대방을 파악한다. 그리고 자기는 어떠한 이유와 의도를 가지고 어떠한 방식으로 말할 것인지 계획을 세운다. 화자 자신이 말하고자 하는 바는 청자들이 이해할 수 있고, 자신의 생각을 명료하게 표현할 수 있는 내용을 중심으로 선정한다. 과제를 해결하기 위한 계획 단계에서는 서로의 인식 수준을 확인하고 서로 필요한 정보와 보완할 수 있는 사항에 대해 정리하게 된다.

그리고 과제를 해결하기 위해 참여자들은 과제 해결에 필요한 자기의 수준을 점검하고, 상대방에 대한 정보를 분석한다. 그리고 공유 과제 인식 단계에서 분석했던 내용과 상황에 대한 이해를 바탕으로 과제를 해결하기 위한 계획을 세운다.

계획 단계에서의 유의점은 달성할 수 있는 수준을 고려하는 것이다. 모든 말하기 상황에서 자기 이해, 상대 이해, 내용과 상황 이해가 중요하나, 수업 시간에 이 세 가지 요소를 모두 다루기가 힘들면 학습 목표에 맞게 강조할 사항에 중점을 두어 지도한다. 중요한 것은 서로에 대한 이해가 일차 목적임을 인식시키는 것이다.

(3) 상호주관성 형성하기: 활동하기

이 단계는 교사가 제시한 과제를 학생들이 상호작용을 통해 직접 시연해 보고 해결해 가는 수행 과정이다. 학생들은 이 과정에서 자신들의 화법 방식을 인식하고 자기의 화법 방식을 조정하게 된다. 또한 학생들은 과제를 해결하기 위해 상호작용하는 과정에서 상대방을 고려하게 되고 상대에 맞는 화법을 구사하게 된다. 실제적이고 구체적인 대화를 통해 서로 간의 관계를 느끼고 서로에 대한 존중을 자연스럽게 학습한다. 학생들은 이러한 활동을 직접 시연해 봄으로써 상호주관성을 바탕으로 말하기의 효과를 직접 느끼고, 그 과정에서 자신의 언어 행위에 긍정적인 태도를 형성하게 된다.

활동하기에서 유의할 점은 학생들이 직접 시연해 보고 체득할 수 있어야 한다는 것이다. 학생들이 상호작용하면서 인간관계를 배우고, 상대를 고려하면서 자기의 의도를 분명하게 표현하는 활동을 하도록 한다. 이러한 활동을 통해 학생들이 상호교섭하며 상호 이해에 도달하도록 이끌어야 한다. 그리고 이러한 학습이 내면화되어 일상 대화에서도 실천되도록 지도한다.

(4) 상호주관성 화법 능력 점검하기: 정리하기

이 단계는 학생들이 자신들이 실제로 재연한 화법을 다시 점검하고 정리하는 단계이다. 상호주관성을 지속적으로 향상해 나가기 위해서는 자신들이 수행한 언어활동을 점검하고, 평가하고 정리하는 과정이 뒤따라야 한다. 교사는 과제 수행을 정리하면서 과제와 관련된 학습 내용을 분명하고 구체적으로 설명한다. 그리고 학생들에게 자신들의 말하기를 점검하도록 한다. '자기 평가지'를 통해 스스로 기록할 수도 있다. 동료들과 서로의 느낀 점을 이야기하면서 상호주관성에 바탕을 둔 화법의 중요성을 느끼도록 한다. 이러한 과정을 통해 참여자들은 상호주관성에 바탕을 둔 화법 능력을 확장되게 되고 참여자들의 관계를 중시하게 된다.

정리하기에서 유의할 점은 평가 그 자체에만 중심을 두지 않는 것이다.

교사는 이번 수업을 통해 배우게 된 내용을 정리하면서 학생들이 대화 방법을 실제 생활에 적용할 수 있도록 지도하여 상호주관성에 바탕을 둔 화법 능력이 향상될 수 있도록 안내한다.

상호주관성에 바탕을 둔 수업은 모든 차시에서 이러한 네 가지 과정을 거쳐야 하는 것이 아니다. 화법 수업 과정 전반에 걸쳐 자기 이해, 상대 이해, 상호교섭이 역동적으로 일어난다. 교사는 수업 주제와 상황에 맞게 단계를 조정할 수 있다. 학생들의 상호주관성에 바탕을 둔 화법 능력을 점검하고 계발하기 위해 이러한 과정을 통합하여 단계를 간소화할 수 있고, 또는 확장할 수 있다. 교사들은 주제, 학습자의 수준, 수업 상황 등 여러 요소를 고려하여 융통성을 발휘해서 수업을 운영할 수 있으며 학습자의 상황에 따라 필요한 화법 교육의 원리를 강조하여 수업할 수 있다.

3. 상호주관성 형성의 과제 중심 교수·학습 방안

학습 과제가 무엇이고, 차시가 어떤 것이든지 간에 모든 수업에서 참여자들의 상호작용과 의미 나눔이 일어나므로 상호주관성 형성이라는 측면에서 수업에 접근할 수 있다. 2015 개정 교육과정에 따른 초등학교 5학년 2학기 1단원 '마음을 나누며 대화해요'를 대상으로 수업의 예시를 간략히 제시하면 다음과 같다.

상호주관성 형성의 과제 중심 교수·학습[6]

교수·학습 단계		수업 주제	세부 내용
공유 과제 인식	목표 인식	• 공감하며 대화하는 방법 알기	• 좋은 대화에 대하여 의견 나누기 • 공감하며 대화하는 방법에 대하여 의견 나누기
상호주 관성 형성 하기	자기 이해 | 상대 이해 | 상호 교섭	계획 하기	• 듣는 이의 상황 알기 • 내가 말하려는 내용과 의도 알기 • 표현하는 방법 알기	토의 진행 • 듣는 이의 처지나 말하기 상황에서 고려해야 할 사항 기록하기 • 내가 말하려는 내용과 의도 알기 • 듣는 이를 고려하는 표현 방법 알아보기 • 듣는 이를 고려하여 신중하게 말하기 방법에 대해 알아보기
		활동 하기	• 상황에 따라 듣는 이를 고려하여 신중하게 말하는 방법 익히기	• 말하기 시연하기
상호주관성 화법 능력 점검하기	정리 하기	• 말하기 시연하기 점검 하기	• 자기 평가지에 기록 및 소감 나누기

이 교수·학습 단계는 다음과 같이 진행된다.

1) 공유 과제 인식하기: 목표 인식

이 단원의 학습 목표는 '상대의 말에 공감하며 바르게 대화해 봅시다'이다. 해결해야 할 과제는 듣는 이를 고려하여 공감하며 듣고 말하는 것이다. 그러므로 학생들이 교실 안에서 또는 가정, 사회에서 만나는 사람을 고려하여 신중하게 말하기가 과제임을 인식하도록 지도한다. 학생들은 소집단으로 앉아서 유의하여 말해야 할 여러 가지 상황을 알아보고, 그 상황에

....

6 이 수업 단계는 정상섭(2006)의 「공감적 화법 교육의 과제 중심 교수·학습 모형」과 전은주 (1999)의 「상호 관계적 활동 단계 모형」을 참고하였다.

서의 유의점과 상대방의 입장을 생각하는 방법에 대해 서로 이야기하면서 공통 과제를 인식하게 된다. 이것은 교과서의 학습 목표 제시에 해당한다.

2) 상호주관성 형성하기: 계획하기

이 단계에서는 공감하며 듣고 말하기 계획을 세운다. 학생들이 신중하게 말하기에서 가장 중요한 요소가 무엇인지를 생각해 본 후, '내가 말해야 하는 내용과 말하기 의도'가 무엇인지 명확히 하고, '상대방이 처한 상황'을 이해하게 한다. 그런 다음 '내가 상대방에게 말할 내용을 이러한 방식으로 표현한다면 어떻게 되는지'에 대해 상상해 보도록 한다.

그리고 화자가 상대방을 고려하여 공감하며 대화할 때는 어떠한 요소가 중요한지 생각해 보게 한다. 자기가 생각하는 공감하며 듣고 말하기에 대한 중요한 점과 친구들이 중요하게 생각할 수 있는 요소를 비교해 보면서 공통적인 내용을 중심으로 말하는 내용과 상대방을 고려하는 상황을 정리하게 한다. 그리고 공감하며 듣고 말하는 방법과 유의해야 할 사항에 대해서도 계획을 세우도록 한다. 이러한 자기 점검 활동을 통해 공감하며 대화하기에 대한 계획을 세우게 한다.

3) 상호주관성 형성하기: 활동하기

이 단계에서는 친구들 앞에서 직접 공감하며 대화하기를 시연해 본다. 학생들은 청중의 반응을 살피면서 말해야 하는 내용이 제대로 전달이 되는지, 호응이 없는 부분이 있는지를 확인해 가면서 듣는 이를 고려하여 신중하게 말하기를 시연한다. 또한 학생들은 자기의 생각을 제대로 표현하고 있는지에 대해서도 시연하는 중에 계속 점검하면서 자기의 생각과 청중의 반응이 다르거나 호응이 없을 때는 자신의 말하기를 조정하면서 수정해 나가며 상호교섭의 과정을 거친다. 학생들은 자기의 생각을 청중들이 이해하고 공감하는가에 초점을 두어 말하며 청중들의 반응에 따라 자신의 말하기 내용과 방법을 수정할 수 있다는 것을 지도한다.

4) 상호주관성 화법 능력 점검하기: 정리하기

이 단계에서는 학생들이 자신들이 시연한 대화를 다시 점검한다. 그러므로 자기의 말하기 상황을 떠올리면서 자기의 계획과 같았던 부분과 다른 부분을 점검하여 자기 평가지에 기술하게 한다. 학생들에게 말하기를 마친 후의 자기 소감, 듣는 이를 고려하는 부분에서 청자의 반응이 달랐던 부분, 너무 자기의 입장에서만 말했던 부분, 자기가 좀 더 보완해야 할 부분, 자기의 말하기에서 잘된 부분을 기술하게 한다. 그런 후에 동료들과 자기 평가지를 보면서 서로 협의하는 과정을 통해 자기의 말하기를 점검하고 조언해 주게 한다. 이러한 과정을 통해 학생들은 서로의 관계를 인식하고 존중하는 마음을 갖게 된다. 그리고 협의 내용을 토대로 실제 생활에서 상황에 어울리게 적절하게 공감하며 대화하는 태도에 대한 내면화가 일어날 수 있다.

사람은 사회적인 존재로 상호주관성을 지니며 더불어 살아가면서 의사소통한다. 의사소통에서 중요한 방법인 화법은 본질적으로 상호주관성을 지닌다. 상호주관성을 바탕으로 화법을 구사하면 참여자들은 상호교섭하면서 서로를 인정하고 존중하고, 남에게 상처 주지 않는 상생하는 화법을 사용하여 삶을 윤택하게 할 수 있다.

참고문헌 ————————————————————————————————————

김성동(1993), 「상호주관성 이론의 재구성」, 서울대학교 대학원 박사학위 논문.

김윤옥(2007), 「상호주관성에 바탕을 둔 화법 교육 연구」, 한국교원대학교 박사학위 논문.

이창덕·임칠성·심영택·원진숙(2000), 『삶과 화법: 행복한 삶을 위한 화법 탐구』, 박이정.

설헌영(1999), 「하버마스의 의사소통 행위이론 연구」, 『범한철학』 20, 99-129.

전은주(1999), 『말하기 듣기 교육론』, 박이정.

정상섭(2006), 「공감적 화법 교육 연구」, 한국교원대학교 박사학위 논문.

Buber, M.(1996), 『나와 너』, 표재명(역), 문예출판사(원서출판 1923).

Habermas, J.(2006a), 『의사소통행위이론 1: 행위합리성과 사회합리화』, 장춘익(역), 나남(원서출판 1981).

Habermas, J.(2006b), 『의사소통행위이론 2: 기능주의적 이성 비판을 위하여』, 장춘익(역), 나남(원서출판 1981).

Reardon, K. K.(1997), 『대인의사소통』, 임칠성(역), 한국문화사(원서출판 1997).

Rogers, C. J. & Roethlisberger, F. J.(1991), "Barriers and Gateways to Communication", *Harvard Business Review* 69(6), 105-111.

4장

ALACT 모형을 적용한
반성적 말하기 모형[1]

김정란

반성적 말하기란 학습자가 반성적 사고에 기반하여 자신의 경험을 성찰하고 유의미한 자아 성장을 유도하기 위한 말하기이다. 기존의 화법 교육 내용과 방법은 담화 유형에 따른 전략과 기능 중심에 치우쳐서 학습자 개인의 주관적인 자아 성찰이라는 측면을 간과한 부분이 있었다. 이 장에서는 학습자의 경험을 통해 자아의 성숙을 유도할 수 있고 이 특징을 교육적 내용과 연계한다는 측면에서 반성적 사고 과정을 기술하는 ALACT 모형을 적용한 반성적 말하기 교육 모형을 구안한다.

....

1 이 내용은 김정란(2014b), 「중학생의 경험 말하기 교육 방안 연구」와 김정란(2014a), 「반성적 말하기 지도 방법 연구: ALACT 교수 모형 적용을 중심으로」를 바탕으로 재구성한 것이다.

1. 이론적 배경

듀이(Dewey, 1910/2011)는 반성적 사고(reflective thinking)를 '어떤 믿음이나 지식을 그것이 지지하는 근거와 가져올 결과에 비춰 적극적이고 지속적이며 세심하게 숙고하는 것'이라고 정의하고 있다. 즉, 개인의 경험으로부터 새로운 의미를 얻기 위한 내적 사고 과정임을 알 수 있다. 이 절에서는 학습자의 반성적 사고를 유도할 수 있도록 단계적 차원에서 활용할 수 있는 ALACT 모형을 알아보고 경험의 개념과 유형, 경험의 특징을 살펴보도록 한다.

1) ALACT 모형

ALACT 모형은 이론적인 지식의 이해와 적용이 아닌, 현실 속에서 체험과 반성을 통해 얻은 지혜를 활용하여 올바르게 실천하게 하는 탐구 중심 교육을 지향한다. 이 모형은 인간 탐구의 방향을 제시하는 철학으로서의 내러티브(narrative)에 기반을 둔다.

내러티브 인식론은 보편적 진리를 추구하는 논리-과학적인 패러다임과 달리 개별적인 인간 삶을 전체로 이해하는 데 도움을 준다(Bruner, 1986). 논리적이고 합리적인 방식으로 보편적 진리 추구를 목적으로 하는 패러다임 사고와 달리, 내러티브 인식론은 인간의 마음과 지식을 설명하는 데에 관심을 둔 대안적 인식론이다. 또 물리적 세계가 아니라 의도와 목적을 지닌 인간의 세계에 적용하기 위한 탐구의 방식이다(김정란·이상구, 2012).

내러티브 인식론에 근거한 교수·학습을 위해서는 학습자들의 삶이 주목받고 교류될 수 있도록 교육의 현장이 설계되어야 한다. 내러티브 인식론에 기초한 교육은 궁극적으로 교육의 장(場)에서 개인 삶의 모습과 방식을 주로 다루며 학습자 개개인이 행위의 주체자로서 인간의 삶을 향상하는 데 기여하는 것을 목표로 한다. 이러한 철학적 배경에 기반하여 반성적 사고는 학습자들이 자신의 경험을 돌아보고 분석하고 재조직하게 하면서, 역동적인 지식으로써 경험을 해석하는 도구의 기능을 한다.

ALACT 모형(Korthagen, 1985)은 학습자의 행동과 반성의 주기적 왕래를 기술하므로 반성적 지도를 위해 교육 분야에서 많이 활용되는 교수 모형이다. 이 모형은 다섯 가지 단계로 구분되는데 행동(Action), 행동 되돌아보기(Looking back on the action), 본질적 양상 인식(Awareness of essential aspects), 대안적 행동 방법 창출하기(Creating alternative methods of action), 시도(Trial)와 같이 다섯 단계의 순환적 구조로 이루어져 있다. 이 다섯 단계의 첫 번째 영어 철자를 인용하여 ALACT 모형이라 명명하고 있다. 이 모형은 반성적 말하기 수업에서 학습자들의 경험을 통해 반성적 사고에 구체적으로 접근할 수 있어서 유용하게 활용할 수 있다.

2) 경험의 개념과 경험의 과정적 요소

경험(experience)은 인간의 행위와 활동을 나타내거나 외적 세계를 인식하는 과정의 의미로 사용되는가 하면 이것들의 결과로 축적된 것을 가리키기도 한다(최홍원, 2007). 또는 경험이란 어떤 대상을 1) 직접적이고 개인적으로 관찰, 참여, 접촉하는 것, 2) 이때 습득한 지식이나 기술, 3) 그 습득 과정, 4) 관련되는 대상(혹은 사건), 5) 이러한 과정에서 나타나는 심리적인 상태를 말한다(이진용, 2003). 이러한 경험의 정의에 따르면 경험은 개인의 직접적인 감각을 통해 생성될 뿐만 아니라 간접적으로도 겪을 수 있다는 것을 알 수 있다.

슈미트(Schmitt, 1999)에서는 경험을 감각(sense), 감성(feel), 인지(think), 행동(act), 관계(relate)로 유형화했다. '감각적 경험'은 시각, 청각,

촉각, 미각, 후각과 같은 신체의 오감에 호소하여 사용자의 감각적 지각을 통해 얻어지는 경험이다. '감성적 경험'은 즉각적으로 사용자의 감성이나 정서에 느껴지는 경험을 가리키며, '인지적 경험'은 사용자의 지적 욕구를 자극하는 창조적이고 인지적인 경험을 의미한다. 또한 '행동적 경험'은 자신이 직접 생생하게 무언가를 하고 행동함으로써 얻는 경험을, '관계적 경험'은 타인이나 문화와의 관계를 통해 얻는 경험을 말한다. 이를 통틀어 총체적 경험(holistic experience)이라 한다.

이렇게 경험을 유형화하면 학습자는 교실 수업에서 경험을 분명하게 인지할 수 있고, 교수자는 교수·학습을 설계할 때 경험을 구체적으로 범주화할 수 있다는 장점이 있다. 예로 학습자들의 경험 생성과 관련된 배경지식을 활성화해야 하는 경우, 제일 슬펐을 때의 경험과 같은 정서적 경험이나 친구나 가족 관계에서 발생하는 갈등이나 오해와 관련된 관계적 경험으로 범주화하여 교수 설계에 적용할 수 있다.

경험에 따른 반성의 시기에 따라 '행위 중 반성(reflection-in-action)'과 행동을 한 이후에 일어나는 '행위 후 반성(reflection-on-action)'으로 구분할 수 있다(Schön, 1983). 실제 수업에서 반성적 말하기는 자신의 과거 경험 회상을 통하여 반성적 사고를 거치므로 행위 후 반성이 주를 이룬다. 그리고 학습자 자신의 실제 말하기 수행에 대한 점검과 관련된 반성이라면 행위 중 반성이라 할 수 있다. 따라서 교수·학습에서 반성적 말하기는 행위 후 반성과 행위 중 반성을 모두 경험하게 된다.

셰드로프(Shedroff, 2004)는 경험의 과정적 요소를 관심, 관여, 결말, 확장의 단계로 제시하고 있다. '관심'이란 행동의 주체자인 개인이 외부 대상 세계를 지각하는 것을 의미한다. 개인적 경험을 교육적인 경험으로 전환하는 과정은 학습자가 일상생활 속에서 발생하는 사건과 행위 관계에 관심을 가지는 것에서 시작한다. '관여'란 경험의 주체가 환경과 상호작용을 통해 일상적인 사건과 관계하는 단계이다. 이때 경험을 지속하기 위한 동

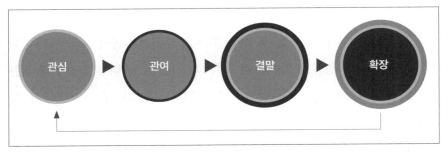

경험의 과정적 요소(Shedroff, 2004)

기가 작동하며 이러한 동기는 주체의 내적·외적 심리나 상황에 의해 경험의 지속과 진행을 유도한다. '결말'은 경험 주체자가 그 경험을 통해 드러내고 싶은 감정이나 경험의 종결이 마무리되는 단계이다. '확장'은 자신의 경험을 통해 자신의 내면적 성장뿐만 아니라 타인과의 서로 다른 경험을 관련지으면서 경험의 폭과 깊이가 확장되는 과정이다. 이러한 과정은 선순환적이며, 다음 그림과 같이 도식화하고 있다.

2. ALACT 모형을 적용한 반성적 말하기 모형

반성적 말하기 교수 모형은 학습자가 이미 조직화된 형식의 내용을 암기하는 것이 아니라 자신의 이해를 스스로 구성한다는 관점에 기초하고 있다. 이러한 모형을 효과적으로 활용하기 위해서는 교사의 노련한 발문과 더불어 학생들의 사고를 유도하는 기술이 필요하다.

학습자가 말하기에 적극적으로 참여할 수 있는 수업 모형을 구안하기 위해서 말하기 표현 수행 절차에 따른 '계획하기 – 구체화하기 – 실천하기' 3단계 지도 단계에 따라 반성적 교수인 ALACT 모형을 접목하여 교수 모형을 구안하고자 한다. '계획하기'는 반성적 말하기를 위한 지도 계획을 세우는 단계이다. 여기서는 학습자의 반성적 사고를 유도하기 위한 전 단계로 학습자들의 경험 생성을 어떻게 할 것인지의 내용까지 포함한다. '구체화하기'는 ALACT의 다섯 단계를 포함하는 말하기 내용 구성 단계이다. '실천하기'는 학습자가 말하기로 표현하는 수행 단계로 평가 및 마무리 활동이 포함된다. 반성적 말하기의 전체 지도 단계는 다음 표와 같다.

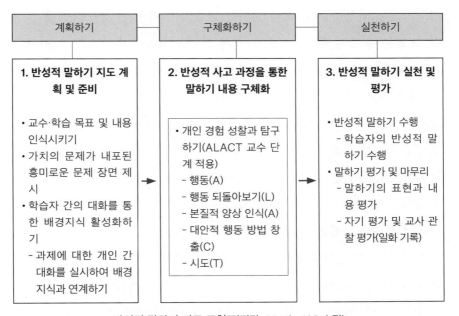

반성적 말하기 지도 모형(김정란, 2014b: 188 수정)

1) 계획하기: 반성적 말하기 지도 계획 및 준비

'계획하기'는 수업을 본격적으로 전개하기 전에 행해져야 하는 교사의 준비 단계이다. 수업 설계를 통한 학습 결과가 어떠해야 하는지 구체적인 기준을 세우고 가르쳐야 할 목표를 설정하고 수업 자료를 선정해야 한다.

반성적 말하기 교수 모형의 '계획하기' 단계에서는 반성적 말하기 지도 계획을 세운다. '반성적 말하기 지도 계획 및 준비' 단계는 교수·학습 목표 및 학습 내용 인지시키기, 가치의 문제가 내포된 흥미로운 문제 장면 제시, 학습자 간의 경험 대화를 통한 배경지식 활성화 단계로 구성된다.

예로 '다양한 문제 상황에서 가치 판단을 할 수 있다.' '개인이 경험한 사건을 이야기로 표현하여 자아 정체성을 형성한다.'라는 목표를 설정한다. 그런 후 학습자들의 동기 유발과 본 수업 목표와의 관련성을 찾기 위해 배경지식을 활성화한다. 이때 교사는 학습자가 가치 판단을 다양하게 내릴 수 있는 문제 사례나 주제와 관련된 경험을 떠올릴 수 있도록 지원해야 한다. 경험 떠올리기를 어려워하는 학생들은 주제 관련 동영상 자료나, 사진, 신문 자료, 뉴스 보도 자료 등 다양한 매체를 통해 문제 사례 장면을 제시할 수 있게 한다. 이러한 자료의 지원을 계획하기 위해서는 주제 중심으로 접근하거나 상황 중심으로 접근하는 것이 좋다. 주제 중심의 접근은 범교과적으로 다루는 것이라 교과 통합적 차원에서 유의미하다. 상황 중심은 구체적인 학습 맥락에서 학습자가 학습의 주도권을 갖고 학생들의 직관적인 지식과 관점에 더 많은 가치를 부여한다.

이 단계에서는 학습자의 활동 형태에 유의하여 학습을 설계할 필요가 있다. 교사가 미리 활동의 형식이나 규칙, 내용을 정해서 제시하는 구조화된 활동보다는 학습자가 공동의 과제를 해결하기 위해 소집단 내에서 함께 학습할 수 있는 협력 학습과 같은 비구조화된 활동이 되도록 설계하는 것이 좋다. 소집단 협력 학습 설계는 수업 주제와 관련하여 배경지식이 부족하거나 경험을 떠올리기를 힘들어하는 학습자들에게 인지적으로 상호 보완해 주거나 상호 경험의 의미를 확장할 수 있는 장점이 있다.

2) 구체화하기: 반성적 사고 과정을 통한 말하기 내용 구체화

'구체화하기'는 학습자들이 직접 경험 말하기를 수행하기 전에 개인의 경험 속에서 반성적 사고를 거치도록 하는 성찰과 탐구 단계이다. 교사는

ALACT 교수 단계에 따라 학습자가 진정한 반성적 사고를 할 수 있도록 유도해야 한다.

'반성적 사고 과정을 통한 말하기 내용 구체화'는 본격적으로 학습자들이 경험의 반성적 사고 과정을 통해 말할 내용을 구체화하는 단계이다. 단순히 과거 경험을 회상하여 말하는 것이 아니라 의미 있는 경험을 선정하고 가치를 부여하면서 현재의 나와 어떠한 관련을 맺고 있는지 성찰하고 탐구하는 단계이다. 이 단계에서 교사는 ALACT 5단계 모형을 적용하면 된다.

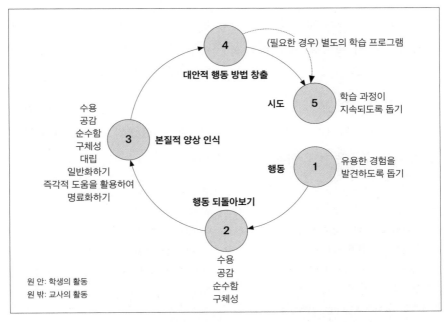

ALACT 모형(Korthagen, 1985)

(1) 1단계: 행동

학습자가 과거의 경험을 떠올릴 수 있도록 단서를 제공하는 단계이다. 최근에 발생한 사건이나 과거 사건과 같은 시간적 단서를 제공해 준다든지, 경험을 떠올릴 수 있는 매개물을 활용할 수 있다. 자연물, 강아지와 같은 사진이나 영상, 또는 소품을 경험 생성을 위한 보조 매개로 활용할 수도 있다.

이때 고려해야 할 것은 과거의 경험을 회상할 때 단순하고 의미 없는 기억에 의존해서는 안 된다는 점이다. 개인의 성장을 돕고 자아의 인격을 형성하는 측면에서 주관적으로 의미를 부여할 수 있는 경험이 선정되어야 한다. 그러기 위해서 교사는 학습자가 경험 속에서 스스로 가치를 발견할 수 있도록 공감하고 허용하는 분위기를 조성해야 한다.

(2) 2단계: 행동 되돌아보기

이 단계에서 학습자는 현재의 입장에서 과거의 경험을 떠올린다. 이때 자신의 개인적 경험에 관한 일화적 기억인 자전적(autobiographical) 기억법[2]을 사용할 수 있다. 개인이 경험한 사건에 대한 기억은 복잡하고 일정한 형태가 없어 보이지만, 위계적 구조를 지닌다.[3] 자전적 기억은 위계적 구조로 이루어져 있는데 상위 수준은 인생 기간, 중위 수준은 일반 사건 생성, 하위 수준은 특수 사건의 구체화이다. 인생 기간(lifetime periods)이

....

2 기억에 대한 연구 경향은 주로 진단이나 치료의 목적으로 정신 분석학이나 임상 실험학 영역에서 연구되었으나, 최근에는 인지적 정보 처리 패러다임에 의거하여 기억 연구에 접근하고 있다. 자전적 기억이 연구되는 주된 이유는 자아, 정서, 목표, 개인의 의미 등이 통합되는 영역을 연구할 수 있기 때문이다(이정모 외, 2009: 239).

3 툴빙 외(Tulving et al., 1988)는 자전적 기억을 구성하는 요소로 의미적 요소와 일화적 요소를 제안한다. 일화적 요소는 구체적인 사상으로, 개인이 경험한 사실적인 표상이다. 의미적 요소는 일반적인 정보 및 사상으로, 시간의 흐름에 따라 자신에 대한 지식과 정체성을 향상시킨다. 예를 들면 지난 겨울 방학 때 봉사 활동을 위해 노인 요양원에 가서 일손 돕기를 한 것은 일화적 기억이다. 그런데 이를 통해 이후 봉사 활동에 대한 인식이나 깨달음을 얻고, 매체를 통해 어려운 노인을 돕는 장면을 보면서 자신의 과거 경험에서 앞으로 어려운 이웃을 위해 봉사하겠다는 다짐을 하여 그 구체적인 방법까지 생각한다면 의미적 기억이라 할 수 있다. 이러한 기억의 작용은 장기간에 걸쳐 자신에 대한 지식 구조에 연결되는 위계적 구조로 이루어진다.

란 수개월에서 수년에 걸친, 개인의 인생에서의 일정한 시기다. 일반 사건(general event)은 매일 또는 수개월 동안 반복적으로 일어나는 사건이며, 특수 사건(specific event)은 일반 사건보다 훨씬 짧은 기간의 특정한 경험이다. 특수 사건은 심상이나 감정으로 이루어져 있고 일반적인 세부 사항을 포함한다. 예로 '중학교 1학년 청소 시간 때 제일 친한 친구가 쓰러져 구급차를 타고 같이 병원에 갔다.'라는 자전적 기억의 위계는 중학교 1학년은 인생 기간 수준에 해당하고, 청소 시간은 일반 사건이 발생한 기간이며, 친구가 쓰러진 후 구급 대원이 학교에 와서 구급차에 태워 같이 병원에 갔다는 것은 특수 사건이 구체화된 것이다.

개인적으로 중요한 의미를 지닌 경험은 더 잘 기억되어 자아를 형성하는 토대가 되고, 그렇게 형성된 자아에 따라 개인은 새로운 사건을 나름대로 경험하고 구조화한다. 수업에서의 경험 생성을 위해서는 우선 학습자에게 인생 기간을 탐색해 보게 한 후, 일반 사건, 특수 사건의 순서로 경험의 폭을 좁혀 나갈 필요가 있다(Pinar, 1995).

(3) 3단계: 본질적 양상 인식

학습자의 현재 입장에서 과거의 경험에 의미를 부여하는 단계다. 경험에 의미를 부여하면, 그 경험은 이전과는 질적으로 다른 의미를 지니게 된다. 그것이 긍정적이든 부정적이든 학습자가 그 경험을 선택한 데에는 이유가 있을 것이다. 이러한 이유가 무엇인지 스스로 질문해 보고 이에 대한 답을 중심으로 현재의 나의 입장과 상황에 비추어 의미를 부여할 수 있어야 한다.

본질적 인식은 과거의 경험과 현재의 내가 만나서 새로운 자아를 형성하는 통합 과정을 통해 이루어진다. 이 단계에서는 이전의 경험과 의미 부여 과정을 반추하면서 현재의 상황과 어떠한 차이가 있는지 살펴보아야 한다.

(4) 4단계: 대안적 행동 방법 창출

이전의 경험에서 자신이 선택한 행동이나 생각에 대한 결과를 '지금이라면 이렇게 했을 것이다.'라는 형식으로 대안적 행동이나 방안을 제시할 수 있도록 하는 단계이다. 이전 경험에서의 실수나 갈등, 오해, 부족함을 인식하고 긍정적인 방향으로 전향하여 대안을 구상할 수 있도록 한다. 동료 학습자들 간의 대화나 조언을 통해서 서로를 공감하고 이해하는 활동을 할 수 있다. 여기서는 경험 속에서 어떠한 반성을 하게 되었으며 학습자미래의 삶을 어떻게 계획할 것인지에 대해 중점적으로 지도한다.

(5) 5단계: 시도

앞에서 실시한 내용을 종합하여 새로운 경험을 위한 발판으로 삼는 단계이다. 학습자들은 추후 유사한 경험이 발생한다면 시행착오를 겪거나 실수하지 않고 성숙한 태도로 임할 수 있도록 마음가짐을 새로이 한다.

반성적 사고를 통해 학습자들은 개인의 경험이나 개별적 사건을 구조화하고 조직하는 능력을 기를 수 있으며, 서로의 경험을 공유함으로써 보편적 문화, 진리, 인류적 가치를 지향할 수 있다. 또 경험 공유를 통해 삶을 심도 있게 이해하고 의미를 재발견할 수 있다. 따라서 교수자는 학습자들이 다양한 관계에서 말하기를 수행하게 하거나 학습자 간의 대화를 통해 경험을 공유하게 하는 것이 중요하다.

3) 실천하기: 반성적 말하기 실천 및 평가

'실천하기'는 반성적 말하기가 직접 수행되는 단계이다. 말하기의 수행에 사용되는 일반적인 언어적 표현 및 준언어·비언어적 표현을 고려하면서 말하도록 지도한다. 일반적인 말하기 평가는 내용과 표현, 조직, 전달, 태도, 자세로 항목화하여 수치로 평가할 수 있고 기술지와 같은 서술형 간접 평가도 활용할 수 있다. 그러나 반성적 말하기 평가는 학생의 능력을 직접 판단하는 평가 방식인 직접 평가가 적합하다.

반성적 말하기 능력을 평가하기 위한 직접 평가 방법으로는 포트폴리오 방식이 유용하다. 포트폴리오(자료철)란 학생 개개인이 수행한 일련의 과제 중에서 대표적인 몇 가지를 선정하여 이것을 교사 또는 평가자에게 평가받는 방식이다(이창덕 외, 2010: 100). 학습자의 일회적인 경험 반성이 아니라 누적적인 반성적 말하기 발달 과정을 보여 주기 때문에, 포트폴리오 방식을 이용하면 화법 능력과 자아의 성장 과정을 종합적으로 평가할 수 있다. 포트폴리오 항목에는 실행 개요, 수행 연습 일지, 관찰 평가지, 녹화 자료의 방법을 사용할 수 있고 이러한 평가 자료는 교수자가 학습자를 위한 피드백 자료나 교수·학습 자료로도 활용할 수 있다.

'반성적 말하기 실천 및 평가'는 반성적 말하기에서 반성의 단계에 따라 내용을 구성하거나 조직할 때 경험 사건을 시작, 전개, 종결로 구성하여 실제 말하기로 수행해야 하는 단계이다. 여기서는 말하기 수행을 위한 상황 유형으로 개인 말하기와 같은 비공식적 말하기와 발표 형식과 같은 공식적 말하기 수행이 가능하다. 개인 경험의 반성적 말하기를 위해서는 학습자가 유기적으로 연결된 사건을 통일성 있게 전달하고 정확한 발음으로 청중의 반응을 살피면서 적절한 준언어·비언어적 표현을 사용하도록 지도한다.

정확한 발음과 내용 구성으로 말하기를 잘한다고 하더라도, 경험에 대한 진정한 반성이 있었는지가 반성적 말하기 수업의 초점이 되어야 한다. 물론 일반적인 화법 수행 능력 평가를 위한 내용, 조직, 표현, 태도와 같은 점검 항목도 중요하지만, 반성적 말하기의 학습 목표가 자아의 성장과 발전에 있으므로 교수자는 학습자가 반성적 사고 과정을 거쳐 무엇을 어떻게 반성하였는지에 중점을 두어야 한다. 따라서 학습자의 반성적 심리 변화에 따른 정의적 영역의 평가가 중요하다.

학습자가 스스로 반성적 평가를 점검하기 위해서는 쿨(Koole et al., 2011)이 제시한 반성 과정에서의 심리적 작동 지표를 자기 평가에 활용할 수 있다. 반성의 심리적 작동 지표는 반성을 세 가지 측면으로 범주화하고 있는데 경험 검토, 비판적 분석, 반성 결과라는 세 부분으로 구분하고 있다.

반성 과정에서의 심리적 작동 지표를 활용한 평가 지표(Koole et al., 2011)

반성 절차	반성적 평가 지표
경험 검토	1. 사건과 상황을 적절하게 기술했는가?
	2. 경험의 필수 요소를 기술하고 자신의 생각과 감정을 설명했는가?
비판적 분석	3. 자신이 던지는 질문을 점검할 수 있는가?
	4. 자신이 던진 질문에 답하고 자신이 가지고 있는 프레임**4**을 인식할 수 있는가?
반성 결과	5. 반성의 결과가 어떠한 결론을 도출했는지 알 수 있는가?
	6. 반성의 결과로 학습 목표와 미래 행동 계획을 설명할 수 있는가?

또한 교수자는 일화 기록(anecdotal record)의 방법으로 학습자의 반성적 말하기 장면에서 중요하고 의미 있다고 생각되는 것을 구체적으로 기록할 수 있다. 일화 기록법은 한 개인의 특정 행동을 제삼자의 입장에서 상세히 종단적으로 관찰·기록하는 방법이다. 교수자가 일화 기록법으로 기록할 수 있는 항목은 다음과 같다.

....

4　프레임은 '세상을 바라보는 마음의 창'이다. 어떤 문제를 바라보는 관점, 세상을 향한 마인드 셋(mindset), 세상에 대한 은유, 사람들에 대한 고정관념 등이 모두 프레임의 범주에 포함되는 말이다. 마음을 비춰 보는 창으로서의 프레임은 특정한 방향으로 세상을 보도록 이끄는 조력자의 역할을 하지만, 동시에 우리가 보는 세상을 제한하는 검열관 역할도 한다(최인철, 2021: 22).

3. 지도상의 유의점

반성적 말하기는 학생들이 자신의 경험을 반성하여 자아를 성숙하도록 하고 이를 바탕으로 스스로의 말하기 능력을 향상할 수 있도록 지원하는 방법이다. 그러므로 학습자들의 적극적인 수행이 더욱 요구된다. 반성적 말하기를 지도할 때에는 다음과 같은 점에 유의하여 지도하는 것이 효과적이다.

1) 말하기 수행을 통한 학생의 경험적 반성에 초점

기존의 화법 지도 방법은 화법 지식이나 기능 중심, 담화 유형별 절차 중심의 수업이었다. 이러한 접근은 경험을 반성함으로써 개인의 삶에서 의미를 얻게 하거나, 주체적인 삶을 살게 하는 데에서는 제한이 있었다. 반성적 말하기는 자아, 성찰, 경험 등을 교육 내용으로 도입하여 이러한 한계를 넘어서고, 기존 화법 교육의 내용을 확장하는 데 기여할 수 있다.

반성적 말하기 지도에서 교수자는 학습자의 경험에 대한 반성에 초점을 두므로 진정한 반성이 일어났는지에 대해 관심을 가져야 한다. 그러나 화법 영역에서 말하기 능력 신장에서 요구하는 학습 목표 달성도 중요하므로 교수자의 적절하고 융통성 있는 교수 설계가 필요하다.

2) 지도 대상과 상황에 따라 유연한 교육적 설계

교사는 학습자의 수준과 연령에 적합하게 반성적 말하기 수업을 설계해야 한다. 실제 단위 수업에서 다루는 경험은 그 범위가 넓어서 단순히 '경험을 떠올려 보자.'라는 식의 교육적 접근은 학생들에게 인지적 부담을 줄 수 있다. 학생들이 관심이나 흥미를 가진 소재와 관련된 경험 또는 교과서에서 제시된 학습 주제와 관련된 경험과 같이 경험의 범위를 한정하는 것이 좋다. 또 교수자가 반성의 주제와 형식을 정해 줄 수 있고 특별한 형식이나 주제 없이 학습자가 스스로 자기 반성이 이루어지도록 교수 설계를 할 수 있다.

그리고 반성적 말하기는 말하기 단원에서 독자적인 수업으로 구성할 수 있지만 문학 단원이나 쓰기 단원과 관련지어 교과 내에서 융합적인 교수 설계도 가능하다. 예로 자서전이나 협동 시를 쓸 때 경험 소재를 활용하여 반성적 말하기를 모둠별 대화로 수행하게 할 수 있다. 그리하여 모둠별 협의를 통해 글쓰기 소재를 도출할 수도 있다.

3) 학습자의 경험 가치를 인정하고 허용하는 학습 분위기

개인은 인지적 사고뿐만 아니라 직간접적 경험을 통해 지식과 기술을 얻고, 그렇게 획득된 지식과 기술은 정서의 변화를 통해 내면화된다. 학습자 개인이 경험이 풍부하더라도 지적이나 감성적인 부분에서 느낌이나 깨달음을 얻지 못한다면 그 경험은 의미가 없다. 아무리 작은 경험이라도 학습자에게는 유용해야 하고 욕구나 관심, 깨달음과 같은 가치 있는 내용이 내포되어 있어야 한다.

그런데 실제 수업에서 학습자가 경험에 부여하는 주관적인 가치를 교사가 판단하거나 평가하면 학습자들이 수업에 적극적으로 참여할 기회를 잃거나 학습 동기를 상실할 가능성이 크다. 학생들이 소소한 경험에서 삶의 의미를 발견할 수 있도록 학습자 스스로 경험에서 얻은 가치를 인정하고, 자유롭게 경험적 기억을 생성할 수 있도록 허용하는 학습 분위기를 조성하는 것이 중요하다.

참고문헌

김정란(2014a),「반성적 말하기 지도 방법 연구: ALACT 교수 모형 적용을 중심으로」,『화법연구』 25, 75-101.

김정란(2014b),「중학생의 경험 말하기 교육 방안 연구」, 경남대학교 박사학위 논문.

김정란·이상구(2012),「국어과 내러티브 교수 학습 적용 방안: 구성주의 학습 환경을 중심으로」,『배달말』 51, 329-356.

이정모·강은주·김민식·감기택·김정오·박태진·김성일·신현정·이광오·김영진·이재호·도경수·이영애·박주용·곽호완·박창호·이재식(2009),『인지심리학』, 학지사.

이진용(2003),「브랜드 경험에 대한 개념적 고찰과 실무적 시사점」,『소비자학연구』 14(2), 215-242.

이창덕·임칠성·심영택·원진숙·박재현(2010),『화법 교육론』, 역락.

최인철(2021),『프레임: 나를 바꾸는 심리학의 지혜』, 21세기북스.

최홍원(2007),「문학교육에서 경험의 재개념화와 교육적 실천을 위한 연구」,『국어교육학연구』, 29, 311-345.

Bruner, J.(1986), *Actual minds, Possible worlds*, Harvard University Press.

Dewey, J.(2011),『하우 위 싱크: 과학적 사고의 방법과 교육』, 정회욱(역), 학이시습(원서출판 1910).

Korthagen, F. A. J.(1985), "Reflective teaching and preservice teacher education in the Netherlands", *Journal of Teacher Education* 9(3), 317-326.

Koole, S., Dornan, T., Aper, L., Scherpbier, A., Valcke, M., Cohen-Schotanus, J. & Derese, A.(2011), "Factors confounding the assessment of reflection: a critical review", *BMC medical education* 11(1), 1-9.

Pinar, W. F.(1995), "The method of "currere"". In *Autobiography, Politics and Sexuality; Es-*

says in *Curriculum Theory, 1972-1992*, Peter Lang Publishing.

Schmitt, B.(1999), *Experiential marketing: How to get customers to sense, feel, think, act and relate to your company and brands*, The Free Press.

Schön, D. A.(1983), The Reflective Practitioner: How professionals think in action, Basic Books.

Shedroff, N.(2004), 『경험 디자인』, 이병주(역), 안그라픽스(원서출판 2001).

Tulving, E., Schacter, D. L., McLachlan, D. R. & Moscovitch, M.(1988), "Priming of semantic autobiographical knowledge: A case study of retrograde amnesia", *Brain and Cognition* 8, 3-20.

5장

말하기 불안 해소 교수·학습 모형[1]

전은주

말하기 불안 해소 교수·학습 모형은 학습자가 말하기 불안에 대처할 수 있도록 교수·학습하기 위한 모형이다. 말하기 불안(speech anxiety) 은 말하기 상황을 떠올렸을 때 느끼는 지속적인 두려움, 말하기 상황을 피하고 싶은 욕구 등 담화 상황에서 겪는 심리적 불편감을 말한다(전은주, 1998: 176). 말하기 불안이 심하면 말하기 불안증이 되는데 말하기 불안은 그 원인을 알지 못하는 막연한 불안감과는 차이가 있으며 공포증에 더 가깝다(Ayres & Hopf, 1993 / 2008).

사람들은 대부분 여러 사람 앞에서 말을 해야 하는 상황에서 심리적으로 긴장되고 불편한 느낌, 즉 어느 정도의 말하기 불안을 겪는다. 그러나 단순히 긴장과 불편함을 느끼는 정도를 넘어서 말하기 수행을 원활히 하기 어려운 수준의 불안을 느끼는 경우도 있는데 이런 경우에는 말하기 불안을 해소하거나 완화할 수 있는 적절한 대처가 필요하다. 이 모형은 기존

....
1 이 내용은 전은주(2010), 「말하기 불안 해소의 교수–학습 방법」을 바탕으로 정리한 것이다.

의 화법 교육에서 말하기 불안을 조절할 수 있도록 제대로 교수·학습하지 않아서 학습자가 말하기 불안을 겪더라도 적절히 대처하지 못하여 말하기 수행을 원활히 하지 못하거나 자신의 말하기 능력에 대한 부정적 인식을 가지는 등의 문제를 해결하기 위하여 개발하였다.

1. 이론적 배경

학습자가 말하기 불안을 느낄 때 이를 완화하기 위해서는 말하기 불안을 유발하는 원인에 대처하는 방법을 익히는 것이 유용하다. 말하기 불안 해소 교수·학습 모형은 학습자가 학습해야 할 세부 기능의 내용적인 측면에서 에어즈와 호프(Ayres & Hopf, 1993 / 2008)의 말하기 불안에 대한 세 관점과 관점별 극복 방법과 호프 외(Hope et al., 2000 / 2006)의 인지 행동 치료, 클라크와 웰스(Clark & Wells, 1995)의 사회 불안 장애 치료를 위한 비디오 피드백, 전은주(1998)의 실제적 수행 등을 기반으로 하였다.

1) 말하기 불안에 대한 관점

말하기 불안은 화자의 자신감 부족, 기술 부족, 반복된 실패의 경험 등으로 인한 부정적인 자아 개념 등과 같이 화자 내적 문제(전은주, 1998: 177)에서 기인하기도 하며 비협조적인 참여자 집단, 청중 수, 낯선 공간 등과 같이 화자의 외적 상황으로 인해 발생하기도 한다. 같은 말하기 상황이라도 화자에 따라 말하기 불안을 느끼는 정도가 다르며, 일반적으로 화자의 외적 상황보다는 내적 문제가 말하기 불안의 더 직접적이며 결정적인 원인이 된다.

말하기 불안을 어떤 관점에서 이해하는가에 따라 불안에 대처하는 방법에도 차이가 있다. 에어즈와 호프(Ayres & Hopf, 1993/2008)에서는 말하기 불안을 설명하는 관점을 인지적, 감정적, 행동적 세 관점으로 제시하였으며, 전은주(2010)에서는 이 중 행동적 관점이 말하기 기능의 부족과 관련이 있으므로 말하기 불안의 원인과 대처 방법이 명시적으로 드러나게 이를 기능적 관점으로 표현하였다.

인지적 관점은 불안의 발생과 유지, 변화 과정에 인간의 인지가 중심적 역할을 한다고 본다. 현대 심리학 이론들은 공통적으로 발표 불안을 포함한 사회 불안 장애의 발생, 유지 또는 변화에서 인지의 중심적 역할을 강조한다(Clark & Wells, 1995). 이를테면 부정적인 자기 지각, 타인들의 부정적 평가에 대한 과도한 두려움 또는 왜곡된 정보 처리 등은 사회 불안 장애가 있는 사람들의 주된 인지적 특징이다(황경남·조용래, 2007: 323).

감정적 관점은 화자가 말을 할 때 느끼는 불안한 감정이 말하기 불안과 관련이 크다고 본다. 불안한 감정은 심장박동을 빠르게 하고, 식은땀이 나게 하거나, 다리가 떨리게 하거나, 입이 마르게 하는 등 여러 가지 생리적 증상을 불러일으켜 말하기 불안을 더욱 가중하며, 비생산적인 인식과 행동을 발전시킨다(전은주, 2010). 말하기 상황에서 화자가 느끼는 불안한 감정이 신체 증상으로 연계되는 것은 화자가 말을 할 때 생길 두려운 결과와 연관 지어 학습해 온 것이다(Ayres & Hopf, 1993/2008: 10).

기능적 관점은 대중 앞에서 말할 때 말을 더듬거나, 청중과 시선을 맞추지 못하거나, 간투사를 사용하거나, 몸을 떠는 등 두려움으로 인하여 발생하는 부자연스러운 행동에 주목한다. 말할 때 행동으로 나타나는 부자연스러운 문제들은 대부분 해당 담화를 수행할 때 필요한 기능을 충분히 익히지 않아서 어떻게 말을 해야 자신이 원하는 목표를 달성할 수 있는지 모르기 때문에 발생하며, 이러한 어려움을 겪음으로써 말하기 불안이 유발되는 것이다.

2) 말하기 불안에 대한 대처 방식

(1) 인지적 대처

말하기 불안이 말하기에 관한 잘못된 생각 때문에 나타난다고 설명하는 인지주의자들은 이러한 잘못된 생각을 하지 않도록 훈련하면 말하기 불안이 감소할 수 있다고 본다. 즉 화자가 말하기에 대한 인식의 형태를 바꾸면 말하기 불안에 대처할 수 있다는 것이다. 예를 들어 "나는 발표를 제대로 못 해.", "발표해도 나쁜 평가를 받을 거야.", "사람들이 내 발표를 듣고 비웃을 거야." 등과 같은 비생산적인 사고가 두려운 감정을 느끼게 하므로 이러한 생각을 하지 않도록 하는 대처 방법을 사용한다. 말하기 불안을 일으키는 잘못된 인식을 극복하기 위한 인지적 대처 방법에는 '이성적 – 감정적 치료', '인지적 재구성', '영상화' 등이 있다.

이성적 – 감정적 치료는 말할 때 떠올리는 비이성적 사고를 인식하여 이를 지속적으로 비판하고 이성적 사고로 전환함으로써 불안에 대처하게 하는 방법이다(Trexler & Karst, 1972).

인지적 재구성은 화자가 부정적인 자기 지시를 인식하고 이를 극복할 긍정적인 진술을 함으로써 불안에 대처하게 하는 방법이다. 인지적 재구성은 화자의 비합리적인 사고를 비판하기보다는 이를 극복할 긍정적 사고를 함으로써 불안에 대처하게 한다는 면에서 이성적 – 감정적 치료와 차이가 있으며, 협조적 분위기에서 용이하게 사용할 수 있다는 장점이 있다.

영상화(visualization)는 화자가 말하기의 준비에서 실행까지 전 과정을 성공적으로 수행하는 자신의 모습을 충분히 생생하게 떠올려 보고 긍정적인 자기 암시와 성공적 행동의 간접 체험을 통해 말하기 불안에 대처하게 하는 방법이다. 영상화는 부정적 사고에는 관심을 두지 않고 긍정적 사고를 강조하는 것에 초점이 있으며, 교실 활동에서 우선적으로 선택할 수 있는 용이하고 효과적인 방법이다(Ayres & Hopf, 1993/2008).

(2) 감정적 대처

말하기 불안이 화자가 느끼는 불안한 감정과 관련이 깊다고 분석하는 연구자들은 화자가 생각하는 것처럼 말한 후 나쁜 결과가 발생하지 않으며, 말하기가 하기 싫거나 나쁜 것이 아니라는 것을 깨닫게 되면 말하기 불안이 줄어든다고 본다. 그러므로 이러한 부정적 감정을 줄이는 방법을 사용하여 말하기 불안에 대처하게 한다. 대표적인 방법으로는 '체계적 둔감화'와 '실제 상황 노출법'이 있다.

체계적 둔감화(systematic desensitization)는 불안한 감정을 느낄 때 근육이 긴장하므로 근육을 이완하게 함으로써 불안을 극복하도록 하는 방법이다. 즉 불안과 상반하는 반응이 일어나도록 신체적 조건을 만드는 것으로 대중 앞에서 말하기의 불안을 극복하는 데 효과가 있으며 가장 널리 이용되는 방법이다. 울페(Wolpe, 1958)에서 개발된 체계적 둔감화 방법은 여러 연구자에 의해 세부 절차가 수정되었으며 폴과 섀넌(Paul & Shannon, 1966)에서 '이론적 설명 – 긴장을 완화하는 훈련하기 – 표준 단계를 거쳐 연습하기' 등을 포함하는 과정으로 정착되었다.

실제 상황 노출법(flooding)은 두려워하는 감정을 유발하는 상황을 직면했을 때 나쁜 결과가 나타나지 않는 것을 경험하면 더 이상 불안해하지 않을 것이라고 전제한다(Walker et al., 1981). 이 방법은 말하기 불안을 겪고 있는 사람이 말하기 상황을 실제 직면하여 그 상황에서 자신이 예상했던 나쁜 결과가 나타나지 않는다는 것을 경험하면서 자신의 불안 혹은 두려움에 근거가 없다는 것을 깨달아 말하기 불안을 극복하게 한다. 먼저 말하기 불안을 겪는 사람들이 두려워하는 상황을 설정하고 이 상황에서 말하는 것을 상상하고 토의하게 한 후 화자가 가진 두려움이 적절한 것이 아니라는 것을 깨닫게 한다. 이후 과제로 부과한 말하기를 화자가 실제로 수행하게 하고 상상했던 두려운 문제가 발생하지 않음을 확인하게 한다. 이 방법은 두려움의 정도가 심한 경우 극도의 반작용의 가능성이 있고, 말하기 기능 자체를 무시하고 있다는 단점을 가지고 있다(전은주, 2010).

(3) 기능적 대처

말하기 불안을 겪을 때 나타나는 몸 또는 목소리의 떨림, 말 더듬기, 청중 시선 회피 등의 행동적 현상은 화자가 자신의 말을 평가받는다는 두려움에 의한 생리적 반응의 결과라고 보는 관점이 있다. 이러한 관점을 지지하는 연구자들은 이러한 행동적 문제들이 말을 하는 데 필요한 수사학적 기능이나 말하기 기능 등이 부족하기 때문에 발생하므로 이러한 기능을 충분히 익히면 불안에 대처할 수 있다고 본다. 이러한 기능적 문제를 극복하는 방법에는 '수사학적 치료', '화법 기능 훈련'이 있다.

수사학적 치료(rhetoritherapy)는 화자가 설정한 말하기 목적을 달성하기 위하여 말하기의 준비 과정에서부터 수행과 평가에 이르기까지의 전 과정에 필요한 지식과 기능을 익힘으로써 말하기 불안에 대처하게 하는 방법이다. 수사학적 치료의 과정은 일반적인 안내로 시작하여 다음과 같은 단계로 진행된다(Ayres & Hopf, 1993 / 2008: 123-153).

수사학적 치료의 과정

① 목적과 화제 선택

② 세부 목표, 자료 조사, 목적 분석

③ 조직과 개요서 작성

④ 서론, 전개, 결론 구성

⑤ 준비 개요서 평가, 전달, 목적 재분석

⑥ 실행서와 목적 분석 평가

⑦ 연설 수행과 평가

⑧ 연설 재수행과 평가

화법 기능 훈련은 말을 할 때 필요한 표현 기능이 부족하여 말하기 불안이 발생한다고 전제하고 이러한 기능을 충분히 익힘으로써 말하기 불안에 대처하게 하는 방법이다. 따라서 일반적으로 사전 준비 없이 진행되는 즉흥적인 말하기 상황에서 말할 내용의 조직, 자세, 목소리, 눈 맞춤, 제스처 등 효과적인 언어적, 준언어적, 비언어적 표현 방법을 이해하고 실제 경험해 보며 자기 평가를 통하여 개선하는 과정으로 화법 기능을 익힌다. 말하기 수행의 전체적 과정에 필요한 절차와 기능에 대처하기보다는 표현 기능에만 초점을 맞추고 있고, 말하기 불안을 야기하는 요소를 종합적으로 고려하고 있지 못하므로 제한적으로 적용할 수 있다.

3) 비디오 피드백

비디오 피드백은 학습자 혹은 내담자 등이 특정 상황에서 행동이나 반응한 것을 녹화한 후 녹화 자료에 드러난 결과를 본인에게 알려 주는 방법이다. 비디오 피드백은 심리학, 교육학, 의학 등 여러 분야에서 널리 사용된다. 불안을 심하게 겪고 있는 사람들은 대부분 실제 그 상황에서 일어난 일을 객관적으로 살피지 못하고 타인에게 부정적으로 평가받을 것을 두려워하며 자신의 불안감이나 신체적 증상에 대하여 지나치게 주의를 기울이는 경향을 보인다. 이런 자기 초점적 주의(self focused attention)로 인하여 자신의 모습을 실제보다 부정적으로 왜곡하여 지각하고 부정적인 자아 개념을 가지게 되며 이러한 부정적 자아 개념이 계속 유지되고 강화되는 과정에서 불안 증상 역시 심해진다(Clark & Wells, 1995: 69-72).

비디오 피드백은 불안을 겪고 있는 사람에게 자신의 수행 장면이 녹화된 자료를 보여 주고, 자신의 모습을 객관적으로 볼 수 있게 피드백을 제공하여 불안이 감소하게 한다(Clark & Wells, 1995). 비디오 피드백을 사용할 때 학습자가 자신을 객관적으로 살필 수 있는 인지적 준비 절차를 거치면 효과가 증진된다(Harvey el al., 2000). 또 비디오 피드백을 하기 전에 화자가 자신이 타인에게 어떻게 보일지 상상하는 '관찰자 관점'에서 벗어나, 발표하는 동안 자신의 모습이나 신체 반응에 신경 쓰기보다는 주변 물건의 모양이나 색깔 등 환경에 집중하는 '장 관점'을 가지게 하면 불안 감소에 도움이 된다(최영인·권정혜, 2009: 160-162).

4) 실제적 수행

말하기에서 실제적 수행은 실제적 환경에서 실제적 과제를 수행하는 것을 말한다(전은주, 1998: 206). 화법 교육에서 말하기에 대한 지식과 기능에 대한 이해 학습을 충분히 하더라도 이것이 실제 말하기 수행 연습으로 이어지지 않으면 학습자의 실제 말하기 기능을 기르는 데 한계가 있다. 학습자가 겪고 있는 말하기 불안은 학습자가 실제적 수행 경험을 충분히 하지 못하여 말하기에 대한 효능감을 가지지 못한 것과도 관련이 있다. 말하기 지도에서 학습자의 실제적 수행에 대한 교사와 동료 학습자의 긍정적 반응이 반복되면 화자의 자아 개념을 높이고 말하기 능력을 신장하는 데 결정적으로 기여함으로써 말하기 불안을 완화, 극복하게 도움을 줄 수 있다(전은주, 1998).

2. 말하기 불안 해소를 위한 교수·학습 모형

말하기 불안 해소 혹은 완화의 교수·학습 모형에는 말하기 불안 조절 기능을 익히는 것을 교수·학습의 목표로 하는 '직접형 모형'과 이를 교수·학습의 목표로 두지는 않지만 학습자가 과제 활동으로 주어진 담화 유형을 실행해야 하는 실제 말하기 단계에서 교사의 의도적 계획하에 간접적으로 말하기 불안 조절 기능을 학습할 수 있도록 하는 '간접형 모형'이 있다. 직접형 모형은 불안 조절을 위하여 어떤 방법을 사용하게 하는가에 따라 통합적 모형, 기능 중심 모형, 비디오 피드백 처치 모형이 있다.

1) 통합적 모형

통합적 말하기 불안 해소 교수·학습 모형(통합적 모형)은 교사가 학습자에게 말하기 불안을 야기하는 인지적, 감정적, 기능적 문제에 대하여 이해할 수 있도록 설명하고, 각각의 문제에 대처할 수 있는 방법을 익힌 후 말하기 불안을 조절하며 담화 유형을 효과적으로 수행할 수 있도록 하기 위하여 개발하였다. 이 모형은 말하기 불안과 관련된 세 관점을 모두 통합하여 불안을 조절할 수 있도록 한 것으로 관점 간의 상호 관련성과 상호작용을 고려한 말하기 불안 대처 방법이다. 통합적 모형의 절차는 다음과 같다.

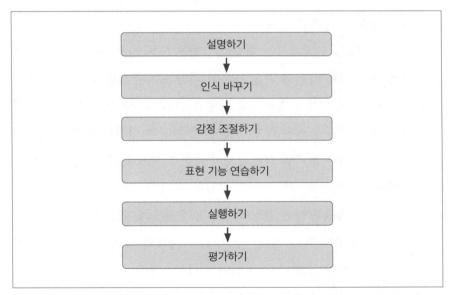

통합적 모형(전은주, 2010: 112)

'설명하기' 단계에서는 말하기 불안이 발생하는 이유를 인지적, 감정적, 기능적 관점에서 설명하고 학습자가 각각의 관점별 대처 방법을 이해하게 한다. 특히 이 단계에서는 말하기 불안이 자신만이 겪고 있는 문제가 아니며 누구나 어느 정도의 말하기 불안을 겪고 있고 이 학습을 통해 불안을 조절하며 말하기 수행을 효과적으로 할 수 있다는 목표를 세우게 한다.

'인식 바꾸기' 단계에서는 학습자가 말하기에 대하여 가지고 있는 비합리적 사고, 비현실적 믿음이 무엇인지를 진단하고 이것이 잘못된 사고임을 인식하게 한 후 말하기에 대한 긍정적 사고를 가질 수 있게 하는 활동을 한다. 학습자가 가진 말하기에 대한 비합리적 사고를 진단하기 위하여 말하기 불안을 느끼는 상황에 대하여 진술하고 기록하게 한 후 그 사고가 잘못되었다는 것을 찾게 한다. 또 이 비합리적 사고를 합리적 사고로 전환할 수 있는 재진술문을 만들게 한다. 이 단계에서 교사는 학습자의 성공적 말하기 수행의 전 과정을 상세히 기술한 대본을 미리 준비하고, 교사가 이 대본을 읽을 때 학습자가 자신의 성공적인 말하기 수행 과정을 생생히 상상해 보게 하는 영상화 훈련도 한다.

'감정 조절하기' 단계에서는 학습자가 발표할 때 느끼는 불안한 감정과 긴장된 상태를 근육 이완 훈련을 통하여 편안한 감정으로 바꿀 수 있도록 한다. 이 단계에서는 체계적 둔감화 방법을 교실 상황에서 적용할 수 있게 변형하여 근육 이완 훈련을 하고, 학습자가 긴장과 이완의 느낌을 반복하게 하면서 근육 이완 상태의 편안함을 충분히 느끼게 한다. 훈련 과정을 서서히 단축하여 이완 상태에 이르는 시간을 최대한 줄여서 불안한 감정을 느낄 때 단시간 내에 편안한 감정에 도달할 수 있도록 연습하게 한다.

'표현 기능 연습하기' 단계에서는 말하기 상황에 맞게 목소리 조절, 시선 맞추기, 제스처 등 준언어적, 비언어적 의사소통을 효과적으로 할 수 있게 연습한다. 말하기 불안에 대한 기능적 대처 중 수사학적 기능 신장에 대한 부분은 화법 교수·학습에서 지속적으로 추구해야 할 부분이므로 이 단계에서는 발표나 토론 등 청중 앞에서 말하기를 할 때 표현 및 전달력에 크게 영향을 미치는 준언어적, 비언어적 의사소통 능력을 기르는 데 초점을 둔다.

'실행하기' 단계에서는 학습자가 청중 앞에서 말하기를 수행할 수 있는 실제적 과제를 부여하고 앞 단계에서 익힌 말하기 불안 대처 방법을 적용하며 말하기 과제를 실행하게 한다. 학습자가 말하기를 수행하는 동안 교사와 동료 학습자는 적극적 청자로서 긍정적 반응을 보이며 학습자가 자신감을 가지고 수행을 할 수 있도록 돕는다.

'평가하기' 단계에서는 학습자가 앞 단계에서 한 수행에 대하여 긍정적인 관점에서 평가해 보게 하고, 교사와 동료 학습자도 긍정적인 피드백을 한다. 또 학습자가 수행 과정에서 느낀 불안감의 정도와 조절 방법 등에 대하여 동료 학습자와 이야기를 나누게 하여 말하기 불안에 대처하며 효과적으로 말하는 과정에 대한 경험을 공유하게 한다.

이 교수·학습 모형은 말하기 불안에 관한 세 관점별 대처 방법을 학습자가 모두 익힐 수 있게 구안된 것이므로 다수의 학습자를 대상으로 한 교실 상황에서 단기간의 몇 차시 수업에 적용하기는 어려우며 한 학기나 한 학년 혹은 특별 프로그램 단위로 적용한다.

2) 기능 중심 모형

기능적 말하기 불안 해소 교수·학습 모형(기능 중심 모형)은 발표나 연설 등에서 학습자가 말하기 기능이 부족하여 겪는 불안 문제를 해결하기 위하여 말하기에 필요한 수사학적 지식과 기능에 대하여 이해하고 이를 적용하여 준비된 말하기의 전 과정을 실제 경험해 보는 과정을 통하여 말하기 불안이 해소 혹은 완화됨을 확인할 수 있도록 개발하였다. 기능 중심 모형의 절차는 다음과 같다.

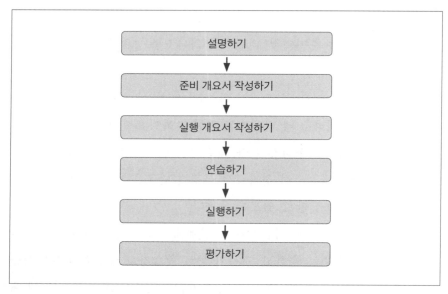

기능 중심 모형(전은주, 2010: 115)

우선 '설명하기' 단계에서는 발표와 같은 '준비된 말하기'의 과정과 목적 설정, 화제 선택, 세부 목표 세우기, 조직하기 등의 방법을 설명한다.

'준비 개요서 작성하기' 단계에서는 학습자가 설명하기 단계에서 학습한 내용을 적용하여 발표할 내용의 구체적 목적과 세부 목표를 설정하고 내용을 생성하고 조직하여 준비 개요서를 작성한다.

'실행 개요서 작성하기' 단계에서는 학습자가 준비한 내용을 청중에게 자연스럽게 전달하기 위해 기억해야 할 핵심적인 어휘나 구, 준언어나 비언어적 표현 등 중요한 내용을 중심으로 실행 개요서를 작성한다.

'연습하기' 단계에서는 실행 개요서의 내용을 떠올리며 발표를 자연스럽고 자신 있게 할 수 있도록 연습한다. 이 단계에서 연습 장면을 녹화해 보면서 자신의 발표에 나타난 표현 방법을 점검하고 수정할 점을 반영하여 연습을 반복한다.

'실행하기' 단계에서는 학습자가 청중 앞에서 준비하고 연습한 내용을 실제 수행하며, 청중의 역할을 하는 동료 학습자는 우호적으로 경청한다.

이 단계에서 교사는 학습자의 수행을 녹화해 평가하기 단계에서 사용할 자료를 준비해 둔다.

'평가하기' 단계에서는 학습자가 앞 단계에서 한 수행에서 잘한 점과 개선해야 할 점이라고 느낀 것을 말해 보게 한다. 또 학습자가 자신의 수행 장면을 녹화한 자료를 보며 다시 자기 평가를 해 보게 한다. 이후 교사가 분석한 잘한 점을 칭찬해 주고, 학습자가 다음 수행에서 목표로 해야 할 개선 사항을 함께 찾아본다.

이 모형을 적용할 때는 학습자에게 준비된 말하기를 수행할 때 필요한 지식과 기능을 교수·학습하는 것도 중요하지만 학습자가 배운 사항을 적용하여 충분히 연습한 후 실행하게 하고, 실행 후 교사의 긍정적 피드백을 통하여 학습자가 말하기 수행에 대한 효능감을 높이고 말하기에 대한 긍정적인 인식을 가지게 하는 것도 중요하다.

3) 비디오 피드백 처치 모형

비디오 피드백 처치 모형은 교사가 학습자에게 학습자의 말하기 수행이 녹화된 비디오 자료를 제공하여, 학습자가 자신의 수행을 객관적으로 분석하고 교사에게서 긍정적인 피드백을 받는 과정을 통하여 학습자의 말하기 불안이 감소할 수 있게 개발하였다. 말하기 불안을 겪고 있는 학습자는 자신이 느끼는 불안이나 신체 증상에 대한 자기 초점적 주의로 인해 자신의 수행을 부정적으로 왜곡하여 지각한다. 이로 인하여 자신에 대하여 부정적인 자아 개념을 가지게 되고 이러한 과정이 반복되어 강화되는 과정에서 불안 증상이 심해지게 되므로 학습자가 객관적으로 자신의 모습을 볼 수 있게 비디오 피드백을 제공하는 것이 불안 감소에 효과가 있다. 또 이 모형은 비디오 피드백의 효과를 증진할 수 있도록 학습자가 비디오를 보기 전에 인지적 준비 절차를 거치도록 설계하였다.

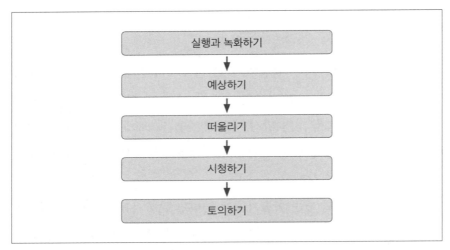

비디오 피드백 처치 모형(전은주, 2010: 117)

'실행과 녹화하기' 단계에서 교사는 학습자에게 활동 과제로 '3분 말하기 과제'를 주고 이에 대하여 준비한 후 발표하게 한다. 이때 학습자의 발표를 녹화한다. 발표할 주제는 학습자가 흥미 있어 할 수 있는 것으로 정하고 사전 준비 시간은 과제와 교수·학습 상황에 따라 학습자가 발표를 여유 있게 준비할 수 있게 준다.

'예상하기' 단계에서는 학습자가 발표 실행 후 자신의 발표 모습이 어땠을지 상세하게 떠올려 보게 하고 자기 관찰적 관점에서 이를 구체적으로 표현해 보게 한다.

'떠올리기' 단계에서는 학습자에게 자신의 발표가 청중에게 어떻게 보였을지 생각해 보게 하고 그 이미지를 생생하게 그려 보게 한다.

'시청하기' 단계에서는 학습자가 자신이 생각하는 발표 수행의 모습과 청중이 보는 모습이 다르다는 것을 설명하고, 비디오 자료를 낯선 사람을 보는 것처럼 최대한 객관적으로 시청하게 한다.

'토의하기' 단계에서는 학습자가 자신의 발표 비디오를 보고 잘했다고 평가하는 부분을 이야기하게 하고 교사도 발표에 대한 긍정적 피드백을 준다.

이 모형은 개별 학습자가 말하기를 수행할 때 이를 녹화하고, 또 학습자가 자기 수행에 대하여 '예상하기 – 떠올리기 – 시청하기' 과정을 거쳐 토의하게 하므로 시간 소요가 많고 교사의 노력이 많이 필요하다. 그러므로 다인수의 교실 환경에서 이를 적용할 때는 한 차시당 비디오 피드백을 제공할 학생 수를 3~4인 정도로 한정한다. 또 말하기 불안 조절에 대한 학습 요구가 높은 학습자를 대상으로 특별 집단을 구성하여 별도 프로그램으로 운영해 볼 수도 있다.

4) 간접형 모형

간접형 말하기 불안 해소 교수·학습 모형(간접형 모형)은 화법 수업에서 발표, 토론, 협상 등의 담화 유형에 대하여 교수·학습할 때 학습자가 해당 담화 유형을 실제 수행하기 직전에 말하기 불안 조절에 도움이 되는 절차를 거치게 하여 불안이 완화된 상태에서 실제적 수행을 할 수 있게 개발하였다. 이 모형은 말하기 불안을 조절할 수 있는 기능을 익히는 것 자체를 교수·학습의 목표로 하지는 않지만 학습자가 어떤 담화 유형을 실행하든지 실제 수행에 앞서 말하기 불안을 해소하거나 완화할 수 있는 과정을 거치게 함으로써 말하기 불안을 조절하고 완화할 방법을 간접적으로 익힐 수 있게 하였다.

'상상하기' 단계에서는 학습자가 자신의 수행을 긍정적으로 인식하고 성공적으로 수행하는 모습을 생생하게 떠올려 보게 한다. 교사는 학습자가 수행해야 할 과제에 맞게 성공적으로 말하는 모습과 수행 후 교사와 동료 학습자에게 긍정적 피드백을 받는 모습을 기술한 대본을 미리 준비해 두고 이 단계에서 이를 천천히 읽어 주며 학습자가 생생히 상상하게 돕고 자신감과 만족감을 충분히 느끼게 유도한다.

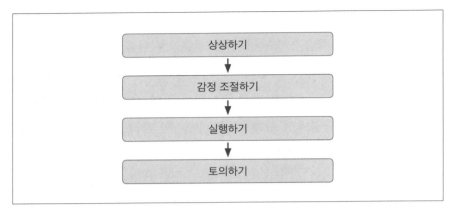

간접형 모형(전은주, 2010: 118)

'감정 조절하기' 단계에서는 학습자가 말할 때 느낄 수 있는 긴장이나 불안감을 짧은 시간 내 완화할 수 있도록 근육 이완 활동을 단축하여 시행한다. 이 단계에서는 학습자가 근육이 이완될 때 느끼는 심리적 편안함을 기억하게 하고 불안한 감정이 들 때 이완기의 편안함을 떠올리며 자신의 감정을 조절할 수 있게 한다.

'실행하기' 단계에서는 학습자가 학습 목표로 주어진 말하기 과제를 실제 수행하게 한다. 또 학습자의 수행을 비디오 피드백할 계획이라면 이 단계에서 실행 장면을 녹화한다.

'토의하기' 단계에서는 학습자가 자신의 수행을 객관적으로 평가해 보고, 교사와 동료 학습자가 긍정적인 피드백을 주어 학습자가 자신의 수행에 대하여 긍정적으로 인식할 수 있도록 돕는다. 또 학습자가 이러한 과정에서 스스로 다음 수행에서 개선해야 할 점을 찾을 수 있게 한다.

이 교수·학습의 모형은 화법 교수·학습에서 학습자가, 교사의 사전 계획에 따라 말하기 불안에 대처할 수 있는 단계를 거쳐 학습 목표로 주어진 말하기에 대한 실제적 수행을 할 수 있으므로 학습자가 불안이 감소한 상태에서 실제 수행을 할 수 있다는 장점이 있다. 또 학습자가 말하기 수행에 대한 긍정적 인식을 가질 수 있게 하며 말하기 불안 조절 기능을 경험해 보고 익힐 수 있다는 점에서 유용하다.

3. 교수·학습 안내

학습자가 말하기 불안이 발생하는 외적 상황을 스스로 조절하기 어려운 경우가 많으므로 화법 교수·학습에서는 학습자의 입장에서 화자 내적 문제에 대처할 수 있게 지도한다. 말하기 불안 해소 혹은 완화를 위한 교수·학습 모형을 사용할 때는 다음과 같은 부분에 유의한다.

1) 모형의 적용과 변형

학습자가 말하기 불안을 해소 혹은 완화하는 데 필요한 기능에 대해 이해하더라도 이것을 실제 담화 상황에 적용하여 적절히 대처하는 것은 단시간에 성취되는 것이 아니다. 특히 말하기 수행에 관한 부정적 인식을 긍정적으로 전환하는 것은 학습자 스스로 인지적 대처를 하는 것 이외에 교사와 동료 학습자 등 중요한 주변인들의 말과 행동에서 자신과 자신이 말하기 수행에 대한 긍정적인 피드백이 반복되어야 가능하며, 감정적 대처와 기능적 대처 역시 해당 기능의 반복적 사용 경험이 필요하다.

학교 현장에서 말하기 불안 해소 교수·학습 모형을 적용할 때는 학기나 학년 단위로 하위 모형을 선택하고 모형별 세부 단계의 실천을 장기적으로 계획하는 것을 권장한다. 또 교사가 학기별, 학년별 화법 교수·학습을 설계할 때 교육과정에 따른 교수·학습 내용과 이 교수·학습 모형의 세부 단계별 학습 내용을 결합하여 적용함으로써 학습자가 말하기 과제 활동을 할 때 불안을 조절하며 성공적으로 수행하는 반복적인 경험을 하게 하여 자신의 말하기에 관한 긍정적인 관점이 안착하게 한다.

통합적 모형은 여섯 단계를 순차적으로 적용하거나 더 교수·학습하고 싶은 일부 구간을 반복해서 사용할 수 있다. 예를 들어 '실행하기 – 평가하기'를 반복하고 싶다면 말하기 과제에 변화를 주어 실행한다. 또 교사가 말하기 불안에 대한 관점 중 강조하고자 하는 것에 중점을 두어, 가운데 일부 단계를 생략하여 변형 적용할 수도 있다. 예를 들어 말하기 불안에 대한 인지적 대처를 중점적으로 교수·학습하고 싶을 때는 '감정 조절하기'와 '표현 기능 연습하기'를 생략하고 바로 '실행하기' 단계의 활동을 한다. 같은 방식으로 '감정적 대처'나 '기능적 대처'를 강조하여 전, 후 단계는 생략하고 바로 '실행하기' 단계로 넘어갈 수도 있다.

말하기 불안 해소 교수·학습 모형을 복합형 모형으로 변형하여 사용

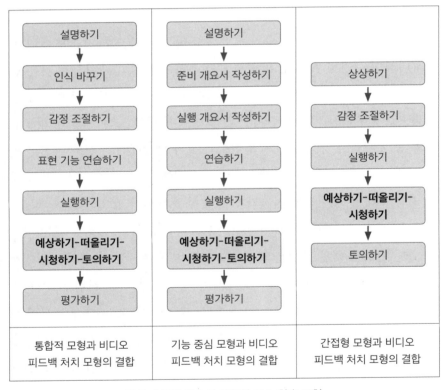

말하기 불안 해소의 복합형 교수·학습 모형

할 수도 있다. 앞에서 제시한 네 가지 모형은 공통적으로 '실행하기'와 실행 후 활동으로 '평가하기' 혹은 '토의하기'를 두고 있어, 학습자가 수행을 한 후 교사나 동료 학습자가 관찰한 것을 긍정적으로 피드백하는 활동이 있다. 통합적 모형, 기능 중심 모형에 비디오 피드백 처치 모형을 결합하여 '실행하기'와 '평가하기' 단계의 중간에 '예상하기 – 떠올리기 – 시청하기 – 토의하기'를 넣어 복합 모형으로 사용할 수 있다. 이 같은 복합 모형은 학습자가 자신의 수행을 객관적으로 확인해 보면서 피드백을 주고받으며 불안 조절의 교수·학습을 이중으로 강화할 수 있다는 장점이 있다. 또 간접형 모형의 '실행하기' 단계 이후에 '예상하기 – 떠올리기 – 시청하기'를 넣어 복합형 모형으로 사용할 수 있으며 이 경우는 원래 모형에는 말하기 불안 조절 기능에 대한 직접적인 교수·학습이 없는데 복합 모형으로 변형하면 말하기 불안 조절 기능에 대하여 직접 교수·학습을 할 수 있게 되는 이점이 있다.

이처럼 복합형 모형으로 사용할 때에는 단일 모형에서와 달리 세부 단계를 핵심 활동을 중심으로 간략히 하는 등 탄력적으로 운용한다.

2) 실제적 과제의 말하기 상황 조절

말하기 불안 해소 교수·학습 모형은 기본적으로 학습자가 조건화된 상황에서 말하기 불안을 조절하며 말하기를 효과적으로 수행하여 자신의 말하기에 대한 긍정적인 인식을 가질 수 있게 설계되어 있다. 그러므로 실제적 수행을 위하여 각 모형의 '실행하기' 단계에 부과되는 실제적 과제는 학습자에게 말하기 불안 상황에 직면하더라도 극복할 수 있음을 경험하게 하는 매우 중요한 요소다. 따라서 이를 구성할 때는 다음과 같은 점에 유의한다.

첫째, 말하기를 위한 실제적 과제의 요건을 구체화해야 한다. 과제를 지시할 때는 말해야 하는 상황을 구체적으로 설명하고 주제도 명확히 한다. 또 어떤 청중을 대상으로 하는지, 발표 중 사용할 자료 등에 대해서도 충분한 정보를 준다.

[과제 예시] 다음과 같은 상황에서 후배들 앞에서 동아리를 소개하는 말하기를 해 보자.
- 발표자: 고등학교 2학년, 봉사 동아리 부장
- 장면: 학년 초, 동아리 홍보 시간, 학교 강당(물리적 조건)
- 담화 유형: 발표(대중 앞에서 준비해서 말하기)
- 주제: 봉사 동아리의 활동 소개와 장점
- 목적: 설명하기 및 설득하기
- 청중: 신입생 100명 정도
- 자료: PPT 자료, 배경 음악, 사진 자료

둘째, 말하기 과제의 상황은 학습자의 말하기 불안 상태를 고려해서 조정한다. 말하기 과제가 학습자에게 '부담은 되지만 해 볼 만한' 수준의 말하기 과제가 될 수 있게 장면(시간과 장소), 주제, 청중 등의 세부 요건을 조절한다.

셋째, '실행하기' 단계를 반복할 때는 점차로 말하기 상황의 부담 수준을 높여 말하기 불안이 발생할 수 있는 다양한 상황에 대하여 대처할 수 있게 한다. 예를 들어 우호적인 청중 10명을 대상으로 친숙한 공간에서 잘 아는 주제에 대하여 발표를 한 상황이라면 다음 발표에서는 일부 요건의 부담 수준을 높인다. 낯선 청중, 비우호적인 청중, 대규모 청중으로 청중에 변화를 주거나, 친숙한 공간에서 친숙하지 않은 공간으로 공간에 변화를 줄 수 있다. 혹은 잘 아는 주제에 대한 발표에서 잘 모르는 주제에 대한 발표로 주제에 변화를 주는 것도 가능하다. 이때 학습자가 극심한 불안을 느끼게 하는 과제를 제시하는 것은 좋지 않으므로 과제 변인 조절에 대하여 사전에 충분히 숙고한다.

3) 긍정적 평가 유도하기

말하기 불안 해소 교수·학습 모형에는 학습자의 실제적 수행에 대한 평가 혹은 토의하기 단계가 모두 포함되어 있다. 이는 결국 수행 이후 학습자 스스로 자신의 수행에 대하여 긍정적 인식을 강화하고 말하기 불안을 완화하게 하여 말하기 효능감을 가지게 하고자 한 것이다. 그러므로 '평가하기'나 '토의하기'가 제 기능을 하기 위해서는 교사와 동료 학습자의 긍정적 피드백이 있어야 하고, 학습자가 자신의 수행에 대하여 긍정적으로 평가할 수 있게 유도해야 한다. 이를 위하여 교사는 우선, 학습자에게 피드백을 줄 때 잘한 점, 칭찬해야 할 점 등에 주목하여 구체적인 부분까지 말해 준다.

청중의 역할을 맡은 동료 학습자에게는 '실행하기'에서 우호적인 청자로서 비언어적인 표현을 하며 경청하게 하고, 발표자에게 긍정적으로 피드백할 부분을 생각하게 한다. 또 이후 '평가하기' 혹은 '토의하기' 단계에서도 이러한 우호적인 입장을 유지하며 긍정적으로 피드백하게 유도한다. 또 교사가 학습자에게 '이번 말하기에 대하여 어떻게 생각하는가'와 같이 개방형으로 자기 평가를 하게 하면 학습자가 자기 초점적 주의로 인하여 수행에서 잘못했던 점, 부족했던 점, 아쉬웠던 점 등 부정적인 부분을 중심으로 말할 수 있으므로 '발표에서 잘한 점, 칭찬하고 싶은 점 등에 대해 말해 보라'와 같이 긍정적으로 자기 평가를 할 수 있게 유도한다.

참고문헌 ——

전은주(1998), 「말하기·듣기의 본질적 개념과 교육과정 구성 방안 연구」, 고려대학교 박사학위 논문.

전은주(2010), 「말하기 불안 해소의 교수-학습 방법」, 『화법연구』 16, 95-124.

최영인·권정혜(2009), 「관찰자 관점이 발표상황에서 불안과 수행에 미치는 영향」, 『한국심리학 회지: 일반』 28(1), 147-166.

황경남·조용래(2007), 「우울수준과 인지적 준비가 비디오 피드백 처치 후의 발표불안 감소에 미 치는 영향」, 『한국심리학회지: 임상』 26(2), 323-344.

Ayres, J. & Hopf, T.(2008), 『말하기 불안 어떻게 극복하는가?: 말하기 불안을 겪는 학생을 지도 하기 위한 교사용 안내서』, 전은주(역), 한국문화사(원서출판 1993).

Clark, D. & Wells, A.(1995), "A Cognitive Model for Social Phobia". In R. G. Heimberg, M. R. Liebowitz, D. A. Hope & F. R. Schineier(eds.), *Social Phobia: Diagnosis, Assessment, and Treatment*, The Guilford Press.

Harvey, A. G., Clark, D. M., Ehlers, A. & Rapee, R. M.(2000), "Social Anxiety and Self-impression: Cognitive Preparation Enhances the Beneficial Effects of Video Feedback Following a Stressful Social Task", *Behaviour Research and Therapy* 38(12), 1183 – 1192.

Hope, D. A., Heimberg, R. G., Juster, H. R. & Turk, C. L.(2006), 『사회불안증의 인지행동치료: 사회불안 다스리기』, 최병휘(역), 시그마프레스(원서출판 2000).

Paul, G. & Shannon, D.(1966), "Treatment of Anxiety through Systematic Desensitization in Therapy Groups", *Journal of Abnormal Psychology* 71(2), 124 – 135.

Trexler, L. & Karst, T.(1972), "Rational-emotive Therapy, Placebo, and No-treatment Effects on Public-Speaking Anxiety", *Journal of Abnormal Psychology* 79(1), 60-67.

Walker, C., Hedberg, A. G., Clement, P. W. & Wright, L.(1981), *Clinical Procedures for Behavior Therapy*, Prentice Hall.

Wolpe, J.(1958), *Psychotherapy by Reciprocal Inhibition*, Stanford University Press.

6장

면담 교육 모형[1]

조재윤

면담 교육 모형은 학생들이 학교생활을 하거나 성인들이 사회생활을 하면서 일정한 목적을 위하여 정보를 수집하거나 설득, 평가를 위하여 수행하는 면담을 더욱 효과적으로 실행하기 위하여 고안되었다. 이 모형을 배우기 위해서는 면담에 대한 개념 이해로부터 면담을 준비하는 과정, 실행하는 과정, 그리고 내용을 정리하는 각 단계가 면담 참여자 중심이어야 하고 실행을 중심으로 이루어져야 하며, 새로운 면담 방식이 반영되어야 한다.

1. 면담의 교육 내용

면담의 교육 내용은 면담의 개념과 종류, 면담의 구조, 면담의 특성, 면담의 절차 등으로 구성된다.

....

1   이 내용은 조재윤(2012), 「학교 면담 교육의 분석과 대안」을 바탕으로 설정한 것이다.

1) 면담의 개념과 종류

면담에 대한 이론적 설명은 면담에 대한 개념 설정에서 시작한다. 면담의 개념을 어떻게 설정하는가에 따라 면담의 종류, 면담의 구조, 면담의 절차 등이 달라지기 때문이다.

조재윤(2012)은 사용역에 따라 다르게 쓰이는 '면담'의 개념을 검토하여 면담을 재개념화하고 있다. 표준국어대사전에 따르면 면담은 '서로 만나서 이야기함'인데, 이는 매우 단순하여 교육적으로 활용하기 어렵다. 2009 개정 국어과 교육과정은 '특정 인물이나 주제에 대한 정보를 수집하기 위하여 면담자와 피면담자가 주고받는 대화', 이창덕 외(2000)에서는 '일상 대화와는 달리, 어떤 특별한 목적을 지닌 공식적인 질의 - 응답식 대화'로 면담을 개념화하는데, '~대화'라는 개념 규정은 의미가 중첩될 뿐만 아니라 화법의 담화 유형인 '대화'와 구별되지 않는다. 또한 질의를 하는 사람과 응답을 하는 사람을 명확하게 구분하는 '면담자와 피면담자'라는 표현은 쌍방향적인 대화로 이루어지는 현대 면담의 특성을 반영하지 못한다는 한계가 있다. 전은주(2008)는 '참여자들이 특정한 목적을 가지고 주로 질의응답의 형태로 진행되는 공식적 담화'라는 개념을 사용한다. 이와 유사하게 다운스 외(Downs et al., 1980)에서도 면담을 '특별한 주제와 관련된 목적을 위해 면대면으로 행해지는 음성언어 의사소통'이라는 넓은 개념으로 설정하고 있다.

이와 같은 면담 개념에 대한 논의를 바탕으로 면담이 목적 지향적이고, 공적인 담화이면서 그 형식은 주로 질의응답 방식으로, 상호적으로 이루어진다는 특성이 있음을 알 수 있다. 즉 면담은 '면담 참여자들이 일정한 목적을 위하여 서로 대면 또는 비대면으로 만나서 주로 질의응답 형식으로 이루어지는 공식적인 담화'라고 할 수 있다(조재윤, 2012).

면담은 공개 여부에 따라 공개 면담과 비공개 면담, 면담 참여자들의 규모에 따라 단독 면담과 집단 면담으로 분류할 수 있다. 또한 면담 목적에 따라 '정보 수집을 위한 면담', '상담을 위한 면담', '설득을 위한 면담', 그리고 '평가를 위한 면담' 등으로 나눌 수 있다(이창덕 외, 2000: 306). 공개 여부나 목적에 따른 면담의 분류 외에 연구 방법으로서 '심층 면담, 포커스 그룹 인터뷰(FGI)' 등도 있다.

특히 목적에 따른 분류 중에서 평가를 위한 면담을 면접(面接)이라고 한다. 면접은 '면접 대상자의 평가 및 선발을 목적으로 하는 담화 유형으로, 주로 질의응답을 통하여 면접 대상자의 지식이나 기능, 성품, 잠재력 등을 평가하기 위해 이루어지는 의사소통 활동'이라고 할 수 있다.[2] 현재 국어과 교육과정에서는 면담과 면접을 별도의 교육 용어로 사용하고 있지만, 면접을 목적에 따라 분류한다면 면담의 한 종류로 볼 수도 있다. 면담과 면접을 영어로는 모두 '인터뷰(interview)'라고 한다.

2) 면담의 구조

면담의 구조는 중요한 면담의 교육 내용이다. 면담 참여자 중에 면담자(interviewer)가 질문을 하고 피면담자(interviewee)가 대답을 하는 질의응답 구조가 면담의 전형적(典型的)인 형태라고는 할 수 있어도, 모든 면담이 반드시 질의응답 구조를 지니는 것은 아니다. 정보 수집을 위한 면담이나 평가를 위한 면담에서는 이러한 질의응답 구조가 필수적으로 나타나고 담화의 대부분을 차지하지만, 상담을 위한 면담이나 판매를 위한 면담의 경우는 누가 질문을 하고 누가 대답을 하는가의 역할이 분명하지 않고 질의

....

2 물론 면접을 평가를 위한 면담으로만 보지 않는 경우도 있다. 면접도 '정보 수집'을 위한 목적으로 수행될 수 있기 때문이다. 하지만 대부분의 경우에 면접은 진학, 취업 등에서 평가 또는 선발을 목적으로 수행된다.

응답 구조가 담화에서 차지하는 비중이 낮으며, 극단적인 경우 질의응답이 전혀 나타나지 않을 수도 있다(화법용어해설위원회, 2014: 274).

면담의 구조는 면담자 및 피면담자의 인원수에 따라 다르다. 면담자 1명과 피면담자 1명인 경우에는 일대일 면담이 된다. 다른 구조로는 일대다 면담, 다대일 면담 또는 집단 면담이 있다(조재윤, 2012: 182). 또한 4차 산업 시대라는 사회 환경 변화에 따라 실제로 대면하지 않고 온라인 등을 통하여 비대면으로 이루어지는 면담 구조나 AI 면담(또는 AI 면접)과 같은 구조도 있다.

3) 면담의 특성

면담의 특성은 일상 대화와 비교했을 때 분명하게 드러난다. 아들러와 로드맨(Adler & Rodman, 2003: 450)에 따르면 면담은 목적, 구조, 통제, 균형의 네 가지 측면에서 일상 대화와 차이를 보인다. 첫째, 일상 대화가 친교를 중심 목적으로 이루어진다면, 면담은 친교 이상의 진지한 목적을 지니고 있다. 둘째, 일상 대화의 구조에 비해 면담은 일정한 단계를 갖는 구조로 정형화되어 있다. 셋째, 일상 대화는 특별한 통제 없이 자유롭게 진행되는 반면 면담은 사전에 설정된 목적에 기여하도록 대화의 진행이 통제된다. 넷째, 일상 대화의 경우 참여자들의 양적 기여도가 서로 비슷한 데 비해 면담은 피면담자와 면담자의 발화가 70 대 30 정도로 피면담자의 양적 비중이 훨씬 높은 것이 대부분이다. 다만 넷째 특성의 경우, 전형적인 면담이라 할 수 있는 정보 수집을 위한 면담이나 평가를 위한 면담(면접)에서는 극명하게 드러나나 다른 유형의 면담에서는 잘 나타나지 않을 수도 있다(화법용어해설위원회, 2014: 274, 재인용).

4) 면담의 절차

면담은 개념이나 구조, 타 담화 유형과의 차이점 등의 이론적인 내용뿐만 아니라 실제로 면담이 수행되는 절차에 대하여 교육하는 것이 중요하다. 면담의 절차를 익히고 각 면담 단계에 따른 준비를 철저하게 하는 교육과정이 면담 교육의 성공률을 높이는 지름길이라 해도 과언이 아니다. 면담을 다루는 이론서에는 면담의 절차(단계)는 이러이러하다고 명시적으로 기술하고 있는 것은 찾기 어렵다.

면담의 절차를 세분화하여 기술한 2007 개정 교육과정에 따른 초등학교 교육과정 해설서를 살펴보면 면담의 절차는 다음 표와 같다.

면담의 절차(교육과학기술부, 2008: 135)

단계	세부 내용
준비	• 면담의 목적, 대상, 주제 등 설정 • 면담 주제에 대한 사전 정보 수집 • 면담 대상의 섭외 • 질문의 준비 • 면담에 필요한 녹음기와 기록용 노트 등 준비물 점검
진행	• 피면담자와의 대면 • 준비한 질문 중심 면담 • 후속 질문하기
정리	• 면담 목적을 고려하여 정리하기 • 정리한 내용을 발표하거나 글로 보고하기

전형적인 면담 절차는 크게 '준비→진행→정리'로 구분된다. 준비 단계에서는 면담의 목적, 대상, 주제 등을 설정하고 주제에 대한 사전 정보를 수집하며, 면담 대상을 섭외하고 질문을 준비하는 활동을 수행한다. 면담 진행 단계에서는 면담자와 피면담자가 대면하여 준비한 질문을 중심으로

면담이 이루어지고, 상황에 따라 준비한 질문에 후속하는 질문이 더해질 수 있다. 정리 단계에서는 면담의 목적을 고려하여 면담 내용을 정리하고, 정리한 내용을 말이나 글로 표현하는 활동을 수행한다.

2. 면담 교육 모형

앞에서 살펴본 것처럼 면담의 절차는 '면담 준비, 면담 진행, 면담 정리'로 정리하였다. 이 세 단계의 절차를 '면담 교육 모형'으로 설정하고자 한다. 면담 교육 모형의 각 단계의 절차는 '면담 참여자를 중심으로 하여 면담을 준비하는 과정', '실제로 면담을 수행하는 과정', 그리고 '면담 내용을 정리하는 과정'으로 나누고 각 단계의 세부 내용을 제시하면 다음과 같다.

면담 교육 모형

단계	세부 내용	
준비하기	• 면담의 목적 설정하기 • 면담 대상 선정하기 • 사전 정보 수집하기 • 질문 만들기	
실행하기	• 면담 참여자 만나기 • 면담 시 주의할 점 지키기 • 준비한 질문 중심 면담하기	
정리하기	• 면담 결과 정리하기 • 면담 결과 공유하기 • 면담 과정 평가하기	

1) 준비하기

면담의 성패 여부는 면담 준비의 충실도에서 가려지는 경우가 많다. 준비하기 단계에서는 우선 면담자들이 관심 분야를 정하고 이에 따라 면담 목적을 설정한다. 이후 면담 목적을 달성하기 위한 적합한 면담 대상을 선정한 후에 이 면담 대상에 대한 사전 자료나 정보 등을 조사·수집한다. 이렇게 수집된 정보를 바탕으로 실제 면담에서 하게 될 질문을 만든다. 또한 면담 대상자에게 면담을 요청하여 허락을 받은 후, 면담하게 될 시간과 장소 정하기, 그리고 면담을 하면서 사용하게 될 녹화(녹음) 도구와 면담 기록지와 같은 준비물 점검하기로 이루어진다.

2) 실행하기

면담 실행하기의 첫 순서는 면담 참여자들의 만남이다. 기존의 면담 개념에서 '대면 또는 면대'를 명시적으로 제시한 경우도 있으나, 현대의 만남은 대면 외에 비대면(온라인 화상 등)으로의 만남 등 만남의 방식도 다양해지고 있다.

면담 실행하기에서는 면담 준비 과정에서 정한 면담의 목적에 따라 면담자와 피면담자가 묻고 답하는 활동을 하거나 상호 논의하는 활동을 한다. 면담을 열 때는 피면담자를 만나면 인사를 하고 면담 목적을 다시 명확하게 밝힌다. 그런 후 목적에 적합하게 준비한 질문을 하고 필요한 경우에 추가적인 질문을 한다. 질의응답을 할 때는 질문에 대한 답변을 잘 메모해야 하며, 미리 면담 대상자의 허락을 얻어 면담 내용을 녹음하거나 녹화할 수도 있다. 면담을 마무리할 때도 감사의 표시(인사)를 하도록 한다. 이때에는 면담 시 주의할 점이나 유의할 점 등을 지키면서 면담을 실행한다.

3) 정리하기

면담 정리하기에서는 면담 기록지 등을 이용하여 면담 목적 설정과 면접 대상자 선정 등 면담 준비 과정, 면담을 진행하면서 새롭게 알게 된 사실, 면담하고 나서 느낀 점 등에 대하여 정리한다. 이때 수업 중에 이루어지는 면담에서는 모둠별로 이루어진 여러 가지 면담 결과가 있다면 발표하기 또는 작성한 보고서 공유하기의 과정을 거칠 수 있다. 그리고 면담 정리하기에서 반드시 해야만 하는 활동은 아니지만, 면담의 모든 과정에 대하여 평가하는 활동을 할 수 있다.

3. 면담 교수·학습 방향

공식적인 담화로서의 면담 교육은 면담에 대한 개념 및 종류, 구조 등의 이해로부터 면담의 실제 수행 절차, 즉 '면담을 준비하는 과정, 실제로 면담을 수행하는 과정, 그리고 면담 내용을 정리하는 과정'의 각 단계가 '면담 참여자(면담자와 피면담자/면담 대상자)' 중심으로 이루어져야 한다. 또한 면담은 면담 참여자들이 상호 간에 면담 목적을 협력적으로 이루도록 하는 동시에 4차 산업 시대 환경에 적응하는 새로운 면담 방식(비대면 면담, AI 면담 등)을 반영하고, 이러한 새로운 면담 방식과 기존의 면담 방식이 실제로 실행까지 이루는 방향으로 교수·학습이 이루어져야 한다.

1) 면담 참여자 중심의 교육

면담 교수·학습에서 면담을 성공적으로 수행하기 위해서는 면담 참여자들에게 다음과 같은 내용을 강조해야 한다.

(1) 면담 요청 교육

정보 수집을 위한 면담을 준비하기를 살펴보면, 어떤 사람을 면담하기 위해서는 그를 직접 찾아가거나 편지로 또는 전화로, 면담의 목적과 이유를 밝히고, 허락해 줄 것을 정중하게 부탁해야 한다. 신문 기사와 같은 면담(인터뷰) 기록에는 이와 같은 사정들이 자세하게 쓰여 있지 않다. 허락을 얻게 되면 만날 시간과 장소를 약속한 다음, 그에게 질문할 내용을 미리 생각하여 질문 문항들을 구체적으로 준비해야 한다. 사전에 면담 대상자의 고향이나 취미 등을 미리 알아 두고 그것에 관한 대화로 시작하면, 좋은 분위기 속에서 면담을 할 수 있을 것이다.

(2) 질문하는 방법 교육

면담에서 가장 핵심이 되는 것은 질문인데, 면담을 교육할 때는 '어떤 질문'을, '어떻게 해야' 면담의 목적을 효과적으로 달성할 수 있는가를 제시해야 한다. 면담 목적에 따른 질문 내용 선정 방법에 중점을 두고, 구체적이고 명확한 대답을 이끌어 낼 수 있는 질문 방법을 교육해야 한다. '열린 질문'과 '닫힌 질문' 그리고 '직접 질문'과 '간접 질문'에 대한 질문 유형을 교육하고, 면담에서는 하지 말아야 할 질문이 있다는 것을 가르쳐야 한다(주경희, 2011: 253-254).

질문은 내용에 따라 두 가지로 나눌 수 있다. 첫째, 주안적 질문이다. 주안적 질문은 질문자가 1차적으로 묻고자 하는 핵심적 내용의 질문이다. 둘째, 부차적 질문이다. 부차적 질문은 주안적 질문에 대한 보충적 질문으로, 응답자의 응답이 불충분하거나 불명확할 때 다시 묻는 질문으로 탐사적 질문이라고도 한다. 예를 들면, '다시 한번 구체적으로 설명해 줄 수 있겠습니까?', '그렇다면 그 이유는 무엇입니까?', 'ㅇㅇㅇ라고 했는데, 구체적으로 무슨 뜻입니까?' 등이다(이창덕 외, 2000: 308-309). 면담을 준비할 때에는 주안적 질문을 중심으로 준비하되, 면담 수행 중에 면담의 목적에 맞게 부차적인 질문을 제시할 수 있어야 한다.

실제의 면담에서는 논쟁적 요소가 포함되어 의도적으로 언어의 함정을 파는 경우도 많다. 특히 소크라테스식 대화법에 유의할 필요가 있는데, 소크라테스식 대화에서는 정보 소유자가 사실을 있는 그대로 제시하지 않고 자신에게 유리한 사실만을 전달한다고 가정한다. 이와 마찬가지로 면담자는 피면담자가 사실을 있는 그대로 제시하지 않고, 자신에게 유리한 사실만을 전달할 것이라고 예상하여, 피면담자가 불리한 내용을 인정하도록 함정을 파는 질문을 해야 한다고 생각한다. 또는 면담을 면담자와 피면담자 사이의 경기라고 인식하는 경우도 있다. 면담자가 피면담자에게 성격적 결함이나 특정한 결점이 있다는 것을 증명한다면, 면담이라는 경기에서 승리한다고 생각하는 것이다. 이 과정에서 유용한 정보와 의견의 발견이라는 면담의 원래의 목적은 잊힌다. 정치면 신문 기사들에서 이러한 면담의 특징을 많이 볼 수 있다(Bryan, 1962 / 1995: 128). 면담 수행이 의도적으로 언어의 함정을 파는 질문에 빠지지 않고 본래의 목적에 충실하게 이루어질 수 있도록 교수·학습이 이루어져야 한다.

(3) 면접에서 질문 및 답변하는 전략 교육

면접은 '면접 대상자의 지식이나 기능, 성품, 의사소통 능력, 잠재력 등을 파악하기 위한 공적 대화'로서 진학이나 취업 등의 상황에서 평가를 위한 면담의 일종이라고 할 수 있다. 면접은 일정한 목적을 위해 질문과 응답을 주고받고 이를 통해 정보를 수집하고 평가가 이루어지기 때문에 사적 대화와는 차이가 있다. 면접은 '평가를 위한 면담'의 일종으로 면담이라고 할 수 있으나, 여기서는 일반적으로 많이 사용하면서 국어과 교육과정에서 별도의 담화 유형으로 구분하고 있는 '면접'이라는 용어를 써서 기술하기로 한다.

면접에서는 면담과 마찬가지로 질문이 중요하다. 면접에서의 질문은 주로 지원자에 대한 질문과 상식에 대한 질문으로 나눌 수 있다(이창덕 외, 2017: 222-224). 지원자에 대한 질문은 주로 자신에 대한 질문(자기소개, 장단점 등), 직장 생활에 관한 질문(중소기업 지원 이유, 회사 정보 등), 학창 시절에 관한 질문(전공과목, 동아리 활동 여부 등), 교우 관계에 대한 질문(친구의 유형, 친구가 생각하는 나 등), 시사 상식에 관한 질문(기업의 사회적 책임, 노동 시장 등), 기타 질문(돌발 질문 등) 등이 있다. 상식에 관한 질문은 지원자가 체계적으로 구축한 상식을 잘 설명하는지를 파악하고, 상식이 통용되는 상황이나 조건이 집단의 특성만큼 다양할 수 있으므로 이를 고려하면서 축약적인 형태로 자신이 재해석할 수 있는지를 알아보고자 하는 의도를 지니고 있다.

면접에서는 답변 전략을 교육하는 것이 중요하다. 효과적인 면접 답변 전략으로는 수사학적 답변 태도 전략, 불리한 사실 답변 전략, 최후 변론 전략, 어법 바꾸기 전략 등이 있다(이창덕 외, 2017: 228-233). 수사학적 답변 전략은 아리스토텔레스의 세 가지 수사학인 로고스, 파토스, 에토스를 사용하는 것이다. 로고스 방법 중 하나는 누군가의 주장이나 의견을 '일단' 받아들이는 것이다. 파토스의 방법은 공감을 핵심으로 하는데, 공감의 여부는 언어적인 것보다 비언어적인 것일 때 더 강력하다는 것을 인식하는 것이다. 에토스 방법의 하나는 자신이 삶을 성찰한 뒤, 이러저러한 생각과 삶을 살아가고 있음을 변론하면서 적정률의 법칙(Forbes & Prevas, 2011: 84-88; 이창덕 외, 2017: 229 재인용)을 지키는 것인데, 여기서 적정률이란 누군가를 설득하기 위해서는 말, 몸짓, 어투, 이미지, 태도, 생각 면에서 그 상대방과 동일한 언어와 동일한 방식을 보여 주어야 한다는 것이다. 불리한 사실 답변 전략은 불리한 사실을 솔직하게 인정하는 것, 지적받은 그 사실과 다소 거리가 먼 활동과 쟁점을 부각하는 것, 그 사실이 발생하게 된 자초지종을 상세하게 밝히는 것, 그 사실이 지금 자신의 삶에 아무런 영향을 미치지 못한다는 것을 말하는 방법이다. 최후 변론 전략은 면접이 예상처럼 잘 이루어지지 않고 자신에게 불리하다고 여겨진다면, 이러한 불리한 상황과 조건을 뒤집을 새로운 돌파구를 찾는 방법이다. '잠깐, 한 말씀 드려도 될까요?' 등의 말로 면접관이 수용하면 준비를 철저히 한 지원자 입장에서 법정에서 최후의 발언을 하는 피고처럼 자신의 철학과 가치관, 능력 등을 '잠깐, 한 말씀'에 담아 자신이 어떠한 사람인지 면접관에게 최선을 다해 피력해야 한다.

면접의 답변 전략 교육 방향은 첫째, 면접에서 질문자의 의도를 올바르게 파악하기 위하여 내용 확인과 같은 사실적 듣기와 질문자(면접관)의 의도를 파악하는 추론적 듣기가 잘 이루어지도록 해야 한다. 특히 질문자가 면접에서 목적으로 하는 평가와 정보 수집의 방향과 의도가 무엇인지를 고려하여 질문을 이해하고 해석하는 듣기 교육을 강조하도록 한다. 둘째, 면접 질문에 대하여 효과적인 답변을 하기 위해서는 질문과 응답의 다층적 구조를 보이는 점에 착안하여 질문의 의도를 파악하고 이에 효과적으로 응답하는 방법을 모색(나은미, 2018: 154)하도록 해야 한다. 셋째, 질문자의 의도와 요구에 적합한 답변을 잘하기 위하여 답변을 잘 '계획'한 후에, 내용을 명확하게 '선정'하고, 이를 잘 '조직'하여 어법에 맞게 '표현'하도록 하는 '말하기' 교육과 잘 연계할 수 있도록 한다. 답변을 말하는 표현 과정에서도 언어적 표현뿐만 아니라 준언어 및 비언어적 표현을 적절하게 사용하도록 교육해야 한다.

(4) 수행에서 유의할 점

대면하여 면담을 하는 경우 약속 시간에 늦지 않게 그 대상자를 찾아가 인사하고, 앉으라는 말을 기다렸다가 앉은 다음, 질문을 시작한다. 온라인 등과 같이 비대면으로 이루어지는 면담의 경우에는 약속된 면담 시간에 늦지 않게 준비한다. 질문은 육하원칙에 따라 간단하고 명확하게 하며, 일반적인 질문부터 시작하여 본격적인 질문으로 넘어가도록 한다. 면담 대상자의 응답 내용 중, 중요한 사항과 인명, 날짜, 통계 숫자 등은 기록하되, 만약 그 대상자가 이를 꺼리는 눈치가 있으면 면담이 끝난 뒤에 곧 기록한다. 면담이 끝나면 감사의 말을 하고 곧바로 면담 자리를 떠나야 한다면 돌아와서는 면담의 내용을 정리해서 기록해 두어야 한다(이창덕 외, 2000: 310).

2) 새로운 면담 방식 반영

면담의 교수·학습은 시대 및 사회의 발달 및 맥락을 적극적으로 반영하는 새로운 면담 방식으로도 이루어져야 한다. 새로운 면담 방식에 적합한 교재가 구성되어 있지 않다고 하더라도 교수자에 의한 교재 재구성 등을 방법으로 반영되어야 한다.

면담 교육은 대면 면담뿐만 아니라 디지털 미디어 등의 발달로 인하여 또는 감염병 등의 상황에 따라 비대면으로 이루어지는 면담을 포함하여야 한다. 전화 면담, 이메일 면담, 온라인 화상 면담 등 다양한 면담 방식을 활용할 수 있어야 한다(조재윤, 2012: 183). 또 AI 발달에 따른 AI 면담(또는 AI 면접) 등 제4차 산업혁명 시대로 대표되는 사회·문화적 맥락을 적극적으로 반영하여 면담 교육이 이루어져야 한다.

면담 교육은 실제 면담을 지원하는 교육 내용을 충분하게 제공하여야 한다. 교수 자료이면서 학습 자료의 핵심인 교과서들을 살펴보면 모범이 되는 예시 면담 자료가 부족한 교과서가 존재한다. 학습자들이 제대로 된 면담 실행을 하지 못하는 현실에서 모범이 되는 자료를 제공하는 것은 면담 교육의 비계로서나 시범 보이기 과정으로서나 중요하다고 할 수 있다. 면담 자료도 가능하면 '동영상' 자료로 제시하여야 한다(조재윤, 2012: 180).

3) 실행 중심의 면담 교육

면담 교육은 실제 면담 실행 중심으로 이루어져야 한다. 면담 전 활동이나 면담 후 활동보다는 실제로 면담을 수행할 수 있는 활동 중심으로 교과서가 구성되어야 하고, 면담 교수·학습도 면담 실행하기 단계를 중심으로 수행되어야 한다. 화법 능력은 실제로 수행하는 가운데 잘 발달하므로 면담 실행 능력도 면담을 많이 해 볼수록 성장·발달하게 될 것이다(조재윤, 2012: 181-182). 면담 교육 관련 교과서 구성에서 실행하기 단계를 더욱 강조할 필요가 있고, 교과서의 내용이 부족하다면 실제 수업 시간에 면담 실행을 강조하고 시간을 더 많이 배정하도록 재구성하는 노력이 필요하다. 교실이라는 한정된 공간을 넘어서서 4차 산업 시대의 사회상을 반영하여 AI 활용 면담 방식, 가상현실 면담 방식, 원격 화상 면담 방식 등을 적극적으로 반영하게 되면 면담 교육의 실제성을 높일 수 있을 것이다.

참고문헌

교육과학기술부(2008), 『2007년 개정 초등학교 교육과정 해설(Ⅲ): 국어, 도덕, 사회』, 대한교과서.

교육과학기술부(2011), 『국어과 교육과정』, 교육과학기술부 고시 제2011-361호 [별책 5].

나은미(2018), 「취업목적 장르의 정체성과 자기소개서 및 면접 교육의 설계」, 『리터러시연구』 9(2), 131-159.

백성준·최성호·류윤희·김민자·박은영(2016), 「고교 교육과정에 기반한 대학입전형의 전공 특성 면접 도구 개발」, 『현대사회과학연구』 20, 1-29.

이창덕·임칠성·심영택·원진숙(2000), 『삶과 화법: 행복한 삶을 위한 화법 탐구』, 박이정.

이창덕·임칠성·심영택·원진숙·박재현(2017), 『화법 교육론』, 역락.

전은주(2008), 「학교 화법 교육에서의 면담 교수–학습 내용에 관한 재고」, 『국어교육』 127, 81-109.

조재윤(2012), 「학교 면담 교육의 분석과 대안」, 『화법연구』 21, 159-189.

주경희(2011), 「면담 교육을 위한 교육 내용 구성 방법」, 『국어교육』 135, 243-265.

한국화법학회 화법용어해설위원회(2014), 『화법 용어 해설』, 박이정.

Adler, R. B. & Rodman, G.(2003), *Understanding Human communication*, Oxford University Press.

Bryan, M.(1995), 『좋은 화법과 화법 지도』, 윤희원(역), 교육과학사(원서출판 1962).

Downs, C. W., Smeyak, G. P. & Martin, E.(1980), *Professional Interviewing*, Harpercollins College Div.

Forbes, S. & Prevas, J.(2011), 『권력자들』, 하윤숙(역), 에코의서재(원서출판 2009).

1장

공감 순환 대화 교육 모형[1]

박재현

공감 순환 대화 교육 모형이란 공감적 대화를 학습하기 위한 모형이다. 기존의 공감적 대화 교육은 상담심리 기반의 일방적인 공감적 듣기 방식이나 '나 – 전달법'과 같은 단편적인 기법 차원에 머물러 교육적 효용을 기대하는 데 한계가 있었다. 이에 대화 참여자가 대화를 상호작용적으로 주고받는 실제 대화 현상을 반영하여, 공감을 촉진하는 경험을 제공하기 위한 대화 교육 모형을 개발하였다.

1. 이론적 배경

공감 순환 대화 교육 모형은 여러 이론을 바탕으로 만들어졌다. 구조나

---

1 이 내용은 박재현(2021), 「공감 순환 대화 교육 모형 개발 연구」와 박재현 외(2021), 「공감 순환 대화 교육 모형의 교육적 효과」를 바탕으로 정리한 것이다.

절차 같은 형식적인 측면에서는 배럿레너드(Barrett-Lennard, 1981)의 '공감 순환'과 존슨과 존슨(Johnson & Johnson, 1994)의 'SAC'를 바탕으로 하였다. 학습자가 수행할 세부 기능의 내용적인 측면에서는 로저스(Rogers, 1975)의 공감적 듣기, 로젠버그(Rosenberg, 2015 / 2017)의 비폭력 대화, 스튜어트와 로건(Stewart & Logan, 1993)의 대화적 듣기를 기반으로 하였다.

1) 공감 순환 모형

배럿레너드(1981)의 '공감 순환(empathy cycle)'은 상담자와 내담자의 의사소통 구조를 설명하는 모형이다. 상담자와 내담자 사이에 공감이 국면별로 어떻게 흐르는지를 설명하였다. 이 모형은 상담 과정을 설명한 것이지만 공감의 표현, 지각, 환류라는 순환 과정을 설명한다는 점에서 교육적으로 의미가 있다.

공감 순환(Barrett-Lennard, 1981: 94)

예비 단계는 공감적 소통 과정의 조건이 되는 단계로서 B는 자기 표현을 하고, A가 B의 이야기를 적극적으로 경청한다. 공감 1국면에서는 A가 공감적 공명(resonation)을 느낀다. 공명이란 물리학에서는 주파수가 맞는 소리에 소리굽쇠가 진동하듯 심리적으로 공감이 이루어지는 것을 의미한다. 공감 2국면에서는 A가 공감을 지각하여 B에게 표현한다. 공감 3국면에서는 B가 자신의 마음을 이해하고 공감을 표현한 A의 반응을 지각한다. 마지막으로 B가 공감 1국면으로 환류하여 돌아가 새로운 표현을 하고 다시 공명이 이루어진다.

이 모형은 화자의 말을 듣고 청자가 화자의 감정에 주목하여 공감하는 것을 넘어 환류가 발생하는 공감의 순환 과정을 설명한다. 상담 장면이 아니라 일상의 대화 장면에서 본다면, 청자가 화자의 감정에 공명하는 공감의 제1국면까지만 이르러도 일정 부분 성공적이라고 볼 수 있다. 하지만 공감 순환 모형은 공감의 1국면에 그치지 않고 2, 3국면으로 전개되어야 공감이 순환된다는 점을 보여 준다. 이 모형은 상담이라는 특정 의사소통 현상을 설명했으므로, 주로 내담자가 고민을 토로하고 상담자는 공감적으로 듣고 공감을 표현해 주며, 다섯 번째 순환 단계에서 다음 화제에 대해서도 내담자와 상담자의 구도로 대화가 이어진다.

2) SAC

SAC(Structured Academic Controversy)는 학습자가 찬반으로 입장을 구분하여 논쟁한 후에, 입장을 교대하고, 최종적으로는 모든 입장을 소거하여 합의하는 절차를 지닌 협동 학습 모형이다. 존슨과 존슨(1979)은 교실에서 '갈등'의 기능을 연구하면서 학습과 논쟁의 관계에 주목하기 시작했다. 이후 구조화된 논쟁(structured controversy)을 통한 비판적 사고 연구(Johnson & Johnson, 1988)와 교육적 논쟁(academic controversy)을 통한 창의적·비판적 사고 연구(Johnson & Johnson, 1993)를 진행하였다. 그런 다음 이를 종합하여 SAC를 협동 학습 모형으로 소개하였다(Johnson & Johnson, 1994).

SAC의 전제는 개인이 자신의 관점과 다른 주장에 직면하면, 자기 관점에 대해 개념적 갈등이나 불평형 상태를 경험하는데, 이를 해결하고자 적절한 인지적 추론을 하도록 동기화되고, 타인의 관점을 수용함으로써 균형 잡히고 합리적인 해결책을 탐구한다는 것이다(Johnson & Johnson, 1987; 2007: 23-24).

존슨과 존슨(2007: 5)에서 소개한 SAC의 절차는 다음과 같다. 준비 단계에서는 찬성과 반대 입장으로 구분된 2인 2개 조의 소집단을 구성한다.

- **1단계** 연구하여 입론을 준비한다. 찬반 입장에 관해 정보를 모으고 학습한다.
- **2단계** 자기 입장을 제시하고 옹호한다. 각 조는 상대 조에게 자신의 견해를 주장한다. 이때 각 조의 두 명 모두 참여한다. 상대 조는 경청하며 메모하고 이해가 부족한 점은 질문하거나 보완을 요청한다.
- **3단계** 자유 토론에 참여한다. 서로 상대의 논증을 비판적으로 분석하고, 상대의 공격을 반박한다.
- **4단계** 입장을 교대한다. 각 조는 찬반 입장을 교대하고 서로의 견해를 제시한다. 이때 상대가 제시하지 않았던 새로운 정보를 추가하며, 사안을 양쪽 관점에서 보기 위해 노력한다.
- **5단계** 최선의 논리와 증거를 통합된 입장으로 종합한다. 찬반 입장을 모두 경험하고 장단점을 살핀 4명의 구성원은 입장을 소거하고 모든 정보를 통합하여 합의된 결론을 도출한다.

SAC에서 3단계까지는 찬성과 반대 입장에서 서로 논박하면서 반대 입장에 직면하는데 이러한 과정은 찬반 대립 구도를 설정한 일반적인 교육 토론 모형에도 있는 장치이다. SAC의 4단계에서는 찬성과 반대의 입장을 교대한다. 상대의 관점을 상상하고 추론하는 것을 넘어 물리적으로 입장을 교대하므로 역지사지를 직접 경험하게 한다. 다른 교육 토론 모형은 찬반 양측을 조사하게 하고 입장을 무작위로 지정하여 균형 감각을 길러 주더라도, 토론 과정에서는 정해진 입장만 고수한다.

SAC의 5단계에서는 찬성과 반대의 입장을 소거하고 하나의 공동체가되어서 합의문을 작성한다. 중간 단계에서 입장을 교대하고 마지막 단계에서 각자의 입장을 소거한다. 즉, '나'와 '너'의 정체성으로 대립하던 소통구도를, '너의 입장이 된 나'와 '나의 입장이 된 너'로 전환하고, 나중에는 '나'도 '너'도 아닌 '우리'라는 공동의 정체성을 부여한다. '우리'라는 정체성으로 하나가 된 공동체는 논의된 쟁점 중 시비를 가리고, 최적의 해를 함께 찾아 합의한다.

3) 공감적 듣기

공감적 듣기는 로저스(Rogers, 1975)의 상담심리학 이론을 듣기 교육의내용으로 들여온 것이다. 내담자의 감정 이해와 반영을 중시하는 상담심리 관점이 국어교육의 '듣기 교육'에 접목되어 공감적 듣기의 교육 내용이되었다. 박재현(2016)에서는 국어과 교육과정의 내용을 참조하여 '집중하기, 격려하기'를 소극적 들어 주기로, '요약하기, 반영하기'를 적극적 들어주기로 구분하였다. 이 네 가지는 공감적 듣기의 세부 기능으로서 이미 국어과 교육과정에 잘 반영되어 있다.

소극적 들어 주기는 상대의 말을 집중해서 듣는 공감적 듣기 태도가 중시된다. '집중하기'는 상대가 말할 때 눈을 맞추고 바라보며 상대의 말에온전하게 집중하여 진심으로 듣는 것이다. '격려하기'는 불필요한 조언이나 끼어들기를 삼가고 수용적 담화 표지를 사용하여 상대가 자신의 말을이어 갈 수 있도록 독려하는 것이다.

적극적 들어 주기는 공유된 감정을 상대에게 표현하여 상대가 공감받고 있음을 인식하게 해 주는 것이다. '요약하기'는 상대가 말한 바에 대한비판이나 충고가 아니라 이해한 바를 그대로 말해 주는 것으로 '재진술하기'라고도 한다. 이때 상대는 자신의 말이 수용되었음을 인식한다. '반영하기'는 상대의 감정을 인식하여 거울로 반사해 주듯 되비추어 주는 것으로 상대는 자신의 감정이 공유되었음을 인식한다.

4) 비폭력 대화

공감 현상을 일상의 대화로 들여와 상담자가 아닌 부모 – 자녀, 친구, 교사 – 학생, 직장 동료 간의 소통 방법에 접목한 것이 임상심리학자인 로젠버그(Marshall Rosenberg)가 1960년대에 개발한 '비폭력 대화 모형(nonviolent communication model)'이다. 비폭력 대화에서는 상처를 주는 자칼의 대화와 공감을 표현하는 기린의 대화로 양분하여 대화 현상을 설명한다. 비폭력 대화 모형에서는 타인의 감정을 인식하는 것과 더불어 자신의 감정을 인식하여 표현할 때 감정이 공명하는 공감이 발생하며 이로써 연민(compassion)의 대화가 가능하고 상호 이해와 원만한 인간관계를 유지할 수 있다고 설명한다(Rosenberg, 2015 / 2017).

비폭력 대화는 자신의 감정을 정확하게 지각하고 욕구를 표현하여, 대화 참여자 간에 공감이 원활하게 이루어져 원만한 인간관계를 유지하는 것을 지향한다. 비폭력 대화에서는 공감이 실현되는 핵심 요소로 관찰, 느낌, 욕구, 부탁을 제시하였다. 이 네 가지 요소는 대화의 흐름에서 일련의 단계를 이루어 대화 구조의 패턴을 형성한다.

첫째, '관찰' 단계에는 '상대의 행동은 잘못되었다.'라는 전제에서 촉발된 "너는 너무 게을러."와 같이 평가가 포함된 도덕적 판단을 버리고 객관적으로 관찰된 바를 말한다. 이 경우에는 "회의에 세 번 늦었구나."라고 말하는 것이다. 현재 사안에 대한 주관적이고 감정적인 해석이 갈등을 증폭시킬 수 있으므로 객관적으로 관찰한 사실만을 말해야 한다.

둘째, '느낌' 단계에는 자극을 받았을 때 몸과 마음에서 일어나는 반응을 표현한다. 느낌이란 현재 상황에서 상대의 행동으로 인해 자신이 경험하는 감정을 의미한다. 느낌과 구별할 것은 '생각'이다. 예를 들면 "친구들과 함께 있을 때 나는 투명 인간처럼 느껴져."라는 말은 느낌이 아니라 생각을 말한 것이다. "친구들이 나를 중요하게 생각하지 않아서 속상해."라는 말이 느낌을 표현한 것이다. 로젠버그에 의하면 느낌은 내면의 욕구와 연결되는데, 감정 어휘를 사용하여 생각이 아닌 느낌을 분명하고 솔직하게 표현할 때 상호 연민의 대화가 이루어진다고 한다.

셋째, '욕구' 단계에는 느낌과 연관된 욕구를 말한다. 욕구는 내면에서 충족되지 못한 기대를 뜻한다. 느낌은 욕구에서 비롯되므로 욕구와 느낌을 묶어서 함께 표현하는 것이 효과적이다. 느낌을 욕구에 직접 연결할수록 상대가 이 욕구에 더 쉽게 연민으로 반응하게 된다. "당신은 매일 늦어요. 나보다 일이 더 중요한 것 같아요."라는 말은 비난이다. 이를 "당신과 친밀한 시간을 보내고 싶은데"라는 욕구와 "당신이 늦게 오면 서운해요."라는 느낌을 연결해서 말해야 한다.

넷째, '부탁' 단계에는 자신의 욕구와 그로 인한 느낌을 해소하기 위해 상대에게 자신이 원하는 행위를 구체적으로 요청한다. 모호한 표현이 아니라 가시적이고 실현 가능한 행위를 구체적인 언어를 사용해서 말한다. "~을 하지 마."라는 부정적인 문장보다 긍정적인 문장을 사용하며, 명령보다는 "~해 줄 수 있을까?"와 같은 의문문을 사용하여 권유나 질문 형태로 표현하면 상대의 심리적 저항감을 줄일 수 있다.

5) 대화적 듣기

대화적 듣기(dialogic listening)는 스튜어트와 로건(1993)에서 제시한 듣기 방식으로, 대화 참여자의 상호작용으로 인해 생기는 대화의 역동성에 주목한다. 분석적 듣기는 나의 입장에서 상대의 말을 비판적으로 평가하는 것을 중시하고, 공감적 듣기는 너의 입장이 되어 상대의 감정을 이해하는 것을 중시한다. 대화적 듣기는 대화에 참여하고 있는 우리의 관점에서 대화에 온전히 집중하는 것을 중시한다. 대화적 듣기는 '우리에게 집중하기'와 '넥스팅(nexting)으로써 격려하기'로 구성된다.

'우리에게 집중하기'란 서로 주고받는 대화가 어떤 방식으로 전개되며 이로 인해 어떠한 의미가 만들어지는지에 관심을 두는 것을 말한다. 공감적 듣기에서 상대의 눈을 바라보며 '너의 말'에 '집중하기'를 강조하였다면, 대화적 듣기에서는 시점을 넓혀서 '우리의 대화'를 바라보는 것이다. 서로의 언행에 담긴 구체적인 의미를 질문하고, 서로의 대화가 관계를 해치는 방향으로 전개되지 않는지, 다루지 않아야 할 불필요한 말을 하지 않는지 '우리의 대화'가 잘 전개되는지 점검한다면 갈등이 증폭되지 않는다.

'넥스팅으로써 격려하기'란 우리의 대화가 긍정적인 방향으로 나아가도록 격려하는 것을 의미한다. 여기에서 넥스팅이란 단어의 뜻처럼 과거나 현재의 갈등보다 다음 방향인 미래에 초점을 두고 대화가 전개되는 것을 의미한다. 공감적 듣기에서는 "그래서 마음이 어떠했는데?"와 같이 상대가 말을 지속하도록 독려하는 것을 중시하였다. 대화적 듣기에서는 상대가 말을 지속하는 것에만 초점을 두는 것이 아니라, "그러면 우리가 어떻게 하면 좋을까?"와 같이 앞으로의 관계에 도움이 되는 방향으로 대화가 발전적인 방향으로 전개되도록 말하며 대화를 이어 나가는 것이다.

2. 공감 순환 대화 교육 모형

공감 순환 대화 교육 모형(박재현, 2021: 38)은 배럿레너드(1981)의 '공감 순환'에서 공감이 순환해야 한다는 시사점을 얻어 일상의 대화 구도에 적용하였다. 화자와 청자는 역할을 자연스럽게 교대하면서, 서로의 말에 공감을 표현하고 지각하고 환류하는 순환 과정을 거치게 된다. 공감이 온전하게 순환하려면 상대의 말을 통해 공감하게 된 바를 상대에게 표현해 주는 과정이 필요하며, 상대가 표현한 공감을 지각하는 과정도 필요하다. 공감이 오가는 진정한 대화가 되려면, "너의 말을 듣고 이렇게 공감했어." 라고 표현하고, "네가 그렇게 공감했구나."라고 지각하는 일련의 행위가 필요하다. 이렇듯 대화 참여자 한 명이 공감하는 데 그치는 게 아니라, 공감이 표현, 지각, 환류의 과정을 거쳐 순환하도록 교육 모형을 설계하였다. 상담의 의사소통 구도처럼 한 명이 말하고 다른 한 명은 듣는 게 아니라, 일상 대화처럼 상대가 말하면 내가 듣고, 내가 말하면 상대가 듣는 상호작용의 과정이 반영되도록 하였다.

공감 순환 대화 교육 모형의 구조를 설계할 때는 SAC에서 교육적 효과를 기대할 수 있는 입장 교대 장치와 입장 소거 장치를 도입하였다. SAC 4단계의 입장 교대 장치는 역지사지 경험을 적용한 대화 교육 모형의 원형으로 참조할 수 있다. 5단계의 입장 소거 장치는 '나와 너'의 프레임에서 벗어나 '우리'의 프레임에서 대화하는 데 효과적으로 적용할 수 있다.

공감 순환 대화 교육 모형에서 대화 방식은 비폭력 대화 모형을 적용하였다. 이때 청자는 상대의 말을 들을 때는 집중하기와 격려하기로, 상대가 말을 마치면, 요약하기와 반영하기로 공감적 듣기를 하도록 하였다. 이후 마지막에 서로의 입장을 소거하고 우리가 된 상태에서는 '대화적 듣기'를 적용하여 합의안을 모색하도록 하였다. 공감 순환 대화 교육 모형의 세부 단계는 다음과 같다.

공감적 대화 실습을 위한 교육 모형이므로, 두 명의 대화 참여자는 입장을 A와 B로 나누어 맡는다. 주어진 과제 상황에서 대화의 맥락을 이해한다. 이때 주로 둘 사이에 해결해야 할 문제가 존재하는 갈등적인 의사소통 상황을 설정하여 과제로 제시한다.

①단계에서 대화 참여자 A는 비폭력 대화로 자신의 감정을 전달한다. 상대에 대해 판단한 바가 아닌 객관적으로 관찰한 바를 말하고, 자신의 욕

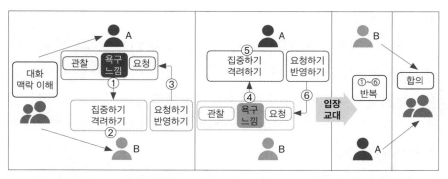

공감 순환 대화 교육 모형(박재현, 2021 :38)

구와 느낌과 결합하여 분명하게 말한 후, 실현 가능한 행위를 구체적으로 요청한다.

②단계에서 대화 참여자 B는 집중하기와 격려하기를 사용하여 A의 말을 공감적으로 듣는다. 말하는 상대에게 눈을 맞추고, 수용적 담화 표지를 이용하여 상대가 말을 지속하도록 돕는다. A가 말하는 ①단계와 B가 이를 들으며 집중하기와 격려하기를 수행하는 ②단계는 시간상 중첩된다.

③단계에서 B는 요약하기와 반영하기를 사용하여 A의 말에 공감적으로 반응한다. 상대의 말을 그대로 요약하여 재진술하거나, 상대의 마음을 헤아려 "네 마음이 그러했겠구나."와 같이 감정을 반영해 준다. 이때 B는 A가 자신의 감정이 충분히 공감받고 있음을 느끼도록 해야 한다. B가 자신이 공감한 바를 환류하는 과정에서 공감의 순환이 일어난다.

④단계에서는 대화 참여자 B가 자신의 욕구와 느낌을 말하고, A는 ⑤단계와 ⑥단계에 걸쳐 B의 말을 공감적으로 듣고 반응한다. ①~⑥단계까지가 '나로서 대화하기'의 과정이다. 자기 입장을 비폭력 대화로 전달하고, 상대의 입장을 공감적 듣기로 들어 주는 과정이다. 서로 동일한 단계를 거쳐 자기의 생각과 느낌을 말하고, 상대의 생각과 느낌을 듣는다. 감정을 표현하지 않으면 온전히 수용되는 데 한계가 있으므로, 서로 충분히 감정을 표현하고 이해하는 이러한 과정은 말 그대로 '감정이 공유되는' 공감이 이

루어지는 데 필수적이다.

이후에는 입장을 교대하여 ①~⑥단계를 반복한다. 상대의 입장이 되어 대화하는 것으로, '너로서 대화하기'의 과정이다. 이러한 역할 교대 장치는 상대의 관점을 온전하게 수용하는 교육적 효과를 기대할 수 있다. 인지적 차원 공감의 핵심은 상대의 역할과 처지를 상상하여 관점을 이해하고 받아들이는 '관점 수용'이 중요하기 때문이다.

마지막은 모든 입장을 소거하는 '우리로서 대화하기'의 과정이다. 이 과정에서는 각자의 입장에서가 아니라 '우리'의 관점에서 하나의 공동체가 되어 합의안을 도출한다. 대화 참여자에게 '우리'라는 정체성을 부여함으로써 대화에 임하는 시점을 '나와 너'의 대립 구도에서 협력 구도로 전환한다. '공감적 듣기'는 청자로서 '너'의 말을 듣는 것이다. '나 - 전달법'은 화자인 '나'로서 '너'에게 요청하는 것이다. 둘 다 상대를 배려하면서 공감적 소통을 추구하지만 '자기'의 정체성을 고수한다. 하지만 입장 소거 장치를 적용하면, '나'와 '너'에 갇힌 시점을 '우리'라는 시점으로 끌어올려 현재 대화 구도를 조망하게 한다. 이를 통해 상황 이해나 심리적 위로 차원을 넘어, 협력적인 문제 해결을 위한 대화 구도를 형성하는 데 도움을 줄 수 있다.

3. 교수·학습 방안

공감적 소통에 관한 개념적 지식을 습득하거나 단순하게 기능을 숙달하는 것으로는 학습자의 실제적인 공감적 소통 역량을 신장하기 어렵다. 이러한 역량을 함양하기 위해서는 구체적인 도달점을 가리키는 학습 목표를 설정하고, 학습 목표를 달성하기 위한 구체적인 학습 과정을 계획하고, 학습자가 해당 역량을 함양하였는지를 입증할 평가를 계획해야 한다.

공감 순환 대화 교육 모형을 실제 수업에 적용하기 위해, 교수·학습의 내용이 학습자의 삶에 온전히 전이되는 것을 지향하는 백워드 설계를 적용하여 교수·학습 방안을 마련하였다. 백워드 설계는 학습 목표와 평가와 학습 활동이 일치해야 함을 강조한다. 1단계에서는 '바라는 결과'인 학습 목표를 설정한다. 학습자가 학습 목표에 도달하였는지를 확인하기 위해서 2단계에서는 '수용 가능한 증거'를 얻기 위한 평가를 계획한다. 3단계에서는 일련의 평가 과정을 학습 활동과 일치시키는 것에 중점을 두어서 학습 계획을 수립한다(Wiggins & McTighe, 1998).

1) 학습 목표

학습 목표는 단순한 인식이나 회상에 그쳐서는 안 되며, 학습자가 학습한 내용을 바탕으로 교실을 넘어 실세계에서 교사의 조력 없이 전략적이고 독자적으로 문제를 해결할 수 있도록 해야 한다. 이러한 관점에 따라 공감 순환 대화 교육 모형의 학습 목표를 다음과 같이 설정하였다.

> 학생들은 갈등 상황에서 문제를 협력적으로 해결하기 위해, 자기 생각과 감정을 적절하게 표현하고 상대의 생각과 감정을 공감적으로 수용하며 공감대를 형성하는 대화를 할 것이다.

학습자의 실제 수행을 구체적으로 드러내는 세부 학습 목표로서의 '이해'는 다음과 같이 설정하였다. 백워드 설계에서는 이해를 '설명, 관점, 해석, 적용, 공감, 자기 지식'의 여섯 차원으로 구분한다. 공감적 대화 수업의 학습 목표와 직결되는 네 개의 차원만을 설정하였다.

공감적 대화의 '이해'(박재현 외, 2021: 139)

이해 차원	내용
설명	• 공감적 듣기의 원리와 방법을 설명할 수 있다. • 비폭력 대화의 원리와 방법을 설명할 수 있다. • 대화적 듣기의 원리와 방법을 설명할 수 있다.
공감	• 상대의 욕구와 감정을 인식하고 반영할 수 있다. • 상대의 입장에서 역할과 관점을 수용할 수 있다.
적용	• 자기의 생각과 감정을 적절하게 표현할 수 있다. • 상대의 입장과 감정에 공감할 수 있다. • 우리의 관점에서 문제 해결을 위해 합의할 수 있다.
자기 지식	• 공감적 듣기, 비폭력 대화, 대화적 듣기의 차원에서 자신의 대화 방식과 태도를 점검하고 조정할 수 있다.

본질적 질문(essential question)은 심층적 학습을 위한 탐구를 촉진하여 학습자가 앞서 설정한 이해에 도달하게 하는 질문을 의미한다. 공감적 대화의 교수·학습 맥락에서 학생이 탐구를 지속하도록 유도하는 본질적 질문은 다음과 같다.

• 갈등 상황에서 공감적 대화로 문제를 해결하는 이유는 무엇인가?
• 욕구와 감정을 연계하여 인식하고 표현하는 이유는 무엇인가?
• 대화 참여자의 감정이 공유되기 위한 조건은 무엇인가?
• 사안을 우리의 관점에서 바라보는 것의 의미는 무엇인가?

2) 평가

백워드 설계에서는 학습 활동 계획 수립보다 평가 계획 수립이 먼저 이루어지는데, 이는 목표와 수업과 평가를 일치시키기 위한 것이다. 평가 계획 단계에서는 학습자가 학습 목표에 도달했는지를 증명하는 데 필요한 증거를 결정한다. 이때 학습자들이 학습한 내용을 실제로 수행할 수 있다는 것을 증명해야 하므로, 평가는 실제적인 수행 과제를 바탕으로 이루어진다. 이를 위해 GRASPS라는 틀을 활용한다(Wiggins & McTighe, 1998). 과정 중심 수행평가를 통해서 학습자들이 공감 순환 대화의 원리를 이해하고 체화하여 실제 대화에 적용할 수 있는지를 확인할 수 있다.

연극 동아리의 구성원 간에 생긴 갈등을 공감 순환 대화로 해결하는 수행 과제의 예시는 다음과 같다.

공감적 대화 수행 과제(예시)(박재현 외, 2021: 141)

GRASPS	예시
목표(Goal)	연극 동아리 구성원 간의 갈등을 대화로 원만하게 해결한다.
역할(Role)	연극 동아리 부장 A, 부원 B
대상(Audience)	연극 동아리 부장 A, 부원 B
상황(Situation)	연극 동아리의 연말 공연이 일주일 앞으로 다가왔다. 부장인 A는 원래 월, 수, 금 3일이던 연습 날짜를 월요일부터 금요일까지 5일로 늘리기를 원한다. 부원인 B는 화요일에는 아르바이트하고 목요일에는 취미로 수영 강습을 받는다. B도 연말 공연을 중요하게 생각하지만, 일정을 조정하여 연습 날짜를 늘리는 것에는 동의하지 않는다.
수행(Performance)	공감적으로 갈등을 해결하는 대화를 한다. (공감 순환 대화 교육 모형 적용)
기준(Standard)	대화 맥락 파악을 정확하게, 자신의 감정 전달을 효과적으로, 상대의 감정 수용을 공감적으로, 합의를 '우리'의 관점에서, 표현을 적절하게
기타 평가	자기 평가, 동료 평가

수행 과제에 대한 평가 기준으로는 박재현(2020: 18)에서 제안한 '공감적 대화 평가 척도'를 준용하되, 학습 목표를 바탕으로 대화적 듣기를 추가한 평가 루브릭을 제시하였다. 평가에서 가장 핵심적인 항목은 공감 순환

대화의 주요 구성 요소인 비폭력 대화, 공감적 듣기, 대화적 듣기에 대한 것이다.

공감적 대화 평가 루브릭(박재현 외, 2021: 142)

단계	평가 항목	점수(1~5)
맥락 이해	대화의 상황, 주제, 대상을 이해한다.	
자신의 감정 표현하기	**관찰** 도덕적 판단이 아닌 관찰한 바를 객관적으로 표현한다.	
	느낌-욕구 자신의 감정을 욕구에 연결하여 적절하게 표현한다.	
	요청 원하는 바를 강요하지 않고 선택권을 주어 요청한다.	
상대의 감정 수용하기	**집중하기** 상대의 생각과 감정에 집중한다.	
	격려하기 상대가 생각과 감정을 말하도록 격려한다.	
	요약하기 상대의 관점을 수용하고 이해한 바를 요약한다.	
	반영하기 상대의 감정을 파악하고 공감한 바를 반영한다.	
공동 합의하기	**우리에게 집중하기** 우리의 대화 주제, 대화 분위기에 집중하여 지금 여기에서 함께 만들어 가는 의미에 집중한다.	
	나아가기를 격려하기: 상대 의견 확인하기 상대의 의견과 의도를 명확하게 파악함으로써 상대의 생각이 나아가도록 격려한다.	
	나아가기를 격려하기: 자기 의견 확인받기 상대의 견해에 대한 자신의 의견을 확인받음으로써 깊이 있는 대화로 나아가도록 격려한다.	
	나아가기를 격려하기: 우리의 방안 합의하기 상대의 즉각적인 피드백을 격려하는 질문을 함으로써 구체적인 합의를 도출하는 대화로 나아가도록 격려한다.	
표현/전달	대화의 내용과 단계에 적절한 준언어적 표현(억양, 어조, 성량, 속도 등)을 사용한다.	
	대화의 내용과 단계에 적절한 비언어적 표현(표정, 자세, 몸짓 등)을 사용한다.	

해당 수행 과제에 대한 기타 평가로는 동료 평가와 자기 평가를 실시할 수 있다. 대화 실습을 한 후에 동료에게 피드백을 제공하고 자신을 성찰하는 방식이다. 동료 평가와 자기 평가에서도 앞서 제시한 평가 루브릭을 활용하면 된다.

3) 학습 활동

백워드 설계에서는 평가를 위한 수행 과제가 곧 학습 활동이 된다. 평가의 과정 자체가 학습자의 성장과 발달을 지원할 수 있도록, 교사는 학습 활동이 이루어지기 전에 평가 계획을 사전에 공개해야 한다. 또한 학습 활동의 과정에서 세부 평가를 지속적으로 시행하여 학습자들의 향상도를 점검할 필요가 있다. 공감 순환 대화 교육 모형을 적용하여 4차시 분량의 학습 활동의 예시를 제시하면 다음과 같다.

공감적 대화 차시별 학습 활동 예시(박재현 외, 2021: 143)

차시	학습 활동	향상도 점검
1차시	기존의 대화 방식을 점검하기 위한 사전 대화 실습	자기 평가, 동료 평가
2차시	공감 순환 대화 교육 모형의 원리 학습	질의응답
3차시	공감 순환 대화 교육 모형을 적용한 대화 실습	평가 루브릭
4차시	자신과 동료의 대화 성찰	자기 평가, 동료 평가

참고문헌

박재현(2016), 『국어교육을 위한 의사소통 이론』, 사회평론아카데미.
박재현(2020), 「공감적 의사소통 역량 평가 방안」, 『청람어문교육』73, 7-31.

박재현(2021), 「공감 순환 대화 교육 모형 개발 연구」, 『화법연구』 51, 23-47.

박재현·김유경·최어진(2021), 「공감 순환 대화 교육 모형의 교육적 효과」, 『국어교육』 174, 127-159.

Barrett-Lennard, G. T.(1981), "The Empathy Cycle: Refinement of a Nuclear Concept", *Journal of Counseling Psychology* 28(2), 91-100.

Johnson, D. W. & Johnson, R. T.(1979), "Conflict in the Classroom: Controversy and Learning", *Review of Educational Research* 49, 51-61.

Johnson, D. W. & Johnson, R. T.(1987), *Learning Together and Alone: Cooperative, Competitive, and Individualistic Learning*, Prentice-Hall, Inc.

Johnson, D. W. & Johnson, R. T.(1988), "Critical Thinking through Structured Controversy", *Educational Leadership* 45(8), 58-64.

Johnson, D. W. & Johnson, R. T.(1993), "Creative and Critical Thinking through Academic Controversy", *American Behavioral Scientist* 37(1), 40-53.

Johnson, D. W. & Johnson, R. T.(1994), "Structuring Academic Controversy", In Sharan, S.(ed.), *Handbook of Cooperative Learning Methods*, Greenwood Press.

Johnson, D. W. & Johnson, R. T.(2007), *Creative Controversy: Intellectual Challenge in the Classroom*, Interaction Book Company.

Rogers, C. R.(1975), "Empathic: An Unappreciated Way of Being", *The Counseling Psychologist* 5, 2-10.

Rosenberg, M. B.(2017), 『비폭력대화』, 캐서린 한(역), 한국NVC센터(원서출판 2015).

Stewart, J. & Logan, C.(1993), *Together: Communication Interpersonally*, McGraw-Hill College.

Wiggins, G. & McTighe, J.(1998), *Understanding by Design*, Association for Supervision and Curriculum Development.

2장

배려적 화법 교육 모형[1]

서현석

배려적 화법은 기존의 화법 교육이 화자 중심의 교육으로 진행되어 온 경향을 비판하며, 의사소통 과정에서 화자와 청자 양쪽의 배려적 사고가 작동되어야 함을 강조한다. 배려적 화법은 화자의 의도를 공감할 뿐만이 아니라 청자의 의도까지도 생각하는 좀 더 적극적인 듣기와 말하기를 의미한다고 볼 수 있다. 배려적 화법 교육 모형은 배려적 화법을 효과적으로 지도하기 위해 제안된 교수·학습 모형으로 '상황 제시 – 배려 수행 준비 – 배려 과제 수행 – 평가 및 적용'의 단계로 설명할 수 있다.

....

1   이 내용은 서현석(2007), 「말하기 교육의 내용으로서 '배려적 사고'의 개념 탐구」와 박미영 (2009), 「배려적 화법의 교육 내용 연구」, 정혜영(2010), 「배려적 화법에서의 대화 학습 방법 연구」 등 여러 배려적 화법 관련 선행 연구의 내용을 바탕으로 작성되었다.

1. 이론적 배경

배려적 화법 교육 모형은 여러 이론을 바탕으로 구안되었다. 이 교육 모형의 철학적 배경은 나딩스(Noddings, 1984; 1992/2002)의 배려 윤리라 할 수 있으며, 리프먼(Lipman, 2003/2005)의 고차적 사고력 중에서 배려적 사고의 개념을 적용하였다. 또한, 배려적 화법 교육 모형의 구조나 절차와 같은 형식적인 측면은 상황 맥락 연구나 의사소통 이론 등을 바탕으로 만들어졌다. 이 장에서는 배려적 화법의 개념과 특성을 파악하기 위해 먼저, 배려와 배려적 사고의 개념을 간략히 살피고자 한다.

1) 배려의 개념

나딩스(1992/2002)에 의하면, '배려(caring)'라는 것은 '배려의 관계'를 형성했을 때 비로소 그 작용이 가능하다. 즉, 배려는 배려하는 사람과 배려받는 사람이라는 두 인간의 연관성, 혹은 만남의 관계에서 시작된다. 만나게 된 두 사람의 관계가 적절하게 유지되기 위해서 양자가 모두 특정한 방식으로 서로의 배려에 기여해야 한다. 어느 한쪽의 노력만으로 배려는 완성될 수 없다. 예를 들어, 정성을 다해 엄마가 자녀를 위한 헌신에 노력한다고 할지라도, 자녀들이 그러한 배려를 받아들이지 않고 "엄마는 우리를 배려해 주지 않아요!"라고 불평하는 것은 얼마든지 가능한 것이다.

나딩스(1984)에서는 배려하고 있는 사람의 의식 상태를 '전념(engrossment)'과 '동기적 전이(motivation displacement)'로 설명하였다. 전념은 피배려자에 대한 개방되고 비선택적인 감수성(receptivity)을 의미하며, 이러한 특성은 흔히 언급되는 주의력(attention)으로 묘사된다. '주의 깊음'은 '배려'의 한 요소인 '전념'을 잘 설명하는 말이다. 즉, '전념'은 심취·매혹·망상과는 차별된 의미로 '완전한 수용'을 뜻한다. 우리가 진정으로 타인을 배려할 때, 상대방이 전달하고자 하는 것을 실제로 듣고, 보고, 느낄 수 있게 된다.

배려하려는 사람은 주의를 기울이는 동시에 도움이 필요한 사람을 도와주려는 열망을 느끼게 된다. 이때 느끼는 열망 혹은 배려자의 의식이 바로 '동기적 전이'이다. 예를 들면, 조금 전까지만 해도 자신의 일로 머릿속이 가득했으나, 지나가다 길을 묻는 사람을 만나면 우리는 그의 문제에 마음을 쓰게 된다. 이것은 신발 끈을 매려고 애쓰고 있는 아주 어린 아이를 목격했을 때, 우리의 손가락이 신발 끈을 매는 듯이 느껴질 때의 감정과도 같다. 나딩스(1992/2002)는 '동기적 전이'가 있을 때, 타인에 대한 배려가 시작될 수 있다고 하였는데, 이를 통해 마치 자신의 일에 대해서 고려·계획·성찰하는 것과 마찬가지로, 타인을 돕기 위해 할 수 있는 것이 무엇인지 생각하게 된다는 것이다.

배려는 공감의 개념과 비교할 수 있는데, 공감이 타인의 의식으로 들어가 온전히 타인의 입장에서 이해하고 감정을 경험하고 받아들이는 것이라면, 배려는 타인의 입장에서 그를 이해하되 나의 자아를 억누르지 않고 서로의 다름을 인정하면서 타인을 위해 마음을 쓰는 행위로 설명할 수 있다.[2]

....

2 박창균(2016)에서는 배려의 의미를 '대화 참여자 간의 상호 존중을 전제로 상대방의 말을 공감적으로 수용하며 자신의 마음을 진실되게 드러내는 것으로, 이는 소통의 제반 상황에 대한 총체적 이해를 기반으로 하여 성찰하는 과정'으로 개념화하였다. 대화에서 실현되는 배려의 자질로는 인식 차원에서 '상호 존중하기', 표현 차원에서 '진실된 말하기', 수용 차원에서 '공감적 경청하기', 상황 차원에서 '관계적 사고하기'를 들었다. 이러한 선행 연구에서 알 수 있듯이 배려의 개념에는 '상호 존중, 진실성, 공감, 경청, 관계적 사고' 등이 포함된다.

2) 배려적 사고의 이해

인간의 모든 행위는 반드시 '목적'이 전제되어야 하며 그 목적은 인간에게 이로운 쪽에 놓여야 함이 타당하다. 또한, 어떤 행위의 주체가 된다는 것은 자신의 삶에 관한 목적이 분명할 때 가능하다. 즉, 듣기·말하기 활동을 수행하는 목적을 '말을 통해 나와 타인을 배려한다.'는 것에 두었을 때 배려적 화법이 수행될 수 있다. 배려적 화법에서 작동되는 '배려적 사고'란 일종의 판단력으로 화자가 배려적으로 표현 방식을 선택하고 해석하여 행동하는 일련의 과정을 의미한다.

배려적 사고를 통한 듣기·말하기는 행동적 작용뿐만이 아니라 인지적, 정서적 작용을 반드시 수반한다. 배려적 사고는 대안들을 찾고 관계를 발견하거나 발전시키고, 차이를 판단하고 조절해 가는 데 작동하는 정신적 작용이다. 즉, 배려적 사고를 행한다는 것은 생각하는 주제에 대해 관심을 기울이고, 자신의 인격적 준거로서 관계들의 가치를 판단하고 행동한다는 것을 의미한다. 또한, 배려적 사고 작용은 가치를 보존하고 복합적 상황에 전문적인 판단을 수행하는 것이며, 규범적 사고로서 '무엇을 해야 하는가?'에 대하여 주체적으로 반성적 사고를 행하는 것이다. 거기에는 타인의 감정과 경험에 몰입하여 생각하는 감정이입이 포함된다. 이러한 배려적 사고는 의사소통 과정에서 '선택적 지각' 또는 '해석하기'와 매우 긴밀한 관계를 맺고 있다.

배려적 사고는 인지적 사고와도 긴밀한 관계를 맺는다. 인지 중심적 사고에 속하는 추리는 어떤 자료나 알고 있는 사실을 바탕으로 텍스트에 나타나지 않은 의미나 알지 못하는 새로운 사실을 미루어 판단하는 사고 과정이며, 추론은 미리 알려진 어떤 판단에서 새로운 판단을 이끌어 내는 과정이다. 다시 말해 비판적 사고를 중심으로 한 '인지 중심적 사고'에 대한 설명에서 가장 많이 반복되는 단어는 바로 '판단'이다. 고등 사고의 작용,

즉 어떤 대상을 인식하거나 변화를 초래하는 사고 작용에는 외적인 맥락을 고려할 뿐 아니라 자신의 내적 기준을 적용한 '판단'이 가장 핵심적인 위치에 놓이게 된다. '판단'은 개인의 고유한 '지각'의 과정을 거쳐 해결되거나 결정되지 않았던 문제들을 해결하고 결정하는 것이다. 그런데 판단한다는 것은 관계들에 대해 판단하는 것이다. 배려적 사고는 수없이 많은 정보를 적절한 기준을 적용하여 판단하는 과정에 관여한다. 이렇듯 관계적 해석력으로 작동하는 배려적 사고는 인지 중심적 사고와도 깊은 관련을 맺는다.

이러한 배려적 사고의 개념은 배려적 화법이 인간의 의사소통 행위에 상대방에 대한 관심과 판단, 가치 판단에 따른 행위적 노력, 끊임없는 반성적 자세와 감정이입의 측면이 깊게 반영된다는 점을 한층 강조한다.

3) 배려적 화법의 개념과 특성

배려적 화법은 '상대방 입장과 반응에 관심을 가지고 공감하며 이해하고, 적절한 표현을 판단하여 선택함으로써 상호 존중의 의도가 공유되는 듣기·말하기 행위'라고 정의할 수 있다. 박미영(2009)은 배려적 화법의 개념을 바탕으로 배려적 화법의 소통 구조를 그림으로 제시하였다.

이 그림에서 화자와 청자는 소통 맥락에서 배려적 화법을 통해 상호 존중의 의도를 공유한다. ㉠의 과정은 배려적 화법을 하는 주체인 화자가 청자를 정의적·인지적으로 고려하는 과정에서 메시지를 선택하여 존중의 의도를 전하는 작용을 표시한 것이다. ㉡의 화살표는 청자가 화자의 메시지를 통해 존중의 의도를 정의적·인지적으로 수용하여 반응하는 작용을 의미한다. 그리고 색칠된 ㉢의 영역은 ㉠과 ㉡의 상호교섭을 통해 존중의 의도가 공유되었음을 표시한 것이다. 배려적 화법은 메시지를 통해 존중의 의도를 상호교섭적으로 공유하는 소통 행위라 할 수 있는데, 대화 참여자들은

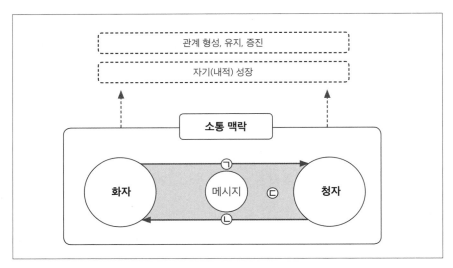

배려적 화법의 소통 구조(박미영, 2009: 21)

이 과정을 거쳐 점점 내적으로 성장하게 된다. 즉, 화자는 상대방을 존중하는 마음으로 상대방의 입장과 반응을 고려하여 자신의 정체성을 확인·조절하는 과정에서 인격적으로 성장할 수 있으며, 청자는 화자의 배려적 화법을 통해 긍정적인 자신의 정체성을 확인하게 된다. 배려적 화법을 통해 화자와 청자는 서로의 관계가 형성·유지·증진되는 결과를 맞이하게 된다.

배려적 화법은 소통 맥락에서 다음과 같은 특성을 가진다(박미영, 2009). 첫째, 배려적 화법은 해당 주체에게 구체적이며, 유의미한 배려의 경험을 제공한다. 상대방을 존중하는 배려적 화법은 배려적 화법을 하는 주체 자신의 내재적인 동기와 목적에서 시작된다. 그리고 배려적 화법을 능동적인 자발성에 의해 수행함으로써 그 결과를 경험하게 된다. 이는 결국 배려적 화법 주체 자신의 내적 변화, 성장을 가져온다. 만약, 배려적 화법이 화자와 청자에게 어떠한 유의미한 경험도 제공하지 못한다면 지속적인 배려적 화법의 동기를 갖지 못하게 된다.

둘째, 배려적 화법은 상대방을 존중하기 위해 의미를 구성하는 가운데 끊임없이 반성적 사고를 하게 한다. 반성적 사고는 자신이 처음 인식한 의미와 선택한 표현을 비판적으로 바라보고 수정할 가능성을 갖게 한다. 또한, 가능한 대안적 표현들을 놓고 어떤 표현을 선택해야 할지 숙고하게 한다. 이 과정은 자신과 상대방의 입장·감정 등을 상호 조회하는 가운데 이루어지는데, 상대방의 성격, 처해 있는 상황, 사회·문화적 배경 등과 지금 소통이 이루어지고 있는 상황, 사회·문화적 환경, 상대방과 나의 관계 등의 맥락 요소들을 끊임없이 탐구하는 것이다. 이런 반성적 사고 과정은 결국 자신의 정체성까지 되돌아볼 수 있게 하며, 자신의 선입견이나 편견, 성격, 상대방에 대한 태도 등을 점검하게 한다.

셋째, 배려적 화법은 상대방과의 관계를 인격적인 관계로 인식하여 상호 존중의 가치를 지향한다. 배려적 화법은 나와 다른 상대방을 소중히 여기고 관심을 가짐으로써 상대방의 가치를 확인한다. 그리고 상대방의 가치를 소중히 여기기 때문에 상대방이 수용하는 배려적 화법의 표현도 존중의 가치를 담고 있다. 따라서 언어를 통해 서로의 의도를 알아차리고 수용할 수 있도록 상황 맥락이나 의도, 반응 등에 민감하게 주의를 기울이는 것이다. 이는 배려적 화법을 하는 주체의 태도와 관련이 깊다. 자신과 상대방을 존중하는 것은 배려적 화법을 하는 과정에서 주체 스스로 지속적으로 유지해야 할 태도이다.

넷째, 배려적 화법은 통합적인 고등 사고의 과정이다. 리프먼(2003 / 2005)은 배려하기란, 단순히 사고의 원인이 아니라 사고의 한 형태라고 하였는데, 여기서 사고란 어떤 대상을 지각하고 인식하는 인간의 어떤 의도적인 정신 작용을 가리킨다. 그리고 사고력은 이 정신 작용을 운용하는 힘을 말한다. 특히 이 중에서도 어떤 대상을 인식하거나 인식의 변화를 초래하는 사고는 '고등 사고'에 해당한다(이삼형 외, 2000: 164). 배려적 화법은 상대방을 고려하기 위해 소통 맥락에 대해 인식한 의미를 새롭게 재구성하고 인식의 변화를 초래하기에 고등 사고 과정이라 볼 수 있다.

다섯째, 배려적 화법은 발산적이면서도 수렴적인 의사소통 과정이다.

배려적 화법은 상대방을 고려하기 위해 자신이 처음 선택한 표현 이외의 또 다른 대안으로서 가능한 표현을 모색하는 발산 과정을 거친다. 상대방에게 긍정적인 심리적 태도를 형성시킬 수 있는 다양한 표현을 탐색하고 적용 가능성을 고려해야만 한다. 한편, 배려적 화법은 자신의 입장과 상대방의 입장을 모두 고려하여 조절하는 행위이다. 상대방에게 진실성 있는 배려적 화법으로 전해지기 위해 끊임없이 서로의 입장과 생각이나 감정을 비교하여 적절한 표현을 판단하고 선택하는 수렴 과정이다. 배려적 화법 과정에서 주체는 능동적이고 적극적인 사고 행위를 통해 배려적 화법 표현을 선택하는 수렴 과정을 거쳐야만 한다.

2. 배려적 화법 교육 모형

정혜영(2010: 64)에서는 기존의 도덕 교과의 배려 수업 모형을 화법 교육에 적용하여 네 단계로 진행되는 '배려적 화법 수업 모형'을 제안한 바

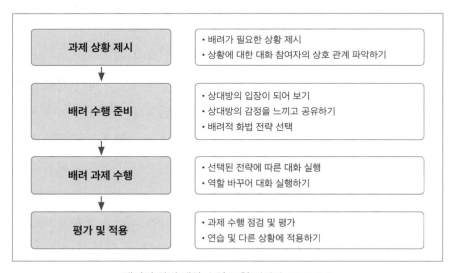

배려적 화법 대화 수업 모형(정혜영, 2010:64)

있다. 이 연구에서 배려적 화법 교육을 위한 수업 모형은 '상황 제시 – 배려 수행 준비 – 배려 과제 수행 – 평가 및 적용' 단계로 구성되는데, 구체적인 활동 과정은 그림과 같다.

1) 과제 상황 제시 단계

배려적 화법 대화 수업 모형의 첫 번째 단계는 배려가 필요한 대화 상황을 제시하는 '과제 상황 제시' 단계이다. 이때 학습자가 사전에 배운 배려적 화법 전략을 적용할 수 있는 대화 상황이 다뤄져야 하며, 대화 참여자가 자신의 화법을 성찰할 기회를 갖도록 해야 한다. 교사는 교실에서 이루어지는 일상 대화를 녹음 또는 녹화하여 배려적 화법 과제 상황으로 제시하거나 배려적 화법이 제대로 진행되고 있지 않아 문제가 되는 대화 상황을 제시하여 이를 해결하는 과제를 구안할 수도 있다. 이때, 청자와 화자는 대화 참여자 모두의 입장에서 상호 관계를 파악하는 과정을 거쳐야 한다. 듣기·말하기 상황에서 자신만을 돌아보는 것이 아니라 늘 대상으로 존재하는 상대방에 대한 인식이 중요한데, 그 인식이야말로 배려적 화법 중심의 수업에서 강조되어야 하는 것이다.

2) 배려 수행 준비 단계

배려 수행 준비는 화자가 자신의 감정을 살피고 상대방의 감정을 공유하는 단계로, 직면한 문제에 대해 스스로 어떻게 생각하는지 그리고 상대방이 처한 상황에 맞추어 그 입장이 되어 보는 활동을 진행한다. 즉, 상대방이 어떤 감정이나 정서를 갖고 있는지 표정, 말투, 동작 등으로 표현해 보면서 그 마음을 느껴 보도록 한다. 감정을 느낀다는 것은 결국 공감하기로 연결되며 스스로가 아닌 상대방을 염두에 둠으로써 배려가 필요한 대상에 집중하기 위한 과정이라고 할 수 있다. 또한, 과제로 제시된 대화 상황에서 상대방의 입장이 되어 봄으로써 대화 참여자들은 서로의 감정을 좀 더 구체적으로 느끼고 공감할 수 있다. 이를 바탕으로 각각의 대화 참여자들은 어떤 화행(speech act)을 선택하는 것이 좋을지 선택 가능한 대화 전략들을 비교하고 분석한 뒤 판단하고 선택하는 인지적 활동을 하게 된다.

3) 배려 과제 수행 단계

배려 과제 수행 단계에서는 선택된 배려적 화법 전략에 따라 대화를 실행하는 활동을 수행한다. 여기서 중요한 것은 먼저 상대방의 마음을 온전히 이해하는 것이다. 상대방이 처한 상황과 환경을 파악하여 상대방의 마음을 좀 더 깊게 이해하는 과정을 경험하게 한다. 이를 바탕으로 상대방의 요구에 대해 어떤 배려를 해야 할지 행위를 선택하는 활동이 뒤따르고 그렇게 했을 때 어떤 이점이 있는지 확인하는 과정을 거친다. 배려의 이점 알기 활동에서는 배려받는 사람의 일방적인 이익이 아니라 배려하는 사람과 함께 상호에게 모두 이익이 된다는 사실을 인식하게 하는 것이 중요하다. 학습자들은 제시된 배려 과제를 해결하는 과정에서 자신의 대화 전략에 대해 스스로 생각해 보고 나아가 자신의 대화 방법을 반성하며 대화 양식을 조정, 통제해 볼 수 있다. 또한, 청자와 화자의 역할을 바꾸어 실행함으로써 대화 참여자로서 듣기와 말하기를 모두 경험해 볼 수 있다. 이는 자신이 선택한 화행을 돌아보게 하는 반성의 기회로 작용하기도 해서 상호작용을 통해 자신이 선택한 전략을 수정할 기회가 되기도 한다.

4) 평가 및 적용 단계

배려적 화법 교육 모형의 마지막 단계는 배려 상황에서 좀 더 적절한 배려적 화법을 구사하고 이를 숙달하기 위해 설정되었으며, 문제 상황에 대한 화법 전략의 연습과 평가 과정이 중심이 된다. 즉, 평가 및 적용 단계는 선택된 전략으로 과제를 수행하고 난 결과를 점검하고 평가하는 활동으로 시작한다. 듣기·말하기 실행 활동 과정을 점검하고 돌아보며 적절했는지 여부를 평가하는 것이다. 이때 직전 단계에서 실행했던 대화 상황을 녹음하거나 녹화하여 활용할 수 있다. 이렇게 점검 및 평가를 통해 수정하여 완성된 전략을 다시 연습할 수도 있다. 이러한 과정을 통해 학습한 전략을 숙달하고 실제 대화에 적용할 수 있도록 바탕을 마련하는 것이다.

3. 교수·학습 방안

배려를 실천하는 화법은 화자와 청자 그리고 사고자(思考者)로서의 기능을 수행하는 데 필요한 행동적, 인지적, 정서적 요인이 관여되며, 우리 삶의 질에 총체적인 영향력을 행사한다. 그래서 학교 교육을 통한 화법 교육은 배려를 실천하는 구심점이 되어야 하며, 화법 수업 그 자체가 배려의 문화 속에서 수행될 필요가 있다. 서현석(2016)에서는 배려적 화법 교육은 개념적이거나 논리적 추론만으로 학생의 듣기와 말하기를 수정하거나 개선하는 데 한계가 있다고 지적한 후 다음과 같은 교수·학습 방안을 제안하였다.

첫째, 배려적 화법 교육을 위해서 개인적 내러티브가 공유되는 국어 교실의 문화를 조성해야 한다. 학교 내 국어 교실이라는 가장 보편적인 동시에 의미 있는 국어 교육적 공간에서 교사와 학생, 학생과 학생 간에 삶을 공유하는 차원에서 각자의 개인적인 경험을 표현할 시간과 여유가 확보될 때 자기 배려에서 비롯되는 배려적 화법 교육이 시작될 수 있기 때문이다. 둘째, 배려적 화법 교육을 위한 지속·발전 가능한 교육 프로그램을 개발하고 활성화해야 한다. 학습자가 유의미한 타자와의 지속적인 관계를 맺을 수 있도록 구조화된 화법 활동 프로그램을 개발해야 하며, 그 교육적 효과를 검증한 후 교육 현장에 다시 투입하여 지속적인 배려의 실천이 가능하도록 해야 한다. 셋째, 배려적 화법 교육을 위한 학교·가정·사회의 연대를 통한 배움공동체를 형성해야 한다. 배움공동체의 핵심은 '학교가 아이들이 서로 배우면서 성장하는 장소, 교사가 교육 전문가로서 서로 배우면서 성장하는 장소, 학부모나 시민이 교육 활동에 참가해서 서로 배우면서 함께 성장하는 장소'(한대동 외, 2009)라는 점을 인식하는 것이다. 일상생활의 언어 환경에서 대화의 상대자가 사용하는 '말'과 사회에서 통용되는 '말'은 부지불식간에 학습자의 '말'에 중요한 영향력을 발휘하기에 배려적 화법 교육의 측면에서 '올바른 배움공동체'의 형성은 필수적이다.

배려적 화법 교육은 학습자가 자신의 정체성을 형성해 가는 의사소통 과정 속에서, 본인이 몸담고 있는 가정과 학교에서 만나게 되는 유의미한 타자들과 지속적인 상호 관계적 활동을 제공하는 방식으로 실행되어야 한다. 또한, 교사와 학습자들 모두가 서로 다른 정체성과 윤리적, 문화적 관점을 가진 고유한 각각의 존재임을 인정하고 상호 배려하는 관점에서 화법 능력을 길러 나가도록 노력할 기회와 시간을 충분히 가져야만 한다. 또한, 배려적 화법 교육의 실천은 학교를 중심으로 학생의 가정과 지역 사회의 구성원 모두가 다양한 의사소통을 통해 함께 배우고 성장하는 '배움공동체'를 형성해 나가는 과정에서 가능해진다.

정혜영(2010: 68-69)은 자기 자신의 화법을 되돌아보고 반성할 수 있는 자아 성찰 과정을 통해 좀 더 성숙한 화자와 청자가 되기 위한 배려적 화법 교육 방법을 제시하였다. 즉, 학습자들은 일정 기간 기록해 온 대화 일기와 다양한 배려적 화법 수행 활동을 통하여 듣기와 말하기의 중요성을 인식하고 대화할 때 자신이 청자이면서 동시에 화자임을 깨닫게 된다는 것이다. 또한, 대화 활동 과정에서 상대방을 배려하며 듣고 말하는 태도를 함양하는 것에 수업의 목표를 두고, 교사는 수업 활동을 평가하기보다 대화를 주고받을 때 어떻게 듣고 말해야 하는지에 대해 학습자가 스스로 인식하고, 실질적인 의사소통 능력을 함양할 수 있도록 지도해야 한다.

참고문헌

박미영(2009), 「배려적 화법의 교육 내용 연구」, 한국교원대학교 석사학위 논문.

박창균(2016), 「배려의 소통적 자질 탐구」, 『새국어교육』 108, 89-113.

서현석(2007), 「말하기 교육의 내용으로서 '배려적 사고'의 개념 탐구」, 『국어교육학연구』 28, 393-422.

서현석(2016), 「화법교육에서 '배려'의 실행 가능성 탐구」, 『화법연구』 33, 35-58.

이삼형·김중신·김창원·이성영·정재찬·서혁·심영택·박수자(2000), 『국어교육학』, 소명출판.

정혜영(2010), 「배려적 화법에서의 대화 학습 방법 연구」, 한국교원대학교 석사학위 논문.

한대동·김대현·김정섭·안경식·유순화·주철안·손우정·전현곤(2009), 『배움과 돌봄의 학교공동체』, 학지사.

Lipman, M.(2005), 『고차적 사고력 교육』, 박진환·김혜숙(역), 인간사랑(원서출판 2003).

Noddings, N.(1984), *Caring: A Feminine Approach to Ethics and Moral Education*, University of California Press.

Noddings, N.(2002), 『배려교육론』, 추병완·황인표·박병춘(역), 다른우리(원서출판 1992).

3장

경험 대화 교육 모형[1]

김윤경

경험 대화는 나의 과거 경험에 대해 '지금 이 순간' 나의 목소리로 말하며 미래의 나를 구성해 가는 것이다. 경험 대화는 내가 나를 말할 권리, 내 삶을 내가 해석할 권리를 행함으로써 내 자신에게 내 삶의 행위자로서의 주체성(행위주체성, agency)을 더한다. 뿐만 아니라 각자의 삶자리가 다른 사람들끼리 경험 대화를 나눌 때 경험의 장이 확대되고, 서로의 낯섦에 대한 이해의 폭이 확장된다. 정체성의 보물 창고로서 경험 대화는 대화 참여자들이 서로의 이야기를 공유하고 서로에게 응답할 수 있는 '만남의 조약돌'이 된다.

....

1   이 내용은 김윤경(2020), 「담화 서사적 정체성 형성을 위한 경험 대화 교육 연구」를 바탕으로 작성한 것이다.

1. 이론적 배경

이번 장에서는 '경험 대화'의 개념 및 특징을 살펴보고, 경험 대화의 이론적 배경인 '대화적 경험 서사', '담화 서사적 정체성'과 함께, 경험 대화 교육 모형의 이론적 토대가 되는 '자서전적 쿠레레'와 '재저작 대화'에 대해 다루고자 한다.

1) 경험 대화

경험 대화(experience talk)는 친밀하고 동등한 둘 이상의 경험 대화자들이 직접 겪었던 개인 및 공동의 경험적 사건을 화제로 삼는 상호교섭적 대화이다(김윤경, 2020: 1). 경험 대화는 상황 맥락을 고려하여 자신의 삶과 연관된 실제적 언어가 주로 사용되는 담화로서 타인과 경험을 공유할 수 있는 유용한 소통 방식이다(김정란, 2014: 109).

경험 대화는 '경험을 통한, 경험에 대한, 경험이 되는 대화'라는 특징이 있다. 첫째, 경험 대화는 '경험을 통한 대화', 즉 '대화'에 참여하는 하나의 방법으로서 '경험'을 선택한 대화이며, 경험을 대화의 화제로 삼는 대화이다. '대화'는 자신과 타인을 이해하는 '나-너'의 존재적인 소통 방식이며, '경험'은 대화 참여자들 간 소통의 기반이 된다. 둘째, 경험 대화는 경험 이야기를 화제로 하는 '경험에 대한 대화'이다. 인간이라면 누구나 겪는 '경험'은 대화의 풍성한 이야깃거리가 된다. 자신의 경험을 말하고 타인의 경험을 들음으로써 그 경험을 함께 해석하고 자신과 타인을 이해할 수 있다. 셋째, 경험 대화는 경험 대화의 행위 자체가 또다시 경험이 되어 자기 이해 및 이야깃거리의 원천이 되는, 경험을 나누는 경험이 또다시 '경험이 되는 대화'이다. 나 아닌 다른 사람과의 경험 대화를 통해 과거의 경험에 대한 새로운 해석을 하거나 관점을 갖게 되고, 이전에 미처 발견하지 못했던 자신을 발견하게 될 수도 있다(김윤경, 2020: 58).

2) 대화적 경험 서사

인터뷰 담화, 특히 생애사 인터뷰나 서사 인터뷰에서 생성되는 구술 서사를 자서전적 서사 또는 인터뷰적 서사라고 할 때, 일상 대화에서의 경험 서사는 구술적 대화 속 서사, 대화적 서사라고 할 수 있다. 대화적 서사(conversational narrative)란 일상적·비공식적·비목적적인 상황에서 대화 참여자들이 모두 공동 화자가 되어 상호교섭적 대화를 통해 생성하는 서사이다(Norrick, 2000; Ochs & Capps, 2001; Bamberg, 2004).

[예 1] 세 친구의 대화

A: 아, 배고프다.

B: 뭐 먹으러 갈까?

C: 여기 어디 새로 생긴 맛집이 있다던데.

A: 맞아, 나 거기 가 봤어. 거기 완전 핫플레이스여서 지금 가면 1시간은 줄서야 할걸?

C: 그거 관련된 블로그도 봤는데, 매일매일 바뀌는 특별한 디저트가 있대.

B: 그래? 무조건 가자!

A: 좋아좋아~

위의 일상 대화 속에서 세 친구는 '맛집'을 화제로 대화하면서 '특별한 디저트가 있어 사람들에게 인기 있는 맛집 이야기'라는 서사를 형성한다. 이러한 대화적 서사는 대화 이전에 선택되고 선정된 경험이나 기억이 아닌, '지금 여기'의 담화적 상황 맥락 속에서 공동 화자들의 상호작용을 통해 즉흥적으로 공동 구성하는 서사이다(손희연, 2014).

경험 대화 속에서도 대화적 서사가 형성되는데, 다른 대화에 비해 특히 '경험'을 소재로 대화가 이루어진다는 특징이 있다. 경험 대화자가 직접 겪은 개인의 경험이나 경험 대화자들이 함께 겪은 공동의 경험에 대한 일인칭 자전적 경험 서사인 대화적 경험 서사가 공동으로 구성된다.

[예 2] 맛집에 온 세 친구의 대화 1

A: 와~ 진짜 맛있다! 근데 이거 내가 예전에 <u>이탈리아 갔을 때 먹어 봤던 디저트 맛이랑 비슷한데?</u>

B: 맞다, 너 5년 전에 이탈리아 갔었지? 그때 완전 좋았다고.

A: 당연히 좋았지~. 거기 사람들이 얼마나 친절하던지.

C: 사람들? 남자들 아니고?

A: (웃음) 뭐, 다 포함되는 거지.

B: 어디가 제일 인상 깊었어?

A: 거기, 그, 뭐더라? 그 왜 화산 폭발로 미라가 된…

C: '폼페이'?

A: 아, 맞다, <u>폼페이.</u> 거기 진짜 상상 그 이상이더라고. 생활하던 모습 그대로 미라가 되었는데, <u>문명이나 인간이나 자연 앞에서는 아무것도 아니구나…</u> 하는 생각이 들더라고.

B: 그래. 나도 종종 뉴스로 쓰나미, 태풍, 지진, 이런 <u>자연재해 볼 때마다 인간이 참 별게 아니다</u> 싶더라. 10년 전인가 내가 일본 갔다가 지진 잠깐 경험했었잖아? 얼마나 무서운지 말로 다 설명할 수가 없어.

C: 그니까. 그래서 우린 <u>자연보호</u>를 해야 돼. 그래서 내가 <u>텀블러</u>를 가지고 다닌다!

A: 갑자기? (웃음)

B: 어? 그 텀블러는 처음 보는 건데? 언제 산 거야?

위의 대화에서 A는 디저트를 먹으면서 이탈리아에서의 경험을 떠올리고, 화산으로 멸망한 '폼페이'에 대한 대화를 통해 자연 앞에서 무력한 인

간에 대한 이야기를 한다. 그에 대해 B 역시 자연재해를 다룬 뉴스를 본 경험, 일본에서 지진을 경험한 이야기를 한다. 그러다 C가 '자연보호를 위한 텀블러 들고 다니기'라는 화제를 제시하자, '텀블러'를 중심으로 새로운 대화가 시작되려 한다. 이처럼 경험 대화에서는 처음부터 주제가 정해져 있는 것이 아니라, 경험 대화를 나누는 동안에 화제가 연결되기도 하고 전환되기도 하면서 다채로운 대화적 경험 서사가 형성된다.

3) 담화 서사적 정체성

대화적 경험 서사 속에서 담화 서사적 정체성(discoursive narrative identity)이 형성되는데, 이는 대화적 서사가 생성되는 양방향적 구어 담화 속에서 "나는 누구인가?"에 대해 스스로 말할 때 형성되는 정체성을 말한다. 담화 서사적 정체성은 대화적 경험 서사 속에서 '지금 이 순간' 형성되는 국지적·상황적·맥락적·반응적 정체성이다(김윤경, 2020: 100).

서사 인터뷰나 내러티브 탐구와 같이 인생 전체를 돌아보는 가운데 형성되는 '서사적 정체성(narrative identity)'은 '큰 이야기 속 큰 정체성(a big identity in big stories)'이라고 부르는 반면, 일상적 경험 대화 속에서 형성되는 '담화 서사적 정체성'은 '작은 이야기 속 작은 정체성(small identities in small stories)'이라고 부를 수 있다(Bamberg, 2006; De Fina et al., 2006). 담화 서사적 정체성은 한 개인이 대화 이전부터 소유하고 있는 존재론적 결과물이 아닌, 경험 대화의 상황 맥락 속에서 상호교섭적으로 구성되며 '지금 여기'에서 자기를 이해하는 과정이다(Lucius-Hoene & Deppermann, 2004/2011: 87).

> **[예 3] 맛집에 온 세 친구의 대화 2**
>
> C: 아, 이 텀블러? 이쁘지? 뭐, 내가 산 건 아니고.
>
> B: 누구한테 받은 거야? 혹시⋯ 남자? 설마 우리 몰래 연애하는 거야?
>
> C: 실은⋯ 좀 만나던 사람이 있긴 했는데, 그래서 그 사람이 선물로 주긴 했는데.
>
> A: 근데?
>
> C: 하⋯ 나는 왜 한 달 이상 못 가는지 모르겠어. 내가 별로 매력적이지 않은가 봐.
>
> B: 누가 그래? 그 사람이 그래?
>
> C: 아니, 만나는 사람마다 한 달도 못 가니까⋯ 나 이러다 영원히 솔로 되는 거 아냐?
>
> A: 야, 사람 일은 모르는 거야. 혹시 알아? 혼자 훌쩍 떠난 여행지에서 멋진 남자 만날지?
>
> B: 맞아. 네가 문제인 게 아니라 아직 진짜 인연을 못 만난 거뿐이라고.
>
> A: 역시 우리 연애 박사 B님! 평생 혼자 산다더니 우리 중에 제일 먼저 솔로 탈출하셨지.
>
> C: (웃음) 그래. 다음번엔 나도 꼭 나만의 인연을 만나서 연애 박사가 될 테다!

위의 대화에서 C는 텀블러를 사 준 남자 친구와 헤어졌다며, 지금까지 이성들과의 만남이 오래 지속되지 않는다는 이야기를 하다가 스스로 '솔로'라고 부른다. 이에 대해 친구들은 여행지에서의 멋진 만남에 대한 이야기, C의 문제가 아닌 인연에 대한 이야기, 솔로 선언을 했던 B의 솔로 탈출 이야기를 한다. 이 경험 대화를 통해 '솔로'라는 C의 담화 서사적 정체성에 새로운 이야기가 더해지면서 C는 '연애 박사'라고 자신의 정체성을 새롭게 정의하게 된다.

4) 자서전적 쿠레레

자서전적 쿠레레(autobiographical currere)는 행동주의, 실증주의 교육학 및 학교 교육의 비인간화에 대한 비판적 관점으로 제안된 개념이다. 기존의 교육과정은 '달려야 할 코스[명사형: curriculum]'로서, 누군가 미리 정해 놓아 학습자가 왜 달려야 하는지도 모른 채 수동적으로 따라야 하는 길이었다. 이에 대해 파이너(Pinar)는 학습자나 교사들이 교육 주체가 되어 스스로 선택하고 달리는 행위[동사형: currere] 자체가 교육과정이라는 관점을 제안하였다(Pinar, 1995 / 2013; Pinar & Grumet, 1976). 학습자나 교사가 교육과정을 스스로 만들고, 자신이 만든 교육과정을 그대로 달리기도 하고 수정하기도 하면서 교육과정에 대한 내면적 경험이 쌓이게 된다. 자서전적 쿠레레는 교육 주체의 자발적이고 능동적인 교육과정 경험에 관심이 있다.

자서전적 쿠레레를 통해 학습자는 교육에 '대해' 이야기하는 것이 아닌, 교육에 대한 학습자의 '교육 경험 그 자체'를 이야기한다. 자서전적 쿠레레의 성찰적 수행 과정은 이처럼 학습자의 교육 경험을 회상하여, 교육 주체성 회복을 위한 것이다(박순경, 2001). 하지만 수업 맥락 속 자기 성찰을 위한 교수·학습 방법으로 쓰이기도 한다. 학습자는 자서전적 쿠레레를 통해 자신의 경험을 서사화하며 성찰할 수 있다.

5) 재저작 대화

재저작 대화(re-authoring conversation)는 '이야기 치료(narrative therapy)'의 핵심 활동 중 하나이다. 이야기 치료는 사회 구성주의의 영향을 많이 받은 심리학으로서, 내담자와 상담자의 경험 대화를 통한 역동적인 이야기하기와 재저작 대화를 통해 내담자가 새로운 이야기와 새로운 자아상을 엮어 가는 것을 목적으로 한다(White, 1995). 이야기 치료에서 인간의 경험은 고정되지 않은 불확실한 것이라 전제한다. 이야기 치료 속에서 재저작 대화는 과거의 경험을 재구성하여 현재의 나를 발전시키고 미래의 나로 확대하는 과정이며, 이를 통해 내담자는 새로운 자기의 이야기, 새로운 삶의 이야기를 만들어 가게 된다(김윤경, 2020: 282).

경험 대화에서 자기 자신을 경험 서사의 저자라고 할 때, 저자는 자신의 경험 이야기를 청자에게 말해 주는 서술자의 역할을 맡는다. 내재화된 경험은 주로 부정적 감정과 결부되어 있거나, 지배적 이야기가 되어 부정적 자아 개념을 갖게 하는 경우가 많다. 하지만 경험을 외재화(내재화된 경험을 이야기하면서 낯설게 바라보기)하면, 그 경험과 '나'를 분리시킬 수 있고, 지배적 이야기와 분리된 '나'는 이전에 발견하지 못했던 독특한 결과를 발견함으로써 새로운 대안적 이야기를 쓸 가능성을 갖게 된다(박민수·오우성, 2009). 이와 같이 재저작 대화는 공동 화자로서 경험 대화자들이 경험 대화를 통해 자신의 삶과 과거에 참여하고 자신과 타인, 자신과 세계의 관계에 더욱 적극적으로 개입하는 방안을 제시해 준다.

2. 경험 대화 교육 모형

담화 서사적 정체성 형성을 위한 경험 대화의 교육 모형으로, 앞서 살펴본 자서전적 쿠레레와 재저작 대화가 결합된 '대화적 쿠레레'를 설계하였다. 삶의 경험에 대한 경험 대화 중 성찰(쿠레레)이며, 이 과정을 통해 학습자가 과거 경험을 회상하고 현재의 삶을 성찰하며 미래의 삶을 기획 및 재저작하는 '대화적 쿠레레'는 '회상→직조→조망→예상'의 과정으로 진행된다. 대화적 쿠레레의 모든 과정에서는 각각의 활동을 반성하고 서사 수행을 재조정하는 '조율'이 이루어진다.

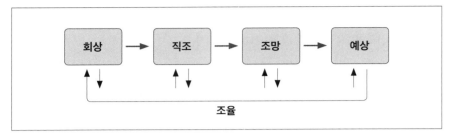

대화적 쿠레레의 과정(김윤경, 2020: 284)

이와 같은 대화적 쿠레레의 과정은 경험 대화 교육 모형의 설계에 있어 각 단계별 주요 활동이 된다. 경험 대화 교육 모형은 다음과 같이 '마중물, 물결, 갈무리'의 세 단계로 구성된다.

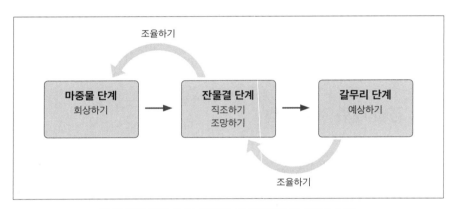

경험 대화 교육 모형: 대화적 쿠레레(김윤경, 2020 수정)

1) 마중물 단계

마중물 단계는 기존 수업의 도입 단계와 유사하지만, 경험을 상기시키기 위한 활동을 통하여 기억의 '마중물'을 붓는다는 의미로 명명하였다. 마중물 단계의 주요 활동은 과거 경험에 대한 기억을 회상하는 것이다. '회상하기(recalling)'는 과거의 특정 사건을 기억하여 '지금 여기'의 경험 대화 이야기판으로 소환하는 것이다. 회상에 의해 현재로 소환된 과거의 기억은 경험 대화의 잔물결을 일으키기 위한 조약돌이 된다.

2) 잔물결 단계

잔물결 단계는 기존 수업의 전개 단계에 해당하지만, 회상의 조약돌을 통해 경험 대화의 잔물결이 퍼져 나간다는 의미로 다시 명명하였다. 이 단계에서는 경험 대화를 나눔으로써 대화적 경험 서사 및 담화 서사적 정체성을 대화자들이 함께 구성해 보는 경험이 중요하므로, 대화적 쿠레레 중 직조와 조망이 주요 활동이 된다. '직조하기(weaving)'는 회상된 경험을 서사화를 통해 한 편의 이야기로 만드는 것이다. 자기에 대한 경험은 경험 대화자들이 함께 이야기를 짜내 가면서 다른 사람을 포함하는 자신의 이야기를 통해 지속적으로 형성된다(Weingarten, 1991: 289).

'조망하기(viewing)'는 직조된 경험 서사에 대한 거리두기를 통해 기존의 서사를 재구성하거나 재해석하는 것이다. 대화적 경험 서사에 대한 조망을 통해 과거의 경험적 사건들이 서사화되면서 현재적 의미가 생겨난다. 경험의 의미는 서사화되는 과정에서 저절로 생성되기도 하고, 경험 대화자들 간의 상호교섭적 의사소통을 통해 의도적으로 부여되기도 한다.

3) 갈무리 단계

갈무리 단계는 기존 수업의 마무리 단계로서, 마중물 단계에서 던져졌던 기억의 조약돌이 잔물결 단계에서 퍼져 나가다가 이 단계에서 경험의 의미가 총체적으로 부여된다. 일상 대화에서는 경험 대화의 갈무리가 없기도 하지만, 수업 장면에서 이 단계가 없다면 경험 대화 수업은 그냥 '수다 한 판'이 될 수 있으므로 반드시 거쳐야 한다. 갈무리 단계에서는 그동안의 경험 대화를 돌아보며 '미래의 나'를 기획하기 위해 대화적 쿠레레 중 예상을 주된 활동으로 삼는다. '예상하기(projecting)'란 경험 대화를 통해 새롭게 직조된 자기를 '미래의 나'로 자리매김하는 것이다. 즉, 과거에 그렇게 살아왔고 현재 이렇게 살고 있으므로(있지만) 앞으로는 저렇게 살 것이라고 미리 선언하는 것이다.

3. 경험 대화 교육 방안

담화 서사적 정체성 형성을 위한 경험 대화의 교육 방안으로, '내 **경험의 보석 상자**'라는 경험 대화 포트폴리오를 활용할 수 있다. 경험 대화 포트폴리오는 학습자가 경험 대화 수행 중에 누적적으로 직접 작성할 수 있다는 점에서 학습자를 평가 주체로 삼는다. 경험 대화 포트폴리오를 통해 학습자는 경험 대화의 경험을 한 편의 서사물로 산출하게 된다.

경험 대화 포트폴리오의 활동은 크게 '서사적 대화, 경험 메타포, 경험 형상화'의 세 단계로 구성된다. 경험 대화는 본질적으로 서사적 대화이다. 서사적 대화란 인간 간의 상호 거래 형식으로서, 서사적 대화를 통해 인간은 자신의 삶을 서사적으로 엮어 갈 수 있다(McIntyre, 1981 / 1997: 314). 개인의 실제 삶의 이야기와 경험에 초점을 둔 서사적 대화는 삶의 이야기들을 대화함으로써 대화 참여자를 성장하게 한다(고미숙, 2002: 8). 특히 일상적 대화의 상황 맥락이 아닌 학교 수업 장면의 경험 대화에서 대화 참여자는 친한 친구뿐 아니라 낯선 친구와도 대화를 나누게 되기 때문에, 경험 대화의 이야깃거리가 될 '기억'의 마중물을 부어야 한다. 낯선 이들로 구성된 대화 참여자들은 각자의 경험을 중심으로 특정한 형식 없이 일상 대화처럼 수다를 나누다가 우연히 공통된 경험을 찾아내어 새로운 관계의 물꼬를 트기도 하고, 서로 전혀 겪어 보지 못한 경험을 나누며 나오는 다른 사람에 대한 이해의 폭을 넓히게 된다.

마중물 단계에서 과거를 회상하며 경험 대화를 나눌 이야깃거리를 환기하기 위한 활동으로 인생곡선이 있다. 인생곡선을 그리면서 '내 인생의 금역사와 흑역사'에 대한 짤막한 글 쓰기를 한다. 인생 경험에 대한 그래프와 짧은 글을 바탕으로 친구와 경험 대화를 나눈 후 '다시 쓰는 내 인생의 금역사와 흑역사'를 쓰면서 경험 대화 전후의 경험 해석 차이를 발견한다. 친구와 경험 대화를 충분히 나눈 후 "이 경험은 나에게 (   )이다."라는 은유(메타포)로 표현하고 그 이유를 설명하는 경험 메타포 활동을 한다. **경험 메타포**는 은유의 방법으로 경험적 사건을 함축적 단어로 표현하는 활동이다. 은유에는 이야기가 있으며(김애령, 2013; 김한식, 2019), 이야기를 은유로 표현한다는 것은 그 이야기를 성찰하여 의미를 찾았다는 것을 뜻한다. 그러므로 경험 메타포는 경험 서사에 대한 성찰의 방법이 될 수 있다.

지금까지 언어로 표현된 경험에 대한 통찰력과 상상력을 더하는 예술적 형상화의 방법으로 **경험 보석 경매**를 제안한다. 경험 대화에서 나누었던 많은 경험 중 특히 자신에게 중요한 경험을 모은 후 포스트잇에 쓰고, 그 포스트잇을 끈으로 엮어 장신구 형태의 **경험 보석**을 만들어 본다. 경험 보석과 관련된 이야기는 그대로 경험 보석 경매를 위한 대본이 된다. 모둠원 중 누군가 경험 장신구를 걸치고 교실 중앙에 서면, 경매 진행자 역할의 모둠원이 경험 장신구의 이야기를 들려주면서 의미를 재해석한다. 나머지 학생은 현재 경매에 나온 경험 장신구의 매력도에 점수를 매기고 이유를 밝히면서, 같은 경험을 어떻게 다르게 해석하는지, 그리고 어떻게 다르게 표현하는지에 대한 동료 평가를 한다. 마지막으로 **경험 컬렉션**에서는 모든 참여자가 자신의 경험 장신구를 걸치고 교실 중앙에 놓인 런웨이(runway)를 걷는다. 실제 런웨이 느낌을 주기 위해 레드 카펫을 교실 한가운데 깔아 두면 좋다. 경험 컬렉션이 끝난 후 각자 자리에 서서 박수를 치며 경험 대화 수업을 성대하게 마무리한다.

경험 대화 수업의 차시별 활동(김윤경, 2020: 301)

1차시		쿠레레	나-누기 활동	시간
마중물		—	• **경험 마음 지도**를 통한 경험 대화의 이해	5분
잔물결	1	회상	• **내 인생의 금역사와 흑역사** 인생곡선 그리기 • **내 인생의 금역사와 흑역사** 글쓰기	10분
	2	직조 1	• 내 인생의 금역사와 흑역사에 대한 경험 대화(1:1)	10분
	3	직조 2	• 지금까지 나눈 경험 대화 내용을 모둠별로 공유하기	10분
갈무리		조망	• **다시 쓰는 '내 인생의 금역사와 흑역사** 글쓰기	10분

2차시		쿠레레	나+너=우리 활동	시간
마중물		회상	• 올 한 해에 함께했던 공동의 경험 곡선 그리기 ⇒ 각자 그린 후 전체 함께 그려 보기	10분
잔물결	1	직조 1	• 각자 자신의 '경험 보석' TOP 10 선정하기	10분
	2	직조 2	• 모둠별 토론 '경험 보석' TOP 5 선정하기	10분
	3	조망	• 모둠별 **경험 보석** 만들기	10분
갈무리		—	• 활동 정리 및 차시 예고	5분

3차시		쿠레레	나×누리 활동	시간
마중물		회상	• 지금까지 나누었던 경험 이야기 환기하기	5분
잔물결	1	직조 1	• 모둠별 **경험 보석** 시나리오 작성하기	10분
	2	직조 2	• 다 함께 **경험 보석 경매** 진행	15분
	3	조망	• **경험 메타포**: 올해는 나에게 [ ](이)다.	5분
갈무리		예상	• **경험 컬렉션** 내년은 나에게 [ ]일 것이다.	10분

경험 대화 포트폴리오: '내 경험의 보석 상자'(김윤경, 2020: 304)

수행 시기			활동	내용	쿠레레
수업 전		사전 1	경험 대화의 경험	경험 대화의 경험 및 인식에 대한 출발점 자가 진단	과제 선택 가능
		사전 2	대화 성찰 태도 사전 설문지	평소 자신의 대화 전/중/후 성찰 태도에 대한 자기 평가	
		사전 3	"나는 누구인가?"	"나는 누구인가?"에 대한 생각과 관심을 환기하는 마중물 붓기 활동	
수업 중	1차시	1-1	내 인생의 금역사와 흑역사 인생곡선	지금까지 자신의 삶을 되돌아보며 긍정적 경험(금역사)과 부정적 경험(흑역사)에 대한 인생곡선 그리기	회상
		1-2	내 인생의 금역사와 흑역사 글쓰기	앞서 작성한 인생곡선을 바탕으로 자신의 금역사와 흑역사에 대한 글쓰기	직조
		1-3	내 인생의 금역사	친구와 함께 인생의 금역사에 대한 경험 대화를 나눈 후, 선정된 화제, 경험에 대한 해석, 자기 인식에 대해 분석하기	직조
		1-4	내 인생의 흑역사	친구와 함께 인생의 흑역사에 대한 경험 대화를 나눈 후, 선정된 화제, 경험에 대한 해석, 자기 인식에 대해 분석하고, 그에 대한 친구들의 관점을 나의 관점과 비교하기	직조 조망
		1-5	다시 쓰는 내 인생의 금역사와 흑역사	지금까지의 경험 대화 활동을 바탕으로 자신의 금역사와 흑역사에 대해 다시 글쓰기	조망
		1-6	경험 대화 체크리스트	경험 대화 활동을 통해 대화적 경험 서사의 생성 및 담화 서사적 정체성 형성의 여부를 확인하는 자기 평가	과제 부여 가능
	2교시	2-1	올해의 체험 활동 TOP 10	올해를 돌아보며 공동으로 겪은 체험 활동 중 가장 기억에 남는 활동 열 가지 선정하여 인생곡선처럼 그리기	회상

	2-2	올해의 체험 활동 TOP 5	앞서 작성한 TOP 10에 대해 모둠별로 경험 대화를 나눈 후 TOP 5 선정하기	직조 조망
3교시	3-1	경험 보석 감정 체크리스트	경험 보석 경매 활동 중 모둠별로 생성한 공동의 경험 관련 대화적 경험 서사에 대한 차원적 분석	직조 조망
	3-2	경험 메타포	지금까지의 활동을 돌아보며 올해의 체험 활동에 대한 경험 메타포 수행	조망
	3-3	안녕! 그리고 안녕?	'현재의 나'로서 '과거의 나'와 '미래의 나'에게 편지 쓰기	예상
수업 후	사후1	다시 쓰는 "나는 누구인가?"	"나는 누구인가?"에 대한 생각과 인식을 성찰해 보는 갈무리 짓기 활동	과제 선택 가능
	사후2	대화 성찰 태도 사후 설문지	자신의 대화 전/중/후 성찰 태도에 대한 자기 평가	
	사후3	경험 대화 수업 체크리스트	경험 대화 수업에 대한 학생 만족도 평가	

경험 대화 포트폴리오는 3차시에 걸쳐 작성될 수도 있지만, 현장의 상황 맥락에 따라 시기별로 진행할 수 있다. 학기 초에는 1차시 포트폴리오, 학기 중에는 2차시 포트폴리오, 학기 말에는 3차시 포트폴리오를 작성하면서 경험 대화 수업을 장기적으로 수행할 수도 있다.

경험 대화 포트폴리오는 듣기·말하기 영역과 쓰기 및 문학 영역과 연결한다는 점에서 영역 융합 평가이기도 하다. 쓰기 영역에서는 성찰적 글쓰기(경험담 쓰기, 자서전 쓰기 등), 문학 영역에서는 서사의 기본적인 본질, 구조, 특징을 배운다. 나아가 융합 교과적 수행평가로 활용하는 것도 좋다. 담화 서사적 정체성의 본질인 행위주체성과 윤리적 정향이라는 경험 대화의 특성상 진로 교육, 민주시민(사회), 도덕(윤리) 등 타 교과와 연계될 수 있다. 단, 경험 대화의 평가는 경험 대화를 얼마나 맛깔스럽게 구연하는가,

또는 경험 대화를 통해 자기 성찰 정도가 얼마나 향상되었는가 등 현상적 변화 그 자체에 집착하면 안 된다. 경험 대화 포트폴리오를 작성하면서 타인과 경험 대화를 나누고 자기 삶을 성찰하는 행위를 즐기는 태도를 길러 주는 것이 우선이다.

우리는 언제나 경험을 하고 경험을 말한다. 일상에서 늘 일어나는 경험 대화는 너무도 평범하지만, 그 경험 대화가 우리의 삶에 미치는 영향은 참으로 특별하다. 친한 사람들과의 경험 대화는 나를 나답게 만들고, 낯선 사람들과의 경험 대화는 나를 새롭게 만든다. 대화적 쿠레레로 함께하는 경험 대화 교육은 나-너-우리-누리의 '잘삶(wellbeing)'의 큰 물결을 일으키는 조약돌이 될 것이다.

참고문헌

고미숙(2002),「인간교육을 위한 서사적 대화모형 연구」,『교육문제연구』16, 1-30.

김애령(2013),『은유의 도서관: 철학에서의 은유』, 그린비.

김윤경(2020),「담화 서사적 정체성 형성을 위한 경험 대화 교육 연구」, 이화여자대학교 박사학위 논문.

김정란(2014),「중학생의 경험 대화에 나타난 상호교섭 양상 연구」,『국어교육연구』54, 103-132.

김한식(2019),『해석의 에움길: 폴 리쾨르의 해석학과 문학』, 문학과지성사.

박민수·오우성(2009),『이야기 상담의 과정과 기법』, 시그마프레스.

박순경(2001),「자기주도성의 교육과정 이론적 기초로서의 '쿠레레'에 대한 일고」,『교육과정연구』19(1), 159-173.

손희연(2014),「일상 대화적 내러티브의 구조 연구: 개념과 방법론 고찰 및 사례 분석」,『담화와 인지』21(1), 57-81.

Bamberg, M.(2004), ""I know it may sound mean to say this, but we couldn't really care less about her anyway": Form and Functions of 'Slut Bashing' in male identity constructions in 15-year-olds", *Human Development* 47, 331-353.

Bamberg, M.(2006), "Stories: Big or small. Why do we care?", *Narrative Inquiry* 16(1), 139-147.

de Fina, A., Schiffrin, D. & Bamberg, M.(eds.)(2006), *Discourse and identity*, Cambridge

University Press.

Lucius-Hoene, G. & Deppermann, A.(2011), 『이야기 분석: 서사적 정체성의 재구성과 서사 인터뷰의 분석을 위한 이론과 방법론』, 박용익(역), 역락(원서출판 2004).

McIntyre, A.(1997), 『덕의 상실』, 이진우(역), 문예출판사(원서출판 1981).

Norrick, N. R.(2000), *Conversational narrative: Storytelling in Everyday Talk*, John Benjamins.

Ochs, E. & Capps, L.(2001), *Living narrative: Creating lives in everyday storytelling*, Harvard University Press.

Pinar, W.(2013), 『윌리엄 파이너와 교육과정 이론』, 정정훈·김영천(편역), 아카데미프레스(원서출판 1995).

Pinar, W. & Grumet, M. R.(1976), *Toward a poor curriculum*, Kendall / Hunt.

Weingarten, K.(1991), "The Discourses of Intimacy: Adding A Social Constructionist and Feminist View", *Family Process* 30(3), 285-305.

White, M.(1995), *Re-authoring lives: Interview and essays*, Dulwich Centre Publications.

4장

대화 성찰을 위한 수행학습 모형[1]

박성석

대화 성찰이란 "대화가 진행 중이거나 대화가 종료된 이후 자신의 발화 내용이나 대화 방식은 물론 이에 영향을 미치는 스스로의 전제를 신중하고 사려 깊게 점검하고 살펴보는 사고 작용"이다(박성석, 2018: 96). 그리고 대화 성찰을 위한 수행학습 모형이란 대화 성찰을 실제로 수행해 봄으로써 대화 성찰 태도를 기르기 위한 모형이다. 화법 교육에서 다루는 발표, 연설, 토의, 토론, 협상, 면담 등의 교육에서는 화자 혹은 청자의 목표를 효율적이고 효과적으로 달성하기 위한 전략적 접근이 강조되곤 한다. 그런데 전인적 관계 형성이 이루어져야 하는 대화의 교육에서마저 전략적 접근이 강조되는 것은 적절치 못하다. 자칫 대화 상대를 목표 달성을 위한 도구나 수단으로 바라보게 하고 나아가 삶 전체를 전략적 목표 달성의 관점에서 바라보게 만들 수 있기 때문이다. 이에 대화 성찰을 위한 수행학습 모

---

1   이 내용은 박성석(2018), 「대화 성찰 태도 향상을 위한 교육 내용 연구」를 바탕으로 정리한 것이다.

형에서는 학생들이 자신이 나누는 대화를 평생 계속해서 성찰해야 함을 깨닫고 대화 성찰을 실천하게 하는 데 중점을 둔다.

1. 이론적 배경

대화 성찰을 위한 수행학습 모형은 여러 이론을 바탕으로 만들어졌다. 우선, 듀이(Dewey, 1910), 쇤(Schön, 1983; 1987), 메지로우(Mezirow, 1990; 1991)의 성찰 이론에 근거하여 성찰의 개념을 문제 해결을 위한 사고로 규정하고 성찰의 유형을 내용·과정 성찰과 전제 성찰로 대별하였다. 구조나 절차 같은 형식적인 측면에서는 바우드 외(Boud et al., 1985)의 '경험 기반 학습의 순환', 코르타겐(Korthagen, 1985)의 'ALACT 모형', 테일러(Taylor, 1989)의 '전환 학습의 3국면–6단계 모형'을 바탕으로 하였다.

1) 성찰의 개념 및 유형

일찍이 듀이는 '성찰'이 교육적 가치가 있는 사고 작용이라 간주하여 그 개념과 특성을 규명하였다. 이에 따르면 성찰(reflection)이란 "어떤 믿음이나 소위 지식의 형태에 대해 지지하는 근거와 가져올 결과에 비춰 적극적이고 지속적이며 세심하게 숙고하는 것"을 말한다(Dewey, 2011: 9). 아무리 사소하고 일상적인 것이라도 마음속에 당혹감을 일으키고 기존의 믿음이 흔들리는 문제 상황에 봉착했을 때 우리는 그 문제를 해결하고자 어떤 가정을 세우고 이를 뒷받침하거나 기각하는 증거를 발견하는 일련의 사고 과정을 전개한다. 그런데 만약 이 과정에 성찰이 수반되지 않는다면 우리는 무지나 편견으로 인해 잘못된 가정을 세우고, 이를 무턱대고 지지하는 불합리한 사고를 할 수 있다. 성찰이 수반됨으로써 머릿속에서 가정을 생성하고 그것을 채택하거나 기각하는 과정이 최대한 합리적으로 이루어질 수 있는 것이다.

숀은 성찰을 실행(practice)에서의 문제 해결을 위해 꼭 필요한 사고라고 보아 이에 관해 논의하였다. 그는 우선 성찰의 유형을 행위 후 성찰(reflection on action)과 행위 중 성찰(reflection in action)로 나누었다. 행위 후 성찰이 어떤 실행이 종료되고 나서 시간이 흐른 뒤 이루어지는 것이라면, 행위 중 성찰은 실행이 이루어지는 중에 함께 이루어지는 것이다. 나아가 그는 교육, 의료, 건축 등 전문적인 실행 영역에서 교과서에 나오는 이론을 그대로 적용해서는 해결되지 않는 당혹스러운 문제를 만났을 때 초보자와 전문가가 보이는 차이를 논의한다. 초보자는 당혹감에 휩싸여 우왕좌왕하다 문제를 해결하지 못하는 경우가 많은 데 반해 전문가는 문제를 쉽게 해결하곤 한다는 것이다. 이때 전문가가 초보자와 달리 문제를 해결할 수 있는 원동력은 풍부한 경험에 바탕을 둔 행위 중 성찰이다. 이를 구체적으로 설명하자면 다음과 같다. 전문가는 자신의 영역에서 수없이 많은 실행 경험을 쌓아 왔다. 따라서 이들은 한 번도 경험해 보지 못한 새로운 문제를 만나더라도 과거의 경험에 비추어 문제의 원인 및 해결 방법에 대해 다양한 가설을 손쉽게 떠올릴 수 있다. 그리고 각 가설에 따라 예상되는 결과 중 최선의 결과가 무엇인지를 판단하고 이에 비추어 최선의 가설을 선택함으로써 문제를 해결할 수 있게 되는 것이다.

메지로우는 성찰의 다양한 양상을 더욱 포괄적으로 파악하여 분류하는 논의를 제시하였다. 그는 비성찰적인 것('습관적 행동')과 성찰에 가까우나 성찰이라 부르기는 어려운 것('사려 깊은 행동' 혹은 '내성')의 특성을 논의한다. 나아가 듀이와 숀이 제시한 문제 해결을 위한 사고로서의 성찰('내용 성찰', '과정 성찰')은 물론이고, 듀이나 숀이 미처 파악하지 못한 더 높은 수준의 성찰('전제 성찰' 혹은 '비판적 성찰')에 이르기까지, 성찰의 외연을 더욱 포괄적으로 파악하고 있다. 구체적으로 설명하자면 다음과 같다. '습관적 행동'은 성찰이 전혀 발현되지 않은 비성찰적인 것에 해당한다. '사려 깊은 행동' 혹은 '내성(introspection)'은 성찰에 근접한 것으로서, 성찰을 동반하여 나타난 것일 수도 있지만 성찰 없이 나타난 것일 수도 있으므로 주의가 필요하다. 한편, 문제 해결을 위한 사고로서의 성찰은 그 사고의 초점이 문제의 내용에 맞추어진 '내용 성찰(content reflection)'과 문제 해결의 방법에 맞추어진 '과정 성찰(process reflection)'로 구분될 수 있다. 나아가 문제의 내용이나 문제 해결 방법이 아니라, 애초에 문제를 문제라고 인식하게 된 데에 영향을 미친 자기 자신의 무의식적인 믿음, 가정, 가치관 따위가 바람직하거나 적절한지를 숙고하는 것을 '전제 성찰(premise reflection)' 혹은 '비판적 성찰(critical reflection)'이라고 부른다. 이 가운데서도 메지로우는 특히 전제 성찰 혹은 비판적 성찰의 교육이 필요함을 강조한다. 사회가 자신에게 암묵적으로 주입한 이데올로기를 자각하고 그것을 주체적으로 수용하거나 거부함으로써 더 나은 삶을 살아가기 위해, 자신이 그간 당연히 옳다고 여겨 온 믿음, 가정, 가치관을 비판적으로 성찰해야 한다는 것이다.

무릇 화법은 실행의 문제이며, 따라서 대화하기 또한 실행의 문제에 해당한다. 우리는 이러한 대화하기 중 다양한 문제에 부딪히게 되는 한편 이전의 대화 경험을 기반으로 최선의 해결 방법을 떠올려 그러한 문제를 해결하곤 한다. 때로는 대화와 관련하여 자신이 무언가를 문제라고 인식하게 된 데 영향을 미친 스스로의 믿음, 가정, 가치관을 자각하고 그것이 바람직하고 적절한 것인지 숙고하기도 한다. 특히 이러한 전제들(믿음, 가정, 가치관)에 대한 성찰은 대화를 전략적 문제 해결이 아닌 전인적 만남으로 바라보는 일이 바람직하고 적절하다는 결론에 이르기 위해 반드시 필요하다. 이처럼 자신의 대화와 관련하여 이루어지는 성찰을 포괄적으로 가리키기 위하여 박성석(2018)에서는 '대화 성찰'이라는 용어를 사용하였다.

이러한 대화 성찰에는 대화에서 겪은 문제의 내용이나 그 해결 방법에

성찰의 수준 혹은 초점	성찰의 시기	행위 중 성찰	행위 후 성찰
내성		———	
내용 성찰 과정 성찰		━━━	
전제 성찰		▬ ▬ ▬	

옅은 실선(———)은 단독으로는 성찰로 보기 어려움을 의미함.
점선(▬ ▬ ▬)은 실제 실현 가능성이 작음을 의미함.

성찰의 유형(박성석, 2018: 94)

대한 성찰인 '내용·과정 성찰'과 대화에서 무언가를 문제라고 인식하게 되는 데 영향을 미친 자신의 근본적인 관점이나 가치관에 대한 성찰인 '전제 성찰'이 모두 포함된다. 문제의 원인을 파악하고 그 해결 방안을 모색하는 탐구 과정이 1차적 사고라면, 내용·과정 성찰은 그러한 1차적 사고 과정이 합리적으로 이루어져 최선의 문제 해결에 이를 수 있도록 통제하는 사고라는 점에서 2차적인 사고에 해당한다. 그리고 전제 성찰은 내용·과정 성찰의 출발점인 문제 인식에 영향을 미치는 자신의 근본 관점이나 가치관을 주체적으로 점검, 비판함으로써 내용·과정 성찰이 바람직하게 이루어지도록 통제하는 사고라는 점에서 3차적 사고에 해당한다. 따라서 단순한 탐구 과정보다는 내용·과정 성찰이, 내용·과정 성찰보다는 전제 성찰이 더 높은 층위에서의 사고, 즉 상위인지적 사고에 해당한다. 내용·과정 성찰은 대화를 마치고 나서 시간이 흐른 뒤에 이루어질 수도 있고 대화가 진행되는 도중에 이루어질 수도 있다. 반면 전제 성찰은 삶의 오랜 기간 동안 자신이 당연히 옳다고 여겨 온 근본 관점이나 가치관을 스스로 비판하는 것이기에 매우 깊은 사색과 숙고가 요구되며, 따라서 대화가 진행되는 도

중에 이루어지기가 쉽지 않다. 이에 전제 성찰은 대화가 끝난 후 조용히 혼자 있는 시간에 이루어지는 것이 일반적이다.

2) 성찰의 과정 및 단계

성찰의 과정과 단계에 관하여 다양한 논의와 제안이 있어 왔다. 여기서는 대표적으로 바우드 외(Boud et al., 1985)의 '경험 기반 학습의 순환'과 코르타겐(Korthagen, 1985)의 'ALACT 모형', 그리고 전제 성찰의 촉진을 목표로 고안된 테일러(Taylor, 1989)의 '전환 학습의 3국면 – 6단계 모형'에서의 제안을 살펴보고자 한다.

먼저, 바우드 외(Boud et al., 1985)는 선행 이론들을 바탕으로 경험을 학습의 자원으로 활용하는 소위 경험적 학습(experiential learning)의 과정을, 경험이 성찰을 거쳐 개념으로 변환되고 이렇게 형성된 개념이 다시 새로운 경험을 선택하는 데 영향을 미치는 순환적인 과정으로 묘사한다. 이들은 이러한 순환적인 과정을 실세계의 맥락에서 구체적인 경험이 이루어지는 단계, 경험이 이루어지는 도중이나 이루어지고 난 이후 그 경험을 관

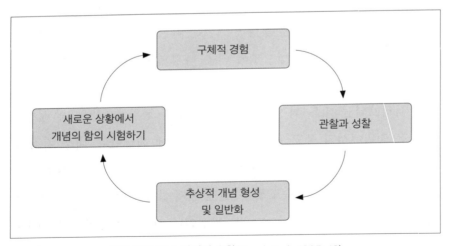

경험 기반 학습 과정의 순환(Boud et al., 1985: 12)

찰하고 성찰하는 단계, 관찰과 성찰의 결과로서 어떤 추상적 개념을 새로 도출하고 이를 자신의 인식 체계에 통합하는 단계, 새로운 개념을 실세계의 새로운 맥락에 적용해 봄으로써 그 개념이 유의미한지를 시험해 보는 단계의 넷으로 분절하여 제시하는데, 이를 앞의 그림에서 확인할 수 있다.

다음으로, 코르타겐(Korthagen, 1985)은 네덜란드 위트레흐트의 한 교사 양성 대학에서 교사의 수업 성찰을 위해 사용된 ALACT 모형을 소개하는데, 여기에서도 학습자가 거치게 되는 성찰의 과정을 잘 묘사하고 있다. 구체적으로는 (주로 예비 교사에 해당하는) 학생이 (주로 수업 또는 모의 수업과 같은) 어떤 '행동'을 수행하고, 이어서 '행동 되돌아보기'를 하며, '본질적 양상 인식'에 이르고, '대안적 행동 방법 창출하기'를 한 후 그렇게 창출된 대안적 행동 방법을 '시도'하는 것으로서 한 번의 순환이 종료된다. 특히 마지막 단계에서 이루어진 '시도'는 곧 새로운 순환에서의 '행동'에 해당하는 것으로서 간주할 수 있다. 이러한 ALACT 모형을 다음 그림에서 도

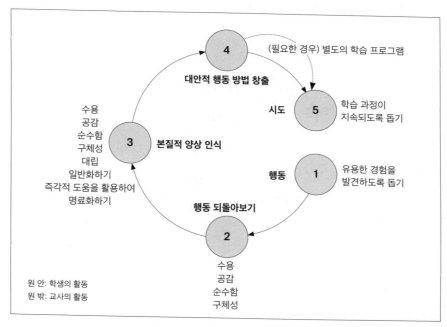

ALACT 모형(Korthagen, 1985)

식으로 확인할 수 있다.

　끝으로, 테일러(Taylor, 1989)는 전환 학습(transformative learning), 즉 전제 성찰을 통해 관점의 전환에 도달하는 과정을 몇 개의 국면 및 단계로 파악하여 제시하였다. 이에 따르면, 먼저 '의식의 유발' 국면에서 학습자는 삶을 뒤흔드는 방아쇠 사건을 만나(방아쇠 사건 만나기) 어떤 문제를 인식하게 되고, 이후 이 문제를 본격적으로 자기 삶에서 마주하는 과정을 거치게 된다(실재에 직면하기). 실재에 직면하는 일이 성공적이었다면 이어지는 '의식의 전환' 국면에서 학습자는 전이 지점에 도달하여(전이 지점에 도달하기) 기존의 관점을 넘어선 새로운 관점으로의 이동 혹은 도약을 이룰 수 있게 된다(초월적 이동 혹은 도약). 최종적으로 '의식의 통합' 국면에서는 앞서 전환해 낸 관점을 토대로 새로운 삶을 살아가리라는 다짐을 하고 (개인적 다짐) 실제로 그러한 관점을 삶에 적용함으로써 개인적 성장을 이루게 된다(기반 다지기와 성장). 이상에서 설명한 전제 성찰의 과정을 다음 그림에서 도식으로 확인할 수 있다.

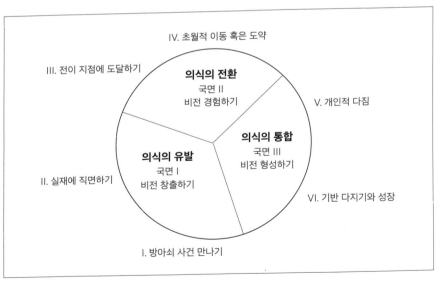

전환 학습의 3국면-6단계 모형(Taylor, 1989: 197)

2. 대화 성찰을 위한 수행학습 모형

대화 성찰을 위한 수행학습 모형(박성석, 2018)은 학습자의 대화 성찰을 촉진하기 위한 교육에서 학습자가 학교 밖 일상 대화 중 느꼈던 문제를 학교 안 교수·학습 상황으로 가져와 진지하게 성찰해 보게 하고자 고안한 것이다. 모형의 명칭을 '수행학습'이라고 일컬은 까닭은 대화 성찰의 필요성과 방법을 개념적으로 학습하는 '이론 학습'이 먼저 이루어지고 난 이후, 대화 성찰을 자신의 맥락에서 직접 수행해 보게 하는 데 초점을 두고 있음을 부각하기 위해서이다. 대화 성찰을 위한 수행학습 모형을 통해 학습자는 교사의 안내와 동료 학습자와의 상호작용으로부터 도움을 받아 자신의 대화에서 인식한 문제를 숙고하고 그에 대한 해결책이나 대안을 마련해 볼 수 있다.

대화 성찰을 위한 수행학습 모형에서는 학습자의 대화 성찰을 최대한으로 촉진하기 위하여 두 가지 순환적 연결을 모형 설계의 핵심 아이디어로 삼았다. 하나는 교실 안과 밖의 순환적 연결이다. 교수·학습이 이루어지는 곳은 기본적으로 교실 안이지만 대화 성찰에서 성찰의 대상이 되는 대화는 대개 교실 안(정확하게는, 수업 중)보다는 교실 밖(정확하게는, 수업 전이나 후)에서 이루어지게 된다. 또한 대화 성찰이 유의미하게 그리고 최대한으로 이루어지려면 교수·학습을 위해 교실 안에서 인위적으로 대화가 이루어지게 하는 것보다는 교실 밖의 실생활에서 자연스럽게 이루어진 대화를 성찰의 대상으로 삼는 것이 바람직하다. 따라서 대화 성찰을 위한 수행학습 모형에서는 교실 밖에서 이루어진 대화 경험이 교실 안에서의 성찰 대상으로 들어오고, 교실 안에서 이루어진 성찰의 결과가 다시 앞으로 교실 밖에서 이루어지게 될 새로운 대화 경험에 반영될 수 있도록 하는 것을 의도하여 설계하였다.

다른 하나는 개인적 성찰과 협력적 성찰의 순환적 연결이다. 교실 밖에서 이루어진 대화 경험을 교실 안으로 가져와 교수·학습이 진행될 때, 학습자들은 기본적으로 성찰일지와 같은 글쓰기를 수행하는 가운데 스스로의 내면에 침잠하여 자신의 대화 경험을 홀로 성찰하는 개인적 성찰을 행하게 된다. 이때 교수자는 학습자들이 성찰적 사고의 일반적인 과정을 따라 경험의 회상, 문제의 발견, 문제의 설명, 미래의 대안 행동에 대한 계획 순으로 사고를 전개할 수 있도록 유도해야 한다. 그런데 이처럼 대화 성찰을 온전히 학습자 개개인의 몫으로만 남겨 둔다면 교수자의 의도만큼 깊이 있는 성찰이 이루어지지 못할 수 있다. 이를 보완하기 위하여 다른 동료 학습자와의 대화를 통해 성찰이 더 깊이 있고 폭넓게 이루어지게 할 수 있다. 학습자들은 협력적 성찰 과정에서, 자신이 개인적 성찰을 통해 성찰한 바를 다른 동료 학습자들과 공유하고, 특히 개인적 성찰에서 자신이 문제를 설명한 바, 혹은 미래의 대안 행동을 계획한 바에 대하여 동료 학습자들의 다양한 비평을 청취함으로써 대화 성찰의 깊이와 폭을 더할 수 있

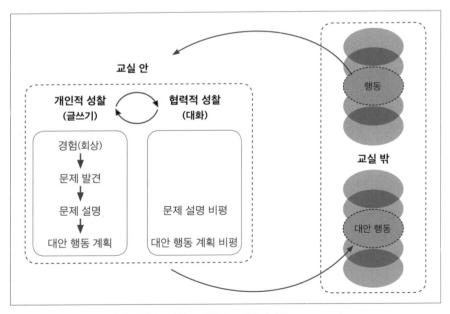

대화 성찰을 위한 수행학습 모형(박성석, 2018: 143)

게 된다.

이상에서 설명한 바와 같이, 대화 성찰을 위한 수행학습 모형은 교실 안과 교실 밖, 그리고 개인적 성찰과 협력적 성찰이 순환적으로 연결됨으로써 학습자의 대화 성찰을 최대한으로 이끌어 내고자 하는 의도에서 설계되었다. 이러한 모형을 앞의 그림에서 도식으로 확인할 수 있다.

3. 교수·학습 방안

대화 성찰을 위한 수행학습 모형은 학습자가 자신의 대화를 성찰하도록 하는 데 초점을 두는 어떠한 수업에든 적용할 수 있다. 다만, 실제 수업에서는 교육과정의 성취기준이나 수업의 학습 목표에 따라 대화의 특정 측면에 초점을 맞추어야 하므로 학습자가 원하는 무엇이든 성찰의 대상으로 삼기보다는 성취기준이나 학습 목표와 관련된 측면에 초점을 두어 성찰하도록 제약할 필요가 있다. 이에 구체적인 수업에서 대화 성찰을 위한 수행학습 모형을 적용할 때 학습 목표와 학습 활동을 어떻게 구성할 수 있는지 그 교수·학습 방안의 예를 보이고자 한다.

1) 학습 목표

대화 성찰을 위한 수행학습 모형을 적용한 어떠한 수업에서든 학습자가 평소 자신이 나누는 대화의 과정을 성찰하며 듣고 말하려는 자세를 기르는 것, 즉 학습자의 대화 성찰 태도를 신장시키는 것을 목표로 삼는다. 이를 학습 목표의 일반적 형식을 갖추어 표현하자면 다음과 같다.

다만, 당면한 수업에서 대화의 특정 측면에 초점을 두어 학습 목표를 더욱 구체적으로 진술해야 할 수 있다. 가령, 대화에서 상대의 의도 파악하기에 초점을 둔 수업을 가정해 볼 때, 해당 수업에서의 학습 목표를 표현해 보자면 다음과 같다.

학습 목표의 진술은 당면한 수업의 특성이나 맥락에 따라 '예 1'과 같이 포괄적으로 진술하여도 무방할 것이지만, '예 2'와 같이 수업의 초점이 잘 드러나도록 구체적으로 진술하는 것을 더욱 권장한다.

2) 학습 활동

듀이는 아무리 사소하고 일상적인 문제라 할지라도 마음속에 당혹감을 일으키고 기존의 믿음을 흔들리게 만든다면 무엇이든 성찰을 촉발할 수 있다고 하였다. 이에 비춰 볼 때 자신이 나눈 대화에서 스스로 문제라고 느낀 것이 있다면 무엇이든 대화 성찰의 대상이 될 수 있다. 또한 성찰은 타인에 의해 문제가 제기되었을 때보다는 자기 스스로 문제를 인식하였을 때 더 잘 일어난다. 따라서 대화 성찰에 초점을 둔 수업에서는 학생들이 스스로 문제의식을 느낀 대화에서 무엇이든 자유롭게 문제로 선택하여 성찰하도록 하는 것이 바람직하다.

그러나 현실의 학교 수업에서는 특정 성취기준에 초점을 맞춰 수업을 구성해야 하므로 대화 성찰에 초점을 둔 수업이라 할지라도 학생들이 성찰할 문제의 종류를 성취기준의 초점에 맞추어 부득이 제한할 수밖에 없는 형편이다. 이에, 여기서는 대화에서 해결해야 할 여러 문제 중, 의도 파악하기에 초점을 둔 수업을 구성해야 하는 상황을 가정하고 이를 위한 학습 활동의 예시를 보이고자 한다.

아래에 제시한 학습 활동의 예는 박성석(2018: 253-260)에 제시된 '수업 교재'의 내용 중 대화 성찰을 위한 수행학습 모형이 적용된 학습 활동만 간추린 것이다. 여기서는 학생이 대화에서 의도 파악에 실패하여 문제를 겪었던 경험을 떠올리고 이에 관해 성찰하며 글을 쓰는 개인적 성찰과, 각자 쓴 글을 짝과 바꿔 읽고 서로가 성찰한 바에 대하여 상호 조언을 하는 협력적 성찰이 이루어질 것을 의도하고 있다. 구체적으로 살펴보면, 먼저 ①~③의 발문을 통해 경험의 회상, 문제 발견, 문제 설명, 대안 행동 계획으로 이어지는 개인적 성찰이 이루어질 것을 의도하고 있다. 이어서 ④의 발문을 통해 서로의 문제 설명과 대안 행동 계획에 대하여 다른 관점에서의 대안을 제공하는 협력적 성찰이 이루어질 것을 의도하고 있다. 끝으로 ⑤의 발문을 통해 협력적 성찰의 내용을 반영하여 개인적 성찰이 더욱 심화되어 이루어질 것을 의도하고 있다. 결국, ①~⑤의 발문은 앞서 살펴본 모형(대화 성찰을 위한 수행학습 모형) 중 '교실 안' 활동이 이루어질 것을 의도한 것이라고 이해할 수 있다.

4. 최근 대인관계를 위해 나눴던 대화 경험을 떠올리며, 아래의 물음을 중심으로 대화 성찰일지를 작성해 보자.

① 대화에서 상대의 의도를 파악하기 위한 나의 사고방식에서 아래와 같은 혹은 그 밖의 문제점은 없는지 생각해 보자.

- 나는 상대의 말을 듣고 즉각적으로 든 생각이 상대의 의도라고 생각하고 더 이상 고민하지 않는 경향이 있다.
- 나는 내가 친해지고 싶으면 상대도 나와 친해지고 싶을 것이라고 생각할 뿐 상대가 실제로 어떻게 생각하는지 헤아리지 않은 채 대화를 나누는 경향이 있다.
- 나는 평소 상대에 관해 잘못 알고 있다가 이로 인해 대화 중 문제가 발생하는 경우가 있다.
- 나는 대화를 나누는 상대의 말투나 표정을 잘 살피지 않거나 이에 서툴러 상대의 의도를 제대로 이해하지 못하는 경우가 있다.
- 나는 대화가 이루어지는 상황이나 분위기를 잘 살피지 못해 대화 중 사람들로부터 눈치 없다는 이야기를 듣는 경우가 있다.

② ①에서 생각한 자신의 문제점으로 인해 대화 중 갈등을 겪거나 대인관계에서 문제를 겪었던 구체적 경험을 떠올려 보자.

③ ①에서 찾은 자신의 문제점을 ②에서 떠올린 구체적 경험과 관련지어 설명하고, 이러한 문제점을 앞으로 어떻게 개선해 나가면 좋을지에 관한 자신의 생각을 담아 대화 성찰일지의 초고를 작성해 보자.

④ ③에서 쓴 대화 성찰일지를 짝과 바꿔 읽고 나서, 서로의 문제 해결을 위해 도움이 될 만한 조언을 나누어 보자.

- 친구는 자신의 문제점을 잘 파악하여 설명하고 있는가? 문제점에 대한 인식이 모호하여 더 구체적으로 설명해야 할 필요성은 없는가?
- 친구는 자신의 문제점을 구체적 경험과 관련하여 잘 설명하고 있는가? 혹시 자신이 알고 있는 친구의 경험 중 친구가 글에서 다뤄 보도록 추천할 만한 것은 없는가?
- 친구는 자신의 문제점을 개선하기 위한 방안을 잘 떠올리고 있는가? 친구의 문제점을 개선하기 위해 내가 추가로 해 줄 수 있는 조언은 없는가?

⑤ ①~④의 활동을 바탕으로 대화와 관련한 자신의 문제점을 설명하고 그 해결 방안을 제시하는 대화 성찰일지를 완성해 보자.

참고문헌 ────────────────────────────

박성석(2018), 「대화 성찰 태도 향상을 위한 교육 내용 연구」, 서울대학교 박사학위 논문.

Boud, D., Keogh, R. & Walker, D.(1985), *Reflection: Turning Experience into Learning*, RoutledgeFalmer.

Dewey, J.(1910), *How We Think*, DC Heath.

Dewey, J.(2011), *The Sources of a Science of Education*, Read Books Ltd.

Korthagen, F. A. J.(1985), "Reflective Teaching and Preservice Teacher Education in Netherlands", *Journal of Teacher Education* 36(5), 11-15.

Mezirow, J.(1990), "How Critical Reflection Triggers Transformative Learning". In J. Mezirow(ed.), *Forstering Critical Reflection in Adulthood*, Jossey-Bass.

Mezirow, J.(1991), *Transformative Dimensions of Adult Learning*, Jossey-Bass.

Schön, D. A.(1983), *The Reflective Practitioner: How Professionals Think in Action*, Basic Books.

Schön, D. A.(1987), *Educating the Reflective Practitioner: Toward a New Design for Teaching and Learning in the Professions*, Jossey-Bass.

Taylor, J. A.(1989), *Transformative Learning: Becoming Aware of Possible Worlds*, University of British Columbia.

5장

대화 메타 분석 화법 교수·학습 모형[1]

박창균

대화 메타 분석 화법 교수·학습 모형은 일차적이고 기본적인 대화 행위를 메타적으로 분석하는 데 초점을 둔 것이다. 대화 메타 분석(meta-analysis)은 대화의 목적, 진행 구조, 참여자의 인지심리적 특성 등 화법 관련 요소와 전개 과정상의 문제를 발견하고 그 문제점을 바람직한 방향으로 조정하는 방안을 모색하는 과정이다(이창덕 외, 2017: 132). 이 모형은 모국어 화자의 화법 교육에서 상위인지적 언어 능력을 신장시키는 데 목적을 둔다. 따라서 이 모형에서는 학생들의 언어생활을 반영한 대화 수행 자료를 수집하여 화법 관련 제반 문제를 점검하고 발견하여 문제를 조정하고 해결하기 위한 메타 언어활동을 강조한다.

....

1 이 내용은 박창균(1999), 「대화분석을 통한 말하기 교수-학습 방법 연구」와 이창덕(1999), 「대화의 메타 분석을 활용한 말하기 평가 방법 탐색」을 바탕으로 정리한 것이다.

1. 이론적 배경

대화 메타 분석 화법 교수·학습 모형은 대화 분석 이론과 방법론에 토대를 두고 있다. 대화 분석을 할 때 기본적으로 선행되어야 할 중요한 문제는 분석 단위를 정하는 것과 분석 범주를 명확히 하는 것이다. 대화 분석의 단위는 추상적이고 복잡한 여러 차원에서 동시에 수행되는 대화 행위를 체계적으로 분석할 수 있는 기반이 되고, 분석 범주는 어느 차원에서 무엇을 분석할 것인가를 명확하게 해 준다(박창균, 1999: 14).

1) 대화 분석의 단위

대화 분석의 단위는 대화를 구성하는 단위에 따라 구분한다. 대화의 구성단위는 연구자나 대화 분석 모델에 따라 다소 차이가 있지만, 대체적으로 '화행, 대화 이동, 대화 기여, 대화 이동 연속체, 기능 단계'로 구분할 수 있다(박용익, 2001: 232).

화행(speech act)은 말하는 사람의 의도가 언어적으로 표현되는 것으로 의사소통의 최소 단위이다. 화행은 대화 이동의 기능을 갖는 주화행과 주화행이 성공적으로 수행될 수 있도록 돕는 보조화행으로 구분된다. 대화 이동(move)은 대화를 이루는 기능적 구성 요소로서 대화를 진행하는 과정의 한 단계이다. 예를 들어 "역에 가려면 어떻게 해야 합니까?"라고 묻고 "사거리에서 오른쪽으로 돌아가면 됩니다."라고 대답하는 대화에서 대화 이동은 각각 질문(시작)과 대답(반응)이다. 대화 이동이 기능적 단위라면 대화 기여(turn)는 형태적 단위다. 대화 기여는 '발화 순서' 또는 '말 차례'라고 하는데 대화 참여자가 자신에게 주어진 발화 기회에서 수행하는 발화의 총체를 말한다. 대화 기여는 발화 순서 교체를 통해서 시작되고 발화 순서 교체에 의해서 종결되는 형태적 특성을 갖는다.

대화 이동 연속체(sequence)는 '질문(시작) - 대답(반응) - 확인(피드백)'과 같이 대화 이동이 연속적으로 이어지는 것을 말하는데 '발화 연속체' 또는 '대화 연속체'라고도 한다. 대화 이동 연속체는 대화 참여자들의 특정한 의사소통 목적 실현과 관계있는 대화 이동으로 이루어진 구성체이다. 그리고 기능 단계(functional phase)는 대화의 목적이 실현되는 기능의 성취도에 따라 대화의 진행 과정을 나눈 일련의 대화 이동 연속체이다. 즉, 기능 단계는 대화 이동 연속체를 의사소통 목적 달성이 단계적으로 추구되는 과정에서 실현되는 대화의 기능에 따라 구분한 것이다.

2) 대화 분석의 범주

대화 분석은 대화의 구성과 진행을 분석하기 위해 분석 범주를 설정한다. 대화 분석 범주는 거시 차원, 중간 차원, 미시 차원으로 구분할 수 있다(Henne & Rehbock, 1979).

거시 차원은 대화의 단계를 분석하기 위한 범주로 대화를 시작 단계, 중간 단계, 종료 단계, 주변 단계로 나눈다. 시작 단계는 대화를 시작하기 위한 간단한 인사 등 대화의 핵심으로 들어가기 전에 준비하는 대화 행위로 이루어진다. 중간 단계는 대화의 핵심 주제와 그와 관련된 하위 주제들로 이루어지는데 경우에 따라 좀 더 복잡한 부분 구조를 보일 수 있다. 종료 단계는 핵심 주제를 다루고 난 후에 작별 인사 등으로 끝을 맺는 단계이다. 주변 단계는 대화 도중 핵심 주제와 관계가 적거나 관계가 없는 부차적 주제가 다루어지거나 돌발 사태 발생으로 핵심 주제를 다루는 의사소통이 중단되고 일시적으로 대화가 이루어지는 단계이다.

중간 차원은 대화 분석의 핵심적인 부분이다. 중간 차원에서는 기능 단계, 대화 이동 연속체, 대화 이동, 대화 기여, 화행(주화행과 보조화행)과 같이 대화의 구성단위를 중심으로 분석한다. 이때 각각의 대화 구성단위가 갖는 기능을 밝히는 데 초점을 둔다.

미시 차원은 화행을 구성하는 요소를 분석하는 범주다. 미시 차원에서는 발화 행위를 구성하는 화행 내적 구성에 관여하는 요소인 음운, 낱말, 구와 절, 문장, 수사(修辭) 그리고 비언어적 표정이나 몸짓 등을 분석한다.

대화 분석에서 가장 중점을 두는 차원은 대화 참여자의 상호작용을 밝힐 수 있는 중간 차원이다. 대화는 단순히 시작, 중간, 종료의 거시 차원이나 음운, 형태, 통사, 수사 차원 등의 언어 형식이나 제스처 등 부분 행위로 구성된 미시 차원보다는 사람과 사람의 상호작용 행위인 중간 차원을 중심으로 구조화되어 엮여 나가기 때문이다(이창덕, 1998: 49).

2. 대화 메타 분석 화법 교수·학습 모형

대화 메타 분석 화법 교수·학습 모형은 학생들이 실제적인 대화 수행 자료를 메타적으로 분석하는 과정을 통해서 대화의 문제를 발견하고 이를 해결하게 하는 데 주안점을 둔다. 대화를 분석하는 과정은 '대화 이해하기 – 대화 점검하기 – 대화 조정하기' 단계를 거치는데 각 단계별 이해, 점검, 조정이 제대로 이루어지지 않으면 전 단계로 돌아가거나 그 단계의 학습 활동을 강화한 후에 다시 다음 단계로 넘어간다(이창덕, 1999). 이때 대화에 대해 이해, 점검, 조정하는 것은 일차적으로 수행된 대화 행위에 대한 메타 말하기(meta-speaking) 활동으로 대화에 대한 상위인지적 지식을 습득하고 활용하는 과정이다(박창균, 1999). 이후 학습한 내용을 토대로 일상적인 대화를 다시 수행하고, 이에 대해 다시 메타 분석 활동(이해, 점검, 조정)을 이어 갈 수도 있다.

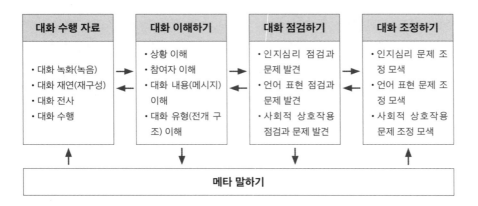

<table>
<tr><th>대화 수행 자료</th><th>대화 이해하기</th><th>대화 점검하기</th><th>대화 조정하기</th></tr>
<tr>
<td>• 대화 녹화(녹음)
• 대화 재연(재구성)
• 대화 전사
• 대화 수행</td>
<td>• 상황 이해
• 참여자 이해
• 대화 내용(메시지)
  이해
• 대화 유형(전개 구
  조) 이해</td>
<td>• 인지심리 점검과
  문제 발견
• 언어 표현 점검과
  문제 발견
• 사회적 상호작용
  점검과 문제 발견</td>
<td>• 인지심리 문제 조
  정 모색
• 언어 표현 문제 조
  정 모색
• 사회적 상호작용
  문제 조정 모색</td>
</tr>
</table>

메타 말하기

대화 메타 분석 화법 교수·학습 모형(이창덕, 1999: 52 수정)

1) 대화 수행 자료

대화 수행 자료는 학생들의 실제 대화를 녹화(음)하거나, 학생들이 자주 직면하는 대화 상황이나 간단한 대화 연속체는 직접 기억된 내용을 되살려 그것을 자료로 활용할 수 있다. 이때 대화 수행 자료는 녹음이나 영상 자료를 그대로 활용할 수 있지만 분석의 편의성을 확보하기 위해서 전사해서 사용할 수도 있다.

2) 대화 이해하기

대화 이해하기는 대화 분석을 시작하는 단계이다. 이 단계에서는 대화 수행 자료를 가지고 대화 상황, 참여자, 내용(메시지), 대화 유형(구조와 구성 요소) 이해를 위한 분석 활동을 한다. 대화 유형에 따라서 이해를 위한 여러 가지 대화에 관한 지식을 교사가 안내해 주거나 학생들이 스스로 협동하여 탐구하고 발견하게 할 수도 있다. 예를 들어 소개 대화를 분석할 경우 이 단계에서는 일상 대화와 다른 소개 대화의 구조와 특징에 대해 교사가 안내해 주거나 학생들 스스로 탐구하여 발견해 보게 한다.

3) 대화 점검하기

대화 점검하기는 선택한 대화 자료와 목적에 따라 대화 분석의 점검 범주와 내용 요소를 사전에 준비하여 활용하는 것이 효과적이다. 일반적인 대화 수행에서는 다음과 같은 영역의 내용을 점검할 수 있다.

영역	내용
인지심리 영역	자아 정체성, 대상 인식 체계와 관점 점검 등
언어 표현 영역	언어적, 비언어적 표현과 이해 점검, 대화 유형 특성과 구조 점검 등
사회적 상호작용 영역	상호 표현과 이해 과정에서 상대 존중, 민주적 진행 등 상호작용 과정의 문제 발견, 공동체의 도덕이나 관습 등 문화 체계 존중 여부 점검 등

4) 대화 조정하기

대화 조정하기는 대화 점검하기 활동에서 드러난 문제를 해결하는 방법을 찾는 단계이다. 이 과정에서는 점검 활동을 통해 발견한 영역별, 차원별, 과정별 문제의 해결 방법을 탐색해서 대화 내용을 조정하여 개선된 방식으로 대화를 수행해 본다. 그리고 이와 같은 대화 조정하기 활동을 통해 수행된 대화는 2차 메타 분석 활동의 대상 자료로 활용할 수도 있다.

5) 메타 말하기

메타 말하기는 일차적으로 수행한 대화에 대해 이루어지는 이차적인 말하기 행위다. 예를 들어 대화 수행 자료를 듣거나 보면서 대화를 이해하고 문제를 발견하며 해결하기 위한 일련의 메타 분석 활동이 메타 말하기다. 이때 메타 말하기의 대상이 되는 대화 행위는 특정한 시간 및 장소에 구속되어 있고 객관적으로 관찰하고 인식할 수 있는 현상이다. 반면에 메타 말하기는 관찰할 수 있는 특정 대화 행위와 관련되어야만 하는 해석된 구조다. 즉, 메타 말하기는 관찰 가능한 사건을 특정한 무엇으로 해석한 과정과 결과로서 대화 수행에 대한 평가 기능을 갖는다.

3. 대화 메타 분석 화법 교수·학습 방안

대화 메타 분석의 절차가 같더라도 대화 유형에 따라 구체적인 분석 요소는 달라진다. 대상 자료가 일상 대화냐 자기소개 대화냐에 따라 대화 이해와 문제 점검 및 발견 그리고 대화 조정의 요소들이 달라질 수 있다. 그리고 학생들의 언어생활에서 병리 현상들을 바로잡는 것이 주된 목적이므로, 대화의 모든 내용을 분석할 필요가 없으며 수업 목적이나 교육 여건에 따라 분석의 내용 요소를 가감하거나 수정할 수 있다. 여기에서는 일상 대화 자료를 바탕으로 하여 대화 메타 분석 활동의 구체적인 예를 살펴보도록 한다(이창덕, 1999: 55-57).

대화 수행 자료: 초등학교 미술 시간 대화 자료(박창균, 1999: 100)

성곤: 나 크레파스 좀 빌려줘.

혜은: 싫어. 딴 애한테 빌려.

성곤: (주먹을 휘두르며) 안 빌려주면 죽어.

혜은: 너, 그럼 건의함에 쓸 거야.

성곤: 알았어. 딴 애한테 빌리면 될 거 아냐. 치사하게.

혜은: 진작 그럴 것이지.

성곤: 진짜 재수 없어. 패 버릴까 보다.

혜은: 선생님한테 이른다, 너.

성곤: 일러라. 메롱~

1) 대화 이해 활동

위의 사례에서 대화 이해를 위해 다음과 같은 질문을 해 볼 수 있다.

구분	질문 예시
상황 맥락 이해	• 언제, 어디서, 누가, 무엇에 대해, 어떻게 말하고 있는가? • 이런 대화가 주변에서 자주 발생하는가? • 이 대화를 보고 어떤 생각이 드는가?
대화 내용 이해	• 화행의 발화 의도는 무엇인가? • 대화 이동이 어떻게 이루어지는가? • 대화의 전체 내용은 어떻게 요약할 수 있는가?
대화 참여자의 심리와 관계 이해	• 참여자(성곤, 혜은)의 성격은 어떠한가? • 두 사람의 관계는 사회적으로 어떤 관계인가? • 두 사람의 심리 상태는 어떠한가?
대화 유형과 전개 방식 이해	• 어떤 내용이 어떤 방식으로 전개되고 있는가? • 대화 전개 과정에서 드러나는 상호작용의 특성은 무엇인가? • 이와 같은 대화 전개 방식이나 상호작용을 주변에서 흔히 볼 수 있는가?

2) 대화 점검 활동

대화 점검을 위해 다음과 같은 질문을 해 볼 수 있다.

구분	질문 예시
참여자의 인지심리적 문제 점검 및 발견	• 참여자의 가장 두드러진 문제는 무엇인가? • 그 문제는 누구에게 책임이 있는가? • 일반적으로 대화 심리에서 문제가 되는 것은 무엇인가?
언어 표현 방식의 문제 점검 및 발견	• 가장 거슬리는 언어 표현은 무엇인가? • (영상 자료를 보았거나 실제로 대화를 수행한 경우) 비언어적 표현 가운데 문제가 되는 것은 무엇인가? • 일반적으로 문제가 되는 언어적, 비언어적 표현은 무엇인가?
사회적 상호작용의 문제 점검 및 발견	• 참여자(성곤, 혜은)의 행동에 나타난 문제는 무엇인가? • 상대방에 대한 반응 방식에 나타난 문제는 무엇인가? • 일반적인 사회 구성원들의 반응 방식의 문제는 무엇인가?

3) 대화 조정 활동

대화 조정을 위해 다음과 같은 질문을 해 볼 수 있다.

구분	질문 예시
참여자의 인지심리적 문제 조정 및 해결	• 참여자의 인지심리적 문제를 고칠 방법은 무엇인가? • 문제의 책임이 참여자에게 있지 않다면 어떻게 해결할 수 있는가? • 이와 같은 문제가 근본적으로 발생하지 않도록 하려면 어떻게 해야 하는가?
언어 표현 방식의 문제 조정 및 해결	• 대화 중 문제가 되는 언어적 표현(단어, 구, 절, 문장 등)을 어떻게 바꾸는 것이 바람직한가? • 대화 중 비언어적 표현(구체적 행동)을 어떻게 바꾸는 것이 바람직한가?
사회적 상호작용의 문제 조정 및 해결	• 성곤의 첫 번째 발화 행위를 바람직하게 하는 방법은 무엇인가? • 성곤의 첫 발화에 대한 혜은의 바람직한 대응 방식은 무엇인가? • 일반적으로 참여자들의 반응을 좋게 하려면 어떻게 해야 하는가?

참고문헌 ────────────────────────────────────

박용익(2001),『대화분석론』(개정증보판), 역락.

박창균(1999),「대화분석을 통한 말하기 교수-학습 방법 연구」, 경인교육대학교 석사학위 논문.

이창덕(1998),「국어교육과 대화분석: 대화분석 이론과 연구 방법의 국어 교육 적용 모색」,『한국초등국어교육』14, 39-64.

이창덕(1999),「대화의 메타 분석을 활용한 말하기 평가 방법 탐색」,『'99 국어교육연구소 학술대회 자료집』, 27-63.

이창덕·임칠성·심영택·원진숙·박재현(2017),『화법 교육론』역락.

Henne, H. & Rehbock, H.(1979), *Einführung in die Gesprächsanalyse*, De Gruyter.

6장

문화 간 의사소통을 위한 말하기 교육 모형[1]

손다정·정다운

　문화 간 의사소통을 위한 말하기 교육 모형이란 문화적 배경이 서로 다른 화자가 대면하는 상황에서 발생하는 문제를 극복하고 원활히 의사소통할 수 있는 능력을 신장하는 말하기 교육 모형이다. 지역, 연령, 성별 등을 비롯해 여러 다른 배경을 가진 사람들이 실제로 의사소통을 하게 된다. 그런데 의사소통에 참여한 사람들이 서로 다른 문화적 배경을 이해하지 못하고 있으면 이로 인해 의사소통에 장애가 발생할 수 있다. 이에 서로 다른 문화적 배경을 가진 의사소통 참여자가 의사소통 상황에서 발생하는 문제에 대처하며 의사소통을 원활히 이끌어 가는 데 필요한 능력을 신장할 수 있는 말하기 교육 모형을 개발하였다.

....

1　이 내용은 정다운·손다정(2020), 「문화 간 의사소통 능력 향상을 위한 한국어 말하기 전략 교육 방안」을 바탕으로 말하기 교육 모형을 새롭게 구안한 것이다.

1. 이론적 배경

문화 간 의사소통을 위한 말하기 교육 모형은 문화 간 의사소통 능력과 말하기에 대한 여러 이론을 바탕으로 만들어졌다. 문화 간 의사소통 능력의 개념에 대해서는 유수연(2008), 이두원(2001), 힌넨캄프(Hinnenkamp, 1990), 손버리(Thornbury, 2006) 등의 논의를 바탕으로 정의하였다. 또한 문화 간 의사소통 능력의 구성 요소에 대해서는 김진석(2015), 바이람(Byram, 1997), 디어도르프(Deardorff, 2006)의 연구를 중심으로 정리하였다.

1) 문화 간 의사소통 능력의 개념

의사소통은 의사소통 참여자의 문화적 배경과 밀접한 관계를 맺고 있다. 의사소통과 문화의 관계에 대해 설명한 힌넨캄프(1990; 권오현, 1996: 12 재인용)의 논의를 통해 그 사실을 확인할 수 있다.

ㄱ. 세상에는 서로 다르고 서로 구별되는 문화들이 있다.

ㄴ. 문화와 의사소통은 연관 관계 속에 있다.

ㄷ. 의사소통을 행하는 사람은 누구나 하나의 문화에 속해 있다.

ㄹ. 문화적인 것이 의사소통에 반영되어 있다. 즉 문화 가담 없이는 인간은 전혀 소통할 수 없다.

ㅁ. 문화 가담이란 독특한 방식으로 의사소통하는 것을 의미한다.

ㅂ. 공동의 문화 가담은 소통을 용이하게 하고 상이한 문화 가담은 소통을 어렵게 한다.

문화와 의사소통이 서로 밀접한 관계를 맺고 있기 때문에 상이한 문화에 속한 사람들이 서로 의사소통할 때는 소통을 어렵게 하는 장애에 부딪

힐 수 있다. 이처럼 문화적 배경이 다른 사람이 서로 대면해 의사소통할 때 발생하는 여러 갈등을 이두원(2001: 257-258)에서는 다음과 같은 '문화 간 의사소통에서 나타나는 문제 유형'으로 정리하였다.

ㄱ. 하드웨어 단계: 문화적 차이에 기인하여 나타나는 문제이다. 문제 변인으로는 문화적 지식, 관습, 제도, 가치관, 전통 의례 등을 들 수 있다.

ㄴ. 소프트웨어 단계: 의사소통 스타일의 차이에서 나타나는 문제이다. 문제 변인으로는 언어, 조음, 제스처, 준언어, 비언어 등의 구조적, 의미적, 화용적 체계를 들 수 있다.

ㄷ. 휴먼웨어 단계: 개인적 성향에서 나타나는 문제로 의사소통 참여자가 가지고 있는 상호 행위의 능력이 부족해서 비롯되는 문제들이다. 문제 변인으로는 상호 행위 경험과 준비성, 인내심, 참을성, 이해심, 타협심 등을 들 수 있다.

한편 손버리(2006: 60)에서는 문화 차이로 인해 나타나는 갈등을 중재하는 능력을 '문화 간 능력(intercultural competence)'으로 정의하며 다음 내용을 제시하였다.

ㄱ. 모문화와 이문화를 서로 연결할 수 있는 능력
(the ability to bring the culture of origin and the foreign culture into relation with each other)

ㄴ. 문화적 민감성, 이문화와의 대면에서 다양한 전략을 식별하고 사용하는 능력
(cultural sensitivity and the ability to identify and use a variety of strategies for contact with those from other cultures)

ㄷ. 모문화와 이문화 사이에서 문화 중개자의 역할을 수행하고 이문화 간에 발생하는 오해와 갈등 상황에 효과적으로 대처할 수 있는 역량
(the capacity to fulfil the role of cultural intermediary between one's own culture and the foreign culture and to deal effectively with intercultural misunderstanding and conflict situations)

ㄹ. 고정된 관계를 넘어설 수 있는 능력

(the ability to overcome stereotyped relationships.)

손버리(2006: 60)에서 설명한 '문화 간 능력'을 의사소통 상황에서 갈등이 발생했을 때 이를 중재하는 능력으로 보면 그것이 바로 '문화 간 의사소통 능력'이 될 것이다. 그 밖에도 유수연(2008: 14)에서는 낯선 문화와 가치 체계를 이해하고 낯선 문화를 가진 사람들과 알맞은 방식으로 의사소통하고 행동하며 그들을 이해하는 능력이 필요하다고 설명하면서 이 능력이 바로 문화 간 의사소통 능력이라고 하였다. 이와 같은 논의를 바탕으로 문화 간 의사소통 능력(intercultural communicative competence)은 서로 다른 문화의 작용으로 인해 유발되는 갈등을 극복하면서 성공적으로 의사소통을 할 수 있는 능력이라고 정의할 수 있다(정다운·손다정, 2020: 175).

2) 문화 간 의사소통 능력의 구성 요소

문화 간 의사소통 능력은 '태도, 지식, 기능'으로 구성되어 있다. 이에 대해서는 먼저 바이람(1997: 34)에서 제시하고 있는 문화 간 의사소통 능력의 구성 요소를 참고할 수 있다. 바이람(1997)은 문화 간 의사소통 능력이 태도(attitudes), 지식(knowledge), 기능(skills)을 기반으로 형성된다고 보았는데 이때 기능은 '해석하기와 연결하기 기능(skills of interpreting and relating)', '발견과 상호작용 기능(sills of discovery and interaction)' 두 가지로 나누어 설명하였다. 여기에서 '태도'는 개방적인 태도로 호기심을 가지고 다른 사람을 존중하며 타자의 입장에서 생각해 보는 것을 말한다. '지식'은 자신의 문화와 다른 사람의 문화, 상호작용의 과정에 대해 아는 것을 말한다. '기능' 중 '해석하기와 연결하기 기능'은 다른 문화를 해석하는 것으로 자신의 문화와 연결하는 것이다. '발견과 상호작용 기능'은 다른 문화에서 중요한 현상에 대해 인식하고 새로운 지식을 획득하는 것이다. 이때 발견은 상호작용을 통해서 가능할 수도 있는데 상호작용 기능은 실시간으로 이루어지는 의사소통과 상호작용의 제약 속에서 지식, 태도, 기능을 작동하는 능력을 말한다.

디어도르프(2006)의 '문화 간 능력의 운용 모형(process model of intercultural competence)'에서도 문화 간 의사소통 능력의 구성 요소인 '태도, 지식, 기능'을 확인할 수 있다.

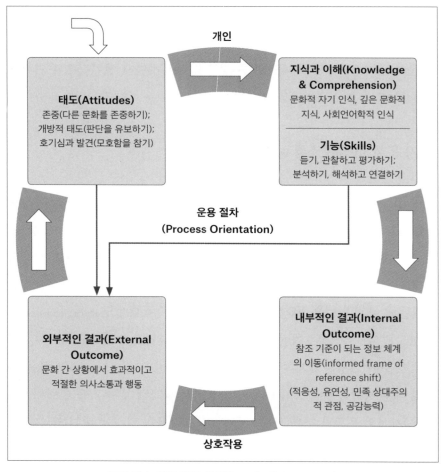

개인

태도(Attitudes)
존중(다른 문화를 존중하기);
개방적 태도(판단을 유보하기);
호기심과 발견(모호함을 참기)

지식과 이해(Knowledge & Comprehension)
문화적 자기 인식, 깊은 문화적 지식, 사회언어학적 인식

기능(Skills)
듣기, 관찰하고 평가하기;
분석하기, 해석하고 연결하기

운용 절차
(Process Orientation)

외부적인 결과(External Outcome)
문화 간 상황에서 효과적이고 적절한 의사소통과 행동

내부적인 결과(Internal Outcome)
참조 기준이 되는 정보 체계의 이동(informed frame of reference shift)
(적응성, 유연성, 민족 상대주의적 관점, 공감능력)

상호작용

문화 간 능력의 운용 모형(Deardorff, 2006: 356)

앞의 모형에서 '태도'는 다른 문화를 존중하며 호기심을 가지고 개방적인 태도를 유지하는 것을 말한다. 여기에서는 '지식'에 대한 언급을 '지식과 이해(knowledge and comprehension)'에서 찾을 수 있는데 이는 문화적 자기 인식, 깊은 문화적 지식, 사회언어학적 인식을 가지는 것이다. 다음으로 '기능'은 듣고 관찰하고 평가하는 것, 분석하고 해석하고 연결하는 것으로 설명하였다.

디어도르프(2006)의 모형은 단순히 문화 간 능력의 구성 요소만을 보이는 데 그치지 않는다. 문화 간 능력을 구성하는 요소들의 관계를 제시해 문화 간 의사소통 능력이 구성되는 절차를 보여 준다.

김진석(2015)에서는 바이람(1997)의 논의를 보완하여 문화 간 의사소통 능력의 구성 요소를 정리하였다. 바이람(1997)에서 설명한 '태도'를 '인식과 태도'로, '기능'을 '기술'이라는 용어를 써서 '발견 기술, 의미 해석 기술, 화행 기술, 상호작용 기술'로 세분화해 제시하였다. 이를 정리하면 다음과 같다.

문화 간 의사소통 능력의 구성 요소 비교(정다운·손다정, 2020: 179 수정)

		바이람(1997)	디어도르프(2006)	김진석(2015)
구성 요소		태도	태도	인식 및 태도
		지식	지식과 이해	지식
	기능	해석하기와 연결하기	기능	발견 기술
				의미 해석 기술
		발견과 상호작용		화행 기술
				상호작용 기술

여러 연구에서 제시한 내용을 종합하면 문화 간 의사소통 능력은 다음과 같이 구성되어 있다고 볼 수 있다.

문화 간 의사소통 능력의 구성 요소(정다운·손다정, 2020: 180 수정)

구성 요소	설명
태도	• 자신의 문화가 항상 옳다는 생각을 버리고 다른 문화를 개방적인 자세로 존중하는 태도 • 다른 문화에 대해 호기심을 가지고 배우고자 하는 태도
지식	• 자신의 문화와 다른 문화에 대한 지식 • 각각의 문화에서 의사소통하고 상호작용하는 방식에 대한 지식
기능	• 다른 문화를 관찰하고 분석하고 평가할 수 있으며 이를 자신의 문화와 연결해 해석하는 기능 • 새로운 문화를 발견하고 상호작용하는 기능

2. 문화 간 의사소통을 위한 말하기 교육 모형

문화 간 의사소통을 위한 말하기 교육 모형은 문화 간 의사소통 능력의 개념과 구성 요소를 바탕으로 문화 간 의사소통의 과정을 도출한 다음 이를 적용하여 설계하였다. 문화 간 의사소통의 과정은 다음과 같다.

문화 간 의사소통의 과정

문화 간 의사소통의 참여자는 의사소통 상황에서 대화 상대자의 발화가 기반하고 있는 문화가 자신의 문화와 다르다는 점을 인식하게 된다. 이를 '이문화 발견' 단계라고 한다. 다른 문화를 발견하고 나면 그 문화에 대한 지식을 떠올리는 과정으로 이어진다. 이를 '이문화 지식 활성화' 단계라고 한다. 이렇게 떠올린 지식을 바탕으로 대화 상대자의 발화가 언어적 의미 외에도 문화적으로 어떤 의미를 가지고 있는 것인지를 생각하게 된다. 이것을 '이문화 해석' 단계라고 한다. 이와 같은 해석 단계를 거쳐 상대방의 발화에 어떻게 반응할 것인지를 결정해 의사소통을 이어가게 되는데 반응을 결정하는 이 과정을 '자문화 조절' 단계라고 한다. 이 조절 과정에서 의사소통 참여자는 대화 상대방의 문화에 맞추어 발화하는 것을 선택할 수도 있고 자신의 문화와 상대방의 이질적인 문화 사이를 조절하는 협상을 시도할 수도 있다.

교실에서는 이와 같은 문화 간 의사소통 과정을 원활히 해 나갈 수 있는 역량을 길러 주기 위해서 다음과 같이 '문화 간 의사소통을 위한 말하기 교육 모형'에서 제시한 순서로 말하기 교육을 실시할 수 있다.

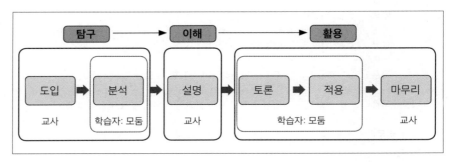

문화 간 의사소통을 위한 말하기 교육 모형(정다운·손다정, 2020: 187 수정)

문화 간 의사소통을 위한 말하기 교육 모형은 크게 '탐구→이해→활용' 단계로 구성되며, 이 단계들은 보다 세부적인 단계로 구분될 수 있다. 세부적인 단계별 교육은 다음과 같이 이루어진다. 먼저 도입 단계에서는 문화 간 의사소통에서 발생할 수 있는 갈등 상황을 학습자에게 제시한다. 분석 단계에서는 이 상황에 대해 학습자가 어떻게 생각하는지 이 상황에서 적절한 대화는 무엇이라고 생각하는지 모둠별로 논의하도록 한다. 학습자의 논의가 끝나면 모둠에서 논의된 내용과 함께 이 상황에서 갈등이 일어난 원인이 무엇인지 이야기해 보게 한다. 설명 단계에서는 이 상황에서 갈등의 원인이 무엇인지 교사가 설명하고 정리한다. 토론 단계에서는 이런 상황에서 갈등을 방지하거나 중재할 수 있는 방안에 대해 서로 토론하도록 한다. 적용 단계에서는 토론을 통해 찾은 적절한 방안으로 실제 역할극을 하도록 하고, 마무리 단계에서 교사가 문화 간 의사소통에 대한 학습 내용을 정리한다.

즉, 문화 간 의사소통을 위한 말하기 교육 모형의 각 단계에서는 다음과 같은 활동을 진행한다.

구분	단계	주체	활동 내용
1.	**도입**	교사	문화 간 의사소통에서 발생할 수 있는 갈등 상황 제시하기
2.	**분석**	학습자	갈등 상황 분석하기
3.	**설명**	교사	갈등 원인 설명하기
4.	**토론**	학습자	갈등을 방지하거나 중재할 수 있는 방안 토론하기
5.	**적용**	학습자	토론을 거쳐 찾은 방안을 적용해 실제 역할극 수행하기
6.	**마무리**	교사	학습한 내용 확인하고 정리하기

3. 교수·학습 방안

실제 문화 간 의사소통의 양상은 다양하게 나타날 수 있다. 따라서 교사가 직접 설명하기보다 학습자가 스스로 문화 간 의사소통 상황에서 갈등이 나타나는 것을 포착하고 그에 대응하게 할 필요가 있다. 이러한 역량을 신장하려면 구체적인 학습 목표를 설정해 이를 달성하는 데 도움이 되는 다양한 의사소통 상황을 학습자에게 제시해야 한다. 또한 학습자가 스스로 갈등 상황을 분석하고 대응 방안을 찾아 연습하도록 학습 활동을 계획해야 한다. 다음은 '문화 간 의사소통을 위한 말하기 교육 모형'에 따른 절차별 교수·학습 사례이다.

1) 학습 목표

학습 목표는 학습자가 학습한 내용을 바탕으로 실제 의사소통 상황에서 스스로 서로 다른 문화적 배경을 인식하고 이로 인해 발생하는 갈등을 방지하거나 조절하게 하는 데에 초점을 두어 구체적으로 제시해야 한다. 의사소통 참여자와 문화적 배경이 다른 지역, 세대, 연령 등의 요인별로 학습 목표를 설정할 수 있다. 이에 따라 여기에서는 다음과 같이 학습 목표를 설정하였다.

목표	내용
학습 목표	서로 다른 문화적 배경을 가진 세대가 회사에서 의사소통하면서 나타날 수 있는 갈등을 이해하고, 갈등을 방지하거나 중재하여 성공적인 의사소통을 할 수 있다.
세부 목표	1. 갈등을 설명할 수 있다. 2. 갈등을 방지할 수 있다. 3. 갈등을 중재할 수 있다.

2) 학습 활동

(1) 도입[교사]

문화 간 의사소통 상황에서 갈등이 유발될 수 있는 사례를 구성해 학습자에게 제시한다. 모둠을 편성해 함께 읽도록 한다.

문화 간 의사소통의 예 1

부장: 오늘 오랜만에 회식 어때요?

과장: 네, 좋습니다. 모두 가실 수 있죠?

대리: 죄송합니다. 부장님, 제가 오늘 중요한 약속이 있어서요.

사원: 저도 오늘은 안 될 것 같습니다. 집에 일이 좀 있어서요.

과장: 그러지 말고 모두 저녁만 먹고 가면 어때요? 오래간만에 우리 부서 회식인
       데 같이 갑시다.

문화 간 의사소통의 예 2

팀장: 김 대리, 맨날 9시에 오네요. 조금만 더 일찍 오는 게 어때요?

김 대리: 네? 팀장님, 왜 그러시죠?

팀장: 10분 정도는 일찍 와야 준비를 하고 9시부터 업무를 시작하죠. 다들 일찍
       와 있잖아요.

김 대리: 9시까지 출근이라서 맞춰서 오는 건데요. 한 번도 늦은 적도 없고요.

(2) 분석 [학습자]

모둠별로 제시된 의사소통 상황, 의사소통 주제, 의사소통 참여자, 갈등
유발 여부, 갈등의 원인 등을 분석하게 한다. 다음 양식을 사용하여 의사소
통을 분석하게 한 후 분석한 내용을 발표하게 한다.

수업 시간 활동 자료 1: 갈등 상황 분석

분석 대상	분석 내용
의사소통 상황	
의사소통 주제	
의사소통 참여자	

갈등 유발 여부	
갈등의 원인	

(3) 설명[교사]

발표를 들은 후 교사는 제시된 의사소통에서 갈등이 유발될 수 있다는 점, 갈등을 일으킬 수 있는 발화, 갈등이 유발되는 원인 등을 설명한다. 특히 도입에서 제시된 의사소통에서는 서로 지키고 따라야 한다고 생각하는 것이 세대별로 다르기 때문에 갈등이 유발되는 점을 학습자들이 확인하게 한다.

현재 제시된 예에서 갈등이 일어난 원인을 다음과 같이 설명할 수 있다.

사례	갈등의 원인
예 1	부장님이 갑자기 제안하는 회식에 대해 기존 세대들은 개인 약속이 있더라도 그 약속을 취소하고 보통 상사의 의견을 그대로 따르고 지키려고 했을 것이다. 그러나 요즘 세대들은 회사 일이 아닌 갑자기 잡힌 회식에 대해서는 꼭 참여해야 한다고 생각하지 않고 본인의 개인 일정을 지키는 것이 더 중요하다고 느끼는 경우가 많다. 회사에서의 상황이나 상사라고 하더라도 업무와 연관되지 않은 일에 대해서는 꼭 따라야 한다고 생각하지 않는 것이다.
예 2	9시에 근무가 시작되더라도 그 준비를 위해 조금이라도 일찍 오는 것이 당연하다고 느끼는 기존 세대와 달리 요즘 세대는 정해진 시간에 맞추어 근무를 하는 것이 정당하다고 느낀다. 따라서 근무 시간보다 더 일찍 오라고 하는 요구를 받아들이기 어려워할 수 있다.

교사는 위와 같은 원인 분석을 통해 회사 문화에 대한 세대 간 인식 차로 의사소통 상황에서 갈등이 유발될 수 있다는 것을 학습자들이 이해하게 한다.

(4) 토론[학습자]

도입부에서 제시된 상황별로 모둠별로 토론을 통해 갈등을 방지하거나 중재할 수 있는 방안을 찾게 한다. 이때 방안은 의사소통 참여자의 문화에 맞춰 반응하는 것일 수도 있고, 참여자 간 문화 차를 줄여 나가는 방식으로 협상을 시도하는 것일 수도 있음을 알린다. 학습자들은 다음 자료를 활용하여 토론을 통해 적절한 방안을 찾도록 한다.

수업 시간 활동 자료 2: 갈등 방지와 중재 방안

대응 방안	설명	적절한 대응 방안	
방지	갈등을 방지하기 위해 의사소통 참여자의 문화에 맞추어 반응을 한다.	부장	
		과장	
		대리	
		사원	
중재	갈등을 중재하기 위해 자신의 문화와 의사소통 참여자의 문화 간의 차이를 줄여 나가는 방식으로 협상을 시도한다.	팀장	
		김 대리	

예시로 제시된 상황에서는 다음과 같은 대응 방안을 찾을 수 있다.

사례		사례별 구체적 대응 방안
예 1	방지	[대리, 사원] 회사라는 상황과 부장님, 과장님의 입장을 고려하여 실제로는 원하지 않지만, 회식에 참석하겠다고 이야기한다. [부장, 과장] 대리와 사원의 입장을 고려하여 오늘 회식은 취소하자고 이야기한다.
	중재	[대리, 사원] 일정이 있어서 짧은 시간만 참석하겠다거나 혹은 다른 날로 바꾸면 어떠냐는 의견을 제안해 협상을 시도한다. [부장, 과장] 대리와 사원의 입장을 고려하여 회식을 다음으로 미루자고 이야기하거나 회식을 하더라도 참여하고 싶은 사람만 참여하면 된다고 이야기한다.

예 2	방지	[김 대리] 팀장님의 의견을 받아들여서 일찍 오겠다고 대답을 한다. [팀장] 일찍 올 수 있는지 의견을 물어보았지만 불가능하다고 하면 알겠다고 대답을 하며 더 이상 문제 제기를 하지 않는다.
	중재	[김 대리] 급한 일이 있을 경우에는 일찍 오겠다고 하거나 아니면 9시에 바로 업무를 시작할 수 있도록 준비를 다 하고 퇴근하겠다고 하면서 협상을 시도한다. [팀장] 급한 일이 있는 경우에는 가능하면 일찍 와 주었으면 좋겠다고 이야기한다.

(5) 적용[학습자]

토론을 통해 찾은 적절한 방안을 가지고 제시된 상황별로 실제 역할극을 해 보게 한다. 모둠별로 역할극을 해 보게 한 후 가장 적절한 방안이 활용된 의사소통 상황을 선정해 보게 한다.

(6) 마무리[교사]

오늘 배운 문화 간 의사소통에 대해 정리하면서 앞으로 문화 간 의사소통 상황에서 갈등이 나타날 경우 어떻게 해결할 수 있는지에 대해 생각해 보도록 한다.

참고문헌

권오현(1996), 「간문화적 커뮤니케이션으로서의 외국어교육」, 『독어교육』 14, 5-51.

김진석(2015), 『문화 간 의사소통 능력과 다문화교육』, 한국문화사.

정다운·손다정(2020), 「문화 간 의사소통 능력 향상을 위한 한국어 말하기 전략 교육 방안」, 『한국언어문화학』 17(3), 169-195.

유수연(2008), 『문화간 의사소통의 이해』, 한국문화사.

이두원(2001), 「문화간 커뮤니케이션 능력」, 김숙현 외, 『한국인과 문화간 커뮤니케이션』, 커뮤니케이션북스.

Byram, M.(1997), *Teaching and Assessing Intercultural Communicative Competence*, Multilingual Matters.

Deardorff, D. K.(2006), "Identification and Assessment of Intercultural Competence as a Student Outcome of Internationalization", *Journal of Studies in International Educa-*

tion 10(3), 241-266.

Thornbury, S.(2006), *An A-Z of ELT*, Macmillan Education.

7장

대화적 듣기 교육 모형[1]

김유경

'대화적 듣기'는 실생활에서 발생하는 **청소년의 대인 갈등 해결**을 위하여 고안된 개념이다. 이는 '나'와 '너'가 지닌 서로 다른 입장을 존중하여 관계를 고려하면서도, '우리'가 함께 해결해야 할 갈등에 주목하여 문제 해결에 집중하는 대화 방식을 의미한다. 특히 갈등 상황에서의 대화적 듣기 교육은 **대인 관계적 목적과 문제 해결적 목적**을 함께 고려하여, 청소년기에 발생하는 다양한 대인 갈등을 대화로써 지혜롭게 해결할 수 있도록 고안되었다.

....

1 이 내용은 김유경(2021), 「또래 간 갈등 대화에서 대화적 듣기의 수업 설계 연구」를 바탕으로 정리한 것이다.

1. 이론적 배경

대화적 듣기 교육 모형은 대화적 듣기와 관련된 이론을 기반으로 만들어졌다. 학습자가 수행할 방법과 같은 내용적 측면은 스튜어트와 로건(Stewart & Logan, 1993)에서 제시한 대화적 듣기의 개념 및 방법을 기반으로 하였다. 대화의 구조나 절차와 같은 형식적 측면은 부버(박홍규, 2012 재인용)에서 제시한 대화 참여자의 '고유성'과 '상호성'을 고려하되, 위긴스와 맥타이(Wiggins & McTighe)의 백워드 설계를 기틀로 하여 교수·학습의 절차를 설계하였다(Isecke, 1998 / 2016).

1) 대화적 듣기의 개념과 방법

이창덕 외(2000)에서는 듣기의 종류를 분석적 듣기, 공감적 듣기, 대화적 듣기로 분류하였다. 분석적 듣기는 상대방이 말한 것을 '나'의 입장에서 분석하고 비판적으로 평가하는 것에, 공감적 듣기는 상대방의 생각과 느낌을 온전하게 이해하기 위해 '너'의 입장에 집중하는 듣기 방식에 해당한다. 반면 스튜어트와 로건(1993)에서 제시한 대화적 듣기는 듣기의 한 종류이나, '대화적'이라는 용어에서 알 수 있듯 화자에게서 청자의 방향으로 이루어지는 일방향적인 듣기 활동이 아니라 화자와 청자 간의 역동적인 의사소통을 필요로 하는 상호적인 활동을 의미한다. '나'의 입장이나 '너'의 입장이 아닌 '우리'의 입장에 집중하는 것이다.

협력을 필요로 하면서도 실제 생활에서 요구되며, 상호교섭적인 의사소통인 대화적 듣기가 가장 필요한 상황은 갈등 상황이라고 할 수 있다. 갈등 상황에서는 대립하는 양측의 의견을 모두 있는 그대로 존중하면서도, 더 나은 관계, 더 나은 대화의 국면을 맞이하기 위한 의사소통 기술이 필요한데, 이러한 상황에서 화자와 청자 간의 역동적인 의사소통을 강조할 방법이 필요하다. 한 사람의 말에 의존해서는 모두를 만족하는 방식으로 갈등이 해결되기 어렵기 때문이다.

갈등 상황에서 활용할 수 있는 대화적 듣기의 구체적인 방법은 다음의 표와 같이 나타낼 수 있다.

대화적 듣기의 방법(Stewart et al., 2004/2015: 259)

우리에게 집중하기	
화자와 청자 사이에 무엇이 있는가로 초점을 옮겨 오는 것	
넥스팅으로써 격려하기	
상대방이 말한 것에 반응하면서 격려하는 것	
구체적인 방법	**넥스팅이 더해지는 바꾸어 말하기** 상대방의 의미와 나의 의미를 종합한 것에 대한 나의 '반응'에 상대방을 '초대'하는 것
	바꾸어 말하도록 질문하기 상대방과 나눈 대화의 의미를 공유할 때, 상대방의 의미에 대해 질문하는 것
	비유 사용하기 상대방과 나눈 대화의 의미에 관해 적극적으로 반응하기 위해 자신의 생각과 다양한 사물을 연결하여 말하는 것

스튜어트 외(Stewart et al., 2004/2015)에서는 "대화적 듣기의 기본 태도를 익히려면 공감적 듣기에서의 '집중하기, 격려하기'와는 다른 '집중하기, 격려하기'를 연습해야 한다."라고 소개하였다. '우리에게 집중하기(focus on 'ours')'는 '화자와 청자 사이에 무엇이 있는가로 초점을 옮겨 오는 것'을 의미하는데, 의사소통 교사인 토머스(Milt Thomas)가 고안한 '도공의 조각 돌림판' 비유를 참고하면, 마치 돌아가는 물레에 두 사람이 진흙을 붙여 도자기를 만들어 나가는 것처럼, 진흙(말)을 더 붙일지 말지 도자기의 형태(대화상; 對話像)를 보며 집중하고 결정하는 것이라고 할 수 있다. **대화상은 화자와 청자가 주고받는 발화가 쌓일수록 형성되는 대화의 전체적인 흐름**이라고 할 수 있다. 갈등 상황이 첨예해질수록 대화상은 더욱 긴박해지고 촉

박한 쪽으로 흘러 서로의 오해를 깊게 만들 수 있다. 즉 갈등 상황에서의 대화상에 따라 대화의 참여자는 말을 더할 수도 있고, 말을 더해 달라고 요청할 수도 있고, 침묵할 수도 있는 것이다.

한편, 갈등 상황에서 도움이 되는 화자와 청자 간의 역동적인 의사소통에 주목하기 위해 대화적 듣기의 구체적인 방법으로 스튜어트와 로건 (1993)에서 제시한 방법 가운데 '넥스팅(nexting)'이라는 요소에 주목할 필요가 있다. 스튜어트 외(2004/2015)에 따르면 넥스팅이란 "다음에 도움이 될 만한 무언가를 하는 것이고, 지금 일어난 일에 대해 충실하게 반응하는 것이며, 의사소통 과정에서 추가적으로 유용한 조치를 취하는 것"이다 (Stewart et al., 2004/2015: 61). 첨예한 대립이 이어지는 갈등 상황에서 보다 나은 방향으로 의사소통을 끌고 나가기 위해 대화 참여자가 활용하는 언어적 표현, 준언어적 표현, 비언어적 표현 모두가 넥스팅에 해당하는 것이다.

구체적인 방법으로, '넥스팅이 더해지는 바꾸어 말하기'란 상대방의 의미와 나의 의미를 종합한 것에 대한 나의 '반응'에 상대방을 '초대'하는 것이며, '바꾸어 말하도록 질문하기'란 상대방과 나눈 대화에 대한 의미를 공유할 때, 상대방의 의미에 대해 질문하는 것이고, '비유 사용하기'란 상대방과 나눈 대화의 의미에 관해 적극적으로 반응하기 위해 자신의 생각과 다양한 사물을 연결하여 말하는 것을 의미한다.

종합하면 '갈등 상황에서의 대화적 듣기'란 대화 참여자 간의 순서 교대 원리, 대화의 순서쌍과 같은 대화의 역동적인 속성을 강조하는 듣기 방식으로, 특히 양측의 입장을 모두 고려하여 대인 관계를 훼손하지 않는 선에서 협동적으로 문제를 해결해야 하는 갈등 대화 상황에 적절한 듣기 방식이라고 할 수 있다.

2) 대화적 듣기의 구조

기존의 '듣기 교육'에서는 '대화'를 말하기와 듣기로 구분하여 청자의 입장에서 어떻게 듣기를 수행해야 하는지를 학습 내용으로 제시했다. 이는 부버가 제시한 개인의 다섯 가지 특징 가운데 **고유성**(uniqueness)에 주목한 것으로, 한 개인의 고유한 특성이 다른 사람의 특성으로 대체될 수 없기에 상대의 의견을 존중하면서 듣는 방식에 주목한 것이라 볼 수 있다(박홍규, 2012).

그런데 부버는 개인의 고유성을 중시한만큼 "개인을 '함께 사는 인간'으로 존중하여 '대화적으로 의사소통'하는 것"(박홍규, 2012: 28)을 강조했다. 대화 참여자는 '나'와 '너'라는 고유한 개인이면서도, 함께 대화를 나눌 때에는 '우리'라는 존재로 함께 공존하여야 한다는 **상호성**을 전제로 의사소통할 필요가 있다는 것이다. 기존의 청자 중심의 일방향적인 대화 실습에서 화자와 청자 간의 역동적인 의사소통 실습으로 나아가야 하는 이유가 바로 여기에 있다. 스튜어트 외(2004/2015)와 마르틴 부버의 논의를 바탕으로 대화적 듣기의 구조를 그림으로 나타내면 다음과 같다.

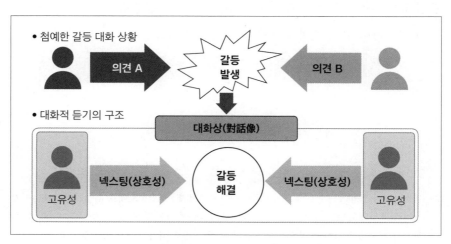

갈등을 해결하는 대화적 듣기의 구조

대화 참여자 간의 대립이 첨예한 갈등 대화 상황에서는 화자와 청자 간의 역동적인 의사소통 과정에 주목할 필요가 있다. 각자 원하는 욕구가 달라 서로 다른 의견(A, B)을 지니고 있는 대화 참여자들에게는 기존의 듣기 교육 내용인 분석적 듣기나 공감적 듣기가 갈등 해결에 있어 큰 도움을 주지 못한다. 한쪽의 의견을 정확하게 이해하려 능동적으로 듣는 분석적 듣기나, 상대방의 입장에 집중하고 격려하여 더 많은 이야기를 하게끔 만드는 공감적 듣기는 의미 확인이나 말하기 격려와 같은 부차적인 역할을 도맡을 뿐이다.

갈등 대화에서 가장 중요한 것은 갈등 해결을 위해 서로가 지닌 **고유한 의견을 존중**하고, 대화의 화제, 내용, 분위기 등과 같은 **서로가 쌓아 올린 대화 상에 집중**하는 것이 필요하다(생산적 반응[2]을 위한, 우리에게 집중하기). 또한, 서로 간의 관계가 훼손되지 않도록 생산적 반응을 수행하며 상호 간에 의지하여 갈등을 해결해 나갈 필요가 있다. 대화적 듣기는 이렇듯 분석적 듣기, 공감적 듣기와 달리 화자와 청자, 즉 대화 참여자 모두의 역할이 필요하다는 점에서 개인이 지닌 **고유성**과, 대화를 함께 그려 나가는 참여자들의 **상호성**에 입각한 구조를 지녔다고 볼 수 있다. 이때 화자와 청자의 구분은 불필요해지며, 생산적 반응을 위해 서로의 말에 집중하고, 생산적 반응을 통해 격려하며 함께 대화를 구축해 나가는 것이 중요하다.

....

2 넥스팅이라는 용어는 국내에서도 김윤옥(2014)에서 번역 없이 그대로 소개된 바 있다. 여기서는 김유경(2021)를 따라, 갈등 대화에서 유의미하게 활용할 수 있고, 더 나은 방향으로 대화가 진전되게끔 한다는 점에서 넥스팅을 '생산적 반응'이라는 용어로 표현하고, 학습자가 실제적으로 수행할 수 있는 구체적인 학습 내용을 제시하고자 한다.

2. 대화적 듣기 교육 모형

'대화적 듣기 교육 모형'은 손달임(2008)에서 '시작 – 중간 – 종료'라는 갈등적 대화의 거시 구조와 관련하여 시작 단계와 종료 단계가 자주 생략되며 특히 종료 단계에서 대화 참여자들의 합의 없이 대화가 일방적으로 중단되거나 대화 참여자가 대화장을 벗어나는 경우가 빈번히 발생한다는 것에 시사점을 얻어 각 단계의 짜임새 있는 대화를 지향하며 스튜어트 외(2004 / 2015)가 제안한 대화적 듣기를 적용하였다.

화자와 청자는 그들이 함께 형성해 나가는 갈등 대화의 상(像)을 인지하고, 문제 상황을 해결하고 건설적인 대화의 국면으로 나아가기 위해 협력적인 태도로 대화에 임해야 한다. 대화를 통해 갈등이 온전하게 해결되려면 단순히 자세를 상대방에게 향하거나 눈을 맞추는 것 이상으로 "네 말은 ~하게 들려.", "네 말은 ~로 이해가 돼." 등과 같이 우리가 이룩해 나가고 있는 대화상(像)에 대한 집중이 필요하다. 이를 **'생산적 반응을 위한, 우리에게 집중하기'**라 부른다.

또한 건설적인 국면으로 나아가기 위해 생산적 반응을 주고받는 격려하기가 필요하다. 기존의 공감적 듣기에서와 같이 "더 말해 봐."와 같은 언어로 이루어진 단순한 격려하기를 넘어서서 "네가 말한 것 중에 ~를 잘 모르겠어.", "왜 ~라고 했는지 더 이해하고 싶어.", "~에 대해서 다시 말해 줬으면 좋겠어.", "지금까지 우리가 얘기한 거에 대해 어떻게 생각해?" 등과 같은 언어적 표현과, 이에 상응하는 준언어적 표현·비언어적 표현을 모두 활용할 수 있다. 이를 **'생산적 반응을 더한 격려하기'**라 부른다.

즉, 대화적 듣기 교육 모형은 대화의 일반적인 거시 구조인 '시작 – 중간 – 종료'에 따라 '생산적 반응을 위한, 우리에게 집중하기'와 '생산적 반응을 더한 격려하기'를 지속적으로 대화에서 활용하기 위해 고안되었다고 할 수 있다. 이를 그림으로 제시하면 다음과 같다.

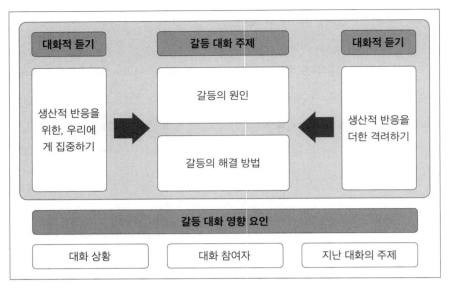

대화적 듣기 교육 모형(김유경, 2021: 32)

즉, 대화의 시작-중간-종료 구조에 따라 대화적 듣기의 방법인 '생산적 반응을 위한, 우리에게 집중하기'와 '생산적 반응을 더한 격려하기'가 지속적으로 활용되어야 하며, 이때 대화의 주제는 갈등의 원인과 해결 방법에 대한 논의가 될 수 있다. 이러한 갈등 대화의 내용과 대화적 듣기 방법의 활용에 있어 영향을 미치는 요인들은 대화 상황, 대화 참여자, 지난 대화의 주제라고 할 수 있다.

3. 교수·학습 방안

대화적 듣기의 교수·학습 절차는 '학습 목표 설정→평가 계획 수립→학습 경험 선정'으로 이루어지는 위긴스와 맥타이의 백워드 설계를 토대로 수립하였다. 평가 계획을 먼저 수립함으로써 무분별한 학습 내용을 제거하고 불필요한 활동을 지양하여 학교를 졸업하고 몇십 년이 지나 사회로 나가도 자신의 삶 속에서 대화적 듣기를 통해 갈등 대화를 해소하고자 하는 바람을 담아 교수·학습 방안을 설계하였다.

1) 학습 목표

대화적 듣기 교육의 궁극적인 목표는 갈등 대화에서 대화적 듣기를 활용해 우리의 관점에서 갈등을 해소할 줄 아는 학습자를 길러 내는 것이다. 즉, 갈등 해결의 본질은 우리에게 초점을 맞추는 데에 있으며, 더 나은 대화를 전개하기 위한 '생산적 반응'을 활용하는 것이 중요하다. 따라서 학습자의 도달 정도를 다각적인 측면에서 지속적으로 파악하기 위해 위긴스와 맥타이가 제시한 이해의 6가지 측면인 '설명, 해석, 적용, 관점, 공감, 자기 지식'으로 나누어 지정하면 다음과 같다(Isecke, H. 1998/2016).

대화적 듣기의 이해(김유경, 2021: 75 수정)

이해 차원	내용
설명	• '우리'의 관점에서 보는 대화의 모습을 설명할 수 있다. • '생산적 반응'의 원리를 설명할 수 있다.
해석	• 상대방의 말 속에 숨어 있는 상대방의 의도나 전제를 확인할 수 있다.
적용	• '나'와 '너'의 관점에서 벗어나 '우리'의 관점에서 문제를 분석할 수 있다. • 모두가 대화에 참여할 수 있도록 하기 위해 '생산적 반응'을 더해 말할 수 있다.
관점	• 문제 상황을 바라보는 서로의 다양한 관점을 구분하여 이해할 수 있다. • 대화 전개에 대한 관점을 이해할 수 있다.
공감	• 상대방의 입장 속에 담긴 상대의 가치관을 수용할 수 있다.
자기 지식	• 대화를 촉진하는 다양한 방법을 적용하는 자신의 태도를 돌이켜 볼 수 있다.

이해의 6가지 측면에 다다르는 과정에서 깊은 사고를 촉진하기 위해 활용할 수 있는 안내 질문(본질적 질문)은 다음과 같이 설정할 수 있다.

- '우리'의 관점에서 문제(갈등 상황)를 바라보는 것은 무엇인가?
- '생산적 반응'을 통해 어떻게 대화를 격려할 수 있는가?

대화적 듣기 교육의 학습 목표와 교육 내용을 지식과 기능으로 나누어 표현하면 다음과 같다.

대화적 듣기의 학습 목표 및 지식과 기능(김유경, 2021: 80 수정)

학습 목표	
1. 갈등 상황에서 '나'와 '너'의 관점에서 벗어나, '우리'의 관점에서 문제를 바라볼 수 있다. 2. 갈등이 증폭되었을 때, '생산적 반응'으로 대화를 격려함으로써 갈등을 해소할 수 있다.	
지식	기능
• 대화적 듣기의 개념 • 대화적 듣기의 방법 • 대화적 듣기의 기본 원리	• '생산적 반응'을 위한 집중하기 • '생산적 반응'을 더한 격려하기

2) 평가

대화적 듣기 교육을 통해 궁극적으로 학습자가 습득하길 바라는 것은 대화에서 갈등이 발생하였을 때 대화적 듣기를 활용하는 것이 유용하다는 것을 깨우치는 것이다. 이를 깨우치기 위하여 갈등 대화 장면에서 대화적 듣기를 통해 갈등 해소에 성공하는 경험을 할 수 있도록 하는 기회를 교수·학습 장면에서 학습자에게 주어야 한다고 판단하였다. 이에 따라 백워드 설계의 'GRASPS'의 각 요소를 활용하여 다음과 같이 평가 과제를 선정하였다.[3] 대화 교육의 교수·학습 장면에서 대화 방법을 기계적으로 연습

....

3 GRASPS란 각각 Goal(목표), Role(역할), Audience(대상), Situation(상황), Perfor-

하는 무분별한 활동 중심의 수업이 이루어지는 것을 경계하고자 지속적인 학습과 평가가 이루어지는 '수행평가'를 활용하였다.

　나아가 '교육과정 – 수업 – 평가 – 기록의 일체화' 측면에서도 '수행평가'는 이로움이 많은데, '수행평가'에서는 토의토론식 수업, 발표 수업 등 학생의 활동이 수업의 중심이 되고, 수업의 장면을 평가하기 위해 수업 밀착형 평가 및 학생 관찰형 평가를 진행한다. 수업 중에 학생 평가가 같이 이루어지는 것이며, 학생이 수업에 참여하고 활동하는 모습을 교사가 관찰하고 평가하는 것이다(김덕년, 2017: 19). 즉, 대화적 듣기의 개념적·방법적 지식을 익히고, 이를 연습(적용)하고, 잘 적용할 수 있는지를 평가하는 분절적인 단계로 수업이 나아가는 것이 아니라, 대화적 듣기의 개념적·방법적 지식을 익히는 과정 그 자체가 수업 장면이자 평가 장면이 되는 것이다. 구체적으로, '수행평가' 과제는 '고민 상담 동아리의 또래 상담사'라는 역할을 설정하여 사연 속 갈등을 해결하는 상황을 마련하였다.

대화적 듣기의 수행평가 과제 선정(김유경, 2021: 81 수정)

GRASPS	예시
목표(Goal)	대화적 듣기를 통해 대화 속 갈등 상황을 해결할 수 있다.
역할(Role)	당신은 고민 상담 동아리의 또래 상담사이다.
대상(Audience)	결과물(동영상, 녹음 파일 등)은 사연을 보낸 학생에게 전송할 것이다.
상황(Situation)	동아리 담당 선생님이 익명의 또래 학생이 보내온 사연 속 갈등 상황을 해결하라는 과제를 부여하셨다.
수행(Performance)	학생은 동아리원 1명과 갈등 상황을 재연하고, 대화적 듣기를 활용하여 갈등을 해결하기 위한 대화 실습을 한 뒤, 사연을 보낸 또래에게 대화 방법을 담은 결과물(동영상, 녹음 파일 등)을 제작해야 한다.

....

　mance(수행), Standard(기준)을 의미한다. 이는 교수·학습이 학습자의 실제 삶과 연계성이 있어야 한다는 구성주의적 관점에서 등장한 요소이다.

	사연의 주인공인 학생에게 보낼 결과물에는 다음의 내용이 포함되어야 한다.
기준 (Standard)	• 사연 속 또래 학생의 갈등 상황을 재연하여, 대화 참여자의 말을 통해 '나, 너, 우리' 중 어디에 초점을 두고 있는지 분석하여야 한다. • 동아리원 1명과의 실습에서, '우리'의 관점에서 갈등을 어떻게 해결해 나 갈지 대화의 방향성을 제시하여야 한다. • 동아리원 1명과의 실습에서, 2가지의 방법(생산적 반응을 위한 우리에게 집중하기, 생산적 반응을 더한 격려하기)을 활용하여 대인 간의 갈등을 해 결하여야 한다.

　수행 과제를 선정한 뒤 설정한 평가 루브릭은 다음의 표와 같다. 평가 항목은 크게 '대화적 듣기의 이해; 생산적 반응을 위한, 우리에게 집중하기; 생산적 반응을 더한 격려하기'로 세 가지이며, 분석적 채점에 해당한다고 볼 수 있다. 박재현(2015: 17-18)은 "평가 구인은 평가의 결과뿐 아니라 교육과정과 교수·학습과 직접적으로 연계되는 연결고리 역할"을 하며, "담화 유형을 넘어 해당 담화에서 강조한 특정 언어 기능을 평가하기 위한 세분화된 평가 척도의 개발이 필요하다."고 주장하였다. 이에 따라 말하기 내용 차원의 '내용 구성'과 말하기 태도 차원의 '표현 및 전달'이란 이분법적인 평가 항목을 선정하지 않고, 대화적 듣기의 영속적 이해에 해당하는 요소를 다섯 가지의 요소로 세분화하여 평가 항목을 선정하였다. 이는 박재현(2020: 16)에서 활용한 "다양한 증거를 기반으로 학습자의 성장과 발달을 판단하는 추론을 통해 학습에 필요한 타당한 정보를 제공하는 교육 평가의 방법인 증거 기반 추론 평가"의 관점을 수용한 것이다.

대화적 듣기의 분석적 평가 루브릭 설정(김유경, 2021: 83 수정)

평가 항목	점수	평가 기준
대화적 듣기의 이해	3	대화적 듣기의 개념을 설명할 수 있다[1점]. 대화적 듣기의 필요성을 설명할 수 있다[1점]. 대화적 듣기의 방법을 사례와 함께 설명할 수 있다[1점].

		3	갈등 상황에서, '나'와 '너'의 입장을 명료하게 구분하고[2점], '우리' 모두의 입장을 고려하는 방향으로 어떻게 나아갈지 말할 수 있다[1점].
생산적 반응을 위한, 우리에게 집중하기		2	갈등 상황에서, '나'의 감정과 욕구를 상대방에게 명료하게 전달하고[1점], '너'의 감정과 욕구가 무엇인지 파악할 수 있다[1점].
		1	갈등 상황에서, '나'의 감정과 욕구를 상대방에게 명료하게 전달할 수 있다[1점].
생산적 반응을 더한 격려하기	생산적 반응을 더한 바꾸어 말하기	3	상대방의 말에 '나'의 반응을 덧대어 말하고[2점], 상대방이 다시 자신의 반응을 덧댈 수 있도록 격려할 수 있다[1점].
		2	상대방의 말에 '나'의 반응을 덧대어 말할 수 있다[2점].
		1	상대방의 말을 그대로 바꾸어 말할 수 있다[1점].
	생산적 반응 요청하기	3	'우리'라는 관점에서 이야기하고 있는지 상대방이 인지하는 대화의 흐름을 물어볼 수 있다[3점].
		2	상대방의 말 중 이해가 가지 않았던 말을 물어보고[1점], 상대방에게 자신이 한 말을 어떻게 이해하였는지 물어볼 수 있다[1점].
		1	상대방의 말 중 이해가 가지 않았던 말을 물어볼 수 있다[1점].

첫 번째로, '대화적 듣기의 이해' 영역에서는 '대화적 듣기'의 개념, 필요성을 인지하고 구체적인 방법을 수행하기 전에 사례와 함께 간단히 설명할 수 있는가를 바탕으로 '대화적 듣기'에 대한 이해를 평가할 수 있다.

두 번째로, '생산적 반응을 위한, 우리에게 집중하기' 영역은 '나, 너'의 관점 중 일부의 관점에서만 말하는 것에서 나아가 '우리'의 관점을 모두 고려하는 방향으로 대화를 주고받을 수 있는가를 바탕으로 마련하였다. 즉, '나'와 '너'의 입장을 명료하게 구분하고, '우리' 모두의 입장을 확인하기 위해 이전에 했던 말과 행동의 의미를 확인하고, 건설적인 다음의 방향으로 대화를 전개해 나갈 수 있는지를 평가할 수 있다.

세 번째로, '생산적 반응을 더한 격려하기' 영역은 두 가지로 나뉜다. '생산적 반응을 더한 바꾸어 말하기'의 경우 상대방이 한 말에 '나'의 생각과 의견을 덧대어 말하고, 상대방도 다시 자신의 반응을 덧댈 수 있도록 격려할 수 있는가를 평가하게끔 하였다. '생산적 반응 요청하기'의 경우 '우리'에 초점을 맞춰 함께 대화를 진행해 오고 있는지를 판단하기 위해 상대방에게 대화의 흐름을 물어볼 수 있는가를 평가하게끔 하였다.

대화적 듣기의 기타 평가 증거 설정(김유경, 2021: 85 수정)

평가 방법(평가 대상)	평가 내용	구체적인 평가 장면
과정 중심 평가 포트폴리오 평가(학습 일지)	대화 참여자의 초점을 파악하거나, 대화적 듣기를 활용하는 데 발생한 어려움을 극복하였는지 확인	갈등 상황 재연, 대화적 듣기를 활용한 대화 실습, 결과물 제작 과정에서 기록한 일지 점검
총괄 평가 자기·동료 평가(학습 결과물)	제시된 갈등 상황에서 조/개인별로 대화적 듣기를 통한 갈등 관리 여부 평가	목소리가 담긴 결과물을 다시 확인하여 발화가 자연스러운지 점검

한편, 백워드 설계에서는 영속한 이해의 습득 여부를 지속적으로 평가하기 위해 기타 평가 증거를 설정할 것을 권고한다. 이에 따라 앞의 표와 같이 학습 일지와 학습 결과물을 활용하여 포트폴리오 평가와 자기 평가, 동료 평가를 추가로 설계하였다. 첫 번째로 **포트폴리오의 형식으로 학습 일지를 활용**하는 것은 대화적 듣기를 배우는 과정(또래 간 갈등 상황 재연, 대화 실습, 결과물 제작 과정) 속에서 어떠한 어려움을 겪었고, 어떻게 이를 극복하였는지 확인하기 위함이다. 두 번째로 **자기 평가 및 동료 평가의 형태로 학습 결과물(동영상, 녹음 파일 등)을 활용**하는 것은 대화적 듣기의 방법을 암기하여 기계적으로 적용하는 것이 아니라, 대화 참여자의 선행 발화와 대화 장면에 맞게 자연스럽게 적용하였는지를 확인하기 위함이다.

3) 학습 활동

　'대화적 듣기'와 관련한 총 8차시의 계획과 학습자가 수행할 학습 활동은 다음 표와 같다. 차시는 1차시, 2~4차시, 5~7차시, 8차시가 한 덩어리로 진행된다. 1차시에서 '대화적 듣기의 이해'를 평가하는 내용에 해당하는 수업이 진행되고, 2차시부터 4차시까지는 '대화적 듣기의 적용'을 평가하는 내용에 해당하는 수업이 진행되며, 5차시부터 7차시까지는 앞서 2단계에서 선정한 수행 과제를 진행하기 위한 활동이 이루어진다. 마지막으로 8차시에서는 '대화적 듣기'를 익히는 전체 실습 과정을 성찰하기 위한 차시로 이루어지게 된다.

대화적 듣기의 수업 주제와 학생의 학습 경험(김유경, 2021: 86 수정)

차시	수업 설계	
	수업 주제	학습 경험
1	대화적 듣기의 이해	대화적 듣기의 개념, 필요성, 방법을 이해할 수 있다.
2	대화적 듣기의 적용	**생산적 반응을 위한, 우리에게 집중하기** 갈등 상황에서 '우리' 모두의 입장을 고려하는 방향으로 이야기함으로써 대인 간 유대감을 강화할 수 있다.
3		**생산적 반응을 더한 바꾸어 말하기** 상대방의 말에 '나'의 반응을 덧대어 말하고, 상대방이 다시 자신의 반응을 덧댈 수 있도록 격려함으로써 건설적인 대화를 할 수 있다.
4		**바꾸어 말하기 요청하기** 상대방이 자신의 말을 바꾸어 말하거나, 자신이 이해한 대화의 흐름을 말하도록 질문함으로써 대화의 방향성을 공유할 수 있다.
5	대화적 듣기 실습	사연 속 또래 학생의 갈등 상황을 재연하여, 대화 참여자가 '나, 너, 우리' 중 어디에 초점을 두고 대화하는지 분석할 수 있다.

6	대화적 듣기 실습	• 동아리원 1명과 실습을 함께 진행한다. • '우리'의 관점에서 갈등을 바라보는 발화를 수행하고, 3가지의 방법을 활용하여 대인 간 갈등을 해결한다.
7		• 대화적 듣기의 적용 전, 후 대화 양상을 구분하여 제시한 결과물을 제작한다.
8	과정 평가 및 성찰	1~7차시의 실습 과정을 성찰하여, 학습 목표를 달성했는지 확인한다.

앞서 백워드 설계의 3단계에 따라 대화적 듣기의 단원을 순차적으로 설계하였다. 학생들은 총 8차시 동안 학습 목표에 의거하여 '우리'의 관점에서 문제를 바라보고, '생산적 반응'으로 대화를 격려하는 연습을 수행한다. 이러한 연습들은 모두 대인 간 갈등을 해결하기 위한 방법에 해당하며, 방법을 기계적으로 적용하는 것이 아니라 나 자신과 상대방, 그리고 함께 형성해 나가는 대화상을 인지하며 건설적인 방향으로 대화를 진전시켜 나가는 것이 중요함을 유념한다.

1차시 수업에서 학생들은 교사의 설명을 통해 **대화적 듣기의 개념과 필요성, 방법**을 이해한다. 교사가 제공하는 수업 자료에는 고조된 갈등을 해결하지 못해 대인관계가 훼손된 대화 사례, 이러한 일을 방지하기 위해 사용할 수 있는 대화적 듣기에 대한 소개 등이 함께 실려 있을 수 있다.

2차시 수업부터는 본격적으로 **대화적 듣기의 구체적인 방법**들을 적용하는 시간을 가진다. 이때 교사의 설명을 듣고 이를 대화에 적용해 보기에 앞서 각 방법이 왜 갈등을 해결하는 데 도움이 되는지에 대해 함께 이야기하는 시간을 가진다. 교사는 대화적 듣기의 방법을 소개하기 전 하나의 대화 사례를 제시하고 학생들에게 자연스럽게 실습해 볼 것을 권유할 수 있다. 이는 대화적 듣기의 방법을 설명하기 전 학생들의 실제 대화 방식을 파악하기 위함이다. 학생들의 대화 초점은 '나', '너', '우리' 등 각기 다른 대화 참여자에 초점이 맞춰질 수 있으며, 실제 학생들이 실습해 본 것을 바탕으로 대화적 듣기 방법을 교수·학습하기 전에 비교점을 파악해 보는 활동을 진행할 수 있다.

대화적 듣기의 방법을 약 3회의 수업에서 다룬 뒤, 6차시 수업부터는 **대화적 듣기를 적용**해 보기 위해 새로운 갈등 대화를 또래 상담사가 되어 해결하고 조언해 주는 역할을 수행해 본다. 이 작업은 프로젝트로 진행하여 수행평가와 결합할 수 있으며, 학생들은 갈등 대화를 분석하여 대화 참여자의 대화 초점을 파악하고, 대화적 듣기를 통해 갈등 대화를 해결하는 실습을 진행한다. 실습은 후에 자기 평가 및 동료 평가를 위해 영상으로 결과물을 남기도록 한다.

실습이 끝나면 마지막 수업인 8차시 수업에서는 전체 차시의 수업을 돌아보며 대화적 듣기와 관련한 영속적 이해에 다다랐는지 성찰해 보는 활동이 주를 이룬다. 학생들은 처음 대화적 듣기의 개념을 접했을 때, 자신의 기존 말하기·듣기 방식에 문제점이 있음을 파악했을 때, 대화 실습을 진행했을 때를 비교하며 대화적 듣기에 대한 자신의 생각이 어떻게 변화하여 왔는지를 스스로 파악한다.

대인 관계의 갈등을 대화로써 유연하게 해결하는 경험이 아직 부족한 청소년들에게 대화적 듣기가 갈등을 효과적으로 해결하는 방법이 되길 바란다. 더 나아가 '우리'를 존중한다는 공동체의 관점을 지녀, 자신의 이익만을 주장하거나 상대방의 이익 요구에 무력하게 좌절하지 않는 건강한 갈등 대처 역량을 기르게 되길 기원한다.

참고문헌

김덕년(2017), 『교육과정-수업-평가-기록 일체화: 수업이 바뀌면 평가가 바뀌고, 평가가 바뀌면 기록이 바뀐다!』, 에듀니티.

김유경(2021), 「또래 간 갈등 대화에서 대화적 듣기의 수업 설계 연구」, 상명대학교 석사학위 논문.

김윤옥(2014), 「대화적 듣기 교육 현황 연구」, 『우리말연구』 37, 71-93.

박재현(2015), 「화법 평가의 쟁점과 발전 방향」, 『국어교육학연구』 50(2), 6-25.

박재현(2020), 「공감적 의사소통 역량 평가 방안」, 『청람어문교육』 73, 7-31.

박홍규(2012), 『마르틴 부버』, 서울: 홍성사.

손달임(2008), 「갈등적 대화의 원리와 구조 연구: TV 드라마에 등장하는 남녀의 대화를 중심으로」, 『이화어문논집』 26, 67-94.

이창덕·임칠성·심영택·원진숙(2000), 『삶과 화법』, 박이정.

Stewart, J. & Logan, C.(1993), *Together: Communication Interpersonally*, McGraw Hill College.

Stewart, J., Zediker, K. & Witteborn, S.(2015), 『소통: 협력적인 의사소통의 방법-사회구성주의적 접근』, 서현석·김윤옥·임택균(역), 커뮤니케이션북스(원서출판 2004).

Isecke, H.(2016), 『백워드 설계와 수업 전문성』, 강현석(역), 학지사(원서출판 1998).

8장

사과 수용 중심의 사과 표현 모형[1]

구영산

사과 수용 중심의 사과 표현 모형이란 사과를 받는 이의 반응을 고려하여 사과 표현을 할 수 있는 능력을 함양하기 위한 모형이다. 이상적인 차원에서 볼 때 '은 사과 받는 이가 그것을 수용하여 사과 주체를 용서할 때 완성된다. 어느 표현이나 일정 부분 해당 표현을 이해하거나 수용하는 이의 입장을 고려하기 마련이다. 그러나 사과만큼 그 표현의 성공 여부 및 의의가 수용자의 반응에 크게 좌우되는 것은 찾기 힘들다. 이러한 맥락에서 사과 받는 이의 입장을 고려한, 즉 사과 수용 중심의 사과 표현을 교육하는 모형을 개발하였다.

....

1   이 내용은 구영산(2017), 「공적 사과 교육의 내용 연구: 사과에 대한 수용 반응을 중심으로」를 바탕으로 정리한 것이다.

1. 이론적 배경

사과 수용 중심의 사과 표현 모형은 크게 세 가지 이론을 바탕으로 만들어졌다. 가장 먼저 '사과'라는 언어 행위를 어떠한 관점에서 이해할지와 관련하여 사회학적 시각에서 사과를 고찰한 타부치스(Tavuchis, 1991)의 이론을 참조하였다. 두 번째는 '사과'가 어떠한 방식으로 행해지는지를 수사학적 관점에서 연구한 베노이트(Benoit, 1995)의 연구 결과를 참고하였다. 마지막으로 베노이트와 유사한 맥락에서 조직의 위기관리 및 의사소통 차원의 노력으로서 '사과'를 연구한 쿰스(Coombs, 1999)의 이론을 바탕으로 하였다.

1) 인간관계와 사과

타부치스는 사회학적 관점에서 사과와 화해를 연구하였다. 사과는 일상적으로 정신적·물질적 피해 및 피해자가 생기는 상황에서 이루어지는 의사소통 행위라고 할 수 있다. 이와 같이 사과가 삶의 과정에서 빈번하게 일어나는 행위라는 점에 무게를 두고, 타부치스는 법적인 다툼으로 갈 수도 있는 갈등이 어떻게 사과라는 사회적 실천을 통해 보다 긍정적인 방식으로 해결되고 서로를 이해하고 화해에 이르는지를 보여 주었다. 또한 이러한 의사소통 행위는 개인 간 관계부터 국가 간의 관계에 이르기까지 광범위하게 적용될 수 있다고 제안하였다.

사과는 깊은 유감을 표현하는 것이어야 한다. 타부치스는 사과가 갖추어야 할 기본 조건으로 비통함의 표현을 언급하였다(Tavuchis, 1991). 비통(悲痛)은 사전적으로 몹시 슬퍼서 마음이 아픔을 뜻하는데 맥락에 따라 그 의미가 보다 다양하게 해석될 수 있다. 사과의 맥락에서 비통함은 후회, 반성, 참회, 수치심, 안타까움, 양심의 가책 등을 포함한다. 타부치스는 사과의 전제 조건으로 사과하는 이의 마음을 제안하며 사과가 크게 두 가지 필수 요소로 나뉨을 주장하였는데, 하나는 사과하는 이로서 미안해하는 마음이고 다른 하나는 그 미안함의 표현이다(Tavuchis, 1991: 36). 후회를 표현하는 형태는 기본적으로 둘로 이루어진 한 쌍, 즉 가해자와 피해자 간의 관계를 기반으로 한다(Tavuchis, 1991: 46). 다시 말하면 사과 담화 및 텍스트에서 피해 갈 수 없는 궁극적인 초점이 가해자와 피해자, 이 둘 사이의 상호작용에 놓인다. 타부치스는 이를 원초적 내지는 시원적 사회 범주로 본다. 결국 사과 담화 및 텍스트가 존재한다는 것은 사과를 주고받는 이들 간의 교류가 중요함을 함의한다.

타부치스의 사과 이론에 의하면 사과는 명료한 원칙 또는 형식에 입각해 있을 때 완성된다. 이에 따르면 가해자는 사과를 통해 자신이 어긴 규칙의 정당성을 인정하고, 그것을 깬 자신의 잘못을 시인하며, 이 범칙으로 인해 야기된 피해에 대한 진정한 후회를 표현해야 한다. 일부 연구자들은 사과에 피해 보상과 관련한 내용이 포함되어야 한다고 주장하나, 타부치스는 사과는 필연적으로 보상에 대한 제안과 약속을 함의한다고 주장한다. 즉, "미안하다."는 말로써 전달되는 진심 어린 후회가 변화에 대한 의지, 잘못한 사람에 대한 관용의 약속, 그리고 자신의 잘못된 행위에서 비롯되는 사회적(법적) 결과물을 받아들이는 것에 대한 암묵적 동의를 함의한다는 것이 그의 입장이다. 이러한 맥락에서 직접적으로는 표현되지 않더라도 사과에 본질적으로 함축된 것들을 명백하게 드러내는 방식으로 사과 담화 및 텍스트의 형식을 정교화하는 것은 오히려 사과의 메시지를 해칠 수 있음을 염려한다. 타부치스에게 사과는 단순함 안에 그 가치가 있다. 사과의 기본적인 형식이 복잡해지면, 예컨대 상세한 설명이 부연되면 사과의 의미 또는 사과 내용의 의미가 줄어든다.

타부치스의 사과 이론의 핵심은 관계에 있다. 그에 따르면 사과는 복잡한 인간관계 속에서 일어나는 전형적으로 사회적인, 즉 본질적으로 관계의 요소를 함의하는 상징적 표현이다. 그러므로 효과적인 사과 표현이 무엇인지를 논의하는 데에서도 그 핵심은 사과 표현 주체와 사과 수용 주체 사이의 관계에 두어야 한다(Tavuchis, 1991: 12, 119-120). 이러한 맥락에서 진정한 사과는 대신하여 이루어질 수 없다. 사과의 의미가 변질되지 않은 채, 사과의 도덕적 힘이 훼손되지 않은 채 제삼자가 대리하여 사과를 수행하는 일은 가능하지 않다(Tavuchis, 1991: 49). 사과를 하는 주체와 사과를 받는 주체, 이 둘로 묶인 관계가 사과 담화 및 텍스트 생산의 토대가 되며 둘 사이의 관계가 사과라는 언어의 교환을 매개로 변모해 가는 데에 그 의미가 있다. 일상 속에서 당연하게 누리며 그것의 중요성을 좀처럼 인식하지 못하나, 인간관계의 질을 결정짓는 교환의 한 종류로서 사과의 사회적 의미는 크다. 한 사람이 자신이 틀리거나 잘못한 행위를 인지하고, 진심으로 인정하는 것으로부터 그 이후의 가해자와 피해자 간 관계의 모든 차이를 만들어 낼 수 있다.

2) 이미지 회복 전략

베노이트(1995)는 사과의 언어적 속성을 위기관리 의사소통의 차원에서 논의하였다. 즉 불미스러운 일로 개인 또는 단체의 이미지가 위기 상황에 빠지면 그 이미지를 회복하는 데에 사용할 수 있는 대중과의 소통 전략의 하나로 사과를 연구하였다.

이미지 회복 이론으로 불리는 베노이트의 이론에서 의사소통 전략은 사과 주체가 자신이 당면한 위기에 대응하기 위하여 취하는 실제 행동을 의미한다. 그 전략은 성격에 따라 다음과 같이 구분된다(Benoit, 1995: 95).

전략	내용
부인 (denial)	가해자로 간주되는 이가 문제시된 행동이 일어난 적이 없거나 다른 이가 범했다고 주장함.
회피 (evasion)	가해자가 자신의 잘못을 인정하나 이를 책임지지는 않으려고 함.
축소 (reduction)	가해자가 잘못된 행위와 그에 대한 책임을 인정하나 그것이 함의하는 의미(공격성, 피해 등)는 최소화함.
개선 행동 (corrective action)	문제의 해결 및 재발 방지에 대한 계획과 실천
수치심 (mortification)	가해자가 사과를 통해 부끄러움과 죄책감을 고백하고 용서를 구함.

이와 같이 이미지가 실추될 위기에 놓인 상황에서 선택할 수 있는 의사소통 전략은 다양하다. 물론 가해자로서 수치심을 표현하는 사과 전략이 쓰이는 경우가 가장 많다(Ware & Linkugel, 1973). 그럼에도 불구하고 대중의 비난으로부터 조직의 평판을 지키기 위하여 여러 가지 소통 양식을 고려할 수 있다. '부인'에서 '수치심'으로 갈수록 문제시된 상황에 대하여 높은 수준의 책임감을 보이며 수용적인 태도를 보인다.

3) 위기관리 의사소통

쿰스(1999)는 베노이트의 논의와 유사한 맥락에서 사과를 다루었다. 그는 예측하지 못한 위기에 처한 조직이 대중과의 의사소통 전략을 어떻게 구사하는 것이 위기로 인한 피해를 최소화할 수 있는지를 고찰하였다. 대부분의 위기는 조직의 명성에 해가 되므로 해당 조직의 구성원들은 주로 사과 전략을 사용한다. 이 때문에 위기관리 의사소통은 사과 전략에 주목해 온 경향이 있다. 그러나 쿰스는 사과 이외에도 여러 의사소통 대응 전략을 다음과 같이 제시하였다(Coombs, 1999: 202-203).

전략	내용
공격 (attack)	조직을 비난하는 개인이나 단체에 맞서는 전략
부인 (denial)	위기가 존재하지 않는다고 주장하며 그 이유를 설명하는 것
변명 (excuse)	조직의 책임을 최소화하기 위하여 문제시된 상황에 대한 조직의 통제력이나 의도성을 부인하는 것
정당화 또는 합리화 (justification)	위기로 인하여 발생한 피해가 심각하지 않다는 인식을 형성하는 전략
환심 사기 (ingratiation)	조직의 명성을 상기시켜 위기 상황과 연관된 이익 관계자들의 환심에 호소하는 전략
개선 행동 (corrective action)	위기로 인한 피해를 회복할 수 있는 방법을 찾거나 재발 방지를 위한 조치를 취하는 것
사과 (full apology)	당면한 위기 상황에 대한 책임을 지고 용서를 구하면서 여러 형태의 보상을 제공하는 방법

이와 같은 위기관리 의사소통 전략은 위기 상황의 성격에 맞게 선정될 필요가 있다. 특히 사과의 경우는 가장 수용적인 전략으로 간주된다. 그런 만큼 사과 행위에는 위기에 대한 책임 인정과 조직의 잘못에 대한 용서를 구하는 표현이 포함되어야 한다. 그 외 적절한 보상이 고려될 수 있다.

2. 사과 수용 중심의 사과 표현 모형

사과에 대한 사과 받는 이의 반응을 고려한 '사과 수용 중심의 사과 표현 모형'은 사과의 수용에 영향을 주는 요인에 입각하여 사과 표현이 이루어지는 소통의 과정을 도식화한 것이다. 사과 담화 및 텍스트에 대한 직간접적 수용자의 사실 이해와 가치 판단에 근거하여 사과의 수용에 영향을 주는 요인을 도출한 연구에 따르면, 사과 수용에 대한 영향 요인은 사과의 '내용', '전달 방식', '태도'로 정리될 수 있다(구영산, 2017: 77-78). 이 사과 수용 영향 요인은 사과 소통의 맥락을 고려할 때 다시 하위 변인으로 상세화된다.

첫 번째 사과 수용 요인인 '사과 내용'을 구성하는 하위 변인은 네 가지로 정리된다. 사과하는 이가 자신의 잘못을 구체적으로 밝히는지의 여부, 자신의 잘못을 인정하는지의 여부, 피해에 대한 보상 계획을 명시하는지의 여부, 그리고 2회 이상의 연속된 사과일 경우 후자의 사과에서 전자에 비해 내용의 진전이 있는지의 여부가 그에 해당한다.

두 번째 사과 수용 요인인 '사과의 전달 방식'을 구성하는 하위 변인은 세 가지로 정리된다. 사과하는 주체가 누구인지의 문제, 사과의 시기가 언제인지의 문제, 그리고 사과 행위의 매체(면대면, 인터넷 매체의 활용, 언론이나 기자 회견 등)로 무엇을 선택하는지의 문제가 그에 해당한다.

세 번째 사과 수용 요인인 '사과의 태도'를 구성하는 하위 변인은 두 가지로 정리된다. 사과 행위의 주체가 자신의 잘못에 대하여 반성하는지의 여부, 그리고 문제시된 사건 발생 후의 갈등 상황에서 문제를 대하는 태도(적극적 대면, 소극적 대면, 회피 등)가 그에 해당한다.

사과 받는 이의 수용 여부 및 정도에 영향을 미치는 요인과 변인을 중심으로 사과 표현의 소통 과정을 모형으로 제시하면 다음의 그림과 같다.

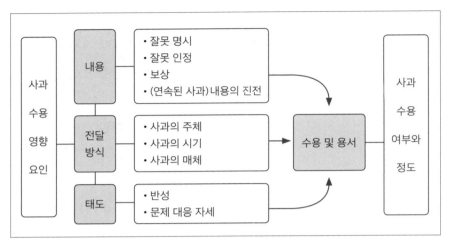

사과 수용 중심의 사과 표현 모형(구영산, 2017: 78 수정)

위의 모형에서 보이는 바와 같이 사과 수용 중심의 사과 표현은 사과의 수용 여부 및 정도에 영향을 미치는 세 가지 영향 요인을 고려하여 이루어 진다. 사과의 내용, 사과의 전달 방식, 사과의 태도 요인을 구성하는 각각 의 변인들에 주의를 두어 사과라는 언어 행위를 수행함으로써 사과 받는 이가 이를 수용함은 물론이고 용서에까지 이를 수 있는 것을 목표로 한다.

3. 교수·학습 방향

사과 받는 이의 반응을 고려한 사과 담화 및 사과 텍스트의 표현을 학 습할 때에는 사과라는 언어 행위의 본질을 이해하고 그 본질에 비추어 사 과 표현의 원리를 학습하는 것을 우선시해야 한다. 다음에서는 사과의 본 질과 사과 표현의 원리를 제시함으로써 사과 활동의 교수·학습 장면에서 참조할 사과 교육의 내용을 제안하고자 한다.

1) 사과의 본질

사과는 쌍방향 의사소통의 성격을 매우 강하게 갖는다. 사과라는 언어 행위는 메시지 수신자가 사과 표현의 의미를 이해하고 해석한 후 사과 표현은 물론이고 사과하는 이를 온전히 수용할 때 그 본연의 역할을 다하게 된다. 여기에서 더 나아가 사과 장면에 직간접적으로 참여하는 관찰자까지 고려하면 사과는 사과하는 이, 사과 받는 이, 사과 과정을 지켜보는 이들 모두가 사과를 사과로 인정할 때 그 사과는 진정한 의미의 사과로 자리매김된다.

이러한 맥락에서 사과의 교수·학습에서는 사과 수용에 영향을 주는 요인을 우선적으로 이해할 필요가 있다. 의도된 사과 본연의 역할을 다하기 위해서는 사과 표현을 생산하는 주체가 그 표현을 이해하는 이의 입장에서 메시지 수용 여부에 영향을 주는 요인들을 고려하여 표현에 반영하는 것이 요구된다.

사과 수용에 영향을 주는 요인으로 '사과 내용', '사과 전달 방식', '사과 태도'를 상정할 때, 각 요인을 구성하는 변인들이 사과의 소통 과정에서 어떠한 방식으로 상호 작용하는지를 파악할 수 있어야 한다. 사과 상황의 특성과 사과 행위의 목적에 입각하여 최적의 방식으로 사과 담화 및 사과 텍스트를 생산할 필요가 있다. 이로써 보다 진실성 있는 사과로 받아들여지는 사과 표현이 이루어질 수 있다.

2) 사과 표현의 원리

사과 수용 중심의 사과 표현의 원리는 사과 수용 영향 요인을 중심으로 다음과 같이 설정할 수 있다(구영산, 2017: 79-82).

(1) 사과 내용

사과의 내용과 관련하여 첫 번째로 고려해야 할 변인은 잘못의 명시이다. 이때에는 갈등을 불러일으킨 사안(사건), 가해자로서 행한 일, 규범적이거나 법률적 또는 윤리적 측면에서 잘못한 부분을 명료하게 적시할 필요가 있다.

두 번째 내용 변인은 잘못의 인정이다. 사과가 요구되는 거의 모든 사건은 복잡한 경우가 대부분이다. 이는 해당 사건에 연루된 주체 사이의 관계가 단순하지 않으며 서로의 입장과 이해관계가 매우 민감하게 나뉠 가능성이 큼을 함의한다. 그런 만큼 사과가 이루어지는 상황에서 사과하는 이가 자신의 과오를 선뜻 인정하기 어려운 부분이 있을 수 있다. 그러나 사과 주체가 사건의 가해자로서 본인의 잘못을 인정할 때 해당 사과 표현은 사과 수용자에게 진실성 있게 받아들여진다.

세 번째 내용 변인은 보상의 적시이다. 문제시된 사건 때문에 피해 또는 희생이 발생하였을 때 그에 대한 필요한 형태의 보상이 이루어져야 한다. 따라서 사과 주체는 구체적인 보상 계획 및 실천과 관련한 내용을 밝힐 필요가 있다.

네 번째 내용 변인은 사과 표현이 단발성이 아닌 2회 이상 연속적으로 이루어지는 경우에 해당하는 것으로, 후속 사과에서 직전 사과에 비해 내용의 진전이 이루어졌는지의 여부이다. 사과가 계속된다는 사실은 문제시된 사건이 복잡하고 관련 주체들 간의 갈등이 심각함을 의미한다. 그런 만큼 후속으로 이루어지는 사과는 선행 사과를 보완하는 차원에서 이전 사과에서 누락된 내용을 언급하거나 이전 사과에서 오해가 있었던 부분을 보충하여 설명하는 등 내용 측면에서 보다 진전되었을 때 그 본연의 의미를 갖게 된다.

(2) 사과 전달 방식

사과의 수용에 영향을 미치는 전달 방식과 관련한 첫 번째 변인은 사과 주체가 누구인지이다. 일반적으로 사과 행위의 주체는 잘못을 행한 이가 되는 것이 상례이다. 즉, 사과 받는 이와의 갈등을 초래한 이가 자기 행위에 대한 반성과 책임감을 갖고 직접 사과할 때 그 사과 행위가 보다 진실성 있게 받아들여질 수 있다.

사과 전달 방식의 두 번째 변인은 사과의 시기이다. 사과 주체는 갈등 상황에 대한 책임자로서 책임의 성격에 따라 말이나 글 외에 물질적인 보상 등의 절차를 밟게 되는 경우가 있다. 이처럼 복잡한 이해관계 속에서 사과 주체는 사과의 적기를 찾게 된다. 사과의 필요성이 보다 강하게 요구되는 상황일수록 가능한 한 빨리 사과하는 것이 사과의 수용 정도를 높일 수 있다.

사과의 전달 방식과 관련한 마지막 변인은 사과의 매체이다. 즉, 사과 메시지를 어떠한 수단으로 전달하는지의 문제이다. 전달 방식이 면대면 또는 비대면, 구어 또는 문어, 미디어 사용 여부 등에 따라 사과의 효과는 달라진다. 맥락을 고려하며 사과하는 이와 사과 받는 이 사이의 물리적·심리적 거리를 가깝게 하는 전달 방식을 취할수록 보다 설득력 있는 사과로 받아들여질 수 있다.

(3) 사과 태도

사과 수용에 영향을 미치는 태도 요인과 관련한 첫 번째 변인은 반성이다. 여기서 반성의 대상은 둘로 나누어 볼 수 있다. 하나는 사과 주체의 문제시된 행동에 대한 반성으로, 사과하는 이가 자신의 잘못을 진심으로 뉘우칠 때 해당 사과는 보다 진실성 있게 다가온다. 다른 하나는 사과 행위 자체에 대한 사과 주체의 반성으로, 사과하는 이가 자신의 사과 언어를 메타적으로 인식하는 과정에서 필요한 경우 이를 수정하거나 보완함으로써 해당 사과가 온전히 수용될 수 있도록 노력하는 일이 요구된다.

사과 태도와 관련한 두 번째 영향 변인은 문제를 대하는 자세이다. 문제시되는 상황에서 사과 주체가 가해자로서 어떠한 방식으로 문제를 해결하려 하는지가 중요하다. 사과하는 이가 사과 과정에서 발생한 피해를 보상하고 상대의 용서를 구하기 위하여 물적·심적으로 얼마나 적극적으로 갈등 해결에 임하는지에 따라 사과 받는 이는 해당 사과의 수용 여부 및 정도를 판단하게 된다.

참고문헌

구영산(2017), 「공적 사과 교육의 내용 연구: 사과에 대한 수용 반응을 중심으로」, 『국어교육학연구』 52(4), 137-188.

Benoit, W. L.(1995), *Accounts, Excuses, and Apologies: A Theory of Image Restoration Strategies*, State University of New York Press.

Coombs, W. T.(1999), *Ongoing Crisis Communication: Planning, Managing, and Responding*, Sage Publications.

Tavuchis, N.(1991), *Mea Culpa: A Sociology of Apology and Reconciliation*, Stanford University Press.

Ware, R. E. & Linkugel, W. A.(1973), "They Spoke in Defense of Themselves: On the Generic Criticism of Apologia", *Quarterly Journal of Speech* 59(3), 273-283.

Ⅲ부

의사 결정을 위한 소집단 화법

1장

가치 논제 토론 수업 모형[1]

이민형

가치 논제 토론 수업 모형이란 토론의 논제 유형 중 가치 논제를 중심으로 토론 수업을 실행할 때 활용할 수 있는 모형이다. 기존의 토론 모형과 토론 실제에 대한 연구가 정책 논제 토론에 초점이 맞추어져 있어, 가치 논제 토론은 상대적으로 논의되지 않은 측면이 있다. 그러나 우리가 겪는 갈등의 핵심에는 가치의 충돌이 있다는 점에서 가치 논제 토론은 학습자의 의사소통 역량과 공동체 역량에 기여할 수 있으며 정책 논제, 사실 논제의 토론을 이해하는 데도 도움이 된다. 또한 국어 교과뿐만 아니라 사회, 도덕 교과에서도 가치 갈등과 가치 토론을 중요 내용으로 삼기 때문에 가치 논제 토론 수업은 범교과적인 성격을 가지며 교과 통합 수업에도 유용한 수단이 될 수 있다.

....

1 이 내용은 이민형(2016), 「가치 논제 토론 수업을 위한 설계 기반 연구」를 중심으로 정리한 것임을 밝힌다.

1. 이론적 배경

1) 가치 논제란?

이민형(2016)에 따르면, 가치 논제는 '어떤 대상에 대한 가치 판단 혹은 평가(옳고 그름, 바람직함, 정당함)'가 진술된 논제라고 정의할 수 있다. 그리고 이때 토론의 대상이 되는 가치는 개인적인 호오의 영역이나 주관적 감정의 표현이 아닌, '다른 대안(들)보다 어떤 대안을 공적으로 더 선호하는 지속적인 믿음'을 의미한다. 따라서 교사는 가치 논제를 생성하고 서술할 때 공적 차원에서 다룰 값어치가 있는 가치 판단 혹은 평가를 중심으로 하여야 한다. 이를테면 '축구는 재미있는 운동'(개인적 호오의 영역, 주관적 감정의 표현)보다는 '주 4일 근무제는 적절한 제도'라는 판단 혹은 평가에 대해 토론하는 것이 더 바람직하다.

이때 가치 논제의 가장 기본적인 구성 요소는 '평가 대상'과 '평가 용어'이다. 그리고 이에 부가적인 하위 요소로 '상황 한정자'와 '판단 한정자'가 있다. 예를 들어 "수학 교과에서의 선행 학습은 교육 측면에서 바람직하다."라는 가치 논제의 경우, '선행 학습'이 평가 대상이며 '바람직하다'가 평가 용어이다. 그리고 '수학 교과'가 평가 대상의 맥락을 한정 짓는 상황 한정자이고, '교육 측면에서'는 판단 한정자이다.

마지막으로 가치 논제는 세부적으로 '문장의 진술 형태', '평가 대상의 성격', '평가 용어의 구체성 여부'에 따라 분류될 수 있다(이민형, 2015). 문장의 진술 형태에 따라 비교 평가형과 단일 평가형으로 분류하거나(예: 보편 복지가 선별 복지보다 낫다, 모둠 학습은 바람직하다.), 평가 대상의 성격에 따라 개념 문제에 대한 토론과 실용 문제에 대한 토론으로 크게 나눌 수 있다(예: 안중근의 행위는 정당하다, 불효자 방지법은 정당하다.). 마지막으로 평가 용어의 구체성에 따라 구체적 가치 판단형과 보편적 가치 판단형으로도 나눌 수 있다(예: 사랑의 매는 교육적이다, 안중근의 행위는 정당하다.).

2) 가치 논제의 필수 쟁점

가치 논제는 정책에 대한 찬반을 논의하는 정책 논제와는 달리 '평가 용어'에 담겨 있는 '판단'이 토론의 중심이 된다. 이 가치 판단이 옳다고 찬성하거나, 아니면 반대할 수 있는 것이다. 토론자는 논제에 담겨 있는 판단을 찬성하거나 반대하기 위해서 많은 사례를 들어 주장을 펼치게 된다. 그리고 자신이 든 사례가 '충분하고도 전형적이다'라는 것을 정당화하기 위하여 자신의 입장과 관점이 잘 드러나는 개념적 틀로 사례를 뒷받침한다. 이것이 바로 가치 논제의 필수 쟁점인 '가치 전제', '가치 판단 기준' 그리고 '가치 적용'이다. '가치 전제'와 '가치 판단 기준'은 '개념적 틀' 그리고 '가치 적용'은 틀에 적용한 사례가 된다.

예를 들어 "베짱이의 삶은 개미보다 행복했다."는 논제로 토론한다고 했을 때, 평가 용어에 '행복'이라는 가치가 구체적으로 드러나 있기 때문에 찬성과 반대 측은 '행복'을 공통 기반으로 논쟁해야 하며 이것이 바로 '가치 전제'가 된다. 찬성과 반대 측은 과연 이 행복을 어떻게 해석할 수 있을지 가치 판단 기준을 세워야 하며, 이와 관련된 사례를 충분하게 들면서 토론해야 하는 것이다.

2. 가치 논제 토론 수업 모형

1) 모형 설정의 취지

지금까지 토론은 '토론대회'의 상황을 가정하고 이론을 생성해 온 측면이 있다. 어떻게 하면 공정하게, 그리고 간명하게 토론대회의 승자를 가릴수 있는지에 대해 고민한 것이다. 선결 조건을 갖춘 입론, 필수 쟁점, 입증책임과 추정이라는 개념이 그 대표적인 이론적 성과이다. '선결 조건을 갖춘 입론(prima facie case)'이란 맨 처음 발언되는 찬성 측의 입론 자체가논제를 판단하기 위하여 충분해야 한다는 것이며, 이 선결 조건을 갖춘 입론은 기본적 요건으로 '필수 쟁점(stock issue)'을 갖추어야 한다. 또한 '입증 책임(burden of proof)'과 '추정(presumption)'은 동전의 양면과 같이연관된 개념인데, 찬성 측에 지워진 것이 '입증 책임'이라면 이에 맞선 것이 바로 '추정'이다.[2] 이들은 각각 필요한 논증의 조직 방법(필수 쟁점, 선결조건을 갖춘 입론), 찬성 측과 반대 측의 역할과 구도(입증 책임, 추정)를 규정하므로 토론이라는 수사적 관습을 운용하기 위해 꼭 필요한 개념이다.

그런데 정책 토론에서는 이러한 개념이 명확한 반면, 가치 논제 토론에서는 이 개념이 명확하지 않다(이민형, 2016: 36-51). 그래서 가치 논제 토론은 그 이론적 성과가 정책 논제 토론에 비해 뒤진다는 평가가 있다. 이에이민형(2016)에서는 위와 같이 가치 논제 토론의 단점으로 지적되어 온것이 토론을 '대회로서의 토론'으로 바라보았기 때문이라고 비판하고 실제 교실 현장에 가치 논제 토론 수업을 적용한 결과를 바탕으로 가치 논제토론 수업 모형을 제시하였다.

따라서 가치 논제 토론 수업 모형은 교실 토론이 '토론대회 형식의 축소판', '정식 토론으로 발전하기 위해 훈련하는 토론 교육 프로그램'이 아닌 '실제 교과 교육과정 내에서 교과 수업의 목표를 달성하기 위한 토론'으

....

2 '입증 책임'과 '추정'은 주로 정책 논제에서 찬성 측과 반대 측의 역할과 구도를 간명하게 설명해 주는 개념이다. 정책 논제는 대체로 '현 제도'를 변화시키려는 방향으로 작성되며, 찬성측은 이러한 '변화'가 정당하고 모두에게 이익이라는 것을 입증할 책임을 진다. 이에 맞서 반대 측은 그동안 유지되어 온 현 제도를 지지하며, 현 제도를 변화시키는 것보다 유지하는 것이 공동체에 더 이익이라는 주장을 하는데 이를 '추정'이라고 할 수 있다.

로 정의될 수 있음을 출발점으로 한다. 즉, 교실 토론은 '대회로서의 토론'을 위한 수단이 아니라 그 자체가 독립적인 범주이다.

대회로서의 토론과 교실 토론의 차이(이민형, 2016: 223)

	대회로서의 토론	교실 토론
목적	청중의 의사 결정을 통한 승패 결정	모종의 수업 목표 성취
주안점	공정성	수업 목표 달성 여부
능력을 보는 관점	참여자들의 준비와 노력으로 인한 산물	각종 능력을 신장시키기 위한 과정
참여자	말하기 능력이 뛰어난 일부 참여자	다양한 능력과 사전 경험을 가진 학습자
수행 환경	참여자, 청중 등이 통제된 환경	통제되지 않은 교실 수업 환경
지속 여부	일회성	지속성

2) 목표에 따른 가치 논제 토론 수업 모형

교실 토론은 교과 수업 목표를 달성하는 것을 최종 목적으로 하기 때문에 수업 목표에 크게 영향을 받는다. 이민형(2016)에서는 가치 논제 토론 수업의 세 가지 목표 범주를 다음과 같이 제시하였다.

- **가치 문제에 대한 의사소통 능력 신장**: 경쟁적이고도 협력적인 상호작용을 통해 가치 문제에 대한 자신의 입장을 청중에게 설득할 수 있다.
- **가치 문제에 대한 비판적 사고력 신장**: 다양한 정보를 취사, 선택, 종합하여 가치 문제에 대해 비판적으로 사고할 수 있다.
- **가치 문제에 대한 의사 결정 능력 신장**: 합리적이고 공정한 절차를 거쳐 가치 문제에 대해 의사 결정할 수 있다.

이러한 분류 방식은 가치 논제 토론의 교과 통합적 운용 가능성을 높일 수 있다. 즉, 국어 교과, 사회 교과, 도덕 교과의 구분을 떠나 학습자가 신장하고자 하는 역량에 초점을 맞추어 토론 수업의 목표를 분류한 것이다. 이러한 목표에 따른 가치 논제 토론 수업의 모형을 제시하면 다음과 같다. 이때 이민형(2016: 230)에서는 토론 개념 중 하나인 '패러다임'이라는 용어를 활용하고 있으나, 여기에서는 독자의 특성에 맞게 '토론 수업의 목표'로 수정하여 제시하였다.

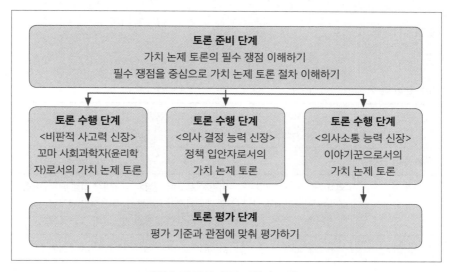

가치 논제 토론 수업 모형의 모식도

가치 논제 토론 수업 모형을 대략적으로 제시하면 앞의 그림과 같다. 이 모형은 토론 준비 – 수행 – 평가 단계로 구성되어 있다. 토론 준비 단계에서는 토론이 필수 쟁점을 중심으로 수행되고 평가되어야 한다는 것을 강조하며, 가치 논제 토론의 필수 쟁점과 이 쟁점을 중심으로 한 가치 논제 토론의 절차를 이해하게 하는 것을 목표로 한다.

토론 수행 단계에서는 앞서 제시한 세 가지 가치 논제 토론 수업 목표에 따라 분기된다. 기본적으로 교사는 이 중 하나를 선택하여 수업을 진행하거나 세 가지 목표의 수업을 모두 진행할 수도 있다.

　마지막으로 토론 평가 단계에서는 수업의 목표에 따른 평가 기준과 관점에 맞춰 토론을 평가하게 된다.

3. 가치 논제 토론 수업 모형의 교수·학습 방안

　다음은 앞의 가치 논제 토론 수업 모형의 교수·학습 방법을 보다 상세하게 나타낸 것이다.

토론 준비 단계

가치 논제 토론의 필수 쟁점 이해하기
필수 쟁점을 중심으로 가치 논제 토론 절차 이해하기

토론 수행 단계

분류	<의사소통 능력 신장> 이야기꾼으로서의 가치 논제 토론	<비판적 사고력 신장> 꼬마 사회과학자(윤리학자)로서의 가치 논제 토론	<의사 결정 능력 신장> 정책 입안자로서의 가치 논제 토론
목표	의사소통 능력 신장	비판적 사고력 신장	의사 결정 능력 신장
토론자와 청중의 위상	이야기꾼	꼬마 학자	정책 입안자 (혹은 대중 매체)
	일상적 지혜를 가진 일반인	학문 공동체	오피니언 리더
논제의 선정 기준	문학 텍스트와 연계되어 인물들의 행위를 평가하거나 주제에 대해 판단하는 가치 논제	객관적 자료, 통계 등 정보를 습득하기 수월한 일반적인 가치 논제	유사 정책 논제

주요 수업 내용 요소 (필수 쟁점의 변용)	• 등장인물의 중심 행위를 행위자, 장면, 의도, 작용, 결과 등의 요소로 파악하기 • 필수 쟁점을 활용하여 행위 해석하기 • '가치 적용'으로, 일상의 구체적 사례, 경험, 비유 사용 권장하기	• 논제의 본질적 속성 이해하기 • 본질적 속성으로부터 판단 기준 작성하기 • 본질적 속성에 부합하는 근거 찾기 • 근거(가치 적용)에 대해 비판적 검토하기	• 정책에 내재한 가치 정의하기 • 청중의 가치관 파악하기 • 해당 가치의 중요성 입증하기 • 해당 가치의 비교 우위성 입증하기
주요 수업 내용 요소 (입증 책임과 추정)	전통적인 이야기의 해석을 지지하는 쪽에 추정이 실리고, 그렇지 않은 쪽이 입증 책임을 지게 됨	인공적으로 찬성 측의 가설에 입증 책임이 실리게 되며, 반대는 이를 기각하려고 노력	찬성 측은 위 네 가지 문제 중 어느 하나라도 지면 논제 입증에 실패함. 입증 책임이 무거움
토론 형식	모든 토론 형식 가능	카를 포퍼 토론 형식	의회 토론 형식
토론 평가 단계	⬇	⬇	⬇
토론 평가의 관점	• 어느 쪽의 이야기 해석이 정확한가 • 어느 쪽의 이야기 해석이 일관적인가	• 어느 쪽이 논제의 본질을 드러냈는가 • 어느 쪽이 논제의 본질에 맞는 증거를 제시했는가	• 논제의 쟁점과 가치를 어떻게 정의하는가 • 청중과 그들의 가치 체계를 어떻게 파악하는가 • 다른 가치보다 더 관심을 받아야 하는 가치임을 입증하였는가 • 청중과 관련 체계에 영향을 줄 만큼 중요한 가치임을 입증하였는가

가치 논제 토론 수업 모형의 교수·학습 방안(이민형, 2016: 230 수정)

특히 이 교수·학습 방안에서는 각 목표에 따른 토론 수행 단계에서 교사가 알아야 할 '청중의 위상', '논제의 선정 기준', '주요 수업 내용 요소', '평가의 관점' 등을 예시하고 있다.

예를 들어 가치 문제에 대한 의사소통 능력을 신장하고자 할 경우, 논제는 문학 텍스트와 연계되어 인물들의 행위를 평가하거나 주제에 대해 판단하는 가치 논제를 제시할 수 있다. 이때 중심 수업 내용은 이야기 속에 등장하는 인물의 중심 행위를 해석하고 구체화하며, 이를 필수 쟁점과 연계하여 논증하는 것이 된다. 이 수업에서는 일상의 구체적인 사례, 경험, 비유 등을 활발히 사용하여 청중의 공감을 얻는 데 주력하며, 토론에 대해 거리감을 느꼈던 학생들이 쉽게 접근할 수 있다.

또한 가치 문제에 대한 비판적 사고력을 신장하고자 할 경우, 교사는 객관적 자료, 통계 등 정보를 습득하기 수월한 일반적인 가치 논제를 제시할 수 있다. 이때 이 논제는 '검증되어야 할 가설'로서의 성격을 가지며 학습자들은 증거와 사례를 철저하게 검토하여 어느 쪽의 주장이 더 신뢰할 만한지에 대해 판단하게 된다. 이러한 비판적 사고력 신장 목표와 관련해서 주장에 대한 심도 깊은 반박이 가능한 카를 포퍼 토론 형식이 유용하게 사용될 수 있다.[3]

마지막으로 가치 문제에 대한 공적 의사 결정 능력을 신장하고자 할 경우, 교사는 어떤 구체적 행위에 대한 가치 판단을 묻는 논제를 제시할 수 있다. 정책 논제 토론과 다른 점은 이 해당 정책적 행위에 대한 구체적 실행 문제보다는 가치적 방향성과 왜 해당 가치가 우리 사회에서 중요하고 다른 것보다 먼저 관심을 받아야 하는지에 대해 중점적으로 논의해야 하는 점이다. 이런 점에서 이 학습 목표를 위한 가치 논제 토론은 장래 민주 시민으로서 공적 의사 결정을 내리기 위한 소양을 닦게 하는 데 도움이 될 수 있다.

토론 평가 단계에서는 수업의 목표와 관련된 평가 기준을 설정하고 이와 관련하여 평가할 수 있다. 이때 활용할 토론 평가의 관점으로 앞의 교

....

3 '카를 포퍼 토론 형식'은 카를 포퍼의 '비판적 사고'를 강조하여 만들어진 토론 형식으로, 주장에 대한 심도 깊은 반론이 가능하다는 특징이 있다. 또한 '의회 토론 형식'은 영국 의회의 전통을 따라 만들어진 토론 형식이다.

수·학습 방안을 참고할 수 있다.

참고문헌

이민형(2015), 「가치 논제 토론의 입론 형식 유형 연구: 필수 쟁점의 논리 구조를 중심으로」, 『국어교육학연구』 50(3), 122-160.

이민형(2016), 「가치 논제 토론 수업을 위한 설계 기반 연구」, 서울대학교 박사학위 논문.

2장

토의민주주의 교육 토론 모형[1]

박현희

　토의민주주의[2] 교육 토론 모형은 토의민주주의의 핵심 원리를 토론으로 체득함으로써 민주적 시민성 함양을 도모하기 위해 고안되었다. 민주주의 사회는 다양한 가치와 의견이 상존하기 마련이다. 서로 다른 이해관계에서 비롯한 대립적 의견들을 정쟁과 극단적 갈등 대신에 토론을 통해 해결해 가는 것이 가장 바람직한 민주주의 모습이라고 할 수 있다. 일반적으로 토론(debate)은 '말 겨루기'로, 즉 자기주장을 상대방에게 혹은 청중에게 누가 더 잘 설득하느냐를 놓고 경쟁하는 게임으로 받아들여진다. 그러나 민주주의 사회에서 토론은 일방적인 설득이기보다는 의견과 의견이 상호 침투함으로써 좀 더 좋은 의견으로 수렴할 수 있는 공통 근거를 마련하는 과정이다. 즉 상호 수용할 수 있는 근거를 제시하면서 더 나은 합

....

1　이 내용은 박현희(2018), 「민주적 시민성 함양을 위한 토론대회 토론 모형의 구성 방안」을 바탕으로 정리한 것이다.

2　deliberative democracy는 토의민주주의, 숙의 민주주의, 심의 민주주의로 번역한다. 이 글에서는 토의민주주의 용어를 사용한다.

리적 대안을 찾아가는 공론장의 기능을 한다. 공론장의 활성화와 성숙한 민주주의 운영을 위해 요구되는 시민성을 토의민주주의 토론 학습으로 함양할 수 있다.

1. 이론적 배경

투표로 운영되는 대의 민주주의의 한계를 비판하며 등장한 이론이 토의 민주주의론이다. 토의민주주의는 의사 결정 절차와 규범의 공적 정당성을 투표가 아닌 심의를 통해 구축하는 데 관심을 둔다. 시민들이 대화와 토론을 통해 공공선을 도모함으로써 합리적인 결정을 내릴 수 있다는 것이다.

이하에서는 하버마스(Jürgen Habermas), 거트먼과 톰슨(Gutmann & Thompson)의 논의를 살펴본 후, 이를 바탕으로 민주적 시민성 함양 교육을 위한 토의민주주의의 교육 토론 원리를 도출하고, 토의민주주의 교육 토론 모형을 제시하겠다.

1) 토의민주주의 이론

(1) 하버마스의 토의민주주의론

하버마스(1992/2000)는 대화와 토론 과정에서 '의사소통적 합리성'(com-municative rationality)이 작동한다고 본다. 의사소통적 합리성이란 소통 행위를 통해 형성되는 합리성으로, 다양한 의견을 가진 구성원들은 소통함으로써 서로를 이해하게 되고 공동의 이해에 기반을 둔 합의를 도출할 수 있다. 그만큼 토의민주주의에서는 '의사소통적 합리성'을 위한 의사소통 절차나 규범이 중요할 수밖에 없다.

의사소통 행위에서 상호 이해에 도달하기 위해서는 **주장의 타당성**이 청자에게 받아들여져야 한다. 하버마스(1981/2006a: 452)는 주장의 타당성을 인정받기 위해서는 다음 세 가지 유형의 타당성 주장이 필요하다고 설명한다.

---

1) **진리 주장**: 청자가 화자의 지식을 받아들여 공유하도록 참된 진술을 함.
2) **정당성 주장**: 자기와 청자 사이에 정당한 것으로 인정된 상호 관계가 성립하도록, 주어진 규범의 맥락과 관련하여 올바른 화행을 수행함.
3) **진실성**: 청자가 말해진 것을 믿도록 생각, 의도, 감정, 소망 등을 진실하게 표현함.

하버마스의 토의민주주의는 시민들의 의사소통 합리성에 입각한 공론장의 의견이 공적인 제도로서 정치체계에 영향을 미침으로써 작동하는 **의사소통 권력**을 정당성의 기반으로 한다. 의사소통 권력은 공론장에서 토론을 통해 형성한 시민 의지가 갖는 영향력을 의미한다. 공론장에서 자유로운 심의는 정치적 영향력을 산출하고 그것은 민주적 의지 형성의 제도화된 절차를 통해 의사소통 권력으로 전환된다(Habermas, 1992/2000: 446). 하버마스의 의사소통적 상호 이해는 권력이나 이익에 의한 것이라기보다는 합리적이고 타당한 절차로서 대화와 토론 과정을 강조한다는 점에서 절차로서의 민주주의의 정당성에 기반을 둔 이론이다.

(2) 거트먼과 톰슨의 토의민주주의론

거트먼과 톰슨(1996, 2004)에 따르면, 토의민주주의가 도덕적 불일치를 해소할 수 있는 것은 다음과 같은 토의민주주의의 목적에서 기인한다. 첫째, 토의민주주의는 "합의 그 자체가 아니라 도덕적으로 정당화된 합의 추구를 목표로 한다(Gutmann & Thompson, 1996: 42)." 이로써 심의에 참여하는 다양한 이해 관심을 가진 집단들이 받아들일 수 있는 집단적 결정의 정당성을 높인다. 둘째, 토의민주주의는 공적 이슈에 대해 '공공성을 지향하는'(public-spirited) 시각을 고취하고자 한다(Gutmann & Thompson, 2004: 10). 셋째, 양립할 수 없는 가치들에 대해 토의민주주의는 상호 존중에 기반을 둔 의사 결정 과정을 발전시키는 것을 목표로 한다(Gutmann & Thompson, 2004: 11). 넷째, 불완전한 이해에 대해 토의민주주의는 자기 교정(self-correcting)의 가능성을 확보하려고 한다(Gutmann & Thompson, 2004: 12). 대화와 토론이 도덕적 갈등을 만족스럽게 해결하지 못해도 자기 교정적 능력으로 미래에 도덕적 갈등을 해결할 수 있을 것이라는 기대를 준다(Gutmann & Thompson, 1996: 43-44).

거트먼과 톰슨(1996)은 이처럼 양립 불가능한 도덕적 불일치의 문제를 배제하지 않고 토론을 통해 다루고 있다. 절차적이고 형식적인 수준뿐만 아니라 내용적으로 다양한 도덕적 입장을 잘 다루기 위해서 토론은 상호성(reciprocity), 공개성(publicity), 책임성(accountability)의 원칙을 따라야 한다는 것이다.

상호성은 시민들이 상호 수용할 수 있는 근거를 제시하여 시민들이 유사한 동기로 그 근거를 수용할 수 있게 함을 의미한다.

공개성은 "상호 존중의 태도를 바탕으로 다수의 근거를 공유하고 가치의 확장을 도모하며 이를 통해 입장의 변화를 추구"한다(Gutmann & Thompson, 1996: 100-101)는 의미이다.

책임성은 심의에 의한 결정에 대해 합당한 이유와 근거를 들어 설명할 수 있어야 함을 말한다.

이상의 논의를 통해 민주주의는 시민 참여의 질과 그 시민의 참여가 어떻게 정치로 구현되는가가 중요함을 알 수 있다. 특히 토의민주주의에서 강조하는 시민 참여는 의사소통 행위로서 상호 이해를 지향하는 대화와 토론을 통한 참여가 핵심이 된다. 여기서 대화와 토론은 참여자들의 선호를 합산하는 것이 아니라 서로 수용 가능한 정당한 근거를 제시하고, 도덕적으로 정당한 근거에 의한 합의점을 도출함으로써 자신의 입장을 조정하고 변환하는 과정이다.

2) 토의민주주의 교육 토론의 요건

토의민주주의 시민성은 공공 정신과 상호 존중 및 열린 자세를 요건으로 한다. 토의민주주의의 핵심 축으로서 대화와 토론은 앞서 밝힌 토의민주주의론에 입각하여 상호성, 진실성, 타당성, 교정 가능성과 자칫 소외되기 쉬운 사회 구성원들을 포섭하는 차원에서 공감적 설득을 유인하는 구조를 갖춰야 한다.

왜냐하면 토의민주주의가 이성에 의한 정당한 논거 제시에 기반을 둔 심의를 강조함으로써 지식인이나 엘리트층을 제외한 일반 대중들, 특히 소외 계층들이 접근하기 어렵다는 비판이 있기 때문이다. 따라서 이성에 의거한 격식을 갖춘 소통 방식에만 의존하기보다는 인사, 스토리텔링, 수사, 집단행동 등이 동반되어야 한다고 본다.

이처럼 실제 민주주의 운영에서 주권자인 일반 시민들의 요구가 소외되지 않고 공론의 장에서 영향력을 발휘할 수 있도록 다양한 소통 방식에 대해 열어 놓을 필요가 있다. 진솔한 이야기 역시 좋은 결정을 구성하기 위해 고려해야 할 소통 방식이다. 시민성 교육의 일환으로 실시되는 교육 토론은 앞서 제시한 토의민주주의적 원리를 주안점으로 재구성하되 공감적 소통을 보완하여 재구성함으로써 정당성을 충분히 갖춘 결정에 이를 수 있을 것이다.

시민성 함양 교육으로서 교육 토론은 상호성, 진실성, 타당성, 교정 가능성, 공감 등의 요건을 강조함으로써 구성주의적 의견 형성을 지향하는 것이 중요하다. 이 요건들은 다음의 특성을 갖는다.

① **상호성**은 화자 일방의 주장이 아닌 쌍방이 상호 소통하고 교감할 수

있는 정당한 이유와 근거가 제시되어야 함을 의미한다. 맹목적인 신념이나 이익에 치우친 논거보다는 쌍방이 납득할 수 있는 공익에 기반을 둔 의견이 더 정당성을 확보할 수 있다.

② **진실성**은 시민성 교육을 위해 진정한 자기 의견을 정당화하고 타인의 의견에 귀 기울이는 훈련이 요구된다는 의미이다. 기존의 교육 토론은 역지사지의 교훈을 얻기 위해 찬성과 반대 입장을 제비뽑기 등의 형식으로 정하고 토론에 임하도록 했다. 그러나 정치 현실에서 사회 성원들은 각자의 이해관계와 도덕적, 종교적 신념을 넘어서 어떤 방식으로든 공존하기 위해 결정을 내려야 하므로 자기 의견에 기초한 토론 훈련이 요구된다.

③ **타당성**은 주장의 타당성을 의미한다. 주로 이성적이고 합리적인 추론에 근거한 논거 제시를 통해 타당성을 확보할 수 있다.

④ **교정 가능성**은 자기 의견을 교정할 수 있다는 잠재성을 의미한다. 상호성에 기반을 둔 의견의 교정 과정을 중시하는 토의민주주의 토론은 양 팀의 주장이 진전 없이 자기주장만 일방적으로 되풀이하는 악순환을 예방한다. 도덕적으로 양립 불가능한 의견을 가진 참여자들일지라도 토론 과정에서 상대방의 의견의 타당한 부분을 수용함으로써 자기 의견을 교정할 수 있다면 최선의 결정에 이를 수 있을 것이다.

⑤ **공감**은 상호 수용할 수 있는 설득 전략으로 감성에 호소함으로써 얻어진다. 논증의 형식이 아닌 스토리텔링 기법 등을 통해 탁상공론의 담화나 형식 논리에 매몰되지 않고 실제 정치 현실에 천착한 이야기들을 생생하게 전달함으로써 마음의 변화를 꾀할 수 있다.

2. 토의민주주의 교육 토론 모형

1) 논제: 준개방형 논제

토론은 민주적 시민성 함양을 위해 주효한 교육 방식이다. 토론의 논제는 다양한 의견(주장)을 놓고 쌍방이 수용 가능한 논의를 도출할 수 있도록 어느 정도 논제의 개방성이 요구된다. 다시 말해 이분법적인 주장만을 허용하는 폐쇄적인 논제도, 주장의 응집성을 저해하는 개방적인 논제도 적합하지 않다. 논점에 집중할 수 있으면서도 다양한 주장을 펼칠 수 있는 중간적 성격의 준개방적인 논제가 적합하다.

논제의 유형과 특징

논제 유형	특징	예시
폐쇄형 논제	찬성/반대 주장	기본 소득제를 전면 도입해야 한다.
준개방형 논제	찬성/반대 입장하에서 다양한 대안적 주장과 이유 제시	경쟁은 바람직한가?
개방형 논제	다양한 주장	인간다움이란 무엇인가?

폐쇄형 논제는 찬성 팀의 입증과 반대 팀의 반증으로 토론이 이뤄진다. 개방형 논제는 참여자들이 다양한 주장을 제시할 수 있다는 특성이 있다. 주로 독서 토론에서 학생들이 논제를 만들어 입증하는 방식에 적합하다. 토의민주주의의 교육 토론에서는 개방형 논제 중에서도 하나의 주장에 대해서 동의 여부를 밝히고 하위 주장들을 다양하게 펼칠 수 있는 준개방형 논제가 적합하다.

2) 토론의 원리와 형식

민주적 시민성을 함양하기 위한 교육 토론 모형은 논증적 타당성을 기초로 하되, 진실성, 상호성, 교정 가능성, 공감적 설득 능력 등의 요건을 충족해야 한다. 효과적인 시민성 함양 교육을 위해서 토의민주주의 교육 토론 모형의 토론 순서에 나타난 토의민주주의적 시민성 원리를 참여자들이 이해할 수 있도록 설명하는 것이 중요하다.

① '입론'과 '상호 질의응답'은 무엇보다 논증적 타당성이 잘 갖춰져야 한다. 입론은 주장과 합당한 논거 제시로 구성된다. 왜 찬성(혹은 반대)하는지의 주장과 그 이유 및 근거를 두세 개 제시한다. 주장과 이유 및 근거가 타당하게 제시되어야 한다.

② '수용과 반론'은 기존의 교육 토론 모형에서 주로 '반론'으로 명명된다. '수용과 반론'은 양측에게 상대 주장에 대해 반론을 제기할 뿐만 아니라 상대 주장의 타당성을 인정하고 수용할 수 있는 여지를 두었다. 이 순서에서는 논증의 타당성, 상호성, 교정 가능성을 주요 요건으로 한다.

③ '자유 토론'은 앞서 논의한 바를 정리하고, 새로운 쟁점에 대해 심층적으로 토론하는 순서이다. 이 '자유 토론'은 논증적 타당성, 진실성, 상호성, 교정 가능성의 요건이 긴밀하게 결합한다.

④ '청중의 질의와 응답'과 '심사 위원의 질의와 응답'은 상호성의 대상을 직접적으로 확장함으로써 공적인 담론을 형성하는 계기이다.

⑤ '공감적 이야기'는 공감에 호소하는 이야기하기를 통해 주장의 설득력과 마음의 변화를 도모할 수 있다. 이 순서는 공감에 기반을 둔 상호성(상호 수용 가능성)의 원리와 진실성과 교정 가능성의 원리를 요구한다.

⑥ '최종 발언'은 핵심 논의를 요약하고 최종 결론을 주장하는 순서이다. 논증의 타당성과 공감적 설득에 의거하여 상대방의 의견을 비판하거나 수용함으로써 자신의 의견을 좀 더 나은 방향으로 교정하는 것이 관건

이다.

　토론 결과 양 팀의 입장이 더 타당한 방향으로 변환될 수 있고, 양 팀의 강점이 결합한 제3의 의견으로 귀결될 수도 있다. 이처럼 토의민주주의 교육 토론 모형은 상호 존중과 공공 정신에 입각하여 정당성을 구축하기 위한 의견 교정 가능성을 전제하는 토론 모형이다.

토의민주주의 교육 토론 모형(박현희, 2018: 97)

순서	토론 절차	발언 규칙과 주안점	토의민주주의 원리
1	입론(각 팀 3분): 주장 1 갑(4분), 주장 2 갑(4분)	각 팀 주장 소개	• 진실성 • 타당성
2	상호 질의응답(각 팀 3분)	이해를 위한 질문과 답변 모순에 대한 질문과 답변	• 진실성 • 타당성 • 상호성(상호 이해와 모순 발견)
3	수용과 반론(각 팀 3분)	상대팀 주장의 타당성 수용 및 반론 제기	• 진실성 • 타당성 • 상호성에 기반한 의견 형성 과정 • 교정 가능성
4	자유 토론(12분)	쟁점에 집중하여 의견 교환 (수용과 반박)	• 진실성 • 타당성 • 상호성 • 교정 가능성
5	청중의 질의와 응답(5분)	한두 개의 질문에 각 팀이 답변	• 청중과의 상호성 • 타당성 • 교정 가능성
6	심사 위원의 질의와 응답(5분)	한 개의 질문에 각 팀이 답변	• 심사 위원과의 상호성 • 타당성 • 교정 가능성
7	공감적 이야기(각 팀 4분)	스토리텔링으로 설득하기	• 공감적 설득 • 진실성

8	최종 발언(각 팀 4분)	상대 주장의 타당성 수용과 모순 확인 및 보다 좋은 의견으로 교정	• 교정을 통한 좋은 의견 형성 • 타당성 • 상호성 • 진실성
토론 특성	• 숙의 시간(팀당 3분) 포함 총 64분 • 주장 1팀 3인 대 주장 2팀 3인 • 토론 과정에서 자기주장의 타당성을 논증할 뿐만 아니라 자기주장의 모순을 적극적으로 교정할 수 있다. 상대 주장의 타당성에 대한 이해와 문제제기를 통해 상대 의견의 교정을 도울 수 있다. • 청중과 심사 위원과의 질의응답을 거쳐 자기주장을 강화하거나 교정할 수 있다.		

3. 교수·학습 방향

토의민주주의론의 핵심 논리와 그 가치를 인식하고 토론 모형을 이해하는 학습을 선행한다. 실제로 이 원리를 체화하고 내면화하는 과정과 연습이 요구된다. 다음으로 실습 단계에서 체계적인 교수·학습 활동이 이뤄져야 한다.

토론 활동은 각별히 토의민주주의의 원리(논증적 타당성, 진실성, 상호성, 교정 가능성)와 공감적 말하기 능력을 향상시키는 과정이다. 이를 위해 교수·학습 방향 및 학습 계획을 좀 더 명확하게 설정할 필요가 있다. 실습과정은 1단계 준비 과정과 2단계 토론 활동으로 나눌 수 있다.

1) 학습 목표

학습 목표는 민주주의 사회에서 다양한 의견을 존중하며 소통하고 공감하며 좋은 의견을 형성해가는 합리적 시민 역량을 토론 교육을 통해 기르는 것이다. 이를 위해 토의민주주의 원리를 터득하는 것을 목표로 한다.

특히 다른 의견에 대한 상호 존중과 자기 의견의 오류 가능성을 학생들에게 강조한다. 구체적인 학습 목표는 다음과 같다.

첫째, 논제를 이해하고, 논거 제시로 주장을 정당화하여 합리적 의견을 수립한다.
둘째, 실전 토론을 통해 상대방 주장을 경청함으로써 강점을 수용하고 모순을 발견하여 합리적으로 반박을 할 수 있다. 이 과정에서 핵심 쟁점을 발견한다.
셋째, 상대 팀의 반론에 대해 수용하거나 반박함으로써 입론에서 제기한 주장을 더 좋은 의견으로 교정해 나간다.
넷째, 이성에 호소할 뿐만 아니라 공감에 호소하는 스토리텔링 능력을 강화함으로써 설득력을 높인다. 토론 참여자 모두(청중과 심사 위원)와 상호 소통함으로써 보다 더 좋은 의견으로 교정해 간다.

2) 학습 활동

(1) 1단계 준비 과정

토의민주주의 교육 토론 모형에 대한 이해 → 논제 정하기
→ 주장과 논거 마련하기 → 공감적 이야기 준비 → 토론 실전 준비

준비에 앞서 교사는 토의민주주의 토론의 원리와 가치 및 의미를 전달하고, 토론 모형에 대해 이론적으로 잘 설명해야 한다.

준비 과정에는 논제 만들기를 기점으로 토론을 위한 다양한 자료 조사와 논거 수립이 포함된다. 이 과정에서 비판적 사고와 합리적이고 논리적 사고 및 종합적 사고 능력을 기를 수 있다.

① 논제 정하기
논제는 교사가 정해 주는 방식도 가능하지만, 토의민주주의의 원리인

진실성 즉 자신의 의견과 생각을 놓고 성실하게 토론을 한다는 점에서, 학생들이 토론해 보고 싶어 하는 갈등적 주제를 잡는 것도 좋다. 학생들이 4인 1조를 이루어 조별로 하나의 논제를 제안하고 교수자가 토론하기에 적합한 논제문으로 수정·보완하는 것이다.

논제는 찬반의 입장이 대립하는 폐쇄형 논제보다는 주장들 사이의 상호 침투가 가능한 준개방형 논제를 만든다. 상호 침투란 양 팀의 주장과 논거의 교정 가능성을 높이기 위한 의견 교환과 공방을 의미한다. 단순히 주장의 공방으로 그치지 않고 상대 의견의 수용과 자기주장의 교정이 이뤄질 수 있는 설득 과정을 의미한다.

② 주장과 논거 마련하기: 입론문 작성

토의민주주의 교육 토론에서 입론문은 단순히 찬성과 반대를 넘어서 구체적인 주장 제시가 가능하므로 입론문 작성을 위해 자료 조사와 논제에 대한 심사숙고의 시간을 보장하는 것이 중요하다. 이를테면 각 조별로 자료 조사와 정리 그리고 문제의식 작성하기를 과제로 부여하고, 각 조별로 작성한 문제의식에 대한 토의를 할 수 있도록 수업 시간을 할애하면 좋다. 입론문 작성을 위해 수업 중 토의를 거쳐 보충 자료를 찾아 해결 방안을 더 궁구할 수 있게 한 후, 최종적으로 입론문을 완성하도록 과정적 접근을 하면 좋을 것이다. 이 과정에서 학생 개개인은 자신 의견의 오류의 가능성을 인지하고 상대 의견을 존중하면서 토의하게 되고, 자기 의견을 교정하면서 하나의 합의안으로서 입론문을 완성하게 된다. 입론문 준비과정에서 조별 토의와 협력 활동은 토의민주주의 토론이 요구하는 타당성뿐만 아니라 상호성, 교정 가능성을 연습하는 과정이 된다. 이를 위해 교수자는 활동지(입론문 작성 활동을 구조화한 양식)를 배부하고 학생들 각자의 의견 제시 활동과 교정 과정을 기록할 수 있도록 하면 좋을 것이다.

③ 공감적 이야기 준비: 스토리텔링 준비하기

자기 팀의 주장을 감성에 호소하는 전략으로 스토리텔링을 준비한다. 이 역할을 맡은 팀원이 주도하여 작성해도 좋지만 조별로 스토리텔링 준비를 위해 의견을 모을 수 있도록 수업 시간을 할애한다. 이를 위해 교수자는 스토리텔링 기법을 학생들에게 알린다. 이 부분에서도 활동지를 배부하여 각자의 의견의 교호 과정과 교정 과정을 기록하여 의견이 형성되는 과정을 연습하도록 한다.

④ 토론 실전 준비: 토론 팀과 역할 정하기

조별로 입론문이 완성되면, 토론 팀 두 조를 선별한다. 2인 1조 혹은 3인 1조의 주장 2팀 구성은 제비뽑기나 사다리타기, 가위바위보 등으로 정한다. 이때 찬성과 반대 입장이 대립되는 팀으로 배정하지 않아도 된다.

다음으로 토의민주주의의 상호성 원리에 부합하도록 청중과 심사 위원, 진행 요원을 정한다. 심사 위원에 교수자도 들어갈 수 있다. 청중과 심사 위원 모두 토론 중에 질문으로 토론 참가자들과 상호작용함으로써 토론의 질과 방향에 영향을 미칠 수 있기 때문이다. 심사 위원은 교수자와 학생을 포함하여 홀수로 구성한다. 청중들도 구조화된 토론 흐름표와 평가표를 작성하도록 안내한다.

토의민주주의 교육 토론을 위한 학습 모형: 1단계 토론 준비 과정

1단계 준비 과정	학습 활동	학습 요건
논제 정하기	• 논제 만들기: 논란이 있는 현안 조사하기, 폐쇄형 논제가 아닌 준개방적 논제 • 팀 구성: 2인 1조	• 학생 사회의 문제, 사회문제 등 이슈 가운데 학생이 논제 수립하기
주장과 논거 만들기	• 각 팀별로 주장과 논거 만들기(의견 형성) • 예상 가능한 반론과 반박 준비하기	• 자료 조사 • 주장과 논거 제시 • 입론문 작성과 반박 논거 준비

공감적 이야기 준비	• 공감적 호소를 위한 스토리텔링 준비하 기	• 자료 조사로 사례 찾기 • 스토리텔링 기법을 이해하고 적용하기

토론 실전 준비	• 주장 1팀과 주장 2팀 매칭
	  - 제비뽑기, 사다리타기, 가위바위보 등
	  - 팀원 역할 정하기와 발언 연습
	  - 토론 절차와 규칙 숙지하기
	• 심사 위원 3인 선출
		• 토론 절차와 토론 원리에 대해
		다시 점검하기
		• 찬성과 반대 입장이 아니더라
		도 서로 의견이 유사한 팀도
		매칭 가능
		• 자리 배치

	• 자리 배치
	  - 주장 1팀은 청중석에서 바라볼 때 오
	른편
	  - 주장 2팀은 왼편에 배치
	  - 심사 위원은 토론자들 앞쪽에 배치
	  - 타임 키퍼는 심사 위원 오른쪽에 배치
		• 자리 배치와 역할 및 이름표
		준비

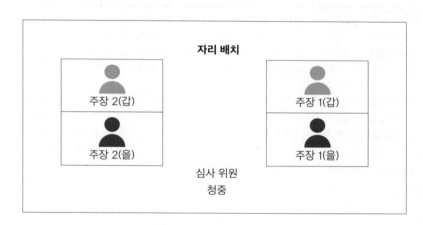

자리 배치

주장 2(갑)   주장 1(갑)

주장 2(을)   주장 1(을)

심사 위원
청중

(2) 2단계 토론 활동: 토론 절차와 요건에 따라 토론 실습하기

토의민주주의 교육 토론을 위한 학습 모형: 2단계 토론 활동

2단계 활동	학습 활동	시간	학습 요건
입론	1) 주장1팀 갑 입론 발표(주장과 근거 제시하기) 2) 주장2팀 갑 입론 발표(주장과 근거 제시하기)	팀당 4분	• 주장을 명확하게 제시 • 주장을 정당화하는 적합한 논거 제시 • 상대방의 입론을 경청하기 • 상호 질의할 내용 메모하기(이해를 위한 질문, 문제제기와 비판점 등)
상호 질의응답	3) 주장 1팀 을 상호 점검 및 질의 4) 주장 2팀 을 상호 점검 및 질의	팀당 3분	• 이해를 위한 질문과 문제 제기 질문(쟁점 부각) • 답변은 명확하고 정확하게 제시하기
수용과 반론	5) 주장 1팀 갑 수용과 반론 제기 6) 주장 2팀 갑 수용과 반론 제기	팀당 3분	• 상대 팀의 주장에 대해 타당한 점을 명확하게 짚고 수용하기 • 상대 팀의 논의의 허점에 대해 반론 제기하기
자유 토론: 수용, 반박, 논의의 확장 및 고양	7) 주장 1팀과 2팀이 자유롭게 토론(단 한 발언자의 발언 시간이 2분 이상 초과하지 않기)	12분	• 앞서 논의된 수용과 반론 내용을 정리하기 • 공동의 이해를 확인 후 쟁점을 부각하여 자유 토론하기 • 가급적 한 팀이 발언을 장악하지 않도록 팀이 번갈아 가며 발언하기 • 수용과 반박을 통해 논의가 확장되도록(교착상태에 빠지지 않도록) 유의하기
청중의 질의 응답	8) 청중 일인이 질문하기(질문은 1분을 넘지 않기) 9) 주장 1팀 을 답변하기 10) 주장 2팀 을 답변하기	총 5분 팀당 2분 답변	• 청중은 중요한 쟁점인데도 논의되지 못한 논점을 질문하기 • 답변은 논증적으로 수용 가능한 논거를 제시하기 • 주장 1팀은 앞선 토론 내용과의 연관성 속에서 답변하기 • 주장 2팀은 앞선 토론 내용과 주장 1팀의 답변을 고려하여 답변하기

심사 위원의 질의응답	8) 심사 위원 일인이 질문하기(질문은 1분을 넘지 않기) 9) 주장 2팀 갑 답변하기 10) 주장 1팀 갑 답변하기	총 5분 팀당 2분 답변	• 심사 위원은 자유 토론에서 중요한 쟁점인데도 잘 다루지 못한 논점을 질문하기 • 답변은 논증적으로 수용 가능한 논거를 제시하기 • 주장 1팀은 앞선 토론 내용과의 연관성 속에서 답변하기 • 주장 2팀은 주장 1팀의 답변을 고려하여 답변하기
공감적 이야기	11) 주장 1팀 을 공감적 이야기 12) 주장 2팀 을 공감적 이야기	팀당 4분	• 공감적 호소를 위한 스토리텔링, 어조, 표정, 제스처 등을 잘 활용하여 전달하기 • 경청하기(수용과 반대 지점 메모하기)
최종 발언	13) 주장 1팀 갑 최종 발언 14) 주장 2팀 갑 최종 발언	팀당 4분	• 요약(공감대 형성 및 공동 이해와 다른 의견 및 쟁점) • 쟁점에 대한 주장(상대방 의견 수용과 비판) • 최종 수정안 제시

토의민주주의 시민성은 공적 사안에 대해 성찰하며 토론을 통해 공동 이해에 근거한 의사를 형성하는 주체로서의 자질과 덕성을 의미한다. 대화와 토론을 통한 의사 형성과 의사 결정은 사익 중심주의에서 벗어나 공공선을 도모하는 방향으로 이뤄진다. 즉 심의를 통해 현대 사회에 만연한 양극화와 사회 불평등에 따른 소외된 약자들의 고통을 치유하고 공직자의 부패와 무능과 같은 문제 등을 비판적으로 통찰하며 평화와 정의를 실현하기 위한 연대가 실현되고 공공선에 대한 이해를 도모하게 된다.

토의민주주의 교육 토론은 타당성 논증과 공감적 이해에 주안점을 두고 상호 존중을 기반으로 공공선을 도모하기 위한 시민성 교육의 장으로서 의미가 크다. 공감대와 합의의 근거를 찾아가는 공론 형성의 장으로서 토의민주주의 교육 토론은 이익 중심의 주장이나 양립할 수 없는 도덕적, 종교적 가치가 극심한 갈등으로 치닫거나, 힘의 논리로 귀결되는 것을 지양한다. 오히려 합리적 이성과 공감적 감성으로 구성원들이 상호 수용 가

능한 근거를 마련하고 좋은 결정을 도출하게 하는 시민교육의 장으로서
가치가 있다.

참고문헌

박현희(2018), 「민주적 시민성 함양을 위한 토론대회 토론 모형의 구성 방안: 심의민주주의를
    중심으로」, 『사고와표현』 11(2), 65-104.
Gutmann, A. & Thompson, D.(1996), *Democracy and disagreement*, Harvard University
    Press.
Gutmann, A. & Thompson, D.(1999), "Democratic Disagreement". In Stephen Mace-
    do(ed.), *Deliberative Politics: Essays on Democracy and Disagreement*, Oxford Univer-
    sity Press.
Gutmann, A. & Thompson, D.(2003), "Deliberative Democracy Beyond Process". In J. Fish-
    kin, & P. Laslett(eds.), *Debating Deliberative Democracy*, Blackwell.
Gutmann, A. & Thompson, D.(2004), *Why Deliberative Democracy?*, Princeton University
    Press.
Habermas, J.(1990), *Moral Consciousness and Communicative Action*, C. Lenhardt & S. W.
    Nicholsen(Trans.), The MIT Press.
Habermas, J.(1996), "Three Normative Models of Democracy". In S. Benhabib(ed.), *De-
    mocracy and Difference: Contesting the Boundaries of the Political*, Princeton Universi-
    ty Press.
Habermas, J.(2000), 『사실성과 타당성: 담론적 법이론과 민주주의적 법치국가 이론』, 한상진·
    박영도(역), 나남출판(원서출판 1992).
Habermas, J.(2006a), 『의사소통 행위이론 1: 행위합리성과 사회합리화』, 장춘익(역), 나남출판
    (원서출판 1981).
Habermas, J.(2006b), 『의사소통 행위이론 2: 기능주의적 이성 비판을 위하여』, 장춘익(역), 나
    남출판(원서출판 1981).

3장

데이터 기반 토론 수업 모형[1]

송유경

데이터 기반 토론 수업 모형은 학생들이 자신이 추출하고 가공한 통계 데이터를 기반으로 논지를 펼치면서 토론을 할 수 있도록 새롭게 고안한 수업 모형이다. 기존의 토론 교육에서도 토론 참여자는 자신의 논지를 뒷받침하기 위한 근거 자료로 통계 자료를 활용한다. 통계 자료는 현상에 대한 객관적인 수치를 제시함으로써 논거의 신뢰도를 높여 주기 때문이다. 그러나 기존의 토론 교육에서는 일반적으로 학습자들이 타인에 의해 이미 분석되고 시각화된 통계 자료를 사용한다. 물론 정보의 홍수 속에서 기존의 자료를 비판적으로 평가하고 적절하게 활용하는 능력도 중요하지만 기존 자료만을 활용할 경우 학습자는 자신이 원하는 자료 형태를 기획하고 생산해 내는 능력을 기를 수 없다. 이에 데이터 기반 토론 수업 모형은 토

....

1   이 내용은 송유경(2021), 「데이터 리터러시 향상을 위한 데이터 기반 토론 수업 모형 개발」 과 송유경 외(2021), 「데이터 리터러시 향상을 위한 데이터 기반 토론 수업 모형 및 교수전략 개발 연구」를 바탕으로 정리한 것이다.

론 활동 내에서 자신의 입장을 뒷받침하기 위해 원 데이터를 찾거나 직접 수집하고 이를 분석 및 해석하여 논증을 구성할 수 있도록 함으로써 단순히 토론의 기능을 확장하는 데서 한 걸음 더 나아가 미래 사회의 핵심 역량인 데이터 리터러시를 함께 기를 수 있도록 고안되었다.

1. 이론적 배경

데이터 기반 토론 수업 모형은 여러 이론을 바탕으로 만들어졌다. 토론 모형의 구조와 절차적 모형을 개발하기 위해 윤병희 외(1990), 장영희(2011), 정문성(2004)과 같은 기존의 토론 모형을 참고하였다. 또한 모형 내에 데이터 과학의 핵심 요소를 포함시키기 위해 서주영(2019), 아가왈(Agarwal, 2018), 파이스터 외(Pfister et al., 2015)의 데이터 분석 절차 모형, 김용민·김종훈(2017)의 데이터 과학 교육 절차 모형 등을 참고하였다.

1) 토론 수업 모형

데이터 과학 토론 수업 모형을 개발하기 위해 그간 제시된 다양한 토론 수업 모형을 참고하였다. 대표적으로 윤병희 외(1990), 장영희(2011), 정문성(2004)에서 제시한 일반적인 토론 수업 모형을 살펴보도록 하자. 먼저 정문성(2004)에서는 토의, 토론 수업의 다섯 단계 절차 모형을 제시하였다. 이 모형은 토의, 토론 수업의 가장 일반적인 절차를 보여 준다.

토의·토론 수업의 일반적 절차(정문성, 2004: 153 수정)

준비 단계에서는 수업을 계획하고 환경을 준비한다. 주제 부여 단계에서는 수업 목적에 맞는 토론 주제(논제)를 결정한다. 역할 분담 단계에서는 참여자의 역할을 분담하며, 이때 가능한 모든 학습자가 토론 활동에 참여할 수 있도록 한다. 모형 적용 단계에서는 여러 토의, 토론 모형 중 수업목적에 맞는 모형을 선정하여 적용한다. 마지막으로 발표 단계에서는 토의, 토론 결과를 발표하고 평가한다.

윤병희 외(1990)에서는 토론 수업을 다음과 같이 총 네 단계로 정리하였다.

토론 수업의 일반적 절차 모형(윤병희 외, 1990: 67 수정)

논제 결정 단계에서는 수업 목표를 확인하고 이에 맞는 논제를 결정하며, 안내 단계에서는 토론 방법을 결정하고 학습자들 집단을 편성한다. 토론 전개 단계에서는 개인별로 논제에 대해 생각할 수 있는 시간을 제공하고 집단 내 구성원끼리 토론할 수 있도록 한다. 마지막으로 정리 단계에서는 결과를 발표하고 반성 및 평가한다.

장영희(2011)에서는 토론 수업 과정을 '토론 실행을 위한 준비→토론 실행→질의응답→토론 평가→토론 정리'의 다섯 단계로 제시하였다.

토론 수업 과정(장영희, 2011: 145 수정)

준비 단계에서는 토론을 위한 환경을 갖추고 실행 단계에서는 형식에 맞추어 토론을 진행한다. 질의응답 단계에서는 토론 내용에 대해 질문하고 답변하며 평가 단계에서는 자기 평가, 동료 평가, 교사 평가 등 다양한 형태의 평가를 진행한다. 마지막으로 정리 단계에서는 보고서 등의 논리적인 글쓰기를 함으로써 토론 활동을 정리한다.

송유경 외(2021)에서는 위에서 살펴본 선행 연구를 참고하여 토론의 절차적 단계를 다음과 같이 제시하였다.

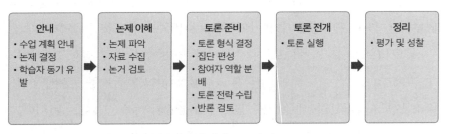

토론 교육의 절차적 단계(송유경 외, 2021: 957)

안내 단계에서는 수업 계획을 안내하고 논제를 결정하며 학습자 동기를 유발한다. 논제 이해 단계에서는 학습자들이 정해진 논제를 파악하고 자료를 수집하고, 가능한 논거들을 검토할 수 있도록 한다. 토론 준비 단계에서는 토론 형식을 정하고 집단을 편성한 후 참여자 역할을 분배한다. 또한 학습자들이 토론 전략을 수립하고 예상되는 반론들을 검토하게 한다. 전개 단계에서는 토론을 실행하고 정리 단계에서는 평가 및 성찰을 돕는다.

2) 데이터 과학 절차 모형

이번에는 데이터 과학의 대표적인 절차 모형을 살펴보도록 하겠다. 먼저 아가왈(2018)에서는 데이터 과학 프로젝트의 생명 주기를 다음과 같이 제시하였다.

데이터 과학 생명 주기(Agarwal, 2018 수정)

데이터 분석 프로젝트는 문제를 이해하고(사업 문제 이해), 데이터를 수집한 후(데이터 마이닝), 이를 정제하고(데이터 정제) 데이터를 탐색하여(데이터 탐색) 기계 학습에 필요한 데이터 특성을 추출한 후(특성 추출) 예측 모델링을 하고(예측 모델링) 이를 시각화하여 제시하는 단계(데이터 시각화)를 따른다. 이는 데이터 과학 프로젝트의 기술적인 단계를 절차로 제시한 것이다.

하버드 대학의 데이터 사이언스 교육 과정에서는 빅 데이터 분석 과정을 다음 그림과 같이 제시하였다.

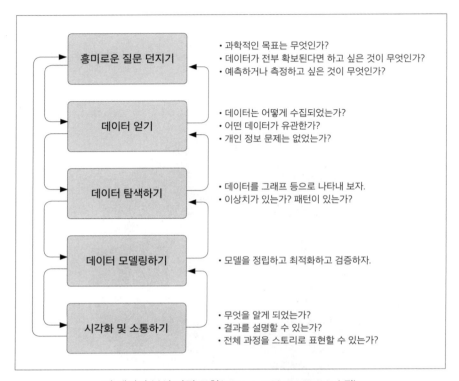

빅 데이터 분석 과정 모형(Pfister et al., 2015: 39 수정)

데이터 분석을 위해서는 먼저 데이터 분석의 목적이 담긴 흥미로운 질문을 던져야 하고(흥미로운 질문 던지기), 필요한 데이터를 확보해야 한다(데이터 얻기). 이때 데이터 수집 과정에서 윤리적인 문제는 없는지 확인해야 한다. 이어서 확보한 데이터를 탐색하면서 특정 패턴이 있는지 등을 파악한다(데이터 탐색하기). 다음으로는 데이터 분석 모델을 정립하고 검증한다(데이터 모델링하기). 마지막으로 데이터 분석의 결과를 시각화하고 다른 사람들과 공유하는 시간을 갖는다(시각화 및 소통하기).

서주영(2019)에서는 데이터 분석의 단계를 문제를 정의하고, 데이터를 준비한 후, 데이터를 탐색하고, 분석하여, 결과를 정의하는 다섯 단계의 절차 모형으로 제시하였다.

데이터 분석의 절차적 단계(서주영, 2019: 1956 수정)

지금까지 살펴본 모형이 전문적인 데이터 분석가의 데이터 분석 절차를 모형화한 것이라면, 김용민·김종훈(2017)은 초등학생을 대상으로 한 데이터 과학 교육 프로그램을 개발하면서, 데이터 과학 교육 문제 해결 단계를 여섯 단계로 제시했다.

데이터 문제를 정의하고 데이터를 수집한 후, 탐색적 데이터 분석을 통해 현상을 이해하고 통계적 추론을 통해 분석 결과를 해석한다. 분석 및 해석을 바탕으로 현상을 예측하고 데이터 분석 전체 과정을 스토리텔링으로 발표하는 과정을 거쳐 학습자들이 데이터 과학을 학습할 수 있도록 하였다.

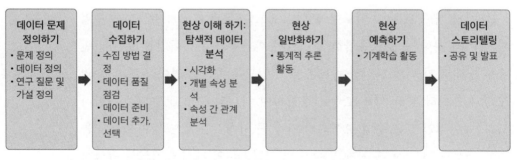

데이터 과학 교육 문제 해결의 절차적 단계(김용민·김종훈, 2017: 224 수정)

송유경 외(2021)에서는 앞에서 살펴본 모형들을 참고하여 데이터 과학 교육의 절차적 단계를 다음과 같이 제시하였다.

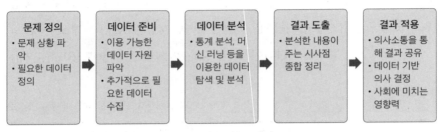

데이터 과학 교육의 절차적 단계(송유경 외, 2021: 956)

문제 정의 단계에서는 해결하고자 하는 문제 상황을 파악하고 필요한 데이터를 정의한다. 데이터 준비 단계에서는 데이터를 검색하거나 수집하여 필요한 데이터를 확보한다. 데이터 분석 단계에서는 통계, 머신 러닝 등 데이터를 분석하고 결과 도출 단계에서는 분석 결과의 시사점을 파악한다. 마지막으로 결과 적용 단계에서는 의사소통을 통해 결과를 공유하고 데이터 기반 의사 결정 과정을 경험한다.

2. 데이터 기반 토론 수업 모형

데이터 기반 토론 수업 모형(송유경, 2021; 송유경 외, 2021)은 토론 수업과 데이터 과학 수업을 융합한 형태로서 학습자가 원데이터를 토론에 필요한 형태로 가공 및 분석하여 토론할 수 있도록 하는 모형이다. 토론 수업 모형과 데이터 과학 교육 모형을 종합하여 하나의 수업 모형으로 개발하였다. 일반적인 토론 수업 모형과의 가장 큰 차이점은 토론 참여자들이 논거를 구성할 때 기사 혹은 책 등에 이미 시각화되어 제시된 자료를 활용하는 것이 아니라 데이터 분석 도구를 활용하여 원 데이터 자료를 자신이 원하는 형태로 직접 분석하고 해석하도록 하는 것이다. 이때 학습자의 데이터 분석 능력 수준에 따라 파이썬, R, 엑셀 등 다양한 데이터 분석 도구를 활용할 수 있다. 데이터 기반 토론 수업 모형은 다음과 같다.[2]

'수업 준비' 단계에서 교사는 데이터 기반 토론 수업 프로젝트의 주제를 선정하고 관련 데이터를 준비한다. 또한 학습자 수준에 맞추어 데이터 분석 도구 및 토론 방식 등을 결정한다.

'수업 안내' 단계에서 교사는 학습자들에게 전반적인 진행 방식과 학습 목표를 안내하고 예시 프로젝트를 제시하여 학습자가 데이터 기반 토론의 취지를 이해할 수 있도록 한다. 이는 데이터 기반 토론 수업의 시작에 앞선 오리엔테이션의 형태로 이루어진다.

'데이터 탐색 및 문제 발견 지원' 단계에서는 학습자들이 주제와 관련된 데이터를 탐색하고 그로부터 궁금한 점 및 해결하고 싶은 문제를 찾아내도록 한다. 이때 문제를 해결하기 위해 어떤 데이터가 필요하며 어떻게 분석하고 싶은지를 간단하게 적도록 한다. 또한 동료 학습자끼리 작성한 내용을 서로 검토하고 상호 피드백할 수 있도록 한다. 다만 이 단계의 목적은 데이터에 대한 탐색 및 동기 유발이며, 여기에서 제시한 문제를 실제로 해결할 수 없어도 무방하다.

'논제 설정 및 이해 지원' 단계에서는 앞 단계에서 학습자들이 제시한 질문을 바탕으로 교사가 논제를 설정하고 논제와 관련된 다양한 이론과 자료를 준비하여 제공한다. 논제를 설정할 때는 '찬반 입장이 팽팽한 논제인가', '데이터 기반 주장이 가능한 논제인가', '관련 데이터를 충분히 확보

....

2 송유경(2021)에서는 모형 개발을 위해 토론 모형과 데이터 과학 모형에 대한 선행 연구를 기반으로 초기 모형을 개발하였다. 이후 화법 교육, 컴퓨터 교육, 교육공학 등 여러 분야의 전문가들과 고등학교 국어 교사, 정보 교사의 검토를 거쳐 모형을 점차 수정해 나갔으며, 실제 고등학교 1학년 약 150명의 학생들에게 해당 모형을 적용해 수업을 실행하여 모형을 완성하였다.

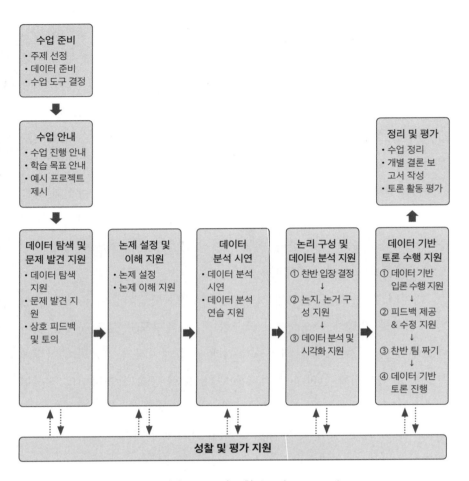

데이터 기반 토론 수업 모형(송유경, 2021: 121)

할 수 있는 논제인가'를 고려해야 한다. 또한 학습자의 수준과 흥미를 고려할 필요가 있다.

'데이터 분석 시연' 단계에서는 데이터 분석 도구를 활용하여 데이터 분석을 시연하고 학습자들이 데이터 분석 방법을 익힐 수 있도록 지원한다. 기온 데이터, 미세먼지 데이터 등 기본적이면서도 일상생활에서 흔히 접할 수 있는 데이터를 가지고 분석해 볼 수 있도록 하거나 실제 토론에서 사용할 수 있는 데이터를 분석해 볼 수 있도록 준비한다. 이를 통해 학습자들이 데이터 분석 도구를 익히고 다양한 분석 방법을 접할 수 있도록 한다.

'논리 구성 및 데이터 분석 지원' 단계에서는 학습자들이 논제에 대한 찬반 입장을 결정하고 각각의 입장에 대한 논리를 구성하며 논거를 뒷받침하는 데에 필요한 데이터를 분석할 수 있도록 지원한다. 이 단계에서는 토론에서 논지, 논거를 구성하는 방법을 익힐 수 있도록 하며 입론 개요서 양식을 제공하여 논리적인 입론을 구성하게 한다. 이때 양식에는 논거를 뒷받침하기 위한 데이터, 데이터의 출처 등을 적을 수 있도록 한다.

'데이터 기반 토론 수행 지원' 단계에서는 학습자들이 구성한 논리를 바탕으로 입론서를 작성하게 하고 피드백을 제공한다. 또한 정해진 토론 형식에 맞추어 토론을 수행할 수 있도록 한다. 이때 토론 규칙과 형식을 준수할 수 있도록 하여 토론 예절 등을 익히도록 한다.

마지막으로 '정리 및 평가' 단계에서는 수업을 마무르고 논제에 대한 찬성 혹은 반대 의견을 논리적인 글로 작성해 보는 시간을 갖는다. 이 모든 과정에서 개인의 성찰과 자기 평가 및 동료 평가가 이루어진다.

3. 교수·학습 방안

앞서 제시한 데이터 기반 토론 수업 모형을 실제 현장에 적용하는 데 도움을 주기 위해 실제적 맥락에서의 수업 사례를 소개하고자 한다(송유경, 2021). 수업 주제는 '코로나 19와 우리 사회'로 정하였으며 논제는 '코로나 19 대응을 위한 정부의 재난지원금은 모든 국민에게 동일한 금액으로 제공되어야 한다.'로 정하였다. 본 수업 사례는 고등학교 1학년 학생을 학습자로 상정하고 제시된 것이며 학습자의 수준과 흥미 등에 따라 논제를 변경하여 적용할 수 있다.

전체적인 수업 흐름은 다음 그림과 같다. 앞서 제시한 데이터 기반 토론 수업 모형을 실제 수업에 적용하였을 때 진행되는 흐름으로 간략화한 것이다. 수업 안내, 코로나 19 데이터에서 인사이트 찾기, 데이터 기반 토론 준비, 실행, 정리 및 평가로 이루어지며 정보 교과의 파이썬을 활용한 데이터 분석, 사회 교과의 정의론, 공리주의 등의 이론이 데이터 기반 토론을 뒷받침해 준다.

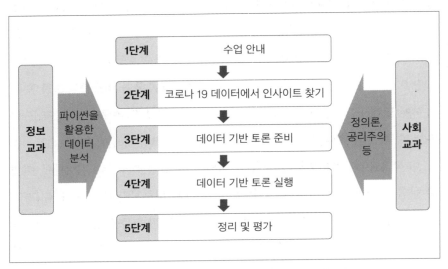

코로나 19 데이터를 활용한 데이터 기반 토론 수업 흐름

1) 수업 준비

수업 준비 단계에서는 수업의 주제와 데이터, 도구 등을 정하고 차시별 교수·학습 계획을 수립한다. 학습자의 수준과 흥미, 시의성, 데이터 확보 가능성을 고려하여 '코로나 19와 우리 사회'를 수업의 주제로 정하고, 관련 데이터로는 '국내 코로나 19 감염자 수 데이터', '행정동별 유동 인구 데이터' 등 주제와 관련하여 활용할 수 있는 데이터를 확보한다. 학습자의 사전 지식 수준 등을 고려하여 파이썬, 구글 스프레드시트, 엔트리 등 여러 데이터 분석 도구 중 적절한 도구를 선정한다. 단계별 수업 계획과 학습 목표는

다음과 같다.

데이터 기반 토론 수업의 단계별 수업 계획(송유경, 2021: 86)

주요 과정	관련 교과	차시	학습 목표
데이터 탐색 및 질문 지원	정보	2	• 수업 주제(코로나 19와 우리 사회)와 관련된 데이터를 살펴보고 흥미로운 질문거리를 만들어 낼 수 있다.
논제 이해 지원	사회	2	• 논제('코로나 19 대응을 위한 정부의 재난지원금은 모든 국민에게 동일한 금액으로 제공되어야 한다.')와 관련된 찬반 양측의 쟁점을 사실과 가치를 구분하여 정리할 수 있다. • 분배 정의의 다양한 이론을 이해하고 각 입장에 근거하여 공정한 분배를 설명할 수 있다.
논리 구성 및 데이터 분석 지원	국어/ 정보	4	• 데이터 기반 토론을 위한 논지, 논거를 작성할 수 있다. • 논거에 필요한 데이터를 수집, 준비, 분석, 시각화할 수 있다.
데이터 기반 토론 수행 지원		4	• 직접 분석한 데이터를 기반으로 입론 및 토론 활동을 수행할 수 있다.

2) 수업 안내

수업 안내 단계는 학습자들에게 데이터 기반 토론 수업 프로젝트를 소개하고 학습 목표 등을 안내하는 단계이다. 이때 데이터 기반 토론이 왜 중요한지, 일반 토론과는 어떤 점이 다른지 등을 명확하게 설명하는 것이 중요하다. 데이터 리터러시의 개념과 중요성 등을 안내하는 것도 이 단계에서 이루어져야 한다. 또한 여러 교사가 협동하여 융합 수업의 형태로 진행하는 경우 학습자들에게 혼란을 주지 않도록 이 단계에서 각 교사에게 각자의 역할과 융합의 목적 등을 이해시켜야 한다.

3) 코로나 19 데이터에서 인사이트 찾기

이 단계에서는 학습자들이 주제와 관련된 데이터를 탐색하고 관련된 문제와 질문거리를 발견해 낼 수 있도록 한다. 아직 논제가 정해지기 이전 이기 때문에 포괄적인 주제와 관련된 여러 데이터를 살피고 데이터와 친근해질 수 있도록 돕는다. '코로나 19와 우리 사회'라는 주제와 관련하여 이미 교사가 제공한 데이터(감염자 수, 행정동별 유동 인구 등) 외에도 인터넷상의 여러 데이터를 자유롭게 탐색하고 그 안에서 문제 및 질문거리를 발견할 수 있도록 한다. 이 단계는 2인 1조의 팀 활동으로 하는 것도 좋다. 이때 중요한 것은 이 단계에서 도출한 질문거리라고 해서 반드시 데이터 분석을 통해 답을 찾아야 한다는 부담감을 주지 말아야 한다는 것이다. 답을 찾아야 한다는 부담감 없이 자유롭게 데이터를 탐색하고 문제를 발견할 수 있도록 하는 것이 중요하다.

질문 발견과 상호 피드백을 촉진하기 위해서는 온라인 플랫폼 등을 사용해 각자가 찾은 질문거리를 올리고 모든 팀의 질문거리를 볼 수 있도록 하는 것도 좋다. 이때 교사가 1) 우리 팀의 질문, 2) 이 질문을 생각한 이유, 3) 질문에 대한 데이터 근거, 4) 데이터 분석 전략 계획, 5) 조언받고 싶은 부분과 같이 미리 양식을 제공해 주면 도움이 된다. 또 '다른 팀의 게시물에 반드시 2개 이상의 댓글을 달기'와 같은 규칙을 정해 주어도 된다.

데이터 기반 토론 수업의 가장 중요한 것은 바로 논제 설정이다. 그러나 논제 설정은 교사 입장에서 가장 까다로운 과제이기도 하다. 이 수업 모형에서는 논제를 교사 혼자 정하지 않고 학생들의 의견을 반영해서 정할 수 있도록 하였다. 즉, 앞에서는 '코로나 19와 우리 사회'와 같은 포괄적인 주제만을 정하고 그로부터 인사이트 찾기 활동을 한 후에 학습자들과 함께 구체적인 논제를 정하는 것이다. 학습자들은 코로나 19와 우리 사회라는 주제를 가지고 여러 가지 질문거리를 만들어 냈다. 교수자는 이를 수합하고 유목화하여 논제를 정하거나 혹은 학습자들에게 코로나 19와 관련하여 토론을 한다면 어떤 주제로 토론을 하고 싶은지를 직접 질문해도 된다.

이 수업 사례에서는 '감염병 확산을 위해 국가가 개인의 자유를 억압하는 것은 타당한가.', '코로나 19 대응을 위해 정부의 재난지원금을 소득에 관계없이 모두에게 주는 것이 바람직한가.', '감염병 확산을 위한 격주 등교는 적절한 조치인가.'의 세 논제가 큰 호응을 얻었다. 이 중에서 데이터 확보가 가능하며 찬반 입장이 팽팽하게 나올 수 있는지 여부 등의 조건을 고려하여 '코로나 19 대응을 위해 정부의 재난지원금을 소득에 관계없이 모두에게 주는 것이 바람직한가.'를 논제로 정하였다. 논제를 정한 뒤에는 학습자들이 논제를 이해할 수 있도록 찬반 입장과 관련된 신문 기사, 도서, 철학적 관점 등 논거에 사용할 수 있는 다양한 자료를 학생들에게 제공한다.

4) 데이터 기반 토론 준비

이 단계에서는 학생들이 논제에 대한 논지와 이를 뒷받침할 수 있는 논거를 구성하고 필요한 데이터를 확보한다. 이때 쟁점, 논지, 논거 등 토론을 위해 필요한 지식과 개념을 안내한다. 입론 개요서 양식을 제공하여 학습자들이 이를 작성할 수 있도록 한다. 데이터 기반 토론에서 사용되는 입론 개요서와 일반 토론에서 사용하는 입론서의 가장 큰 차이점은 바로 '각 논거를 뒷받침하기 위한 데이터와 그 분석 계획'이 포함되는가 그렇지 않은가 여부이다. 입론서를 작성하는 단계는 아직 찬성과 반대 팀을 정하기 전이며, 학습자들이 찬반 양측의 입장을 균형 있게 이해할 수 있도록 양측의 개요서를 모두 작성해 보게끔 지도한다. 교사가 이를 바탕으로 각자의 찬성, 반대 입장을 정해 주거나 협의를 통해 학급 전체를 찬성과 반대로 나누어 준다.

5) 데이터 기반 토론 실행

이 단계에서는 그동안 준비한 토론을 실제 토론 형식에 맞추어 수행한다. 이때는 학급 전체 인원이 찬성과 반대로 나뉜 상태이기 때문에 각 팀에서 대표 토론자를 선정하도록 한다. 찬성 팀과 반대 팀에서 각 3인씩 대표 토론자를 선정하고 나면 나머지 학생들은 데이터를 제공하고 숙의 시간에 전략을 제시하거나 전체 토론자 참여 시간에 발언을 하는 등의 방식으로 토론에 참여한다. 토론은 공식적 말하기이기 때문에 정해진 시간과 형식에 맞추어 수행하여야 한다. 교사는 미리 지정한 토론 형식의 규칙과 진행 방식을 대표 토론자를 포함한 전체 학생들에게 안내하고 학생들이 토론을 잘 수행할 수 있도록 안내하는 역할을 한다.

6) 정리 및 평가

토론을 마치면 교사는 양쪽 팀원들 각각에게 피드백을 제공하거나 청중 평가 등을 통해 토론의 승패를 가리는 평가 활동을 한다. 또한 학생들 각자가 팀의 입장이 아닌 개인의 관점에서 논제에 대한 입장을 정리할 수 있도록 한다. 이때 글쓰기와 연계하는 방법이 있다. 토론은 그 자체가 논리적으로 구성되어 있기 때문에 이를 글로 적으면 한 편의 완성된 글이 된다. 따라서 학습자들에게 논제에 대한 자신만의 결론을 써 보는 활동을 제시하면 어렵지 않게 설득적 글쓰기 활동과 연계할 수 있다.

참고문헌

김용민·김종훈(2017), 「스프레드시트를 활용한 데이터 과학 교육 프로그램이 초등학생의 컴퓨팅 사고력 향상에 미치는 효과」, 『정보교육학회논문지』 21(2), 219-230.

서주영(2019), 「데이터 분석 문제 해결을 위한 SW 교육 교수학습 방법에 관한 사례 연구」, 『디지털콘텐츠학회논문지』 20(10), 1953-1960.

송유경(2021), 「데이터 리터러시 향상을 위한 데이터 기반 토론 수업 모형 개발」, 서울대학교 석사학위 논문.

송유경·송석리·김예지·임철일(2021), 「데이터 리터러시 향상을 위한 데이터 기반 토론 수업 모형 및 교수전략 개발 연구」, 『교육공학연구』 37(4), 943-982.

윤병희·한순미·손영애(1990), 「대화와 토의: 우리 교실에서는 불가능한가?: 대화 토의 능력향상을 위한 수업 모형」, 『한국교육개발원 연구보고서』, 한국교육개발원.

장영희(2011), 「대학생 토론 교육의 실제와 개선 방안 연구: 남서울대 토론 지도를 중심으로」, 『화법연구』 18, 131-159.

정문성(2004), 「토의·토론수업의 개념과 수업에의 적용모델에 관한 연구」, 『열린교육연구』 12(1), 147-168.

Agarwal, S.(2018), "Understanding the Data Science Lifecycle". Retrieved from https://www.sudeep.co/data-science/2018/02/09/Understanding-the-Data-Science-Lifecycle.html

Pfister, H., Blitzstein, J., & Kaynig, V.(2015), *Harvard Data Science Course*. Retrieved from https://github.com/cs109/2015/blob/master/Lectures/01-Introduction.pdf

4장

공감 기반 설득 화법 교육 모형[1]

김윤정

공감 기반 설득 화법 교육 모형은 설득과 공감의 원리를 바탕으로 화행 목적과 관계적 측면을 교육 내용에 반영하면서 인간관계 능력 향상이라는 의사소통의 궁극적인 목표를 이룰 수 있도록 하는 화법 교육 모형이다. 공감적 소통을 위한 설득 화법 교육은 내적 의사소통을 통한 입장의 확립, 상대 존중, 감성적 상호작용과 관련된 교육 내용이 구체적으로 제시되면서 설득 화법 교육에서의 정의적 측면에 대한 교육 내용을 보완하였다.

1. 이론적 배경

공감 기반 설득 화법 교육 모형은 공감과 관련된 이론을 바탕으로 만들어졌다. 구조나 절차와 같은 형식적 측면은 데이비스(Davis, 1980)의 공

---

[1] 이 내용은 김윤정(2018), 「공감 기반 설득 화법 교육 연구」를 바탕으로 정리한 것이다.

감에 대한 다차원적 접근 방식, 이창덕(1999)의 대화 메타 분석 말하기 교수·학습과 평가 모형을 바탕으로 하였다. 교육의 원리는 마음이론과 공명을 기반으로 하였다.

1) 마음이론

마음이론이라는 용어는 프러맥과 우드러프(Premack & Woodruff, 1978)의 침팬지 실험 연구에서 처음 제시된 것으로, 이후 아동의 정신 능력 발달, 심리적 질병과 관련하여 다양한 연구가 진행되었다. 마음이론 (Theory of Mind)은 다른 사람이 원하는 것과 의도하는 것을 예측하는 것이다. 이는 유전적으로 결정된 선천적 능력일 수도 있고, 시행착오나 자기 성찰을 통해 사회적으로 습득될 수 있는 후천적인 것일 수도 있다(Flavell, 2004).

마음이론은 인지적 측면에서 공감을 보는 관점과 연계된다. 마음이론은 자신과 타인에 대한 바람이나 의도와 같은 마음 상태를 기저에 두고, 타인의 상황이나 관점을 인지적으로 이해하는 것이다. 마음이론은 자기인식, 초보적 마음이론, 완전한 마음이론, 확장된 마음이론으로 구분된다. 인지적으로 '공감'을 보는 이러한 관점은 공감이 의사소통 과정에서 일어날 수 있는 것으로 보면서 주체의 자발성, 능동성을 강조하고 있다. 즉, 주체가 단순히 감정을 느끼는 것이 아니라, 스스로 지각하는 형태임을 강조한다. 그렇기 때문에 인지적 관점에서의 공감은 감정적 변화를 필수적으로 경험해야 하는 것은 아니다(Davis, 1983; Hoffman, 1983).

2) 공명

공명(共鳴, resonance)은 둘 이상의 물체들이 스스로 진동하면서 진폭과 에너지가 크게 증가하는 현상을 의미한다. 공명은 물리학이나 공학에서 사용되는 용어였으나 이후 커뮤니케이션, 상담, 심리학, 문학 분야로 그 의미가 확장되어 사용되고 있다. 공명은 공감을 정의적 관점에서 보는 것으로, 감정의 전이 현상은 '공명'의 원리로 작용한다.

공감의 단계를 정서적 과정으로 보았을 때, 상대에 대한 내면화된 느낌과 자기 속에서 초래된 경험이나 상상이 공명을 통해 깊이 있는 공감으로 확대 심화된다(박성희, 2004). 특히 정서적 측면에서의 공감은 전염처럼 일어나는 정서 반응이 공명되는 것이며 그 과정에서 다른 사람의 감정이나 정서를 경험하는 대리 감성, 즉 타인의 상황을 이해하면서 그 상황에 부합하는 정서를 경험할 수 있다(Barnett, 1987; Eisneberg & Miller, 1987; Bryant, 1982).

3) 공감에 대한 다차원적 접근

공감 기반 설득 화법 모형은 공감에 대한 다차원적 접근 방식을 활용하였다. 공감에 대한 인지적 접근이 타인의 행동을 이해하는 데 있어서 논리적이고 지성적인 측면을 강조한다면, 공감에 대한 정서적 접근은 감정 전이나 내면화와 같은 감정적 부분을 강조한다. 데이비스(1980)는 공감의 인지적 측면과 정서적 측면을 통합적으로 고려하여, 공감을 다차원적으로 파악했다. 공감의 구성 요소로는 관점 취하기, 상상하기, 공감적 관심, 개인적 고통을 제시하였다. 관점 취하기는 다른 사람의 심리적 관점이나 태도를 자발적으로 취하려는 경향이고, 상상하기는 허구적 인물의 느낌이나 행동으로 자신을 전위시키려는 경향, 공감적 관심은 타자 지향적 동정을 느끼고 불행한 타인에게 관심을 갖는 경향, 개인적 고통은 다른 사람의 불행이나 고통을 보면 마음이 불편해지고 고통스러워지는 경향을 의미한다.

공감에 대한 다차원적 접근은 공감이 일어나는 선행 조건, 과정, 결과를 순차적으로 제시하고 있다. 설득 주체와 상황 맥락은 선행 조건이 될 수 있다. 화자와 청자 간의 관계가 어떠한지, 사적인 상황인지 공적인 상황인지, 협력적 상황인지 경쟁적 상황인지가 선행 조건으로 파악될 수 있다. 이후 설득 과정에서 비인지, 단순인지, 고급인지 단계를 거치게 되는데, 비인지는 형식적·자동적인 반응으로 화자의 말에 의례적으로 고개를 끄덕이거나 대답을 하는 등의 반응을 의미한다. 단순인지는 화자가 설득하는 내용을 듣고, 청자가 특정 사건이나 인물을 떠올리는 것이다. 고급인지는 설득 내용에 대해 깊이 있게 생각하고, 상대의 입장이나 처지까지도 생각해 보는 것이다. 결과는 개인 내적 결과(정서적 결과, 비정서적 결과), 대인 관계적 결과(도움 행동, 공격성, 사회적 행동)로 나뉘는데(박성희, 2004), 설득의 결과 특정 대상이나 상황을 명확하게 인지할 수도 있고, 상대와 유사한 감정을 느낄 수도 있으며, 정서적으로 상대의 고통이나 처지에 관심을 가지고 반응할 수 있게 되고 이타적이고 친사회적 행동까지도 할 수 있게 된다.

4) 대화 메타 분석

대화 메타 분석은 학생들의 담화 자료를 검토하여 구체적인 말하기 상황에서 나타나는 말하기 실태를 정확하게 파악하고, 말하기 과정에서 나타나는 문제 상황을 학생 스스로 점검하고 인지하면서 바람직한 방향으로 조정할 수 있도록 하는 교육 방식이다. 공감 기반 설득 화법 교육 모형에서는 이창덕(1999)에서 제시된 대화 메타 분석 말하기 교수·학습 평가 모형을 수정·변형하여 수업 방법에 적용하였다.

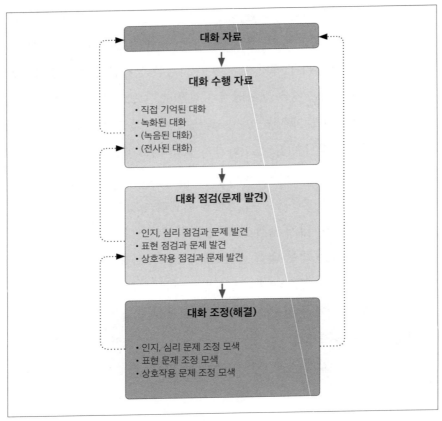

대화 메타 분석 말하기 교수·학습과 평가 모형(이창덕, 1999: 52)

2. 공감 기반 설득 화법 교육 모형

설득은 논증으로만 이루어지는 것이 아니며, 타인과의 관계 속에서 갈등을 조정하고 협상하는 과정을 포함한다. 이런 점에서 공감 기반 설득 화법 교육 모형은 관계적 측면을 고려한 교육 내용과 교육 방법에 초점을 맞추었다.

공감 기반 설득 화법 교육의 절차와 방법은 내면 점검, 언어 점검, 관계 점검으로 구분된다. 이는 참여자인 화자와 청자의 마음 작용에 초점을 둔 것으로, 화자의 내면 작용에서 언어 표현을 거쳐 청자와의 관계로 그 범위가 확장되고 발전되는 과정을 제시하였다. 또한 공감 기반 설득 화법 교육 방법은 대화 메타 분석을 통해 이루어지는데, 이는 자기 주도 학습법이라고 볼 수 있다. 담화를 분석하고 이야기를 나누는 과정에서 학습자들은 자신의 설득 화법에 대한 문제점이나 특징을 확인하면서 메타적으로 자신의 말하기를 점검하게 된다.

공감 기반 설득 화법 교육 모형의 세부 단계는 다음 그림과 같다.

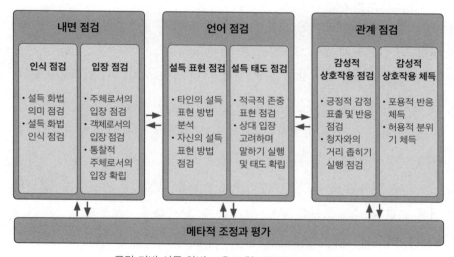

공감 기반 설득 화법 교육 모형(김윤정, 2018: 135)

공감 기반 설득 화법 교육 모형은 여러 설득 담화 중에서도 특히 상호작용이 활발하게 이루어지는 토론 담화에 적합하다. 갈등이 첨예하게 대립하는 토론 과정에서 상대에 대한 인신공격, 무례한 태도, 부정적 감정의 표출과 같은 문제 상황이 빈번하게 발생하기 때문이다.

1) 내면 점검

내면 점검 단계는 다각적 관점에서 설득의 근거나 이유를 찾아서 정리하고 자신의 의견을 객관적으로 검토하는 단계를 거쳐 주체적으로 입장을 확립해 나가는 과정으로 확장된다. 내면 점검 단계에서는 인식 점검과 입장 점검이 이루어진다.

(1) 인식 점검

인식 점검 단계에서는 설득 화법에 대한 인식과 반성적 점검이 이루어진다. 이 단계에서 학습자들은 기존 설득 화법에 대해 가지고 있는 오개념을 수정하고, 공감을 기반으로 한 설득 화법 능력의 향상이라는 목표 달성을 위해 설득 화법 능력을 스스로 판단하고 점검하게 된다.

인식 점검은 '설득 화법의 의미 점검'과 '설득 화법에 대한 인식 점검'을 통해 이루어진다. 설득 화법의 의미 점검은 토의, 토론, 강의 등의 다양한 방식으로 진행될 수 있다. 수업 전 학습자들을 대상으로 바람직한 설득 화법에 관한 인식을 조사한 후 그 결과를 수업 시간에 학생들과 공유하면서 의견을 나눈다. 설득 화법 관련 인식 조사의 예는 다음과 같다.

---

1. '설득'이란 무엇인지 자유롭게 써 주세요.
2. 언제 '설득력 있게 말하는 능력'이 필요한가요?
3. '설득력 있게' 말을 잘하기 위해서는 '어떤 능력'이 필요한지 자유롭게 써 주세요.
4. '설득력 있게 말을 잘하는 능력'과 관련해서 학교에서 배운 내용 중 기억 나는 내용이 있으면 다 적어 주세요.
4-1. 설득력 있게 말을 잘하기 위해서 필요한 능력'에 해당하는 내용을 제시한 것입니다. 해당 능력이 어느 정도 중요한지, 나의 능력은 어느 정도인지를 생각해 보고 체크하세요.

번호	해당 능력	중요도	나의 능력
A	문제 해결을 위한 설득에 대한 지식과 능력	매우 작다 매우 크다 ①····②····③····④····⑤	잘 못한다 자신 있게 잘 한다 ①····②····③····④····⑤
B	합리적(이성적, 객관적, 정확한, 타당한) 판단 능력	매우 작다 매우 크다 ①····②····③····④····⑤	잘 못한다 자신 있게 잘 한다 ①····②····③····④····⑤
C	계획과 전략을 자는 능력(상황 분석, 비언어적 전략, 매체 활용 전략)	매우 작다 매우 크다 ①····②····③····④····⑤	잘 못한다 자신 있게 잘 한다 ①····②····③····④····⑤
D	상대방(의 가치, 태도, 행동)을 변화하게 하는 능력	매우 작다 매우 크다 ①····②····③····④····⑤	잘 못한다 자신 있게 잘 한다 ①····②····③····④····⑤
E	상대를 배려하고, 존중하는 태도	매우 작다 매우 크다 ①····②····③····④····⑤	잘 못한다 자신 있게 잘 한다 ①····②····③····④····⑤
F	서로 감정을 공유하고 상호작용하는 능력	매우 작다 매우 크다 ①····②····③····④····⑤	잘 못한다 자신 있게 잘 한다 ①····②····③····④····⑤

설득 화법 관련 사전 인식 조사 설문의 예(김윤정, 2018: 250-252)

(2) 입장 점검

입장 점검은 학습자가 주장할 논제에 대한 자기 입장을 다각적으로 검토하는 단계이다. 개인의 경험, 가치관을 확인하고, 관련 자료들을 수집하면서 입론을 작성하는 동안 학습자는 다음 그림과 같이 '주체로서의 입장 점검', '객체로서의 입장 점검', '통합적 주체로서의 입장 확립'의 과정을 거치게 된다.

주체로서의 입장 점검은 입장을 정립하기에 앞서 관련 주제나 쟁점에 대해 개인적 측면에서 숙고하는 것이다. 객체로서의 입장 점검은 모둠 토론을 통해 자신의 입장과 상대방의 입장을 서로 비교해 보고 다양한 의견을 나누면서 미처 생각하지 못했던 부분, 자신의 의견 중 보완해야 할 부분에 대해 생각하는 것이다. 통합적 주체로서의 입장 확립은 최종적으로 자신의 입장을 정립하는 단계로 주체로서의 입장 정립, 객체로서의 입장 정립 이후에 나타나는 통합적 결과이다.

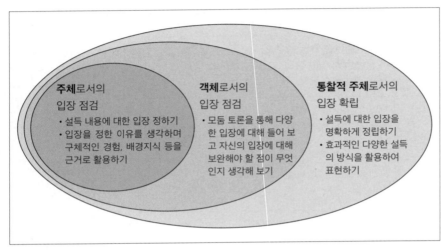

입장 정립을 위한 다각적 검토 단계(김윤정, 2018: 138)

2) 언어 점검

언어 점검은 표면적으로 드러나는 의사소통 표현에 대한 점검으로 '설득 표현 점검', '설득 태도 점검'으로 이루어진다.

(1) 설득 표현 점검

설득 표현 점검은 설득 담화를 분석하여 설득 표현에 문제가 없는지 생각해 보는 것이다. 타인의 설득 표현과 방법 분석하기, 자신의 설득 표현과 방법 점검하기 활동이 이루어진다. 전자는 설득 담화나 광고에서의 설득 표현을 분석하는 것이다. 후자는 '설득적 말하기 동영상 촬영→동료 평가 및 교사 평가→자신이 말하는 장면 동영상 시청→평가 결과 검토→자신의 설득 화법 스스로 점검하기'의 과정으로 진행된다.

(2) 설득 태도 점검

설득 태도 점검은 설득 화법 태도를 점검하는 것이다. 상대에 대한 존중 표시하기, 무시 발언 삼가기, 상대의 입장 고려하며 말하기, '나 – 전달법' 사용하기, 취조형, 비난을 목적으로 한 지나친 수사적 질문 형식 지양하기 활동을 한다. 이를 통해 학습자들은 적극적 존중 표현의 중요성에 대해 생각해 보고, 상대의 입장을 고려하는 말하기 태도를 확립할 수 있다.

3) 관계 점검

관계 점검은 화자와 청자 간의 관계를 점검하고 서로 간의 거리를 좁히는 것으로 '감성적 상호작용 점검', '감성적 상호작용 체득'으로 구분된다.

(1) 감성적 상호작용 점검

감성적 상호작용 점검은 학습자들이 토론 상황을 분석하면서 감성적 상호작용이 일어난 순간을 포착하고 그 중요성을 인식하도록 하는 것이다. 토론 영상에서 갈등 상황이 나타나는 부분을 보여 주거나, 토론 중 상대를 고려한 긍정적 표현이 잘 드러난 부분을 제시하면서 함께 분석하도록 한다. 그 과정에서 학습자들은 청자와의 거리 좁히기를 위한 전략, 부정적 감정 표출을 막기 위한 방안 등을 생각해 볼 수 있다.

(2) 감성적 상호작용 체득

감성적 상호작용 체득은 허용적 분위기를 형성하여 학습자들이 설득 화법 실행에서 포용적 반응을 체득하도록 하는 활동이다. 상대방이 답변을 잘하지 못하거나 실수했을 때, 비웃거나 지적하기보다는 기다려 주거나 실수를 감싸주면서 포용적으로 반응하는 상황이 있었는지, 그때의 기분이나 느낌이 어떠했는지 공유해 보도록 한다. 상대에게 무안을 주거나, 상대를 비난하는 상황이 발생한 때에는 교사가 적극적으로 중재하면서 허용적 분위기 형성에 도움을 줄 수도 있다.

3. 교수·학습 방안

공감 기반 설득 화법 교육 모형을 활용한 수업의 방식으로 강의법, 멀티미디어 활용 수업, 자기 주도 학습법, 글쓰기와 말하기 통합적 실행 수업, 협동 학습법 등이 사용될 수 있다. 모둠 토론은 협동 학습 방식을 사용하는데, 이는 소집단 내에서 학생들이 역할을 분담하면서 상호작용하는 방식이다. 협동 학습은 학생들의 협동적 태도와 가치를 획득에 도움을 주고, 친사회적 행동을 습득할 수 있는 환경을 제공해 주며, 다른 견해와 관점을 수용하거나 비난하는 과정에서 조화를 이루는 맥락을 제공하여 합리적 태도와 가치관을 형성하게 한다.

수업에 대한 교수·학습 단계와 교수·학습 지침은 아래와 같다. 세 단계의 수업을 전제하여 내면 점검 단계, 언어 점검 단계, 관계 점검 단계로 나누어 교수·학습 내용과 교수·학습 지침을 제시하였다.

1) 내면 점검 단계의 수업

내면 점검 단계 수업은 설득 화법에 대한 학습자들의 인식을 파악하고 설득 화법 능력을 점검하는 목적을 지닌다. 설득 화법과 관련된 교육 내용 중 중요하다고 생각하는 부분은 무엇인지, 자신의 설득 능력은 어떠한지를 평가하고 점검하는 활동이 이루어진다.

내면 점검 단계 교수·학습(김윤정, 2018: 154-156 수정)

수업 주제	세부내용
설득에 관한 반성적 자기 점검	• 사전 설문: 학생들의 설득에 관한 인식 조사

설득 화법 실행 양상 분석을 위한 1차 설득적 말하기 실시	• 입론 작성: 설득적 말하기를 위한 입론 작성
	• 개인별로 앞에 나와서 설득적 말하기 수행 및 동료 평가
	  – 말하기 수행 동영상 촬영
	  – 동료 평가 후 평가지 제출
	• 1차 토론 진행
	  – 모둠 토론 진행
	  – 대표 토론 진행

설득적 말하기 강의	• 설득적 말하기 강의
	  – 설득적 말하기의 특징과 방법
	  – 토론 수업의 규칙 및 토론 운영 방법

내면 점검 단계에서는 설득 화법에 대한 사전 인식 조사(주관식·객관식 설문), 제시된 논제에 대한 설득적 말하기 수행(동영상 촬영), 동료의 설득적 말하기 평가, 설득 화법 관련 강의가 이루어진다. 이를 통해 학습자들은 설득 화법이 무엇인지를 알고, 자신의 설득 화법을 반성적으로 점검할 기회를 갖는다.

내면 점검 단계에서는 교사가 일방적으로 설득이란 무엇인지, 바람직한 설득 화법은 무엇인지를 주입하기보다 학생들이 설득에 대해 가지고 있는 인식을 함께 공유하면서 스스로 설득 화법의 의미를 생각해 보게 해야 한다. 이때 교사는 학생들이 자발적으로 의견을 교환할 수 있도록 허용적 분위기를 만들어 주어야 한다. 모둠별로 의견을 나눌 시간을 충분히 주고 이를 수렴하여 발표하도록 한다. 이후 교사는 다양한 설득 화법의 개념과 의미를 추가적으로 설명하면서 현대 사회에서 바람직한 설득의 방법이 무엇인지에 대해 학생들이 생각해 볼 수 있는 단서들을 제시한다.

입장 점검 단계는 앞서 언급한 바와 같이 주체로서의 입장 점검, 객체로서의 입장 점검, 통합적 주체로서의 입장 점검의 순서로 수업이 이루어진다. 주체로서의 입장 점검 단계에서는 객관적인 자료, 서적, 신문, 인터넷 자료 등 다양한 매체를 활용하여 학생들의 배경지식을 활성화하고, 쟁점에 대해 다각적인 관점에서 사고를 촉진해야 한다. 특히 스토리가 있는 영화나 드라마와 같은 영상 매체를 활용하면 학생들의 흥미를 유발할 수 있다. 학습자들과의 공감대가 형성되어야 하기 때문에 학습자들이 잘 알고 있는 작품, 아는 작가나 배우가 나오는 작품을 선택하는 것이 효과적이다.

객체로서의 입장 점검 단계에서는 모둠 토론을 실시한다. 이때 학생들이 자유롭게 의견을 나눌 수도 있지만, 소극적인 학생들이 모여 있는 모둠에서는 논의가 진행되지 않을 수 있고, 반대로 너무 적극적인 학생들이 모여 있는 경우 토론이 자칫 싸움으로까지 번질 수도 있다. 따라서 교사의 중재와 적절한 지도가 필요하다. 교사는 모둠 내에서 사회자, 활동지 기록자, 입론 담당자, 반론 담당자 등 역할을 지정하여 모둠 내에서 소외되는 사람 없이 토론이 질서 있게 이루어지도록 정확한 지침을 주어야 한다. 참여도를 높이기 위해 모둠원에게 의무적으로 의견을 제시하게 하거나 하나 이상의 질문을 하도록 규칙을 지정해 줄 수도 있다. 이러한 활동을 통해 학습자들은 최종적으로 자신의 입장을 정립하는 통합적 입장 정립의 단계로 나아갈 수 있다.

2) 언어 점검 단계의 수업

언어 점검 단계에서는 설득 담화나 광고 자료 분석과 같은 활동이 이루어진다. 교사는 학습자들에게 설득적 말하기 영상을 보여 주고 모둠별로 분석하도록 한 후 그 결과에 대해 함께 이야기를 나눈다.

언어 점검 단계 교수·학습(김윤정, 2018: 154-156 수정)

수업 주제	세부내용

담화 분석을 통한
언어 점검
	• 토론대회 동영상 분석 및 논의
	  - 영상 보기
	  - 영상 분석 내용 정리
	  - 의견 나누기

설득 전략 분석을 통한
언어 점검
	• 광고(동영상) 분석 설득 전략 논의
	  - 광고 보기
	  - 광고 특징 분석
	  - 의견 나누기
	• 변호사 화법(동영상) 분석 및 논의
	  - 영상 보기
	  - 변호사 화법 특징 분석
	  - 설명 및 의견 나누기

토론 전사 자료 분석을
통한 언어 점검
	• 또래의 학생들이 진행한 토론 장면 분석 후 논의
	  - 문제가 되는 전사 자료 제시 및 의견 나누기
	  - 교사의 정리 및 설명

개별 피드백을 통한 자아 점검	• 설득적 말하기에 대한 개별 피드백(쉬는 시간 및 모둠 토론 시간 활용)

언어 점검 단계에서는 국내외 다양한 토론 영상이나 광고와 드라마, 이성적·성적 설득 전략이 강조된 광고, 변호사 화법 등이 수업 자료로 활용될 수 있다. 또래 학생들의 설득적 말하기 전사 자료도 수업 자료로 활용할 수 있는데, 바람직하지 못한 설득 담화의 예들을 보여 주고, 무엇이 문제인지 그 상황에서 어떻게 대응해야 할지에 대해 논의해 보도록 하는 것도 효과적이다.

개별 피드백은 수업 초기에 학습자들이 실시한 설득적 말하기 동영상 중에서 특징적인 부분, 표현에 있어서 부족한 부분, 보완해야 할 부분 등을 보여 주면서 동료 평가와 교사 평가 결과를 제시한다. 학습자들은 이를 바탕으로 자신의 설득 화법의 특징을 인식하고 점검하면서 반성적 성찰을 하게 된다. 이때 동료 평가 결과와 개인 말하기 동영상을 공개적으로 보여 주는 것보다는 개별적 피드백을 통해 학생들이 스스로 문제점을 인식하도록 하는 것이 필요하다.

타인의 설득 표현과 방법을 분석함에 있어서는 주장과 근거의 논리성과 타당성, 태도와 같은 정의적 측면에 초점을 맞추도록 한다. 분석의 대상으로 사용하는 자료는 화자와 청자 간 상호작용이 잘 드러나는 TV 프로그램이나 유튜브 등 다양한 시사 토론 등을 사용한다. 광고는 학생들의 흥미, 접근성을 고려해야 하고, 동일 제품군이나 유사 제품군 광고에서 이성적 설득과 감성적 설득 전략이 강조된 광고를 사용하는 것이 효과적이다.

적극적 존중 표현을 보여 줄 수 있는 자료로는 변호사의 화법을 활용할 수 있다. 변호사 화법은 법원에서 특정한 절차와 규칙을 바탕으로 이루어진다는 점, 중요한 법적 결정권을 쥐고 있는 판사를 설득해야 한다는 점, 법정 안의 배심원의 공감을 이끌어 내야 한다는 점에서 설득 화법 교육 자료로 활용될 수 있다.

3) 관계 점검 단계의 수업

관계 점검 단계 수업은 앞서 실행한 대화 메타 분석을 적용하여 설득 화법을 직접 실행해 보고 관계 점검을 하는 활동으로 진행된다. 앞서 학습자들이 직접 진행했던 토론 동영상 및 전사 자료를 보고 의견을 나누는 시간을 갖는다. 이때 교사는 모든 동영상 자료를 다 보여 주기보다는 문제가 되는 장면을 편집하여 학습자들에게 보여 주면서 학습자들이 스스로의 토론 태도에 대해 점검하고 이후 토론에서 문제점을 수정할 기회를 갖도록 한다.

언어 점검 단계 교수·학습(김윤정, 2018: 154-156 수정)

수업 주제	세부내용
토론 메타 분석을 통한 관계 점검	• 내면 점검 단계에 촬영한 토론 동영상 장면 및 전사 자료를 보고 의견 나누기

설득 화법 실행 양상 분석을 기반으로 한 2차 토론 실시	• 토론 진행
	  - 주제 관련 수업: 주제에 대한 다양한 관점을 제시해 주는 수업 자료 활용(동영상, 신문 기사)
	  - 입론 작성: 경험, 읽은 책, 가치관 등을 생각하는 것에 대한 지침 주기
	  - 모둠 토론
	  - 대표 토론

설득에 대한 사후 인식 조사	• 사후 조사 및 소감 나누기

앞서 내면 점검, 언어 점검, 관계 점검 결과를 반영하여 2차 토론을 실시한다. 교사는 토론에 대한 주제 관련 수업을 진행하는데, 이때 논제에 관해 학생들이 참고할 수 있는 다양한 영상 자료, 읽기 자료를 제시한다. 개인 입론 작성 시 단순히 자료를 나열하지 말고 자신의 경험, 배경 지식 등을 활용하여 논의를 전개하도록 한다. 이후 모둠 토론을 통해 학생들은 자신의 생각을 정리하면서 모둠 전체의 의견을 통합하여 모둠의 대표 의견을 만들게 된다.

교사는 특히 소심하거나, 적극적이지 못한 학생들을 칭찬으로 독려하면서 모두가 참여할 수 있는 분위기를 이끌어 준다. 겸손한 태도로 지식 표현하기, 적대적 반응 지양하기와 같은 지침을 준다. 교사는 자신감이 없는 학생, 말을 천천히 하는 학생, 목소리가 작은 학생들을 배려해 주는 분위기가 형성될 수 있도록 해야 하며, 학습자들이 허용적 분위기를 느끼고 함께 참여할 수 있도록 해야 한다.

수업이 종료된 후에는 수업 초기에 실시한 설문과 동일 설문을 실시하여 학습자들이 설득 화법에 대한 인식이 어떻게 변화했는지를 스스로 확인하도록 한다. 학습자들과 토론 수업을 진행하면서 느낀 점, 새롭게 알게 된 점, 아쉬웠던 점에 대해서 이야기를 나누면서 수업을 마무리한다.

참고문헌 ────────────────────────────

김윤정(2018), 「공감 기반 설득 화법 교육 연구」, 이화여자대학교 박사학위 논문.

박성희(2004), 『공감학: 어제와 오늘』, 창지사.

이창덕(1999), 「대화 메타 분석을 활용한 말하기 평가 방안 탐색」, 『국어교육과 평가: 듣기, 말하기, 읽기, 쓰기 평가 연구』, 서울대 국어교육연구소 보고서, 99-3.

Barnett, M. A.(1987), "Empathy and Related Responses in Children". In N. Eisenberg & J. Strayer(eds.), *Empathy and its Development*, Cambridge University Press.

Bryant, B. K.(1982), "An Index of Empathy for Children and Adolescents", *Child development* 53(2), 413-425.

Davis, M. H.(1980), "A Multidimensional Approach to Individual Differences in Empathy", *JSAS catalog of Selected Documents in Psychology* 10, 85.

Davis, M. H.(1983), "Measuring Individual Differences in Empathy: Evidence for a Multidimensional Approach", *Journal of Personality and Social Psychology* 44(1), 113-126.

Eisenberg, N. & Miller, P. A.(1987), "The Relation of Empathy to Prosocial and Related Behaviors", *Psychological Bulletin* 101(1), 91-119.

Flavell, J. H.(2004), "Theory-of-Mind Development: Retrospect and Prospect", *Merrill-Palmer Quarterly* 50(3), 274-290.

Hoffman, M. L.(1983), "Empathy, Guilt and Social Cognition". In W. F. Overton(ed.), *The Relationship between Social and Cognitive Development*, Psychology Press.

Premack, D. & Woodruff, G.(1978), "Does the chimpanzee have a theory of mind?", *Behavioral and brain sciences* 1(4), 515-526.

5장

상호 대안 조정을 위한 협상 교육 모형[1]

정민주

　상호 대안 조정을 위한 협상 교육 모형이란 협상에서 상호 이익을 기반으로 대안을 탐색하는 방법을 교수·학습할 수 있도록 구안한 모형이다. 기존에 제안된 협상 교수·학습 모형에서는 학습자들이 어떻게 협상 대안을 구성하고 그 차이를 좁혀 가야 하는지를 구체적으로 안내하지 못하였다. 협상을 통해 서로 만족할 수 있는 결과를 도출하기 위해서는 양측이 원하는 요구와 얻을 수 있는 이익에 관한 정보를 바탕으로 대안을 구성하는 훈련이 필요하다. 이러한 문제의식에 기초하여 상호 대안 조정을 위한 협상 교육 모형을 개발하였다.

1　정민주(2020), 「다중 의제를 활용한 중고등학생의 협상 수행 양상」과 정민주(2022), 「화법 교육을 위한 협상 담화 절차의 구조화 방안」에 포함된 내용의 일부를 수정·보완한 것이다.

1. 이론적 배경

상호 대안 조정을 위한 협상 교육 모형은 의사 결정 및 협상 절차 모형을 바탕으로 만들어졌다. 형식적인 측면에서는 의사 결정 모형인 허스트 외(Hurst et al., 1983)의 의사 결정 모형과 엥글과 오초아(Engle & Ochoa, 1988/1989)의 의사 결정 모형을 바탕으로 하였고, 학생들이 수행할 협상의 기능 측면에서는 스팽글과 아이젠하트(Spangle & Isenhart, 2003)의 협상 절차를 참고하여 구안하였다. 특히 이 모형은 실제 고등학교 학습자들의 협상 수행을 통해 모형 적용의 가능성을 확인했다는 점에서 교육 모형으로서 의의를 지닌다.

1) 의사 결정 모형

의사 결정에 관한 정의는 여러 학자에 의해 이루어졌으나 일반적으로 '조직의 문제 해결과 관련하여 여러 대안을 모색하고 그 가운데 바람직하고 합리적인 행동을 위해 대안을 선택하는 과정'으로 보고 있다. 의사 결정에 관한 이론은 주로 조직행동 이론이나 행정 관리 이론에서 발전해 왔는데 이를 교육 이론에도 적용하여 모형으로 활용하고 있다.

의사 결정 모형은 무엇을 기준으로 두느냐에 따라 여러 유형이 있다. 예컨대, 진리 주장에 관한 의사 결정이냐 정책 문제에 관한 의사 결정이냐에 따라 유형화하기도 하고, 개인적 의사 결정이냐 혹은 집단적 의사 결정이냐에 따라 유형을 구분하기도 한다. 상호 대안 조정을 위한 협상 교육 모형은 진리 탐구의 문제보다는 협상 참여자의 이익과 관련된 문제를 다루는 실용적 문제에 대한 의사 결정 모형에 가깝다. 또한 개인 혹은 집단의 이익과 관련된 문제를 다루는 협상은 갈등 상황에 개입된 상호 가치의 문제까지 고려하면서 합의점을 찾는 의사소통이라는 점도 주목해야 한다.

허스트 외(1983)에서는 '문제 인식 – 문제 정의 – 대안 개발 – 대안 평가와 선택' 네 단계로 모형을 다음과 같이 제시하였다. 첫째, 문제를 인식하는 단계에서는 당면한 문제가 무엇인지 진술함으로써 문제를 분명히 인식하고 문제와 관련된 한계를 정한다. 둘째, 문제를 정의하는 단계에서는 문제를 해결하는 데 필요한 정보를 수집하고, 문제가 안고 있는 가치의 문제를 검토한다. 셋째, 대안을 개발하는 단계에서는 앞서 검토한 정보를 바탕으로 대안을 개발하도록 한다. 마지막으로 대안을 평가하고 선택하는 단계에서는 앞서 개발된 각 대안을 평가하여 최적의 대안을 선택하고 이를 행동으로 옮기도록 한다.

한편, 엥글과 오초아(1988/1989)에서는 의사 결정 모형을 '문제의 확인과 정의 – 가치에 관한 가정 확인 – 대안의 확인 – 결과의 예측 – 의사 결정 – 결정의 정당화 – 의사 결정 변경 가능성 인정' 일곱 단계로 구현하였다. 이 모형은 앞서 살펴 허스트 외(1983)의 의사 결정 단계를 포함하면서도, 가치 문제를 분석하여 의사 결정을 하도록 단계를 세분화한 특징이 있다. 이러한 특징으로 인해 해당 모형이 가치 중심이면서도 지식과 균형을 취한 의사 결정 모형이라고 평가받기도 한다(남경희, 2011). 이 모형은 개인이나 집단이 대안을 확인하고 선택하는 일련의 과정 속에 당사자들의 가치의 문제가 개입될 수 있음을 고려했다는 점에서 의미가 있다.

2) 협상 절차

스팽글과 아이젠하트(2003: 71)에서는 협상 절차를 '사전 협상 – 시작 – 정보 공유 – 문제 해결 – 합의' 다섯 단계로 제시하였다. 사전 협상 단계는 '본격적인 협상을 준비하기 위한 협상'이라는 점에서 나머지 네 단계와 층위가 다소 다르므로 여기서는 본격적인 협상 절차에 해당하는 네 단계를 중심으로 절차를 설명하고자 한다. 이 절차의 특징은 시작 단계 이후 '정보 공유 – 문제 해결 – 합의' 세 단계를 순환 모형으로 구조화한 점이다. 이상의 내용을 그림으로 제시하면 다음과 같다.

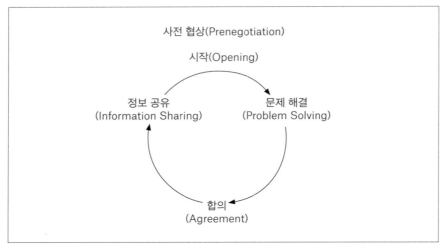

스팽글과 아이젠하트(2003: 71)의 협상 절차

　시작 단계에서는 갈등 당사자들이 협상을 위해 대면하여 서로를 소개하고 협상의 목적과 의제, 진행 규칙에 대해 의견을 나누도록 한다. 이 단계에는 몇 가지 기본 규칙이 적용되는데 구체적으로 살펴보면, 판단하기 전에 상대방 말 경청하기, 중간에 끼어들지 않고 듣기, 상대방에게 존중을 표시하기, 한 번에 한 가지 문제에 집중하기, 한 번에 한 사람만 말하기 등이 이에 해당한다. 이러한 기본 규칙들은 협상이 바람직한 방향으로 진행될 수 있게 하는 기능을 한다.

　정보 공유 단계에서는 참여자들이 문제에 대한 그들의 인식을 설명하고, 논의할 의제 중 구체적인 안건을 확인하며 만족할 합의점에 도달하기 위해서 충족해야 할 이익을 양측 입장에서 목록화한다. 이 단계의 핵심 목표는 양측의 선호도와 협상 목표에 대하여 가능한 한 많이 학습하는 것이다. 한편, 성공적인 협상 참여자들의 행동을 분석한 래컴(Rackham, 1985)

은 숙련된 협상가들은 보통의 협상가들보다 질문을 많이 하고, 그들의 이해를 자주 평가하며, 그들이 들은 내용을 요약하고 감정을 공유한다고 보았다. 이 중에서 질문하기는 숙련된 협상가들의 행동 중에서 가장 빈도가 높다는 점에 주목할 필요가 있다.

문제 해결 단계는 문제를 해결할 수 있는 아이디어, 제안, 대안 등을 생성하는 단계이다. 문제 해결을 위해서는 양측이 각자의 입장을 방어하거나 '공격 – 방어'식의 의사소통 순환이 최소화되도록 해야 한다. 대안 생성과 결정이 분리되는 그야말로 자유로운 의견 교환을 통해 이전에 미처 생각하지 못한 창의적인 대안을 모색할 수 있다. 평가는 협상 참여자들이 모든 가능성을 꺼내 놓은 후에 순차적으로 수행된다. 문제 해결을 위한 대안 개발과 사용은 두 형식 중 하나를 취할 수 있다. 하나는 협상 참여자들이 각각의 의제에 대해 여러 대안을 도출하고 양측이 함께 해결 가능성을 평가하는 것이다. 이 방식은 해결책으로서 대안을 평가해 보는 가장 익숙한 방법이다. 두 번째 형식은 양측의 기대에 대한 차이점을 활용하여 합의할 수 있는 패키지를 만드는 것이다. 이 방식은 의제가 복수이고 대안도 다수일 때 유용하다. 예컨대, 어떤 안건에 대해 우선순위가 서로 다를 경우, 참여자들은 다른 사람에게는 선호도가 높지만 자신에게는 선호도가 낮은 의제를 양보함으로써 맞교환을 이룰 수 있다.

2. 상호 대안 조정을 위한 협상 교육 모형

앞서 언급했듯이 이 모형은 허스트 외(1983)의 개인 의사 결정 모형을 기준으로 삼되, 엥글과 오초아(1988/1989)에서 제안한 정책 의사 결정 모형의 일부와 스팽글과 아이젠하트(2003)의 협상 절차 모형을 참고하여 상호 대안 조정 협상 모형으로 구안한 것이다.

일반적으로 협상 이론에서는 협상의 성공 요인을 상대방에 대한 정보 수집에서 찾는다. 많은 협상 이론가가 협상에서 상대방의 의도, 의향, 선호도를 파악할 수 있는 정보를 얻는 것이 매우 중요하다고 말해 왔다(Raiffa, 1982; Moran & Ritov, 2006). 이는 협상 교육에서도 마찬가지이다. 대안을 구성하고 재조정하기 위해 상대방의 의향이나 기대를 파악하려는 의사소통 행위는 바람직하면서도 필수적이다. 특히 상호 이익이 되는 대안을 생성하기 위해서는 기본적으로 자신과 상대방이 추구하는 목표, 가치, 우선순위, 손익에 대한 정보를 파악하기 위한 질문을 던지는 것이 중요하다(정민주, 2020). 학습자들이 갈등 상황에서 정보를 수집하고 이를 바탕으로 창의적인 대안 생성에 숙련될 때 실제적 협상 역량을 기를 수 있다.

이러한 관점에서 상호 대안 조정을 위한 협상 교육 모형은 합리적 의사 결정 과정의 흐름을 기반으로 하면서도 정보 탐색을 바탕으로 대안을 구성하고 조정하는 과정을 순환적으로 수행하도록 구조화하였다. 특히 이 모형은 협상 교육을 위한 절차 가운데 서로의 기대와 요구를 파악하여 상

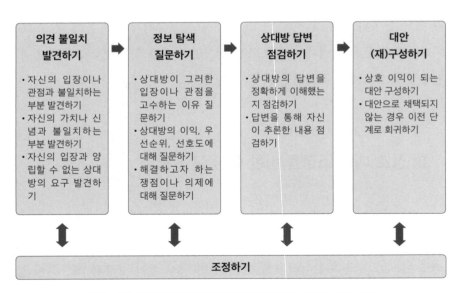

상호 대안 조정을 위한 협상 교육 모형(정민주, 2020: 116 수정)

호 만족할 수 있는 대안을 좁혀 가는 협상 조정 단계에 초점을 맞추었으며, 실제 고등학생들의 협상 과정에서 포착된 패턴을 고려한 점이 특징이다. 구체적인 절차는 '의견 불일치 발견하기 – 정보 탐색 질문하기 – 상대방 답변 점검하기 – 대안 (재)구성하기'로 구조화하였다. 각 단계의 실현은 특정 대안이 합의안으로 채택되기 전까지는 이전 단계로 회귀하여 각 단계를 넘나들며 수행하는 순환 과정을 반복하는 것으로 구조화하였다. 절차의 세부 단계를 설명하면 앞의 그림과 같다.

1) 의견 불일치 발견하기

협상 참여자들은 의사소통 과정에서 서로의 차이를 발견하는 것이 무엇보다 중요하다. 의견의 불일치는 크게는 관점, 가치, 신념의 차이에서 나타날 수 있고, 작게는 원하는 행동이나 요구로 드러날 수 있다. 따라서 의견 불일치 단계에서는 상대방이 그의 입장과 관련하여 구체적으로 어떤 의견을 제시하는지를 경청하면서 자신의 입장이나 관점과 불일치하는 부분이 무엇인지, 자신의 입장과 양립할 수 없는 상대방의 요구가 무엇인지 등을 파악하도록 한다. 발견한 차이점을 중심으로 그 원인을 생각해 보고, 자신과 달리 상대방이 원하는 이익이나 선호하는 가치, 신념이 무엇인지를 예측하도록 한다. 이와 함께 의견 불일치를 파악하기 위해서는 상대방의 의견을 들을 때 꼼꼼하게 기록하면서 경청하는 태도가 요구된다.

2) 정보 탐색 질문하기

상대방과 자신이 의견을 나누는 과정에서 불일치하는 부분을 발견했다면, 왜 그러한 차이가 발생했는지에 대해 탐색해야 한다. 정보 탐색 질문하기 단계에서는 양측의 차이가 발생한 원인을 예측해 보고 이를 정확하게 파악하기 위해 상대방에게 적극적으로 질문을 시도해야 한다. 협상에서 수행하는 정보 탐색 질문의 핵심은 상대방이 진정으로 원하는 요구나 우선순위에 대한 정보를 정확하게 알아내는 것이다(Miles, 2013; Weignart et al., 1996). 정보 탐색 질문은 앞서 나누었던 정보를 확인하는 질문으로 시작하여 점진적으로 의견이 불일치하는 지점, 즉 상대방이 자신과 다른 의견을 고수하는 이유를 질문한다. 이를 토대로 상대방의 의도나 의향, 우선순위를 파악하기 위해 질문을 하거나 해결을 원하는 의제나 쟁점을 파악하기 위해 질문을 할 수도 있다. 의제나 쟁점을 파악하는 질문은 이후에 복수의 의제를 동시에 논의함으로써 합의 가능 범위를 확장할 수 있다는 점에서 유용하다.

3) 상대방 답변 점검하기

상대방에게 정보를 수집하기 위한 질문을 던졌다면 답변을 통해 얻은 정보의 질을 점검해야 한다. 상대방의 답변을 점검하는 이유는 상대방이 제공한 정보를 바탕으로 그들이 진정으로 원하는 것이 무엇인지를 추론하고 예측해야 하기 때문이다. 따라서 상대방의 답변을 단순히 수용하는 차원에 그쳐서는 안 되며, 상대방이 제공한 답변에 대해 자신의 이해가 맞는지를 우선 확인하고, 상대방의 답변을 바탕으로 자신이 추론한 내용, 예컨대 상대방이 얻고자 하는 이익, 선호도, 가치 등에 대한 정보의 정확성을 확인하도록 한다. 궁극적으로 협상 대안을 구성하는 데 활용할 수 있는 정보인지를 점검한다.

협상은 이해관계에 따른 갈등을 해결하기 위한 의사소통이어서 참여자들의 태도가 기본적으로 경쟁적이면서 협력적이다. 그런 까닭에 협상을 수행하는 학습자들은 상대방의 답변이 협력적인 반응일 수도 있고 그렇지 않을 수도 있다는 점을 동시에 이해할 필요가 있다. 물론 그렇다고 해서 상대방을 무조건적으로 신뢰할 수 없는 사람으로 의심하는 태도는 교육적으로 바람직하지 않다. 이런 점을 고려하여 상대방 답변 확인하기 단계에서는 상대방의 답변에 대한 자신의 이해를 명확히 확인하고, 이를 바탕으로 상대방에 대해 자신이 추론한 내용이 맞는지를 점검하는 데 중점을 두도록 한다.

4) 대안 (재)구성하기

앞서 질문을 통해 정보를 탐색하고 점검하는 과정을 거쳤다면, 이를 바탕으로 협상 대안을 구성해야 한다. 성공적인 협상은 서로에게 이익이 되는 합의를 이루는 것이다. 따라서 상대방과 자신의 이익을 고려한 대안을 제시할 수 있어야 한다. 대안 구성하기 단계에서는 앞 단계에서 확인한 상대방의 요구, 선호도, 우선순위를 바탕으로 상대방과 자신의 이익을 실현할 수 있는 대안을 생성하거나 상대방이 우려하는 걱정 등을 해소하면서도 서로에게 이익이 되는 대안을 모색하도록 한다. 이때 협상 대안이 다수일 경우에는 상대방과 자신의 선호도의 차이가 있는 의제를 탐색하여 각의제에서 원하는 요구를 상호 맞교환하는 방식으로 대안을 구성할 수 있다. 단일 의제로 시작하는 협상일지라도 기존 의제를 분리하거나 쪼개는 방식으로 이 방식을 유용하게 적용할 수 있다.

이와 함께 대안을 제시할 때는 자신이 제시한 대안이 서로에게 어떤 이익을 제공할 수 있는지를 설득력 있게 설명할 수 있어야 한다. 물론 협상 대안은 단 한 번의 제안으로 이루어지는 것이 아니라는 점에 유의할 필요가 있다. 즉, 처음 대안이 수용되지 않을 경우, 정보 탐색 단계로 회귀하여 상대방이 대안을 수용하지 않는 이유나 자신이 미처 파악하지 못한 정보를 탐색하는 질문을 하고, 그 정보를 바탕으로 추론한 내용을 점검하는 과정을 반복하면서 대안을 정교화하거나 새롭게 재구성하도록 한다.

3. 교수·학습의 방향

갈등 상황에서 양측이 만족할 대안을 찾아 합의를 모색하는 행위는 현대 사회는 물론 다가올 미래 사회의 핵심 역량 관점에서 보더라도 학습자들이 필수적으로 길러야 할 의사소통 능력 중 하나이다. 그러나 각자의 이해관계가 얽힌 상황에서 서로가 만족할 대안을 찾는 것은 말처럼 쉽지 않다. 협상에서 요구하는 대안은 개인의 자유 연상적 발상에 근거한 아이디어가 아니라 서로가 원하는 것이 무엇인지에 대한 정보를 바탕으로 분석적이면서도 창의적인 발상에 근거하여 얻은 해결안이어야 한다. 더욱이 이러한 사고 행위 속에서 생성된 대안일지라도 단번에 모두가 만족하는 합의를 이루기는 어렵기 때문에 상호 양측이 제시한 대안 속에서 간극을 조금씩 좁혀 가는 방법을 훈련하는 것이 중요하다.

1) 교수·학습의 방향

상호 대안 조정을 위한 협상 교육 모형은 학습자들의 협상 능력을 향상시키기 위해 상호 이익을 탐색하고 이를 기반으로 다양한 대안을 생성하여 궁극적으로 양측의 차이를 좁힐 수 있는 갈등 조정 능력 향상에 초점을 두고 있다. 따라서 이 모형은 다음과 같은 두 가지 방향을 지향한다.

첫째, 학습자 수준 혹은 학교급에 따라 이 모형을 한꺼번에 혹은 분절하여 적용할 수 있다. 토의, 토론 담화를 수행해 본 경험이 있으면서 동시에 협상 절차에 대해 기본적인 이해가 있는 중급 수준의 학습자라면 이 모형을 학습자들의 실제 수행 활동에 적용할 수 있도록 한다. 즉, 이 모형의 네 단계 모두를 학습자들이 순차적으로 수행하도록 과제를 제시할 수 있다는 의미이다. 그러나 초급 수준의 학습자에게 적용한다면, 이 모형의 각 단계를 분절하여 교수·학습하도록 변용할 수 있다. 예컨대, 1차시에는 협상 담화를 제시하여 의견이 불일치하는 지점을 파악하는 활동을 중점적으로 교수·학습하고, 2차시에는 상대방의 요구나 숨은 의도를 파악하기 위한 질문과 대답에 초점을 둔 수업을 계획할 수 있으며, 3차시에는 협상 참여자들 각자가 마련한 협상 대안을 상대에게 제시한 뒤 대안을 새롭게 재구성하거나 정교화함으로써 합의점을 도출하는 방식으로 모형을 운용할 수 있다. 이때 3차시에서는 학습자들이 1차시와 2차시에서 학습한 내용을 적용하도록 수업을 설계한다.

둘째, 화법 수업 목표에 따라 이 모형을 융통성 있게 활용할 수 있다. 이를테면, 이 모형을 학습자들이 수행할 협상 담화 절차 중 조정 단계에서 활용할 수도 있고, 친연성이 높은 토의나 토론 담화 모형을 접목하여 담화 통합형 수업을 운용할 수도 있다. 예컨대, 사회적 갈등 상황과 관련하여 학습자들이 논제를 도출하여 토론한 뒤, 각 입장을 대표하는 갈등 주체를 상정하여 대안 조정을 위한 협상을 수행할 때 이 모형을 통합하여 활용할 수 있다. 또는 문제 해결을 위해 토의하다가 의견이 팽팽하게 대립할 경우, 이해 당사자의 관계를 설정하여 협상을 수행하는 수업도 가능하다.

2) 교수·학습상의 유의점

특정 모형을 수업에 적용하기 위해서는 교사, 학습자, 수업 변인의 특성을 고려하여 적용해야 한다. 특히 상호 대안 조정을 위한 협상 교육 모형은 절차 모형이자 담화 수행 모형에 해당한다. 화법 담화 유형의 하나인 협상 담화를 수행하는 모형이기 때문에 상호교섭적 특성을 고려해야 한다. 상호교섭적 특성을 고려한다는 것은 학습자들이 어떻게 상호교섭하느냐에 따라서 협상 과정과 결과가 달라질 수 있음을 인식하고 교수·학습해야 한다는 점이다. 이 모형은 4~6명으로 소그룹을 구성하여 모둠별로 학습자들이 수행할 수 있는데 모둠별로 수행 과정과 결과가 달라질 수 있다. 이때 교사는 각 모둠에서 도출된 협상 결과를 교실에서 공유함으로써 모둠별로 잘한 점과 개선할 점에 대해 피드백하고, 학습자들은 자신의 협상 수행을 다른 모둠의 결과와 비교해 봄으로써 자신의 수행을 점검하고 성찰할 수 있다. 이를 위해서는 모둠별 협상 수행 과정을 녹화하여 기록한 뒤 이를 점검 과정에서 활용할 수 있도록 한다.

참고문헌

남경희(2011),「합리적 의사 결정의 가치기준으로서 지속가능성」,『사회과교육』50(1), 1-12.

정민주(2020),「다중 의제를 활용한 중고등학생의 협상 수행 양상」,『새국어교육』124, 101-126.

정민주(2022),「화법 교육을 위한 협상 담화 절차 구조화 방안」,『국어교육연구』79, 1-35.

Engle, S. H. & Ochoa, A. S.(1989),『민주 시민 교육』, 정세구(역), 교육과학사(원서출판 1988).

Hurst, J. B., Kinney, M. & Weiss, S. J.(1983), "The Decision Making Process", *Theory and Research in Social Education* 11(3), 17-43.

Miles, E. W.(2013), "Developing Strategies for Asking Questioning in Negotiation", *Negotiation Journal* 29(4), 383-412.

Moran, S. & Ritov, I.(2006), "Experience in Integrative Negotiations: What Needs to Be Learned?", *Journal of Experimental Social Psychology* 43(1), 77-90.

Rackham, N.(1985), "The Behavior of Successful Negotiation". In R. J. Lewicki & J. A. Litterer(eds.), *Negotiation*, R. D. Irwin.

Raiffa, H.(1982), *The Art and Science of Negotiation*, Belknap.

Spangle, M. L. & Isenhart, M. W.(2003), *Negotiation: Communication for Diverse Settings*, Sage Publication.

Weignart, L. R., Hyder, E. B. & Prietula, M. J.(1996), "Knowledge Matters: The Effect of Tactical Descriptions on Negotiation Behavior and Outcome", *Journal of Personality and Social Psychology* 70(6), 1205-1217.

6장

호혜적 협상 화법 교육 모형[1]

서영진

다양한 이해관계로 인한 갈등이 곳곳에서 일어나고 있는 현대 사회에서는 갈등을 효율적으로 관리하고 해결할 수 있는 협상 능력이 절실하게 요구된다. 성공적인 협상을 위해서는 문제 상황과 상대방의 요구 및 이익을 정확하게 파악하는 능력, 구체적인 상황 속에서 창의적이고 생산적인 대안을 제시하는 능력, 상대를 설득할 수 있는 능력 등이 요구되는데, 이는 미래 사회 핵심 역량으로 일컬어지는 문제 해결 역량, 자료 정보 처리 역량, 의사소통 역량 등과 일맥상통한다. 즉 협상 교육은 학생들이 직면하게 될 일상생활과 직무 수행 중 갈등 상황에 능동적으로 대처할 수 있는 능력을 기르기 위해 필요하기도 하지만, 비판적·창의적 사고 역량, 문제 해결 역량, 의사소통 역량 등과 같은 핵심 역량을 함양하는 데도 중요한 역할을 한다. 하지만 협상 화법을 다루는 다수의 안내서에서는 상대방을 적으로

....

[1] 이 내용은 서영진(2010), 「'협상' 담화 교수·학습 방안 연구: 호혜적 협상의 기본 요소를 중심으로」를 바탕으로 재구성한 것이다.

간주하고 상대방을 이길 수 있는 전술이나 술수를 알려 주는 데 그치고 있다. 성공적인 협상은 향후 상대방과의 관계는 고려하지 않고 본인이 원했던 바를 쟁취하는 것이 아니라, 참여자 모두가 이익을 얻고 차후의 관계 발전과 상생까지도 도모하는 것이다. 이에 호혜적 협상의 기본 요소와 절차 등을 검토하여 호혜적 협상 화법 교육 모형을 개발하였다.

1. 이론적 배경

호혜적 협상 화법 교육 모형은 레위키와 배리(Lewicki & Barry, 2003 / 2005)의 '이중 이해관계 모델'과 '성공적 협상의 원리', 하버드 대학교 협상 모형으로 널리 알려진 피셔 외(Fisher et al., 1991 / 2001)의 '원칙화된 협상 원리', 존슨과 존슨(Johnson & Johnson, 2002 / 2004)의 '통합적 협상 단계' 등을 기반으로 하였다.

1) 이중 이해관계 모델

레위키와 배리(2003 / 2005)는 협상 참여자들이 갈등 상황에서 어떻게 갈등을 조정하고 문제를 해결하는지 '이중 이해관계 모델'을 통해 설명한다. 갈등 상황에 처한 협상 참여자들은 일반적으로 두 가지 입장을 고려하게 된다. 하나는 자신의 이익을 추구하여 성과를 중시하는 것이고, 다른 하나는 상대의 이익을 고려하여 관계를 중시하는 것이다. 즉, '성과'와 '관계'라는 이중의 이해관계 요인 조합에 따라 다음의 네 가지 전략을 만들어 낼 수 있다.

이중 이해관계에 따른 협상 전략(Lewicki & Barry, 2003/2005; 서영진, 2010: 206 재구성)

		실제 성과가 중요한가?	
		그렇다	아니다
서로의 관계가 중요한가?	그렇다	협동 전략	양보 전략
	아니다	투쟁 전략	회피 전략

'투쟁 전략'은 협상에서 승리하여 자신이 원하는 결과를 획득하는 데에만 관심을 갖는 전략으로, 경쟁, 지배적, 강성 입장의 전략이라고도 한다. 상대방과의 관계에 미칠 영향이나 후속 거래에 관심이 없을 때 주로 선택된다. 이 전략을 사용하는 사람들은 가능한 한 큰 이익을 얻는 데 초점을 맞추며, 상대가 원하는 이익을 얻었는지에는 관심을 두지 않는다. 수단과 방법을 가리지 않고 상대를 위협하거나 으름장을 놓거나 일방적인 행동을 하기도 한다. 경우에 따라서는 거짓 정보를 흘리는 행위도 서슴지 않는다.

'양보 전략'은 상대와의 관계가 중요한 상황에서 선택하는 전략으로, 수용 전략이라고도 부른다. 이 전략을 사용하는 사람들은 자신이 어떤 이익을 달성했는지보다 상대가 원하는 이익을 얻었는지에 더 많은 관심을 가진다. 즉, 자신에게는 다소 불리하더라도 상대의 입장을 수용해 주는 전략이다. 이번에 양보를 해 줌으로써 상대와의 관계를 원만히 한 후, 향후 더 좋은 결과를 얻어 내겠다는 목적을 가질 때 사용된다.

'회피 전략'은 상대의 이익뿐 아니라, 자신의 목표 달성 여부에도 관심이 없는 상황에서 사용하는 전략이다. 협상하더라도 관계가 좋아질 것 같지도 않고 얻을 수 있는 것도 없다고 판단하는 경우는 협상 자체를 하지 않게 된다. 침묵하고 아무런 행동도 하지 않는 것이 더 좋은 경우에 사용된다.

'협동 전략'은 자신의 이익 달성뿐만 아니라 상대의 이익 달성 여부에도 높은 관심을 보이는 경우, 소위 윈 - 윈(win-win)을 원할 때 사용하는 전략이다. 이 상황에서 협상 참여자들은 공동의 이익을 극대화하기 위해 적극 노력하며, 서로의 정보와 의중을 공개하고 신뢰를 바탕으로 협상한다.

대체로 성공적인 협상 참여자들은 자신과 상대방의 요구를 높은 수준에서 충족시킨다는 점에서 서로에게 이익이 되는 윈 - 윈 협상을 지향한다. 교육 현장에서 협상 화법을 가르칠 때도 '상호 경쟁적인 상황에서도 상호 협력하여 참여자 모두가 이익을 얻어 상생하는 협상'을 추구해야 하므로, 위 네 가지 전략 중 협동 전략을 지향해야 한다. 협동 전략은 협력 전략, 통합 전략, 문제 해결 전략, 윈 - 윈 전략, 상호 이득 전략, 호혜적 전략 등 다양한 이름으로 불리는데, 서로 혜택을 나누어 가지며 관계를 발전시키고 향후의 일까지 함께 도모할 수 있도록 노력한다는 점을 효과적으로 드러낼 수 있는 '호혜적 전략'을 대표 명칭으로 선택하고자 한다.

2) 원칙화된 협상의 원리

하버드 대학교 협상 모형으로 널리 알려진 피셔 외(1991 / 2001)에서는 호혜적 협상을 '원칙화된 협상'으로 소개하며 다음의 원리를 강조한다.

- **사람**: 문제와 사람을 분리시켜라.
- **이해관계**: 입장이 아닌 이해관계에 초점을 맞추어라.
- **옵션**: 무엇을 할 것인지 결정하기 전에 다양한 가능성을 만들어 내라.
- **기준**: 객관적 기준에 근거한 결과를 주장하라.

첫 번째 원리는 실질적으로 문제 해결에 들어가기 전에 문제와 뒤얽혀 있는 '사람 문제'를 분리해 별도로 다루어야 한다는 것이다. 어떤 입장을 취하는 경우 인간의 자아는 그 입장과 일체가 되어 상황을 악화시킬 수 있기 때문이다. 즉 협상 참여자들은 한편이 되어 나란히 문제를 공략해야지 서로를 공략해서는 안 된다는 뜻이다.

두 번째 원리는 협상의 목적은 드러나지 않은 보다 근본적인 욕구나 근원적인 이해관계를 충족시키는 것이므로, 겉으로 드러난 입장에 초점을 맞추는 태도를 극복해야 한다는 것이다. 입장을 놓고 협상하면 진정으로 원하는 것을 모호하게 만드는 경우가 있으므로, 입장이 아닌 그러한 입장을 취하도록 만든 욕구, 즉 입장의 동기를 효율적으로 충족할 수 있는 합의를 이끌어 내야 한다

세 번째 원리는 갈등 해결이 원활하지 않아 신경전이 벌어지는 상황에서는 최적의 해결책을 고안해 내기 어렵다는 점을 고려한 것이다. 많은 이해관계가 걸려 있을 때는 창의성을 발휘하기 어렵고, 올바른 해결책을 찾는 것이 어렵다. 이러한 제약 조건을 상쇄하기 위해서는 충분한 시간과 여유가 보장되는 단계에서 공동의 이해관계를 증진하고 상반된 이해관계를 창의적으로 조정할 대안들을 충분히 연구해야 한다.

네 번째 원리는 갈등이 첨예한 상황에서 양측의 입장을 모두 충족하기 어려울 경우는 협상 당사자가 선정한 기준이 아닌 전문가의 의견, 관습, 법률 등과 같이 공정한 기준을 근거로 삼아 의사 결정을 해야 한다는 것이다.

3) 통합적 협상의 여섯 단계

존슨과 존슨(2002 / 2004)에서는 통합적 협상을 강조하면서 공동의 결과를 극대화하기 위한 협상의 여섯 단계를 소개한다.

- 1단계: 자신이 원하는 것이 무엇인지 기술하라.
- 2단계: 자신의 감정을 기술하라.
- 3단계: 입장에 대한 이유를 교환하라.
- 4단계: 상대방의 관점을 이해하라.
- 5단계: 서로의 이익을 충족해 줄 수 있는 선택 가능한 대안을 개발하라.
- 6단계: 현명한 합의에 도달하라.

1단계는 협상 참여자들이 각자 요구하는 것을 기술적(descriptive)이지만 평가적이지 않은 방법으로 설명하는 것이다. 2단계는 자신이 어떻게 느끼는지 감정을 기술적이지만 평가적이지 않은 방법으로 설명하는 것이다. 3단계에서는 자신의 욕구와 느낌에 대한 이유를 설명하는 것으로, 이는 피셔 외(1991 / 2001)에서 말하는 근원적인 '이해관계', 즉 입장의 동기를 분명히 하는 것이다. 4단계는 상대방이 무엇을 원하고, 느끼고, 그 이유는 무엇인지 요약함으로써 입장을 바꾸어 보는 것이다. 5단계는 공동의 결과를 최대화할 수 있는 적어도 세 가지의 좋은 선택 가능한 대안을 고안하는 것으로, 이때 선택 가능한 대안은 피셔 외(1991 / 2001)에서 말하는 '옵션'과 일맥상통한다. 6단계는 다양한 대안 중에서 협상 참여자들이 만족할 수 있는 것을 선택하여 합의를 이끌어 내는 것이다.

4) 성공적 협상의 원리

레위키와 배리(2003 / 2005)는 양쪽의 목적을 최대로 달성하면서 성공적 협상에 이르도록 하기 위한 몇 가지 원리를 제안하였다.

1. 협상가들은 서로의 진정한 요구 사항과 목적을 이해해야 한다.
2. 정보의 자유로운 흐름을 창출하고 아이디어를 활발하게 교환해야 한다.
3. 차이보다는 공통점과 유사성에 초점을 맞추어야 한다.
4. 서로의 목표를 모두 충족시켜 줄 수 있는 해결 방안을 추구해야 한다.

협상 참여자들이 서로 이해해야 하는 '진정한 요구 사항'은 피셔 외 (1991 / 2001)의 '이해관계'와 존슨과 존슨(2002 / 2004)의 '입장에 대한 이유'와 유사하다. '정보의 자유로운 흐름을 창출하고 아이디어를 활발하게 교환하기'와 '공통점과 유사성에 초점을 맞추기'는 피셔 외(1991 / 2001)의 '옵션'을 만들기 위한 선결 조건이자 존슨과 존슨(2002 / 2004)의 '선택 가능한 대안'을 만들기 위한 선결 조건이다. 서로가 진정으로 원하는 바를 파악하고 이를 이루기 위해 유사점에 초점을 맞추어 아이디어를 교환하면, 협상에 참여한 자들 모두가 만족할 수 있는 의사 결정을 할 수 있다는 것이다.

이와 같이 피셔 외(1991 / 2001), 존슨과 존슨(2002 / 2004), 레위키와 배리(2003 / 2005) 논의의 공통점은 표면적으로 드러난 입장 뒤에 숨어 있는 '진정한 이해관계'를 충족시킬 '대안'을 마련해야 한다는 것이다.

5) 호혜적 협상의 기본 요소

협상 참여자들이 상호 만족할 수 있는 협상을 수행하는 원리, 절차 등에 대한 상기의 선행 논의에서 공통적으로 확인되는 요소는 '동기', '창의적인 대안', '객관적 기준'으로 이는 호혜적 협상을 위한 기본 요소라고 할 수 있다(서영진, 2010).

첫 번째 요소는 동기이다. 입장이 협상 참여자의 드러난 요구라면, 동기는 협상 참여자가 그러한 입장을 갖게 된 이유인데, 협상 과정에서 자신과 상대방이 주장하는 요구 뒤에 숨어 있는 이유로서 근원적 이해라고도 불리는 것이다. 피셔 외(1991 / 2001)는 다음의 예를 통해서 입장과 동기의 차이를 설명한다. 예를 들어, 오렌지 하나를 둘이 서로 가지려고 하는데, 입장 중심의 경쟁적 협상에 따라 타협을 하게 되면, 오렌지를 정확하게 이등분하여 반쪽씩 가지면 해결될 것이다. 그런데 한쪽이 오렌지를 원하는 이유가 무엇인지 그리고 다른 한쪽이 오렌지를 원하는 이유가 무엇인지 그 동기를 생각해 본다면 협상 결과는 달라질 수 있다. 한쪽은 오렌지의 시원한 과육을 먹고 싶고, 다른 한쪽은 오렌지 향이 나는 과자를 만들기 위하여 껍질이 필요했던 것이다. 이 경우 오렌지를 정확하게 이등분하는 것보다는 과육과 껍질로 분리하면, 각자 오렌지를 필요로 하는 이유, 즉 동기를 잘 충족시키면서 서로가 원하는 바를 얻을 수 있는 호혜적 협상, 이른바 윈 - 윈 협상이 가능해진다.

두 번째 요소는 창의적인 대안이다. 입장에 대한 이유인 동기가 파악되면, 성공적인 협상의 다음 단계는 서로의 동기를 충족시킬 수 있는 대안을 개발하는 일이다. 대안은 협상 참여자들이 합의하여 최종적으로 선택할 가능성이 있는 방안을 의미한다. 따라서 다양한 내용의 대안을 많이 개발하면 할수록 참여자들이 선택할 수 있는 범위가 넓어져 상호 원하는 바를 얻을 가능성이 높아진다.

세 번째 요소는 객관적 기준이다. 객관적이고 공정한 기준이란 협상 참여자의 의지와 관계없는 독립적인 지표, 기준, 원칙을 말한다. 호혜적 협상에서는 서로의 동기를 충족시키려고 노력하며, 상대방과의 우호적인 관계를 고려하면서 서로에게 득이 되는 합의를 도출해야 한다. 그럼에도 불구하고 상대방의 이익과 자신의 이익이 직접적으로 상반되는 경우가 존재하고, 다양한 대안을 창의적으로 개발했음에도 불구하고 합의점을 찾지 못하는 경우가 종종 발생한다. 이때 갈등을 조정하기 위해서 객관적이고 공정한 기준에 기초하여 협상을 수행하면 한쪽의 이익이 제한되더라도 양측은 합의가 정당하다고 인정하게 된다. 상대방에게 제안하는 대안은 객관적이고 공정할수록 상대방에게 수용될 가능성이 커지므로, 대안을 개발하는 과정에서부터 객관적 기준을 고려한다면 효과적일 것이다. 객관적이고 공정한 기준으로는 도덕성, 국제 사회와 국내 사회의 법규범, 업계의 관행과 기준, 선례, 전문가의 판단 등을 참고하여 마련할 수 있다.

2. 호혜적 협상 화법 교육 모형

호혜적 협상 화법 교육 모형은 호혜적 협상의 기본 요소를 경험하게 함으로써 협상에 대한 인식을 바꾸고 협상 능력을 신장하기 위해 구안되었다. 협상 교육에서는 협상 전반에 대한 본질적이고 방법적인 지식을 제공하여 협상 담화에 대한 이해의 폭을 넓힘과 동시에 유의미한 협상을 경험하게 함으로써 실제 협상 능력을 신장시켜 주는 것을 지향해야 한다. 이와 더불어 거짓 정보를 제공하거나 상대를 향해 공격적인 태도를 취하는 것은 진정한 협상이 아니므로 경쟁적이지만 협력적으로 협상에 임하는 태도를 지도하는 것도 필요하다. 그중 가장 중요한 것은 협상을 실제 경험하게 하는 것이다. 물론 협상 경험을 하는 것 자체가 협상 화법 교육의 목적은 아니다. 하지만 협상에 대한 개념, 방법적 지식과 절차적 지식은 실제 수행 경험이 동반될 때 좀 더 완전하게 이해될 수 있고, 학습자는 실제 수행 과정에서 스스로 발견하고 깨달은 바를 자신만의 지식과 기능으로 익히게 된다. 즉, 협상 화법에 대한 실제 수행 경험은 개념적 지식과 방법적 지식을 내면화하고 기능과 전략을 익히는 데 가장 효과적인 방법이다.

호혜적 협상 화법 교육 모형은 일반적인 수업의 흐름에 따라 도입부 – 전개부 – 정리부로 진행한다. 도입부는 협상 활동 전 단계로, 협상에 대한 개념적 지식, 절차적 지식을 학습하고 협상 활동 경험을 위해 협상 상황을

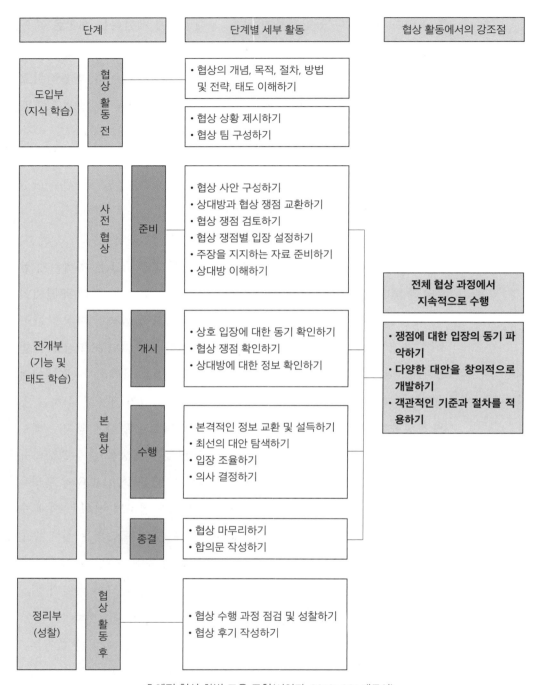

단계			단계별 세부 활동	협상 활동에서의 강조점
도입부 (지식 학습)	협상 활동 전		• 협상의 개념, 목적, 절차, 방법 및 전략, 태도 이해하기	
			• 협상 상황 제시하기 • 협상 팀 구성하기	
전개부 (기능 및 태도 학습)	사전 협상	준비	• 협상 사안 구성하기 • 상대방과 협상 쟁점 교환하기 • 협상 쟁점 검토하기 • 협상 쟁점별 입장 설정하기 • 주장을 지지하는 자료 준비하기 • 상대방 이해하기	전체 협상 과정에서 지속적으로 수행
	본 협상	개시	• 상호 입장에 대한 동기 확인하기 • 협상 쟁점 확인하기 • 상대방에 대한 정보 확인하기	• 쟁점에 대한 입장의 동기 파악하기 • 다양한 대안을 창의적으로 개발하기 • 객관적인 기준과 절차를 적용하기
		수행	• 본격적인 정보 교환 및 설득하기 • 최선의 대안 탐색하기 • 입장 조율하기 • 의사 결정하기	
		종결	• 협상 마무리하기 • 합의문 작성하기	
정리부 (성찰)	협상 활동 후		• 협상 수행 과정 점검 및 성찰하기 • 협상 후기 작성하기	

호혜적 협상 화법 교육 모형(서영진, 2010: 221 재구성)

파악하고 팀을 구성한다. 전개부는 실제 협상 활동이 진행되는 단계로, 사전 협상 단계인 준비 단계를 거쳐 본 협상 단계인 협상 개시 – 협상 수행 – 협상 종결 단계에 따라 진행한다. 전개부에서 협상 활동을 수행하며 협상의 기능 및 태도를 익히게 되는데, 협상 준비부터 협상 종결에 이르기까지 호혜적 협상의 기본 요소인 '동기 확인하기, 대안 개발하기, 객관적인 기준 적용하기'를 지속적으로 추구하는 것을 핵심으로 한다. 정리부는 협상 활동 후 단계로 협상 과정을 성찰하며 자신의 수행을 평가한다. 호혜적 협상 화법 교육 모형의 각 단계를 보다 세부적으로 살펴보면 다음과 같다.

1) 도입부

'도입부'에서는 협상의 개념, 목적, 절차, 방법 및 전략, 태도 등 협상에 대한 기본적인 지식을 학습한다. 역사적으로 유명하면서도 성공적인 협상으로 평가받은 협상 사례를 활용하여 협상에 대한 이해의 폭을 넓힌다.

그리고 가상의 협상 상황을 연출하여 제시한다. 수업 시간과 교실 공간에서 전개되는 협상임을 고려하여 교육적으로 재구성한 협상 상황을 설정하되 담화 맥락의 실제성을 담보할 수 있도록 한다. 아울러 협상력을 발휘하는 데 필요한 조건들을 최대한 구체적으로 제시한다. 교과서 학습 활동 중에는 협상 참여자들이 활용 가능한 자원이 제시되지 않아 협상 전략을 어떻게 발휘해야 할지 판단하기 어렵거나, 협상 참여자들이 어느 정도의 의사 결정 권한을 갖고 있는지가 제시되지 않아 협상력을 어떻게 발휘해야 할지 판단하기 어려운 경우도 있다. 그러므로 학습자의 요구, 상황의 실제성, 협상 참여자들에 부여된 협상 권한, 협상 자원 등을 구체화하여 협상 상황을 제시한다.

협상 팀은 학급에 소속된 전체 학습자 중 일부 학습자를 협상 대표로 선발하여 일부 학생만 협상에 참여하도록 구성할 수도 있고, 가능한 모든 학생이 협상에 참여하도록 구성할 수도 있다. 일부 학생만 참여하는 경우는 학급을 두 집단으로 나누어, 각 집단의 권한을 위임하는 방식으로 집단별 대표 학생 두세 명을 선정하는 방식을 활용할 수 있다. 이 경우 협상 대표로 선정된 학생은 친구들로부터 권한을 위임받아 협상에 참여하게 되므로 책임감을 갖고 협상에 참여하게 되고 나머지 학생들은 자신이 선정한 대표자가 협상을 잘해 내는지 적극적으로 참관하게 된다. 하지만 소수의 학생만 협상 경험을 하게 되는 한계가 있다. 가급적 모든 학생이 참여하는 경우는 학급의 모든 학생이 하나의 팀에 소속되어 협상을 수행하게 하는 것이다. 예컨대 A라는 주민자치회와 B라는 기업 간 협상을 해야 하는 상황에서, 학급당 학생 수가 32명이라면, 4명씩 8팀으로 나누고, 4개의 팀은 A 주민자치회, 4개의 팀은 B 기업 입장을 맡는다. 그리고 A 주민자치회를 맡은 한 개 팀과 B 기업 입장을 맡은 한 개 팀이 한 조를 이루어 협상을 진행한다. 이렇게 하면 모든 학생이 총 4개의 조로 나뉘어 협상 활동을 경험할 수 있다.

2) 전개부

'전개부'는 협상을 본격적으로 경험해 보는 단계로, 이는 협상의 일반적인 절차에 따라 진행한다. 사전 협상 단계에 해당하는 첫 단계는 협상 준비이다. 준비를 충분하게 할수록 협상의 목적을 달성할 가능성이 커지는데 협상 준비의 핵심은 정보이다. 자신은 물론이고 상대방의 동기, 객관적 기준, 다양한 대안, 최선의 대안 등에 관한 정보를 수집하고 분석하는 과정이 협상 준비의 시작이다. 이렇게 수집되고 분석된 정보를 바탕으로 협상의 계획과 목표가 설정된다. 준비 단계는 협상 사안의 구성, 상대방과 협상 쟁점 교환, 협상 쟁점의 검토, 협상 쟁점별 목표 설정, 주장을 지지하는 자료의 준비, 상대방에 대한 준비 등으로 세분화할 수 있다.

협상 사안의 구성은 협상에서 원하는 것이 무엇인지 또는 무엇을 협상할지 그 사안을 정하는 것이다. 협상 사안을 구성할 때는 협상의 목표를 결정하고, 협상에서 얻을 수 있는 것을 예상해야 한다. 이 단계에서 사안을 분석하여 상대방과 협상해야 할 쟁점을 정의한다. 상대방에게 원하는 것이 한 가지라고 생각할 수 있지만 깊이 있게 고민하여 여러 개를 발견하면, 즉 쟁점이 여러 개가 되면 경쟁적인 협상이 아닌 협력적인 협상을 할 수 있는 가능성이 커진다. 서로 간의 관심사에 따라 의제에 관한 권리를 주고받을 수 있기 때문에 갈등을 해결할 수 있는 단서를 찾아 가기가 비교적 쉬워진다.

협상 쟁점 교환은 협상이 개시되기 전에 협상해야 할 쟁점 목록을 교환하는 것이다. 상대방과 협상 쟁점을 교환함으로써 협상에서 다룰 쟁점들의 체계적 목록인 협상 의제를 고안할 수 있다. 또한 이 과정에서 실제 협상이 수행될 장소, 협상 개시 시점과 기간, 협상에 참여하는 협상 참여자 확정은 물론이고, 협상 수행에 관한 원칙 등을 합의할 수 있다.

협상 쟁점의 검토는 협상 의제가 합의된 후 쟁점별 입장과 그 동기가 무엇인지 깊이 생각하는 단계이다. 협상 목적에 비추어 협상 쟁점들을 그 중요도에 따라 분류하는 활동도 해야 한다. 반드시 얻어야 하는 것을 얻어야지, 그저 얻으면 좋은 것을 얻는다면 그 협상은 성공적이라 할 수 없다. 협상 쟁점들의 중요도가 결정되면, 협상에서 이들 쟁점이 다루어질 순서를 결정해야 한다.

협상 쟁점별 목표 설정은 협상 쟁점별로 기대할 수 있고 또한 자신에게 가장 이익이 되는 해결책을 생각해 보는 것으로, 해결책은 입장에 대한 동기를 잘 반영하고, 객관적 기준에 부합하며 공정해야 한다.

협상에서 자신의 입장을 상대방에게 주장하기 위해 반드시 주장을 지지하는 자료를 준비해야 한다. 주장은 상대방에게 설득력을 가져야 하고, 기준에 맞아야 하며, 정당성을 가져야 한다. 그러므로 쟁점별로 자신의 입장을 정당화하고 뒷받침할 수 있는 객관적 자료를 가능한 한 충분히 준비하는 것이 좋다. 자신이 제시한 자료에 대한 상대방의 반박 또는 반응을 미리 생각하여, 추가적인 대응도 준비해야 한다.

상대방에 대한 이해는 '지피지기(知彼知己)' 전략이라 할 수 있다. 협상 상대방이 중요하게 생각하는 쟁점, 이들 쟁점에 대한 상대방의 입장 및 그 동기, 상대방의 협상 유형 등에 대한 이해가 필요하다.

본 협상이 시작되는 첫 단계는 협상 개시이다. 협상의 준비 단계에서 수집한 정보를 기초로 협상 계획이 마련되면, 상대방을 만나서 협상을 개시하게 된다. 협상의 개시에서는 상대방이 협상을 수행하여 결정할 수 있는 권한을 가지고 있는지를 확인해야 한다. 상대방의 입장을 경청하면서, 협상을 준비하는 과정에서 상대방에 대하여 수집한 정보가 추측에 불과한 것인지 아니면 사실에 맞는지 등도 확인한다. 또한 상대방에게 얻을 수 있다고 생각한 것을 상대방이 실제로 가지고 있는지, 원하는 것을 상대방에게서 얻을 수 있는지, 상대방이 바라는 것을 줄 수 있는지도 확인한다.

다음은 협상 수행이다. 협상의 수행은 준비 단계에서 수집한 정보를 기초로 협상 참여자들이 서로 주장을 개진하고, 서로 입장을 조율하면서 합의에 이르는 과정이다. 협상의 수행은 대화를 통하여 서로 정보를 주고받으며 창의적이면서 단호하게 의사소통하는 과정이라 할 수 있다.

마지막 단계는 협상의 종결이다. 상대방과 합의를 도출하게 되면 협상이 종결되는데, 협상 종결은 신중해야 한다. 협상을 신중하게 종결하기 위해서는 협상 의제에 포함된 쟁점들을 모두 충분히 검토하고 합의를 도출해야 한다. 즉, 쟁점별 입장에 대한 동기가 이해되고, 모든 가능한 대안이 창의적으로 논의되고, 필요한 기준이 합의된 후에 비로소 약속을 통하여 협상을 종결하는 것이다. 협상의 결과는 문서로 작성하고, 협상 중에 노출된 갈등을 해소하는 차원에서 악수를 하거나, 상대방의 협력과 노고에 감사를 표시하며 부드럽게 마무리한다. 마지막으로 협상의 결과는 항상 분쟁의 가능성에 노출되어 있으므로 합의문에 분쟁의 해결에 관한 규정도 명시한다.

3) 정리부

'정리부'에서는 준비 – 개시 – 수행 – 종결 단계에 따라 전개된 협상의 전 과정을 돌아보고 성찰한다. 최선의 결과를 얻어 내기 위해 어떠한 노력을 하였는지 돌아보며 협상 과정에서 부족한 점은 무엇이었는지, 잘한 점은 무엇이었는지 등을 분석하여 차후를 도모하는 것이다. 이때 본인이 소속된 팀의 협상 과정과 전략을 성찰하는 것뿐만 아니라 상대 팀의 협상 방법과 전략까지 분석해 보면, 각자의 장단점을 비교하는 가운데 자신의 협상을 객관화할 수 있다. 협상이 종결된 후에 본 협상을 돌아보는 방식을 취하기 때문에 협상 과정을 '성찰'한다고 표현하였지만, 원활한 협상 수행을 위해서는 본 협상 과정에서부터 지속적으로 소통 과정을 '점검'하고 '조정'해야 한다. 하지만 학습자들에게 다소 낯선 담화 유형인 협상을 수행하면서 메타 인지까지 활성화하도록 요구하는 것은 부담이 될 수도 있으므로 협상 후 단계에서 성찰 활동을 하도록 하는 것이다. 성찰 활동의 결과는 일종의 '협상 후기'를 작성하여 기록한다.

한편 협상을 본격적으로 수행하는 전개부에서는 호혜적 협상의 기본 요소인 '동기 확인하기', '대안 개발하기', '객관적인 기준 적용하기'를 끊임없이 추구하도록 하여, 참여자 간 경쟁적 협력을 통해서 상호 원하는 이익을 달성하고 성공적인 협상을 경험할 수 있도록 한다. 협상의 단계를 차근히 밟아 가는 것은 일반적인 문제 해결 활동과 크게 다르지 않다. 협상의 전체 흐름 속에서 '동기, 대안, 기준'을 지속적으로 고려하면 협상 담화 고유의 성격을 이해하고 호혜적 협상을 경험할 수 있다. 세 가지 기본 요소는 학생들에게 가르쳐야 할 협상의 핵심 전략이자 협상 담화 교육을 위한 구체적인 교수·학습 목표라고 할 수 있다.

3. 교수·학습 방안

호혜적 협상을 위한 교수·학습 목표로서 '쟁점에 대한 입장의 동기를 파악한다.' '다양한 대안을 창의적으로 개발한다.' '객관적인 기준과 절차를 적용한다.'를 달성하기 위한 교수·학습 활동은 세 가지 기본 요소를 확인하고 개발하는 과정으로 구성할 수 있다. 세 가지 활동을 수행하기 위한 지침으로서 각각의 활동에서 참조할 수 있는 질문 목록을 제시하면 다음과 같다.

1) 동기 확인하기 활동

동기는 다음 질문들에 대한 답을 기술하는 것을 통해 구체화할 수 있다. 그 답을 기술해 보고 동기가 명확해지면, 학습자들은 입장이 아닌 동기를 충족시키기 위해 노력할 수 있다.

동기 확인하기 위한 질문 목록(서영진, 2010: 222)

- 내가 원하는 것은 무엇인가?
- 나는 왜 그것을 원하는가?
- 상대방이 원하는 것은 무엇인가?
- 상대방은 왜 그것을 원하는가?
- 나와 상대방이 공통으로 원하는 것은 무엇인가?
- 나와 상대방이 원하는 것의 차이는 무엇인가?
- 나와 상대방의 동기 중 공통점은 무엇인가?
- 나와 상대방의 동기 중 차이점은 무엇인가?
- 내가 원하는 바를 세분화할 수 있는가? 할 수 있다면 어떻게 나눌 수 있는가?

---

2) 대안 개발하기 활동

문제 해결을 위해서는 다양한 대안이 마련되어야 하는데 대안 개발을 위해서는 동료 학습자들과 함께 브레인스토밍 토의를 수행하도록 한다. 창의적인 대안 개발은 협상 준비 단계에서는 상대방에게 제안할 대안을 미리 마련하기 위해 수행하며, 협상 수행 단계에서는 각자 마련해 온 대안을 기반으로 상대방과 함께 보다 발전적이고 창의적인 대안을 개발하기 위해 수행한다.

브레인스토밍 토의를 통해서 대안을 개발하는 활동을 지도할 때는 다음 사항에 유의한다. 브레인스토밍을 하기 전에 목표를 분명히 하고, 편안하고 자유로운 분위기를 조성한다. 브레인스토밍 중에 학습자들은 나란히 앉아서, 상대방의 의견을 비판하지 않고, 생산된 아이디어들을 명료하게 기록한다. 브레인스토밍 후에 가장 유망한 아이디어에 표시를 하여 아이디어를 선별하되, 유망한 아이디어는 보다 발전시켜 최선의 아이디어로 개발한다.

브레인스토밍 과정에서 창의적인 대안을 개발하는 기법으로는 '파이 키우기', '우선과 차선을 고려한 양보하기', '포기에 대한 보상하기, '입장의 동기 접목시키기' 등이 있다. 레위키와 배리(2003/2005)는 다음과 같은 상황을 예시로 하여 네 가지 전략을 설명한다. 전체 2주의 휴가를 남편은 산에 있는 한적한 오두막에서 보내고 싶어 하는 반면, 아내는 고급 호텔에 묵으며 바닷가를 즐기고 싶어 한다. 이 상황에서 문제를 해결하는 방법은 여러 가지가 있다. 첫 번째 방법은 부부가 회사의 사장에게 2주가 아니라 4주간의 휴가를 달라고 설득하는 것이다(파이 키우기). 그렇게 할 수 있다면, 이들은 산과 바다에서 각각 2주씩을 보낼 수 있다. 두 번째 방법은 부부가 휴가 장소뿐만 아니라 숙박 시설에서도 의견이 일치하지 않을 경우를 고려한 것이다. 남편은 평범한 오두막을, 부인은 고급 호텔에 묵기를 원하되 부인이 휴가 장소보다 숙박 장소를 중요시한다면 양쪽의 요구에 합당한 방법은 산으로 가되 고급 호텔에 묵는 것이다(우선과 차선을 고려한 양보하기). 세 번째 방법은 부인이 원하는 대로 바닷가를 휴가 장소로 결정하는 대신에, 부인은 남편이 평소 갖고 싶어 했던 값비싼 선물을 사 주겠다고 제안하는 것이다(포기에 대한 보상하기). 네 번째 방법은 서로의 요구 사항을 모두 만족시키는 것이다. 남편은 부인에게 휴가 장소를 산으로 가고 싶은 이유가 사냥도 하고 낚시도 하고 싶기 때문이라고 말하고, 부인은 남편에게 사람들 틈에서 수영이나 쇼핑도 하고 싶기 때문이라고 말한다면 부부는 서로의 요구 사항을 모두 만족시킬 수 있는 리조트 시설을 찾아 휴가를 떠나기로 합의할 수 있다(입장의 동기 접목시키기).

'파이 키우기' 기법은 대안이 부족한 문제를 해결하기 위해 협상의 자원을 늘리는 것이다. 파이를 늘릴 때 필요한 것은 상대방의 이해관계와 활용 가능한 자원에 대한 정보이다. 다음의 물음을 바탕으로 문제 해결 방법을 모색해 볼 수 있다.

'파이 키우기'를 위한 질문 목록(서영진, 2010: 224)

- 어떻게 하면 양쪽 모두 자신이 요구하는 것을 얻을 수 있는가?
- 대안이 부족하지는 않은가?
- 양쪽의 요구에 부응하는 대안을 어떻게 늘릴 수 있는가?
- 나에게 이용 가능한 자원은 무엇이 있는가?
- 상대방에게 이용 가능한 자원은 무엇이 있는가?

'우선과 차선을 고려한 양보하기' 기법은 갈등 상황에 숨어 있는 두 가지 이상의 쟁점을 찾아내는 것으로 시작된다. 여러 가지 쟁점 중에서 첫 번째 쟁점을 한쪽의 이해관계에 부합하도록 해결해 주면, 두 번째 쟁점은 다른 쪽의 이해관계에 맞추어서 해결해 줄 수 있다. 다음 물음에 대해 답을 찾아보면 이 기법을 효과적으로 활용할 수 있다.

'우선과 차선을 고려한 양보하기'를 위한 질문 목록(서영진, 2010: 224)

• 나에게 어떤 문제가 우선이고 차선인가?
• 상대방에게는 어떤 문제가 우선이고 차선인가?
• 나에게 우선인 문제가 상대방에게 차선인 것이 있는가? 그 반대가 있는가?
• 하나의 큰 문제를 둘 이상의 더 작은 문제들로 나눌 수 있는가?
• 나에게 큰 손해가 없으면서 상대방에게 가치 있는 것으로 내가 줄 수 있는 것은 무엇인가?

'포기에 대한 보상하기' 기법은 한쪽이 자신의 목적을 얻어 내고 다른 한쪽에게 그에 상응하는 보상을 해 주는 것이다. 이 보상은 당장의 협상과 직접적인 관련이 없을 수도 있지만 보상을 받는 쪽에게는 양보의 대가로 받게 되는 보상으로 생각되어 이해관계에 상응된다. 이를 위해 고려해 보아야 할 사항은 다음과 같다.

'포기에 대한 보상하기'를 위한 질문 목록(서영진, 2010: 225)

• 상대방의 목적과 가치는 무엇인가?
• 중요한 문제에서 내 뜻대로 함과 동시에 상대방을 만족시키기 위해 내가 무엇을 할 수 있는가?
• 내가 상대방에게 주기에 비싸지 않고 상대방의 포기에 대한 가치 있는 보상에 이용할 만한 것은 무엇인가?

'입장의 동기 접목시키기' 기법은 서로의 요구 사항에 맞는 새로운 선택 사항을 만들어 내는 것이다. 양측의 입장 뒤에 숨어 있는 동기를 동시에 만족시키기 위해 동기를 접목시켜 보는 방법을 사용하면 문제의 본질을 명확히 파악할 수 있어 각자의 입장만 고수하지 않아도 된다. 대신 협상 참여자들은 서로의 이해관계와 요구 사항을 알 수 있도록 충분하게 정보를 교환하고 이를 만족시킬 수 있는 대안을 만들어야 한다. 물론 양측의 동기가 완벽하게 충족되지 못할 수도 있지만 서로의 요구 사항에 가장 부합하는 해결책을 만들어 낼 수는 있다. 이 기법을 적용하기 위한 구체적 확인 사항은 다음과 같다.

'입장의 동기 접목하기'를 위한 질문 목록(서영진, 2010: 225)
- 상대방의 근본적인 목적과 요구 사항은 무엇인가?
- 나의 근본적인 목적과 요구 사항은 무엇인가?
- 서로의 목적과 요구 사항에서 무엇이 우선이고 차선인가?
- 서로의 우선적인 목적과 요구 사항을 연결할 수 있는 방법은 무엇인가?

네 가지 방법 중 '파이 키우기'와 '입장의 동기 접목시키기'는 양측이 원하는 것을 모두 충족시켜 줄 수 있지만, '우선과 차선을 고려한 양보하기'와 '포기에 대한 보상하기'는 상호 양보를 전제로 한 것이라 당장 원하는 것을 모두 충족시키는 것이라 보기 어렵다. 하지만 참여자들이 만족할 만한 대안을 재구성하고 조정하는 양보와 타협을 핵심으로 한다는 점에서 호혜적 협상을 위한 다양한 방법 중의 하나로 활용할 수 있다. 네 가지 방법이 성공을 거두기 위해서는 양측 사이에 반드시 활발한 정보 교환이 이루어져야 한다. 서로의 정보를 자발적으로 공개하고 적극적으로 질문을 할 때 활용 가능한 자원이 많아지고, 각각의 자원들을 바탕으로 다양한 대안이 개발될 수 있기 때문이다.

3) 객관적인 기준 적용하기 활동

상대방의 이해관계를 잘 이해하고 양측의 이해관계를 조정할 방도를 생각해 내고 상대방과의 인간관계를 높이 평가한다 할지라도, 상충되는 이해관계로 인해 어려운 상황에 직면할 수 있다. 이때 필요한 것은 원칙에 근거하여 해결책을 찾는 것이다. 객관적 기준을 적용하여 문제를 해결하는 방법은 양측의 동기를 확인하고 선택 가능한 여러 가지 대안을 창의적으로 개발했음에도 불구하고 합의점을 찾지 못할 때 사용하는 방법이다. 즉, '동기 확인하기'와 '대안 개발하기'가 최선의 전략이라면, '기준 적용하기'는 차선의 전략이라 할 수 있다.

협상 참여자들은 국제 사회와 국내 사회의 법규범, 업계의 관행과 기준, 선례 등을 검색해 보거나 전문가에게 조언을 구하여 기준을 마련할 수 있다. 다음은 기준을 적용해야 할 때 생각해 봐야 할 물음들이다.

> **'기준 적용하기'를 위한 질문 목록**(서영진, 2010: 225-227)
> • 사회의 관련 법 규범에는 어떤 것이 있는가?
> • 업계의 관행이나 기준은 어떠한가?
> • 관련 선례나 관례는 어떠한가?
> • 해당 분야 전문가의 의견은 어떠한가?
> • 도덕적인 기준인가?
> • 객관적이며 공정한 기준인가?
> • 나와 상대방의 이해관계와 무관한 기준인가?
> • 기준은 나와 상대방 모두에게 적용되는 것인가?
> • 기준을 개발하고 적용하는 과정은 논리적인가?

참고문헌 ───

서영진(2010), 「'협상' 담화 교수·학습 방안 연구: 호혜적 협상의 기본 요소를 중심으로」, 『국어
    교육학연구』 38, 203-232.

Fisher, R., Ury, W. & Patton, B.(2001), 『YES를 이끌어 내는 협상법: 하버드대 협상 문제 연구
    팀의 혁신적 협상 프로젝트』, 박영환(역), 장락(원서 출판 1991).

Johnson, D. W. & Johnson, F. P.(2004), 『협동학습을 위한 참여적 학습자』, 박인우·최정임·이
    재경(역), 아카데미프레스(원서 출판 2002).

Lewicki, R. & Barry, D.(2005), 『최고의 협상』, 김성형(편역), 스마트비지니스(원서 출판 2003).

7장

틀 유형을 활용한 협상 교육 모형[1]

박준홍

틀 유형을 활용한 협상 교육 모형이란 갈등에 관한 메타적 인식의 도구
인 틀(frame)을 통해 갈등의 성격을 분석하고 그로부터 합의 가능성이 높
은 갈등 지점을 찾아 협상을 성공적으로 이끄는 협상 교육 모형이다. 그동
안의 협상 교육은 거시적 차원의 협상 원리에 대해서는 다루었으나 갈등
의 성격을 분석하고 이를 통해 갈등을 조정해 나가는 세부 단계에 대해서
는 다루지 못한 한계를 지닌다. 이에 갈등에 대한 분석을 통해 갈등을 조정
해 나가는 데에 유용한, 틀 유형을 활용한 협상 교육 모형을 개발하였다.

....

1   이 내용은 박준홍(2015), 「틀(frame) 유형을 활용한 협상 교육 내용 연구」를 바탕으로 정리
한 것이다.

1. 이론적 배경

여기에서는 협상의 개념에 대한 전반적인 이론에 더해 틀의 개념 및 틀 유형에 관한 이론을 살펴보았다. 특히 틀 유형은 코프먼과 스미스 (Kaufman & Smith, 1999)가 제시하고 있는, 갈등을 조망하기에 유용한 틀 유형을 중심으로 살펴보았다.

1) 협상의 개념

협상의 개념을 한 가지로 정의하기는 어렵다. 협상을 바라보는 관점에 따라 협상의 개념은 조금씩 달라질 수 있기 때문이다. 실제로 다음 표와 같이 국내외 논저에서는 협상의 개념을 다양하게 정의내리고 있음을 살펴볼 수 있다.

협상에 대한 다양한 개념 정의

연구자	협상의 개념 정의
피셔 외 (Fisher et al., 1991/2013)	상대방과 공통된 이해관계를 갖고 있으면서 동시에 상반된 이해관계에 처했을 때 합의를 보기 위해 밀고 당기는 대화
존슨과 존슨 (Johnson & Johnson, 1995/2004)	공유되고 상반된 이익을 가지고 합의에 도달하기를 원하는 사람들이 해결을 위해 노력하는 과정
정민주(2008)	이익과 관련된 갈등을 인식한 둘 이상의 주체가 이를 해결할 의사를 가지고 모여서 합의에 이르기 위해 대안들을 조정하고 구성하는 공동 의사 결정 과정
서영진(2010)	갈등 관계에 놓인 둘 이상의 주체가 상대방과 합리적으로 의견을 조율하는 과정

앞의 표에서 볼 수 있는 바와 같이, 협상의 개념은 협상에서 다루는 이

해관계가 상반되면서도 공통된다는 점에 초점을 맞춰 정의할 수도 있고, 상대방 측과 서로 대안을 제시해 가면서 이를 조율해 나가는 과정에 초점을 맞춰 정의할 수도 있다. 그런데 대안을 조율해 나가는 과정 역시 상반되면서도 공통된 이해관계의 성격으로부터 영향을 받기 때문에 협상의 개념에서 가장 중핵이 되는 것은 협상에서 다루는 이해관계의 성격이라고 할 수 있다.

협상에서의 이해관계가 상반되면서도 공통된다는 점은 곧 견고한 논증에만 의존한 일방적인 설득이 협상에서 바람직한 갈등 해결 방식이 될 수 없음을 의미한다. 이는 달리 말해 협상에서는 자신과 상대방이 모두 상생할 수 있는 방식의 갈등 해결을 지향함을 의미한다.

톰슨(Thompson, 2001 / 2005)에 따르면, 협상의 절차는 크게 '의제와 대안 확인', '차이점 분석', '제안 및 교환 거래 추진', '합의 이행'과 같이 세분된다. 그런데 이 중 '의제와 대안 확인', '차이점 분석'의 단계는 갈등이 일어난 지점을 파악하는 단계에, '제안 및 교환 거래 추진', '합의 이행'의 단계는 갈등을 조정하여 공동으로 구성한 결과에 합의하는 단계에 해당하기에, 협상의 핵심적인 활동은 갈등의 지점을 파악하고 이를 상호 간에 원하는 방식으로 해결하는 것으로 볼 수 있다.

그런데 이때의 갈등은 협상 참여자들의 상반되면서도 공통된 이해관계로부터 비롯되는 것이기에 매우 복잡다단할 수밖에 없다. 따라서 갈등을 다층적인 측면에서 파악하는 것에서부터 협상이 본격적으로 시작됨을 이해할 필요가 있다.

2) 틀의 개념

틀의 개념은 학문 분야에 따라 달리 사용되고 있다. 가령, 사회학자 고프먼(Goffman, 1974)은 발화 맥락에 대한 지식을 표현하기 위해서 틀의 개념을 사용하였다. 이에 반해, 인지심리학자 트버스키와 카너먼(Tversky & Kahneman, 1981)은 메시지를 구성하는 방식에 따라 수용자의 반응이 달라지는 방식을 연구하기 위해 틀의 개념을 사용하였다. 이렇듯 학문 분야의 관심사에 따라 틀 개념의 초점이 달라지기 때문에 틀을 하나의 개념으로 규정하기는 쉽지 않다.

협상에서는 갈등을 분석하고 해결하는 것이 핵심이 되기 때문에 갈등 연구 분야에서 정의하고 있는 틀 개념을 살펴보는 것이 유용하다. 예를 들어 갈등 연구 분야의 한 연구에서는 틀이 이해 당사자들에게 갈등 상황에서 그들 경험의 중요한 요소를 확인하고 해석하게 하며, 많은 정보를 분류하고 종합하여 처리할 수 있는 수준으로 만들어 준다는 점을 제시한다 (Elliott et al., 2003).

즉, 갈등 연구 분야에서는 틀을 갈등을 다층적으로 조망하게 할 수 있는 렌즈로 규정한다. 이와 같은 틀의 개념은, 틀 분석을 통해 협상 참여자들이 갈등이 어느 지점에서 발생하고 있으며, 어떠한 방식으로 해결하는 것이 효과적인지를 파악할 수 있음을 시사한다.

3) 틀의 유형

틀의 유형은 연구에 따라 달리 제시할 수 있으나, 여기에서는 코프먼과 스미스(1999)가 제시하고 있는, 갈등을 조망하기에 유용한 여섯 가지의 틀 유형에 대해 살펴보고자 한다. 이는 각각 실체 틀, 손익 틀, 특성 틀, 과정 틀, 결과 틀, 열망 틀이다.[2]

....

2   코프먼과 스미스(1999: 170)는 실체 틀, 손익 틀, 특성 틀, 과정 틀, 결과 틀, 열망 틀과 함께 복잡성 틀을 제시하고 있으나, 복잡성 틀은 다른 틀 유형에 비해 활용할 수 있는 경우가 적다고 판단하여 여섯 가지 유형만 제시하였다.

(1) 실체 틀

실체 틀은 갈등의 결과를 예상하는 것에 관한 틀이다. 예를 들어, 현대식 대형 마트가 전통 시장만 있는 지역에 입주하려고 할 때, 편의성에서 우위를 지닌 현대식 대형 마트가 전통 시장의 이권을 빼앗아 갈 것으로 예상하고, 현대식 대형 마트와 전통 시장 양측의 협상이 뻔한 승패 게임이 될 것으로 보는 것이 실체 틀의 한 예이다. 또한 환경의 질을 유지하는 것과 경제 발전을 양립할 수 없는 제로섬 게임으로 보는 틀 역시 이러한 실체 틀에 해당한다. 즉 마치 전체 파이의 양이 정해져 있는 상황에서 특정 행위가 양립 불가능해 보이는 다른 행위에 손실을 끼칠 수밖에 없다고 여기는 것이 실체 틀의 한 유형이다.

(2) 손익 틀

손익 틀은 어떠한 불특정한 선택을 이득이나 손해로 바라보는 틀이다. 예를 들어, 컵에 물이 반쯤 있을 때, 이를 '컵에 물이 반밖에 남지 않았네.'라고 하며 손실로 바라볼 수도 있고, '컵에 물이 반이나 남아 있네.'라고 하며 이득으로 바라볼 수도 있다. 이처럼 관점의 차이에 따라 손실 혹은 이익으로 특정 선택의 결과를 바라보는 것이 손익 틀이다.

(3) 특성 틀

특성 틀은 행동이나 태도, 동기, 가치 등에 대한 평가와 관련된 틀이다. 코프먼과 스미스(1999)는 특성 틀의 하위 유형으로 자기 특성을 제시하고 있고, 그레이(Gray, 2003)에서는 특성 틀을 상대방에 대한 평가에 관한 특성 틀(characterization frames)과, 자기 자신에 대한 평가에 관한 정체성 틀(identity frames)로 분류하고 있다. 예를 들어 앞에서 제시한 현대식 대형 마트와 전통 시장 간의 갈등에서 현대식 대형 마트 측은 전통 시장 측을 시장경제 사회의 실패자로 볼 수 있는 반면, 전통 시장 측은 스스로를 자본 시장에 의한 희생자로 볼 수 있다.

(4) 과정 틀

과정 틀은 문제 해결의 절차, 규칙, 참여자 범위 등을 바라보는 틀이다. 예를 들어 하나의 케이크를 두 아이가 공평하게 나눠 갖기 위해서는 한 명이 케이크를 자르고, 다른 한 명이 잘린 케이크 중 자신이 가질 쪽을 먼저 고르게 할 수 있다(Fisher et al., 1991 / 2013). 이것이 공정한 방법이 되는 이유는 문제를 해결하는 과정이 합리적이기 때문이다. 이처럼 과정 틀은 협상 과정에서 어느 한쪽이 불필요한 오해나 의혹을 갖지 않도록 하기 위해 협상의 과정이 투명하고 합당하게 이루어지고 있는지를 바라보는 틀이다.

(5) 결과 틀

결과 틀은 종종 선호되는 해결책으로 표현되는, 협상 참여자의 입장에서 갈등을 바라보는 틀이다. 여기에서 선호되는 해결책으로 표현되는 '입장'은 '근원적 이해'와 구별되는 개념인데, 근원적 이해가 특정 입장이 생기게 된 필요나 욕구, 관심사에 해당한다면, 입장은 이러한 것들이 특정한 수치 등으로 겉으로 드러난 요구에 해당한다. 예를 들어 프로 스포츠 선수가 연봉 협상에서 연봉 1억을 제시한다면 이는 입장에 해당한다. 반면, 연봉 1억을 통해 영위하고자 하는 풍족하고 여유 있는 생활은 근원적 이해가 된다.

(6) 열망 틀

열망 틀은 앞서 결과 틀에서 설명한 근원적 이해의 관점에서 갈등을 바라보는 틀로서 결과 틀과는 상반된 관점의 틀이다. 앞서 예로 든 연봉 협상이 교착 상태를 맞게 될 경우, 협상 참여자들이 겉으로 드러난 연봉 1억이 아니라, 연봉 1억이라는 입장이 생기게 된 필요나 욕구, 관심사에 초점을 두고 협상을 진행할 수 있다. 즉, 겉으로 드러난 수치인 연봉 1억이 아니라,

연봉 1억을 통해 선수가 영위하고 싶은 욕구나 관심사 등에 초점을 두고 갈등을 바라보며 협상을 진행할 수 있는데 그러한 관점에서 갈등을 조망하는 틀이 바로 열망 틀에 해당한다.

2. 틀 유형을 활용한 협상 교육 모형

틀 유형을 활용한 협상 교육 모형은 다음 그림과 같이 크게 설명, 협상 활동, 성찰의 세 단계로 구성된다. 여기에서는 이 모형에서 가장 중핵이 되는 협상 활동의 각 단계에 대해 설명하고자 한다.

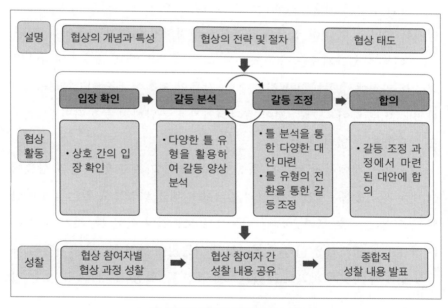

틀 유형을 활용한 협상 교육 모형

1) 입장 확인

협상 참여자들은 자신의 입장을 가지고 협상에 임하게 된다. 물론 그 입장을 견지하게 된 근원적 욕구를 찾아 다양한 대안을 제시하는 것이 이후 협상의 전략이 되겠으나 협상의 처음은 서로 간의 입장이 무엇인지를 확인하고, 그로부터 어떠한 갈등이 발생하고 있는지를 파악하는 것으로 시작한다.

2) 갈등 분석

협상은 결국 이해관계에 관한 갈등을 파악하고 이를 참여자 모두가 만족할 만한 방법으로 해결하는 과정으로 볼 수 있다. 따라서 갈등이 어느 지점에서 어떠한 양상으로 일어나고 있는지를 파악하는 것은 협상에서 매우 중요하다. 갈등이 어느 지점에서 발생하고 있는지를 제대로 분석하지 못한다면 협상 전략을 학습해 알고 있더라도 어떠한 전략이 유용한 전략인지를 판단할 수 없어 협상에 효과적으로 임하기 어렵기 때문이다. 가령, '서로 다른 이해관계들을 끼워 맞추기'[3]라는 전략을 알고 있다고 하더라도, 협상의 과정에서 현재 발생하고 있는 갈등의 지점이 무엇이고 이를 어떠한 방식으로 풀어 나가는 것이 효과적인지를 판단하지 못한다면 그 전략을 활용할 수는 없다.

그런데 협상에서의 갈등은 협상 참여자들이 가지고 있는 틀의 상충에서 비롯된다고 볼 수 있다. 협상의 결과를 어떻게 바라보고 있는지에 관한 틀, 무엇을 손실로 보며 무엇을 이득으로 보는지에 관한 틀, 자기 자신 혹은 상대방의 정체성을 어떻게 바라보고 있는지에 관한 틀, 협상 과정의 공정성에 대해 어떻게 바라보고 있는지에 관한 틀, 협상 시 내세우고 있는 입

......

3 '서로 다른 이해관계들을 끼워 맞추기' 전략은 협상 참여자들이 서로 다른 것을 원하고 있다는 점을 이용하여 서로에게 만족스러운 합의가 이루어지도록 하는 전략이다. 가령, 시간에 대한 가치 평가가 서로 다르다는 차이점을 이용하여, 차량 구매자와 판매자는 구매자가 차량 가격을 일정 기간 이후에 지불하는 대신 좀 더 많은 돈을 내도록 하는 합의를 이끌어 낼 수 있다(Fisher et al., 1991 / 2013).

장과 그 입장에 대한 근원적 이해를 어떻게 바라보고 있는지에 관한 틀 등에서 상충이 일어나는 경우 협상은 교착상태에 빠진다. 따라서 지금 일어나고 있는 갈등이 어떠한 틀의 상충에서 비롯된 것인지를 분석하는 것은 협상 해결의 본격적인 시발점이 된다.

갈등을 조망하는 틀의 유형이 여러 가지인 것에서 알 수 있듯이 협상에서 갈등은 여러 지점에서 발생할 수 있다. 이해관계가 복잡다단한 성격을 띠기 때문에 단순히 한 가지 지점에서 합의를 이루었다고 하여 협상이 쉽게 진행되는 것은 아니다. 가령, 협상 과정에서 손익을 바라보는 틀은 합의에 이르렀지만, 협상은 여전히 교착상태에 빠져 있을 수 있다. 따라서 이런 경우에는 다른 유형의 틀에서 틀의 상충이 해결되지 않았는지를 다각적으로 조망하여, 전면에 드러나 있지 않아 미처 파악하지 못한 갈등의 실체를 파악할 수 있어야 한다. 특히 자기 특성(정체성) 틀은 오랜 기간 동안 형성되어 온 것이기에 이에 대한 가치나 신념 체계가 견고하여, 이 틀에서의 상충이 발생하는 경우 협상 참여자들은 방어적 태세를 갖추게 되고(Dewulf et al., 2009), 이에 따라 다른 갈등의 지점에 대해서는 미처 논의를 시작하지도 못하는 경우가 발생할 수 있다.

따라서 이 단계에서는 학습자들이 우선 틀 유형을 토대로 갈등의 형성 지점을 전체적으로 조망하게 할 필요가 있다. 그리고 협상이 교착 상태에 머물러 있는 경우에는 미처 제대로 인지하지 못한 갈등이 존재하는지를 파악하게 하거나 갈등을 해결하기 위해 우선적으로 풀어 나가야 할 사항이 있는지를 인식하면서 협상에 임하도록 해야 한다.

3) 갈등 조정

(1) 틀 분석을 통한 다양한 대안 마련

갈등이 어느 지점에서 발생하고 있는지에 대해 파악한 다음에는 이를 바탕으로 다양한 대안을 마련할 필요가 있다. 학습자들이 다양한 틀 유형에 관한 지식을 통해 여러 가지 갈등 지점을 파악했다면 이를 갈등 조정에 활용하도록 해야 한다. 여러 가지 갈등 지점에서 자신에게 더 중요한 것이 무엇이고 덜 중요한 것은 무엇인지 파악한다면 즉, 여러 가지 사안을 종합적으로 조망할 수 있다면 양보하거나 얻어 낼 것을 구분하여 효과적인 대안을 마련할 수 있다. 따라서 이 단계에서는 학습자들이 갈등에 대한 분석 결과를 활용하여 다양한 대안을 마련하도록 해야 한다.

예를 들어, 쓰레기 소각장을 특정 지역에 유치하는 협상을 할 경우에 '손익 틀'과 '과정 틀'에서 상충이 일어날 수 있다. 쓰레기 소각장을 특정 지역에 지으려는 정부 측은 어떠한 과정과 조건에 따라 협상을 하는지보다는 어떻게든 부지 선정 자체를 하는 것이 더 중요하다는 인식을 가지고 있을 수 있다. 반면, 쓰레기 소각장 유치 지역으로 선정된 지역의 주민들은 해당 시설이 거주 환경에 위험 요소가 될 수 있어 이를 손해로 인식하면서도 그에 따른 보상이 적절하고 이를 논의해 가는 과정이 투명하다면 쓰레기 소각장 유치에 찬성할 수 있다는 인식을 갖고 있을 수 있다.

이러한 경우 협상에 참여하는 양측은 자신에게 무엇이 더 중요하고 무엇이 덜 중요한지를 판단하여 보다 중요한 것을 얻어 내기 위해 상대적으로 덜 중요한 것은 양보하는 방식으로 대안을 마련할 수 있다. 그리고 이를 통해 양측이 모두 만족할 만한 결과를 얻을 수 있다.

따라서 이 단계에서는 학습자들이 여러 가지 갈등의 지점을 분석한 결과를 토대로 무엇이 자신에게 더 중요한지를 판단하게 하고 이를 토대로 다양한 대안을 마련하여 보다 성공적인 결과를 얻을 수 있도록 지도할 필요가 있다.

(2) 틀 유형의 전환을 통한 갈등 조정

갈등을 바라보는 틀 중에는 비교적 쉽게 변경될 수 있는 것들이 있는 반면, 매우 고정적인 성격을 지닌 것들도 있다. 앞서 살펴본 틀 중 실체 틀, 과정 틀, 특성 틀 등은 협상 과정에서 상대적으로 변화의 여지가 크지만, 열망 틀, 결과 틀, 손익 틀, 자기 특성(정체성) 틀 등은 고정적인 성격을 지니기 때문에 협상 과정에서 변경되기가 쉽지 않다(Johnson & Eagly, 1989; Kaufman & Smith, 1999: 176 재인용).

가령, 자기 특성(정체성) 틀은 삶의 과정에서 오랜 기간에 걸쳐 형성되는 것이기 때문에 쉽게 변화되지 않는 특성을 보인다. 따라서 이러한 정체성 틀에 대한 도전은 대개 격렬한 저항을 낳아 갈등을 영구화시키는 양상을 보인다(Dewulf et al., 2009: 169). 또한 근원적 이해에 관한 열망 틀 역시 개인의 가치를 판단 기준으로 삼아 형성된 것들이라는 점에서 쉽게 변화되지 않는 특성을 보인다.

이에 반해, 실체 틀이나 과정 틀 등은 이러한 유형의 틀에 비해서는 가치와 연관된 측면이 적기 때문에 상대적으로 변화의 여지가 크다. 또한 특성 틀(상대방에 대한 평가) 역시 자기 특성 틀과는 달리 오랜 기간에 걸쳐 형성된 것이 아니기 때문에 협상의 과정에서 협상 상대방에 대한 새로운 정보를 알게 될 때 비교적 유연하게 기존의 틀을 수정하는 것이 가능하다(Dewulf et al., 2009; Kaufman & Smith, 1999).

따라서 협상을 효과적으로 하기 위해서는 협상의 주요 의제가 상대적으로 보다 유동적 성격을 지닌 틀과 관련하여 논의될 수 있도록 할 필요가 있다. 협상의 시작부터 교착 상태에 빠져 진전을 보이지 않는다면 우선적으로 보다 해결의 여지가 큰 성격의 틀과 관련된 갈등부터 다루기 시작하는 것이 효과적인 전략이 될 수 있다.

즉 이 단계에서는 학습자들이 틀 전환(reframing)을 시도함으로써, 갈등을 조정할 수 있는 여지가 좀 더 큰 의제에 협상력을 모을 수 있도록 지도할 필요가 있다. 이때 어느 한 쪽이 대안에 만족하지 못할 경우에는 갈등을 분석하는 단계로 되돌아가는 과정을 반복하며 갈등을 조정하도록 한다.

4) 합의

마지막 단계는 대안에 대해 합의하는 단계이다. 갈등을 조정하는 과정에서 마련한 대안에 대해 상호 간에 만족할 만한 이익을 얻게 되었다고 판단하면 합의를 이루어 협상을 종료한다.

이상에서 살펴본 틀 유형을 활용한 협상 교육 모형은 갈등이 일어나는 지점을 분석하고, 이를 토대로 갈등을 조정하는 전략을 주요 내용으로 다루고 있기 때문에 협상 교육 내용의 전부를 포괄하고 있는 것은 아니다. 그러나 기존 교육 내용에 비해 다음과 같은 이점을 지닌다. 첫째, 갈등이 일어날 수 있는 다양한 지점을 조망하게 해 주어 학습자들이 협상 의제를 마련할 수 있도록 해 준다. 둘째, 갈등이 유형별로 변화에 보다 유연하거나 그렇지 않을 수 있음을 알게 해 주어, 이로부터 협상에서 다루어야 하는 의제의 순서나 의제의 종류를 전략적으로 선정할 수 있도록 해 준다.

3. 교수·학습 방안의 유의점

앞서 살펴본 코프먼과 스미스(1999)의 틀 유형은 학습자들이 여러 가지 유형의 갈등을 전체적으로 조망할 수 있게 해 줄 뿐만 아니라, 이를 토대로 갈등을 전략적으로 조정할 수 있도록 해 준다는 점에서 유용하다. 그러나 그 유형 자체를 교육 내용으로 제시하기에는 구체성과 체계성에서 문제를 지닌다. 또한 교육 상황에서 틀이라는 용어 자체를 노출할 필요가 없을 뿐만 아니라, 틀 유형의 이름만으로는 그것을 통해 갈등을 어떻게 분석 및 조정할 수 있는지가 쉽게 드러나지 않는다. 따라서 여기에서는 학습자들이 틀 유형을 바탕으로 협상에서 갈등을 분석하고 조정할 때 활용할

수 있는 내용들을 주요 질문과 주의 깊게 들어야 할 표현으로 다음과 같이 제시하였다.[4]

주의 깊게 들어야 할 표현(※으로 표시)(박종훈, 2015: 106-107)

① 상대방이 내세우는 입장은 무엇이며, 그 입장의 이면에 있는 이유와 동기는 무엇인가?

※ "우리의 입장은 ~입니다."

　└ 그러한 협상안을 내세우는 이유나 동기는 무엇인가?

※ "우리가 ~하려는 이유/동기는 ~입니다."

② 협상의 규칙, 절차, 참여자 등을 결정하는 과정은 정당한가?

　※ "협상을 공정하게 진행하기 위해서는~"

③ 상대방은 스스로를 어떻게 생각하고 있는가?

　※ "우리는 ~ 자격으로 이 자리에 나왔습니다."

　└ 상대방이 스스로를 생각하는 바와 우리가 상대방을 생각하는 바가 같은가, 혹은 다른가?

④ 상대방은 협상의 결과가 어떠할 것이라고 생각하고 있는가?

　※ "~하면, 협상은 ~것으로 끝나게 될 겁니다."

⑤ 상대방은 협상에서 어떤 점을 손해 혹은 이득이라고 생각하는가?

　※ "~게 되는 것은 우리에게는 손해입니다."

　※ "~게 되는 것은 우리에게는 이익입니다."

위의 질문과 주의 깊게 들어야 할 표현은 순서대로 결과 틀 / 열망 틀, 과정 틀, 특성 틀, 실체 틀, 손익 틀과 관련된 내용을 학습자들이 협상 상황에서 바로 적용하기 쉽게 전환하여 제시한 것이다. 학습자들은 협상이 원

4　주의 깊게 들어야 할 표현은 갈등 틀 유형이 어떤 담화 표지로 드러날 수 있는지에 대해 제시한 이기철(Yi Gi-Chul, 1992)를 참고하였다.

활히 이루어지지 않을 때에는 위의 질문들에 답해 보면서 협상에서의 갈등을 분석하고 조정해 나갈 수 있다.

이상에서 제시한 질문을 통해 갈등의 지점을 많이 파악해 놓는 것은 양쪽이 모두 만족할 만한 타협안을 만들어 갈 때에도 도움이 된다. 여러 지점의 갈등을 활용하여 다양한 안들을 더 많이 만들 수 있기 때문이다. 즉 다양한 지점의 갈등을 분석하고 그 결과로부터 '자신에게 더 중요한 것은 얻고, 덜 중요한 것은 포기하는 안'을 전략적으로 활용하게 함으로써 학습자들이 협상을 상호 간의 이익을 증진하는 방향으로 나아가도록 하게 할 필요가 있다.

참고문헌

박준홍(2015), 「틀(frame) 유형을 활용한 협상 교육 내용 연구」, 『국어교육연구』 36, 83-114.

서영진(2010), 「'협상' 담화 교수·학습 방안 연구: 호혜적 협상의 기본 요소를 중심으로」, 『국어교육학연구』 38, 203-232.

정민주(2008), 「협상의 개념과 전략에 관한 국어교육적 고찰」, 『국어교육학연구』 31, 459-485.

Dewulf, A., Gray, B., Putnam, L., Lewicki, R., Aarts, N., Bouwen, R. & Woerkum, C. (2009), "Disentangling Approaches to Framing in Conflict and Negotiation Research: A Meta-paradigmatic Perspective", *Human Relations* 62(2), 155-193.

Elliott, M., Gray, B. & Lewicki, R. (2003), "Lessons Learned About the Framing and Reframing of Intractable Conflicts". In R. Lewicki, B. Gray, & M. Elliott (eds.), *Making Sense of Intractable Environmental Conflicts: Concepts and Cases*, Island Press.

Fisher, R., Ury, W. & Patton, B. (2013), 『Yes를 이끌어내는 협상법: 하버드대 협상 프로젝트』, 박영환·이성대(역), 장락(원서출판 1991).

Goffman. E. (1974), *Frame Analysis: An Essay on the Organization of Experience*, Harvard University Press.

Gray, B. (2003), "Framing of Environmental Disputes". In R. Lewicki, B. Gray, & M. Elliott (eds.), *Making Sense of Intractable Environmental Conflicts: Concepts and Cases*, Island Press.

Johnson, D. & Johnson, F. (2004), 『협동학습을 위한 참여적 학습자』, 박인우·최정임·이재경(역), 아카데미프레스(원서출판 1995).

Kaufman, S. & Smith, J.(1999), "Framing and Reframing in Land Use Change Conflicts", *Journal of Architectural and Planning Research* 16(2), 164-180.

Thompson, L.(2005), 『지성과 감성의 협상 기술』, 김성환·김중근·홍석우(역), 한울(원서출판 2001).

Tversky, A. & Kahneman, D.(1981), "The Framing of Decisions and the Psychology of Choice", *Science* 211, 453-458.

Yi, G.(1992), "An analysis of disputants' environmental conflict frames relating to Ohio Wetland conversion disputes", The Ohio State University Ph.D. Dissertation.

IV부

사고력 계발과 학습을 위한 화법

1장

학습 대화 교육 모형[1]

김승현

'학습 대화'는 학습의 본질적 지향이 학습자의 능동적인 지식 탐색을 통한 의미 있는 지식 구성에 있다고 보고, 이를 가능하게 하는 학습 장치로서 고안된 개념이다. 기존의 소집단 학습에서의 대화 연구는 토의나 토론 수업에서 크게 벗어나지 못한 한계가 있었다. 이에 학습 대화의 고유한 특성을 탐색하고 개념을 정립함으로써 실제 학습의 장에서 학습 대화의 역할 및 위상을 제안하고, 이를 효과적으로 활용하기 위한 학습 대화 교육 모형을 개발하였다.

1. 이론적 배경

학습 대화는 학습을 공동체 내에서의 사회적 의미 형성 과정으로 보는 사회적 구성주의 관점에 기반하여, 소집단 내에서 학습을 목적으로 학습

....
1   이 내용은 김승현(2014), 『학습 대화의 교육 내용 연구』를 바탕으로 정리한 것이다.

자 간에 나누는 대화적 측면에 주목한다. 따라서 학습 대화의 본질은 '사회적 구성주의'(Vygotsky, 1978; Bakhtin, 1986), '지식 구성'(Stahl, 2000), '소집단 의사소통'(Cazden, 1986), '협력 학습'(Slavin, 1989; Johnson & Johnson, 1990)과 관련한 이론들에 그 바탕을 두고 있다.

1) 학습 대화의 이론적 배경

교실에서의 의사소통은 주로 교사가 학습자에게 지식을 전달하는 강의의 방식으로 이루어져 왔다. 그러나 지식은 '전달'을 통한 '암기'에 머무르는 것이 아니라, 학습자가 '탐구'를 통해 '이해'에 이르는 과정에서 자연스럽게 습득되어야 온전한 자신의 '앎'으로 자리할 수 있다. 이러한 점에서 교실 의사소통은 학습자가 지식을 구성해 나가는 것을 도와주는 방향으로 이루어져야 한다. 또한 지식은 개인의 머릿속에 머무르는 것이 아니라 집단 내에서 공유되었을 때 새로운 지식으로 발전할 수 있으며, 학습자가 해당 지식을 더 정확하게 판단하고 이해할 가능성이 높아진다.

바흐친(Bakhtin, 1986)은 사고는 단순히 한 구성원에게서 다른 구성원에게로 전달되는 것이 아니라 참여자 간의 대화적인 담화를 통해 공동으로 구성 또는 재구성되는 것이라고 하였다. 비고츠키(Vygotsky, 1978)도 지식의 구성이 단지 인간의 개인적 인지 작용으로만 이루어지는 것이 아니라 개인이 속한 사회적, 문화적 배경과의 상호작용을 전제로 함을 강조하였다. 대화를 통한 협상 과정을 바탕으로 상대방을 이해하고 나아가 지식을 구성할 수 있다는 믿음은 사회 구성주의 이론의 근간을 형성하며, 여기에는 개인의 사고가 사회와 밀접한 관련 속에서 발생한다는 것, 이 과정에서 언어가 도구적으로 활용된다는 것에 대한 공통적인 인식이 자리하고 있다. 사고는 본질적으로 사회적 과정이며, 사회 구성원 간의 상호작용은 언어를 통하여 사고를 촉진, 변화, 진보시키는 가장 효과적인 맥락으로 이해할 수 있다는 것이다. 학습자는 교실 내 소집단 활동에서의 학습자 간 사회적 상호작용을 통해 능동적으로 학습에 참여함으로써 지식의 주체적 생산자로서 자리매김할 수 있게 된다(Cazden, 1986). 학습을 위한 소집단 대화로는 협력 학습에서의 소집단 대화를 상정할 수 있다. 협력 학습은 소집단 구성원 간의 긍정적 상호작용을 극대화하여 인지적 발달을 도모하는 것을 특징으로 하는 수업 모형이므로(Slavin, 1989; Johnson & Johnson, 1990), 학습을 위한 대화의 양상이 가장 잘 드러나는 학습 유형이다. 스탈(Stahl, 2000)은 학습자 간 협력적인 지식의 구성을 '개인의 이해에서 출발하여 사회적 과정을 통해 발달하며 이것이 다시 개인을 발달시키는 변증법적인 순환 과정'으로 설명하였다. 이는 학습 대화의 양상과도 밀접하게 관련되는 것으로, 기존의 개인적 지식이 학습 대화를 통해 새로이 구성되고 이것이 다시 개인의 지식으로 내면화되는 순환의 과정을 겪는다고 할 수 있다.

2) 학습 대화의 개념 및 특성

'학습 대화'는 소집단 내에서 경쟁적이고 협력적인 상호작용을 통하여 학습자가 공동의 지식을 구성해 나가는 대화이다. 소집단은 교실 내에서 학습을 목적으로 구성되어 내면적 상호작용을 통해 집단의 목표를 달성하기 위해 노력하는 다섯 명 내외의 학습자로 구성된 집합체로 규정된다. 학습 대화는 주어진 문제에 대해 참여자들이 공동의 지식 구성을 위하여 협력적으로 노력한다는 점에서 토의와 유사한 특질을 가진 것으로 생각하기 쉽다. 그러나 토의가 다양한 주장들에 대해 우호적 태도로 문제를 해결해 나가는 것을 목적으로 하는 것과 달리 학습 대화는 타협을 통한 합의보다는 다양한 생각을 공유하여 발전적, 생산적 논의가 이루어짐으로써 결과적으로 의미 있는 지식이 구성되는 것에 목적을 둔다. 따라서 학습 대화의 과정에서는 다른 생각을 가진 참여자들 사이에 대립이 발생하기도 하고, 자신의 생각을 상대방이 수용하도록 하기 위해 경쟁적 태도가 나타나기도 한다. 다만 학습 대화는 대립적 참여자들 간의 논리적 우위를 결정하는 것이 아니라 보다 나은 지식을 함께 구성하기 위한 노력의 과정에서 선의의 경쟁이 발생하는 것으로, 경쟁적이고 협력적인 양상 즉 참여자들이 상호의존적 관계 속에서 소통하고 있는 것으로 이해하는 것이 적절하다.

학습 대화의 이러한 특성은 과정지향성, 상호주관성, 다층성으로 설명할 수 있다. '학습'이라는 것은 개인의 지식 습득이 아니라 사회 구성원인 다른 사람과의 상호작용 속에서 이루어지는 것(상호주관성)이며, 상호작용의 결과로서 구성된 지식과 더불어 지식이 구성되어 가는 과정(과정지향성)이 중요하기 때문이다. 또한 학습 대화는 단순히 하나의 담화 유형으로서 고정되어 있는 것이 아니라 다양한 담화 유형과의 역동적인 교섭 속에서 양식의 다양성과 개방성을 지향한다(다층성)는 점에서 다른 담화 유형과 구별된다고 할 수 있다.

학습 대화의 단계는 크게 '지식 탐색하기, 지식 구성하기, 지식 점검하기'의 세 단계로 구성되며, 이는 매우 역동적이고 순환적인 과정이다. 역동적이라는 것은 학습 대화의 과정에서 이 단계들이 문제의 특성, 교실 상황, 참여자의 성격 등에 따라 다양하게 조정되면서 적용되어 간다는 것이고, 순환적이라는 것은 새로이 구성된 지식이 개인의 지식으로 내면화되면서 이것이 다시 지식 점검하기의 바탕이 됨으로써 학습 대화가 계속적으로 이루어져 나간다는 것이다. 학습 대화 진행 단계의 주요 기능과 발화 유형은 다음과 같다.

학습 대화의 진행 단계 및 발화 유형(김승현, 2014: 247)

진행 단계	주요 기능	발화 유형
지식 점검하기	설명하기	생각 나타내기
	문제 분석하기	문제 이해하기, 개념 정의하기
지식 탐색하기	사고 자극하기 정보 요구하기 문제 제기하기	증거나 근거 자료 요구하기 명료화 요청하기 이해가 부족한 내용에 대하여 되묻기 판정 질문하기
	반응하기 재진술하기 정당화하기	자기 발언 반복하기 자기 발언 정교화하기 근거 제시하기 상대 발언 반박하기 자기 발언 옹호하기
지식 구성하기	정리하기	요약하기, 다시 설명하기, 마무리 발언하기
	완성하기	개념 형성하기, 내면화하기

2. 학습 대화 교육 모형

학습 대화의 교육 모형은 삭스 외(Saxe et al., 2009)에서 제시한 '탐구 수업의 여섯 가지 국면(the six-phase of inquiry lesson structure)'에서 시사점을 얻어 학습 대화의 특성을 적용하여 제안되었다. 이 연구에서는 지식에 관한 사회적 구성주의의 과정에 근거하여 수업의 진행 국면을 여섯 단계로 제시하였으므로 학습 대화 교육 모형의 구성과 접근 방식이 유사하다. 삭스 외(2009)에서 제시한 탐구 수업은 '개별 학습 – 전체 학습 – 소집단 활동 – 개별 학습 – 교사의 조정 – 개별 학습'의 총 여섯 개의 국면으로 구성되는데, 학습 대화 교육 모형에서는 학습자가 자신이 사전에 구축한 생각을 다른 학습자들 앞에서 설명하는 과정인 두 번째 국면을 제외하였다. 또한 삭스 외(2009)의 탐구 수업은 수학 수업을 대상으로 하므로 교사가 학습자들에게 문제를 각자 풀어 보도록 지시한 후 몇 명의 학습자들을 지명하여 학급 학생들에게 답을 이야기하도록 하고, 이어서 소집단 활동에서 다시 논의하는 방식으로 구성되어 있다. 그러나 학습 대화의 첫 단계에 소집단 구성원들이 각자의 생각을 설명하는 지식 점검하기의 단계가 존재하며 소집단 학습 대화의 활성화를 위해서는 소집단 내 구성원들이 자신의 생각을 충분히 설명하는 것이 중요하므로, 학습 대화의 교육 모형은 다음과 같이 다섯 개의 국면으로 제시하였다.

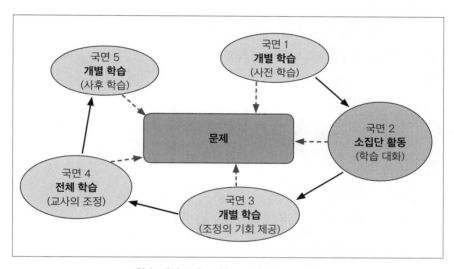

학습 대화 교육 모형(김승현, 2014: 258)

1) 국면 1: 개별 학습(사전 학습)

국면 1은 학습자들이 제시된 문제에 대하여 사전에 개별적으로 학습을 진행하는 단계다. 학습 대화를 원활하게 수행하고 또 그 대화를 통해 공동지식을 구성하려면 근거가 충실해야 하므로, 학습자에게 자료를 조사하거나 근거를 마련할 기회와 시간을 제공해야 한다. 개인이 본래 가지고 있는 원지식(原知識)을 공유하는 것도 중요하지만, 서로에게 비계(飛階)가 되어줄 수 있다는 점과 자신의 생각을 다른 사람들이 이해하기 쉽도록 전달해야 한다는 점을 고려했을 때 사전 준비가 필요한 부분이 있기 때문이다. 문제의 성격에 따라 사전 준비는 해당 수업이 시작되기 전에 교사가 과제의 형태로 제시하여 학습자가 자료 조사나 수집 등을 하도록 할 수 있는데, 이때에는 수업 시간 외 활동으로 이루어질 수 있다. 혹은 컴퓨터실이나 도서관 같은 공간에서 수업이 진행된다면 교사가 문제를 제시한 후에 자료를 조사할 시간을 제공하여 학습자가 미리 해당 문제에 대한 자신의 생각을 정리해 보도록 할 수도 있다. 내용에 따라 차이가 있을 순 있지만 가치의 문제 같은 경우에 자료 조사가 필요 없다고 판단이 되면, 학습자들이 자신의 입장이나 가치관 등 기존의 생각들을 정리할 수 있는 시간을 잠시 주는 것으로 개별 학습을 마무리하는 것도 가능하다.

2) 국면 2: 소집단 활동(학습 대화)

국면 2는 소집단 내에서 해당 문제를 탐구하는 과정, 즉 학습 대화가 이루어지는 단계다. 학습 대화의 교수·학습 방안에 대해서는 3절에서 자세히 논의하도록 하겠다.

3) 국면 3: 개별 학습(조정의 기회 제공)

국면 3은 소집단 활동이 끝난 후 학습자가 자신의 생각을 다시 정리해 보는 '조정하기'의 과정이다. 이 단계에서 학습자는 학습 대화의 마지막 단계인 '지식 구성하기'에서 형성된 공동의 지식을 자신이 처음 가지고 있던 생각(국면 1)과 비교해 보고, 어떻게 달라졌는지, 왜 달라졌는지, 무엇이 달라졌는지 등을 점검하면서 개인의 지식을 온전히 구축할 수가 있다. 그런데 학습 대화가 공동의 지식이라는 합의된 결과에 도달하지 못하고 끝난 경우에는 국면 3이 '지식 구성하기'의 단계를 수행할 수도 있다. 즉 학습 대화의 담화 전개가 지식 구성에 이르지 못한 양상을 보였거나(미구성형), 화제 전개에 있어서 학습자들이 상대의 말에 동의, 수용, 반복 등의 반응을 보이면서 대화를 진행하였거나(누적 대화) 혹은 지식을 공유하거나 의견을 제시하려는 시도 없이 주장이나 이의 제기, 반박 등을 반복하는 갈등 양상(논쟁 대화)을 보였다면, 학습자는 국면 3의 개별 학습 상황에서 국면 2에서 나타난 학습 대화 내용을 바탕으로 자신의 생각을 조정할 수 있는 것이다.

4) 국면 4: 전체 학습(교사의 조정)

국면 4는 소집단 활동에서 구성된 지식을 전체 학급의 학습자가 공유하는 단계다. 소집단 의사소통에 관한 연구를 살펴보면 소집단 의사소통의 부정적 측면을 제기하는 연구가 적지 않다. 이는 소집단 활동이 전체 학급의 학습 활동으로 연계되지 못하고, 독립된 활동으로 존재함으로써 벌어지는 부작용이라 할 수 있다. 학습 대화는 지식이 개인의 개별적 인식을 통해 형성되는 차원에 머무르는 것이 아니라 다른 사람, 사회와의 관계 속에서 구성되는 것을 지향하므로, 개별 소집단 내에서 구성된 지식을 전체 학급과 공유하면서 다시 논의하는 것이 바람직하다. 지식의 확장이나 심화는 다양한 사람의 생각과 논의 속에서 더욱 깊고 넓게 이루어질 수 있다. 소집단 학습 활동이 끝난 후 다시 모여서 대집단 속에서 친구와 생각을 공유하면 더 나은 생각을 하게 되고 새로운 아이디어들을 발상하게 된다(성용구, 2009: 163). 따라서 국면 4에서 교사는 각 조에서 구성된 지식을 전체 학급 구성원이 공유할 시간을 마련할 필요가 있다. 한 학급이 여섯 개의 조로 구성되어 있다면 각 조의 조장이나 대표 학습자가 자신의 조에서 논의한 결과를 발표하는 방식으로 전체 학습자가 '구성된 지식(1차)'을 공유하게 하고, 이 결과에 대해서 전체 학급 학생이 자유롭게 의견을 주고받는 방식으로 공유된 지식에 대하여 새로운 이해를 형성할 수 있도록 한다(구성된 지식 2차).

또한 국면 4에서 교사는 구성된 지식을 조정하며, 이러한 조정을 통해 교사는 전체 학습자의 지식을 점검하고 확인할 수 있다. 그렇다고 하여 교사의 조정 혹은 개입이 국면 4에서만 이루어지는 것은 아니다. 학습자들이 잘못된 지식이나 개념을 가지고 있을 때는 학습 대화 중이라도 개입하여 수정 혹은 교정해 줄 필요가 있다. 학습 대화를 통해 학습자들이 오히려 오개념을 형성할 가능성이 있으므로 명백하게 잘못된 부분에 대해서는 개입하여 정확한 정보를 제공하거나 학습자에게 잘못을 알려 주어 이를 시정하도록 하는 것이다.

5) 국면 5: 개별 학습(사후 학습)

국면 5는 공동으로 구성한 지식이 확장되는 사후 학습 단계다. 본 모형에서는 지식의 구성 과정 자체에 주목하여 학습 대화에서 내면화의 단계까지만을 다루었지만, 실제 교실의 교수·학습 상황에서는 내면화된 지식을 '발표'나 '글쓰기'를 통해 공유하는 '지식의 외면화'의 단계를 수행하는 것도 효과적인 학습 방법이 될 수 있다. 이는 새롭게 개별화된 지식으로 자리 잡은 개인적 지식을 확인해 보는 차원에서 의미를 가진다. 또한 구성된 지식을 구어적·문어적으로 표현해 보는 것은 지식의 완성 차원에서도 의미를 가질 수 있다. 교사는 학습자들이 새로이 구성된 지식을 다시 표현해 보도록 지도함으로써 학습을 마무리하게 된다. 더불어 해당 수업 시간에 제시된 문제와 관련 있는 다른 문제를 제시하여 학습자들이 학습 대화의 경험을 떠올리면서 새로운 문제를 다양한 관점에서 이해하고 접근하면서 스스로 지식을 구성해 나가도록 지도할 수도 있다. 이는 과제의 형태로 제시할 수도, 다음 시간 학습 내용과 연계하여 더 생각해 볼 문제와 같은 방식으로 제공할 수도 있다.

3. 교수·학습 방안

학습 대화 교육 모형이 실제 교수·학습의 장에서 실현되는 구체적인 양상을 설명하기 위하여, 학습 대화의 교육 모형을 적용한 수업의 구체적 방안을 다음과 같이 제시하였다.

- 학습 과제: '기술의 진보는 현대인들에게 여가를 늘려 준다'는 명제의 사실 여부를 판단하시오.
- 학생 수: 30명(6명씩 5개의 조로 편성)
- 수업 설계 시 유의 사항
  - 문제의 특성이나 성격에 따라 학습자의 학습 대화 양상이 영향을 받으므로, 이러한 점을 고려하여 문제를 준비하고 계획한다.
  - 사실의 문제는 학습자의 사전 지식에 대한 의존도가 높고, 학습자로 하여금 자신의 생각을 뒷받침할 객관적이고 명시적인 자료 제시를 요구한다는 점을 고려한다.
  - 비판적 사고력의 신장이라는 읽기 교육의 목적도 고려하며 이를 지원하기 위한 학습 대화 수업의 내용을 구상한다.

1) 국면 1: 개별 학습(사전 학습) 단계

(1) 학습 대화의 필요성에 공감하기
학습 대화를 통한 학습의 중요성과 의미를 학습자들이 이해할 수 있도록 하는 단계이다. 지식은 고정된 것이 아니라 다양한 견해와 관점의 소통을 통해 확장되고 심화될 수도, 완전히 새롭게 구성되고 발전할 수도 있는 것이다. 이러한 지식의 속성을 학습자들이 인식할 수 있어야 한다.

(2) 학습 대화 참여자로서 인식 강화하기

학습 대화의 필요성과 특질에 대한 인식을 바탕으로 하여, 학습자들로 하여금 학습 대화의 상황에서 개개의 참여자가 학습 대화에 참여하여 학습 대화의 본래 목표를 달성하는 데 기여할 수 있다는 사실을 인식하도록 한다. 교사는 학습자들이 학습 대화의 상황에 적극적으로 참여하도록 지도하는 데 주의를 기울인다.

(3) 제시된 문제에 대한 사전 지식 확인 및 생각 정리하기

교사는 '기술의 진보와 여가'에 관한 읽기 자료를 수업 시간 전에 미리 배부하여 학습자들이 자료를 읽어 오도록 하는 형태로 문제를 제시한다. 학습자에게 사전 준비의 시간과 기회를 제공하는 것으로, 학습자는 필요할 경우 관련 있는 내용을 조사하여 근거를 보완할 수 있다.

(4) 문제 분석하기와 자료 수집하기

학습자들은 문제와 함께 부여받은 텍스트를 비판적으로 읽는다. 자신이 가진 기존의 생각과 비교하거나, 자료에서 제시하는 정보를 파악하여 자신의 생각을 뒷받침할 수 있는 근거를 취한다. 주어진 자료의 내용으로는 자신의 이해를 구성하기에 부족하다고 판단한다면, 자료 조사 계획을 세우고 자료를 수집함으로써 새로운 근거를 마련한다. 이와 같은 일련의 과정을 통해 주어진 문제에 대하여 생각이 정리되면 즉 개인적 지식이 정립되면, 이를 언어로 표현해 보도록 한다.

내용을 구성하는 과정에서 자신의 현재 지식 상태(입장, 가치관, 생각)를 확인하고 이를 언어로 표현해 본다. 자신의 생각을 언어로 표현하는 것은 '표현된 지식'으로서 의미를 가지며, 이는 문자 텍스트로 작성하거나 소리 내어 발화해 봄으로써 실현될 수 있다.

2) 국면 2: 소집단 활동(학습 대화) 단계

학습 대화가 수행되는 단계에서는 학습 대화가 이루어지는 소집단을 어떻게 구성하는지가 중요하다. 교사는 학습 수준을 기준으로 소집단을 편성하되 구성원 간의 친밀도 및 참여자의 성격, 말하기에 대한 경험을 종합적으로 고려하여 조정한다.

소집단 활동에 대한 인식은 학습 대화의 양상에 영향을 주기도 한다. 자신보다 학습 수준이 낮은 학습자의 발언을 존중하지 않거나 자신의 생각을 고집하는 경우가 있는가 하면, 반대로 자신감이 부족하여 자신의 생각을 표현하는 것을 꺼려 하거나 어떻게 표현해야 하는지를 몰라 학습 대화에 적극적으로 참여하지 못하는 경우도 있다. 학습자들이 학습 대화의 효용성에 의문을 제기하며 적극적인 참여를 거부하는 경우도 있다. 따라서 교사는 학습 대화에 들어가기 전에 학습자들에게 다른 사람과의 상호작용을 통한 지식 구성의 의미를 설명함으로써, 학습자들이 학습 대화의 의의를 충분히 이해하고 소집단 대화에 참여하도록 지도한다.

(1) 다른 사람의 생각 존중하기

학습 대화가 진행되는 과정에서는 자신의 생각을 논리적으로 표현하는 것도 중요하지만, 상대방의 생각을 존중하고 경청하며 이를 비판적으로 수용하는 것도 중요하게 교육되어야 한다. 다른 사람의 생각을 존중한다는 것은 상대방이 가진 생각이 학습 대화 구성에 기여하는 의미 있는 지식임을 인정한다는 것이다. 학습 대화에서는 모든 참여자가 가진 개인의 지식을 논의하는 과정에서 새로운 지식 구성이 이루어질 수 있다. 이러한 점을 분명하게 인식하고 학습 대화의 전 과정에 적극적으로 참여하는 것이 요구된다.

학습 대화가 공동의 지식 구성에 도달하기 위해서는 지식 탐색하기 단계의 대화 양상이 탐구 대화[2]로 이루어지는 것이 가장 바람직하다. 이러한 탐구 대화를 촉진하기 위한 방안으로 제시되는 것이 바로 '기본 규칙(ground rule)'이다.[3] 따라서 학습 대화가 효과적으로 이루어지기 위해서는 학습자와 교사가 학습 대화가 어떻게 구성되는지에 대해 주의를 기울이는 것이 무엇보다 중요하다. 그러한 '주의 깊음'에는 현재 교실에서 사용되고 있는 기본 규칙에 대한 점검이 필요함을 상기하면서 학습 대화의 과정이 성공적인 학습을 이끌 수 있도록 교사와 학습자 모두 함께 노력해야 한다.

(2) 진행 단계에 따라 담화 전개하기

소집단이 구성되고 문제에 대한 안내가 끝난 후에는 소집단별로 본격적인 학습 대화가 이루어진다. 학습자들은 학습 대화에 본격적으로 참여하면서 담화 전개, 내용 구성, 상호작용에 관한 이해, 즉 내용적 지식을 바

....

2 탐구 대화는 협력적인 상호작용으로서 대화의 과정에서 참여자들이 사용하는 방법, 즉 논증을 위하여 사용하는 방법들이 분명한 대화이다. 논증의 방법으로는 자신과 상대방의 가정에 대해 질문하기, 주장에 대한 근거 설정하기, 평가와 비판을 분명히 하기, 설득에 참여하기 등을 들 수 있다.

3 머서와 도스(Mercer & Dawes, 2008)는 탐구 대화가 개인이 자신의 생각을 정리함에 있어서 유용할 뿐 아니라 두 명 이상의 사람들이 협력적 상호작용을 통해 아이디어를 나누어 문제를 해결하는 데도 도움이 된다고 주장하며, 탐구 대화가 가능한 기본 규칙을 제시하였다. 예를 들어 '소집단 구성원들은 서로의 아이디어에 대해 비판적이지만 건설적이어야 한다. 모든 사람들이 소집단 대화에 참여해야 한다. 잠정적인 아이디어들도 존중받아야 한다.' 등이 그것이다.

탕으로, 전략적 지식을 활용하여 학습 대화를 진행해 나간다. 교사는 학습자들이 대화의 진행 상황을 점검하고 조정하면서 효과적으로 대화를 수행하도록 한다.

앞의 표(학습 대화의 진행 단계 및 발화 유형)는 지식 탐색하기의 단계에서 세부 발화 유형을 다양하게 제시한다. 교사는 학습자가 연습과 확인을 통해 이러한 발화 유형을 익히고, 실제 학습 대화의 상황에 적용할 수 있도록 지도한다. 그리고 메타 화행적 측면을 고려하여, 학습자가 학습 대화의 진행 단계에 따라 대화를 진행하고 있는지를 확인하고 대화의 전개 과정을 조정하면서 대화에 참여하도록 지도한다. 또한 이 과정에서 각 진행 단계에 따른 발화 유형이 적절하게 나타나고 있는지도 점검하면서 학습 대화의 진행을 이끌어야 한다.

이처럼 학습 대화가 이루어지는 수업에서 교사는 '어떻게 학습자가 스스로 지식을 구성해 나갈 수 있도록 지원할 것인가'를 고민해야 한다. 교사가 학습자들의 대화 흐름을 관찰하여 도움을 줄 수는 있으나, 그 전에 학습자들이 스스로 문제를 인식하고 해결해 나가는 힘을 기르는 것이 중요하기 때문이다. 사전 학습을 통해 자료를 조사하고 생각을 정리하여 대화에 참여하는 것도 중요하지만, 학습자들이 대면적 소통의 장에서 즉각적으로 생성되는 발화에 적절히 반응하고 자신의 이해를 점검하고 조정해 나가는 능력을 함양하는 것도 고려해야 한다.

(3) 지식 구성에 기여하는 역할 수행하기

공동의 지식 구성에 기여하는 역할은 지식을 생성하기 위해 노력하고, 대화의 과정에서 공유된 지식을 끊임없이 점검하며, 갈등이 발생했을 때 이를 중재하고 협력적 분위기를 조성하기 위해 노력한다. 공동의 지식 구성에 기여하지 못하는 역할은 다른 사람의 생각을 비난하거나 수용을 거부함으로써 지식이 생성되는 것을 방해하고, 다른 사람의 말을 경청하기

보다 자신의 생각을 표현하는 데 집중하며 대화에 참여하지 않는 등의 태도를 보임으로써 참여자들 간의 협력적인 관계 형성을 저해한다.

실제 학습 대화에서 공동의 지식 구성에 기여하는 다양한 역할을 수행하는 학습자가 있는가 하면, 상대적으로 지식 구성에 기여하는 역할을 수행하지 못하는 학습자도 많다. 따라서 지식 구성에 기여하는 역할에 대해 교육할 때에는, 학습자들에게 역할의 유형과 중요성을 인식하게 하고, 제시된 문제의 성격에 따라 대화의 진행 과정에서 적절한 역할을 수행할 수 있도록 하는 것이 중요하다. 더불어 학습자들은 자신의 역할과 다른 학습자의 역할을 점검하면서 학습 대화의 과정을 조정해 나갈 수 있어야 한다.

3) 국면 3: 개별 학습(조정의 기회 제공) 단계

(1) 논리적으로 자신의 생각 구성하기

소집단 활동이 끝난 후에는 그것으로 학습이 종료되는 것이 아니라 학습자가 구성된 지식을 다시 자신의 개인적인 지식으로 내면화하는 과정이 필요하다. 학습 대화의 양상을 살펴보면, 학습자들이 소집단 대화를 통해 공동 지식의 구성 단계까지 이르는 데 어려움을 겪음을 알 수 있다. 따라서 이 단계에서 학습자는 '기술의 진보와 여가의 관계'에 대하여 자신의 기존 생각과 학습 대화의 과정에서 얻은 지식의 내용들을 종합적으로 고려하여, 개인적인 지식을 확립하는 것이 중요하다.

4) 국면 4: 전체 학습(교사의 조정) 단계

(1) 공동의 지식 확인하기

학습의 결과로서 학습자의 머릿속에 새로운 지식이 자리하게 된 것은 학습의 목적을 달성한 것으로 볼 수 있을 것이다. 다만, 학습의 장이기에 최종적으로 학습자가 구성한 지식의 모습을 확인하는 과정이 필요할 수 있다. 또한 학습 대화의 결과 구성된 공동의 지식을 확인하고, 이러한 지식이 구성될 수 있었던 과정을 반성적으로 점검하면서, 학습 대화 능력을 증진하기 위하여 스스로 점검하고 성찰하는 시간을 가지는 것도 필요하다.

(2) 내면화하기

소집단 내에서 학습 대화가 종료되었다고 하여 학습 대화의 과정이 종료되는 것은 아니다. 점검되고, 탐색되고, 구성된 공동의 지식은 검토와 조정의 과정을 거쳐 정립되고, 다시 내면화되어 개인의 지식으로 자리한다. 학습 대화에서 학습자의 내면화를 지원하기 위해서는 소집단 활동이 끝난 후에 학습자들이 자신의 지식을 점검하고 확인하면서, 구성된 지식을 언어로 표현해 보도록 지도할 필요가 있다. 교사는 학습자들이 내면화한 지식을 확인함으로써 학습자들의 수행이 적절하게 이루어졌는지를 살피고, 학습자들이 수행 과정을 조정하도록 한다.

개별 소집단에서 구성된 지식을 전체 학급 학생들이 공유하는 방법은 다양하게 생각해 볼 수 있다. 가장 쉽게 사용할 수 있는 방법은 새로이 구성된 학습 대화의 결과를 각 집단에서 발표하는 것이다. 공동의 지식 구성이라는 합의된 결과를 도출했다면 그것을 알려 주고, 지식 구성하기 단계까지 이르지 못했다면 어떠한 생각들이 공유되고 논의되었는지에 대해 소개하는 것으로도 발표가 이루어질 수 있다.

한편 각 소집단이 학급 구성원인 청중들 앞에서 학습 대화를 진행함으로써 전체 학급 학생들이 각 소집단의 논의 과정 전반과 논의 결과를 공유하는 방법도 가능하다. 이 방법은 학습자들이 지식이 구성되는 과정을 관찰함으로써 학습 대화의 본질과 과정에 대한 이해는 물론이고, 논의의 결과 구성된 지식을 보다 잘 이해할 수 있다는 점에서 유용한 방법이다. 즉, 내 생각과 다른 다양한 의견을 알 수 있고, 그것이 어떠한 과정을 거쳐서 공동의 지식으로 구성되어 나가는지를 경험할 수 있다. 이 방법은 학습 대화가 익숙하지 않은 학습자들에게 더욱 유용할 수 있으므로 학습 대화의 교수·학습 초기에 활용할 수도 있다. 이 외에도 각 소집단의 논의 결과를 바탕으로 새로이 하나의 집단을 구성(각 소집단의 대표가 모여 다시 학습 대화를 진행함)하여 논의하게 하는 등의 방안도 강구해 볼 수 있다.

(3) 학습 대화의 과정 점검하기

학습자들이 소집단 활동과 개인의 조정을 통해 지식을 구성하면, 이 지식이 올바르게 구성되었는지를 점검하고 확인하는 과정이 필요하다. 학습 대화는 '학습'의 도구로 기능하는데 이는 학습 대화가 학습자의 올바른 지식 구성, 진정한 학습을 도와야 한다는 의미이다. 그런데 학습 대화를 통한 학습의 결과 학습자가 잘못된 지식을 형성하거나, 교사가 해당 수업 시간에 학습자들이 습득해야 한다고 계획하였던 학습 내용에까지 이르지 못했다면, 이러한 부분을 점검하여 학습이 제대로 이루어지도록 해야 한다. 명백한 오류가 발견되면 교사가 학습 대화 중에 개입할 수 있지만, 대개 교사의 조정은 학습 대화가 끝난 이후 전체 학습 단계에서 이루어지는 것이 적절하다.

5) 국면 5: 개별 학습(사후 학습) 단계

(1) 지식 외면화하기

학습의 결과로서 학습자의 머릿속에 새로운 지식이 구성된 것을 학습의 목적 달성으로 볼 수도 있지만, 학습의 장이므로 최종적으로 학습자가 구성한 지식의 모습을 확인할 필요도 있다. 새롭게 구성된 개인적 지식의 확인은 '발표'나 '글쓰기' 방법을 사용할 수 있으며, 이는 지식의 완성이라는 차원에서도 의미 있는 과정이다. 또한 학습 대화의 결과 구성된 공동의 지식을 확인하고 이러한 지식이 구성된 과정을 반성적으로 점검하면서, 학습자는 학습 대화 능력을 증진하기 위하여 스스로 점검하고 성찰하는 시간을 가질 수 있다.

(2) 지식 확장하기

구성된 지식을 확인하는 것에서 나아가 다른 상황이나 문제에 적용함으로써 지식을 확장하는 활동도 가능하다. 이 수업에서는 '기술의 진보와 여가의 관계'에 대하여 학습자들의 생각을 나누어 보는 문제가 제시되었다. 그러므로 이를 확장하여 과학의 발달로 달라진 우리 생활의 부정적인 모습과 긍정적인 모습에 대하여 가치의 문제를 탐구해 볼 수 있다. 또는 여가와 관련하여 '주 5일 근무제'의 효용성과 타당성에 대하여 논의해 볼 수도 있다.

참고문헌

김승현(2014),「학습 대화의 교육 내용 연구」, 서울대학교 박사학위 논문.

성용구(2009),「레지오 에밀리아 접근법의 표상활동을 통한 유아들의 지식구성」,『열린교육연구』17(2), 155-181.

Bakhtin, M. M.(1986), *Speech genres and other late essays*, University of Texas Press.

Cazden, C. B.(1986), "Classroom discourse". In M. C. Wittrock(ed.), *Handbook of research on teaching*(3rd ed), Macmillan.

Johnson, D. W. & Johnson, R. T.(1990), "Cooperative Learning and Achievement". In S. Sharan(eds.), *Cooperative learning: Theoryand research*, Praeger.

Mercer, N. & Dawes, L.(2008), "The value of exploratory talk". In N. Mercer & S. Hodgkinson(eds.), *Exploring talk in school*, Sage.

Saxe, G. B., Gearhart, M., Shaughnessy, M., Earnest, D., Cremer, S., Sitabkhan, Y., Platas, L. & Young, A.(2009), "A methodological framework and empirical techniques for studying the travel of ideas in classroom communities". In B. Schwartz, T. Dreyfus & R. Hershkowitz(eds.), *Transformation of knowledge in classroom interaction*, Routledge.

Slavin, R. E.(1989), "Research on cooperative learning: An international perspective", *Scan-*

dinavian Journal of Educational Research 33(4), 231-243.

Stahl, G.(2000), "A model of collaborative knowledge-building". In B. Fishman & S. O'Connor-Divelbiss(eds.), *International Conference of the Learning Sciences: Facing the Challenges of Complex Real-world Settings*, Lawrence Erlbaum Associates.

Vygotsky, L. S.(1978), *Mind In Society: The Development of Higher Psychological Processes*, M. Cole, V. John-Steiner, S. Scribner & E. Souberman(eds), Harvard University Press.

2장

사고 다양화와 문제 해결을 위한
육색 사고 모자 활용 화법 교육 모형

이창덕

사고 다양화와 문제 해결을 위한 육색 사고 모자 활용 화법 교육은 회의, 토의, 토론 등을 통해서 합리적 사고 원리와 효과적 문제 해결 방법을 교육하기 위해 고안한 개념이다. 회의, 토의, 토론을 하기 위해서 주제나 해결할 문제 상황을 두고 학생들에게 회의와 토의를 시켜 보면 효과적이고 창의적인 대화 전개가 어렵다. 회의, 토의, 토론 교육을 제대로 받은 적이 없어 학생 시절뿐만 아니라 어른이 되어서도 문제 해결을 위한 효과적인 회의, 토의를 못하고, 쓸데없는 논쟁과 본질을 벗어난 감정 대립, 자기 과시 등으로 흐르는 경우가 많다. 따라서 학교 교육에서부터 합리적인 생각의 원리를 배우고, 문제 해결 과정을 경험할 필요가 있다. 사고 다양화와 문제 해결을 위한 육색 사고 모자 활용 화법 교육은 초등학생부터 성인에 이르기까지 다양한 주제와 상황에서 다양한 관점에서 사고하고 문제를 발견하고 해결하는 경험을 할 수 있도록 구성했다.

1. 이론적 배경

사고 다양화와 문제 해결을 위한 육색 사고 모자 활용 화법 교육은 드 보노(De Bono, 1985)의 '여섯 색깔 사고 모자'를 통한 효과적 학습과 창의적 사고 개발을 위한 기법에 바탕을 두고 있다.[1] 한국에서는 『여섯가지 사고모』(2001)와 『생각이 솔솔~여섯 색깔 모자』(2011)로 번역되어 그 기본 내용이 소개되고 학교 교육과 기업 연수 등에 다양하게 활용되고 있다.

1) 육색 사고 모자

'육색 사고 모자(The Six Thinking Hats)'의 기본 원리는 아주 간단하고 실용적이다. 우리 인간은 세상에서 부닥치는 상황에서 한꺼번에 여러 차원의 생각을 하면서 혼란과 갈등을 빚게 되고, 그 결과 문제를 이해하고 해결을 하는 데 어려움을 겪는다. 육색 사고 모자는 인간 사고 유형을 여섯 가지 색깔의 모자로 나누어 분류하고, 한 번에 한 가지 생각만 집중하게 함으로써 개인이나 단체의 사고 능력이나 문제 해결 능력을 높이는 사고 훈련 방법이다.

인간이 다른 동물과 비교하여 수월성을 보이는 것은 생각하는 힘, 즉 사고력이다. 그런데 인간의 사고 과정의 가장 큰 문제와 어려움은 동시에 너무 많은 생각을 하려고 한다는 것이다. 정보, 감정, 논리, 소망, 창의 등과 관련한 생각을 한 번에 뒤섞으면서 혼란을 겪고 문제를 해결할 힘이 약해지는 것이다. 드 보노(De Bono, 1985)의 육색 사고 모자의 가장 큰 장점은

....

1 드 보노 박사는 의학과 심리학을 전공하고 옥스퍼드, 케임브리지, 그리고 하버드 대학교에서 교수로서 학생들을 가르쳤을 뿐 아니라 여러 기업과 정부 기관에서 합리적이고 창의적 사고와 문제 해결 방법을 널리 알리고 실제 상황에 적용했다. '수평적 사고(lateral thinking)'와 '사고 자극 활동(provocative operation)' 개념을 처음 만들어 사용하기도 하였다.

한 번에 한 측면에서만 생각하게 만들고 다음 입장을 바꿔서 다른 측면에서 생각하면서 생각의 다양성도 이해하고, 문제를 분석적으로 이해하면서도 결국에는 요약하고 종합하는 힘이 생긴다는 것이다. 육색 사고 모자 훈련을 거치면 마치 오케스트라에서 각각의 악기가 고유의 소리를 분명하게 내지만 마지막에는 그 모든 사고를 종합하는 오케스트라 지휘자처럼 우리의 사고를 조절하고 아름답게 결론을 내릴 수 있게 된다고 강조한다. 여기서 중요한 것은 이를 사람의 성향을 판단하는 기준으로 삼거나 여섯 가지 색깔 중 어느 하나가 더 우세하거나 열등한 것으로 취급해서는 안 된다는 점이다. 이른바 수평적 사고를 통해서 다른 관점, 다른 입장이 되어서 사태와 상황을 파악하고, 각 색깔 경험을 하고 난 후에 종합적으로 그것을 이해하고 판단하도록 하는 것이 중요하다.

(1) 백색 사고 모자

백색, 하얀색은 중립적이고 객관적인 성격을 드러낸다. 객관적 사실과 숫자, 정보를 나타낸다. 하얀 모자를 썼을 때는 오직 객관적 사실과 정보에 초점을 맞추고 그것만을 말해야 한다. 백색 사고는 숫자와 사실 등 객관적 정보를 제공하는 컴퓨터와 같은 사고방식이다. 컴퓨터는 감정을 드러내거나 의견을 말하거나 해석을 제공하지 않는다. 백색 사고를 하는 동안에는 감정, 이해, 해석, 판단을 보류하고 오직 객관적 정보와 정보 간의 차이에 집중해야 한다. 물론 정보는 검증되고 입증 가능한 1급 사실 정보와 사실이라고 추정할 수 있지만 검증이 되지 않은 2급 사실 정보로 나눌 수 있다. 2급 사실을 말할 때는 대부분, 때때로, 이따금, 몇몇, 한두 등의 수량과 정도를 나타내는 단어들을 사용해서 말하도록 한다.

(2) 적색 사고 모자

적색, 붉은색은 희로애락 등의 감정을 드러낸다. 붉은색 모자를 썼을 때는 자신의 현재 감정을 정확하게 인식하고 그것을 말해야 한다. 적색 사고 모자를 쓰고 있는 동안에는 "나는 그 일에 대해서 이러이러한 감정, 느낌이 듭니다."라고 말할 수 있다. 적색 모자 사고에서 드러내는 감정은 일반적으로 생각하는 감정, 즉 '희로애락애오욕'을 포함해서 공포나 의심 등 다양한 감정이 있을 수 있다. 말하는 사람이 느끼는 맛, 육감, 심미감, 거리낌과 같은 복잡한 형태의 감정도 말할 수 있다. 그때의 느낌과 감정은 반드시 다른 사람과 같을 필요도 없고, 확실한 근거나 이유를 말할 필요도 없다. 같은 논리로 자신의 감정에 대해서 근거를 말하거나 정당성을 확보하려고 노력할 필요도 없다. 다만 자신이 느끼는 감정을 솔직하게 다른 사람의 눈치를 보지 않고 말하는 것이 중요하다.

(3) 흑색 사고 모자

흑색, 검은색은 어둡고 우울하고 부정적 성격을 드러낸다. 흑색 모자를 썼을 때는 어떤 사건이나 상황, 주어진 정보에 대해서 부정적 측면만을 말해야 한다. 흑색 사고 모자는 비판이나 부정적 판단, 잘못이나 편견, 위험 요소, 모자라는 점 등을 지적한다. 흑색 사고 모자를 쓰고 있는 동안에는 일반 상식이나 원칙, 균형과 공평성, 과거의 경험, 미래 예측 등을 통해서 왜, 무엇이 잘못되었는지를 지적할 수 있다. 흑색 사고 모자를 쓰면 참여자들의 사고방식이나 일 처리 방식, 회의 진행 방식 등의 못마땅한 점, 잘못되었다고 생각하는 점에 대해서도 지적할 수 있다. 흑색 모자 사고를 하는 동안 주의할 것은 대화 포기, 방종, 비꼬기, 비아냥 등의 부정 방식으로 대화하지 않아야 한다는 점이다. 기분이 나쁘다거나 참여하고 싶지 않다거나 하는 감정은 적색 모자를 쓰고 있을 때 말해야 한다.

(4) 황색 사고 모자

황색, 노란색은 밝고, 빛나고 긍정적 성격을 드러낸다. 황색 모자를 썼을 때는 희망과 장점을 말하고 낙관적이고 긍정적 내용만을 말해야 한다. 흑색 사고 모자와는 반대로 황색 사고 모자를 쓰고 있는 동안에는 꿈, 희망, 장점, 잘된 점 등의 긍정적 평가만을 내려야 한다. 불평이나 비판을 제쳐 두고 건설적이고 생산적인 제안을 해야 한다. 황색 모자 사고는 현재 상황이나 주어진 문제에서 긍정적 부분, 개선할 수 있는 점, 발전 가능성 등을 중점적으로 말하게 된다. 황색 사고를 기반으로 말할 때는 분명한 근거와 가치 기준을 제시하는 것이 바람직하지만, 여러 상황이나 조건에도 불구하고 몇 가지 단서와 조건을 붙이면 낙관적 관점에서 사태와 상황을 바라볼 수 있음을 말할 수 있다. 물이 반병밖에 남지 않았다고 말하지 않고, 아직도 물이 반병 남아 있음을 말할 수 있고, 곧 이 어려움과 힘든 일이 끝날 수 있다고 희망을 드러낼 수도 있다.

(5) 녹색 사고 모자

녹색은 식물이 새롭게 성장하는 것을 드러낸다. 녹색 모자를 썼을 때는 기존의 인식, 지식, 상식, 관례를 벗어나는 새로운 점, 창의적 아이디어를 말해야 한다. 녹색 사고 모자를 쓰고 있는 경우에는 기존의 상식이나 지금까지 해 오던 방식을 내려놓고, 전혀 다른 관점에서 바라보거나 새로운 해결 방안을 말해야 한다. 기존의 선택지에서 선택하는 것이 아니라 전혀 다른 색다른 방안, 엉뚱한 시각이나 해결 방안을 제시해야 한다. 일상적 상황이나 일의 진행을 멈추고 가상의 세계나 가정한 상황을 제시하면서 기존의 생각과 방법을 벗어날 수 있음을 알려야 한다. 녹색 사고는 단순히 일이나 사태를 바라보는 관점뿐만 아니라 참여자의 태도, 사회적 관습, 백과사전적 지식 등의 방법을 벗어난, 그것들을 넘어선 창의적 사고를 드러내야 한다. 정면에서 사물을 바라보는 것이 아니라 측면이나 위에서 바라보는 관점을 제공하거나 과거나 현재의 사실을 바탕으로 하는 것이 아니라 미래나 가상의 세계를 가정하면서 말할 수도 있다.

(6) 청색 사고 모자

청색, 파란색은 모든 것의 위에 있는 하늘을 상징하는 색이며 차고 냉정한 색이다. 청색 모자를 썼을 때는 사고 과정의 메타 인지와 계획과 통제, 조직, 요약, 종합 등의 내용을 말해야 한다. 회의, 토의, 토론에서 사회자의 역할과 같은 일을 하는 사람이 청색 사고 모자를 쓴 사람이다. 청색 사고 모자를 쓰고 있는 사람은 주제를 규정하고, 대화 진행 규칙을 설명하고, 각 사람의 태도와 행동의 문제점을 바로잡고, 회의, 토의, 토론의 진행 규칙을 준수하도록 지시할 수 있다.

회의, 토의, 토론에서 경쟁적 상황이 되면 상대를 감정적으로 대하거나 상대의 감정을 상하게 하기 쉬운데 육색 사고 모자를 이용하면 부정적 내용을 감정적으로 이야기하는 사람에게 "잠시 흑색 모자를 벗고 백색 모자를 써 주세요."라고 하거나 "자, 우리 지금부터 황색 모자를 쓰고 말하도록 하겠습니다."라고 해서 육색 사고 모자 게임 진행 규칙에 따라 대화를 전개할 수 있게 된다. 회의, 토의, 토론의 마지막에 그 진행 과정이나 논의 내용을 요약하고 종합적으로 평가하는 것도 청색 사고 모자를 쓴 사람이 하는 일이다.

2. 육색 사고 모자 활용 화법 교육 모형

1) 육색 사고 모자 활용 화법 교육의 목적

육색 사고 모자 활용 화법 교육은 먼저 학생이 한 번에 한 가지 생각을 하도록 하고, 그 한 가지에 초점을 맞추어 말하도록 하는 것이 목표이다. 회의나 토의에 참여하는 학습자에게 논리와 감정을 분리하여 말하도록 하고, 정보에 대한 판단과 해석을 일단 보류하고 객관적 사실만 말하게 하고,

긍정적인 점과 부정적인 점을 분리해서 양면에서 균형을 갖고 말하도록 하고, 기존의 인식과 판단에서 벗어나 전혀 새로운 관점을 가지고 말해 보도록 유도하고, 그다음 여러 분리된 관점에서 이해한 내용을 요약하고 종합해서 말하는 능력을 길러 효과적인 문제 해결 능력과 상대와 상생하는 의사소통 능력을 기르도록 하는 것이 목적이다.

육색 사고 모자 활용 화법 교육의 이러한 분리 사고와 말하기 훈련은 드 보노(De Bono, 1985)가 강조한 것처럼 사고의 혁신, 문제 해결 능력 향상, 개인과 단체의 의사 결정 능력의 발전을 가져올 수 있다. 이 훈련을 체계적으로 받으면 여섯 가지 사고를 고루 발달시킬 수 있을 뿐 아니라, 오케스트라의 지휘자가 여러 악기의 소리를 다 듣고 구별하면서도 종합적으로 아름다운 음악을 만들어 가는 것처럼, 여러 다른 색깔의 인쇄 과정을 거쳐서 천연색 인쇄를 완성하는 것처럼, 분석적 사고와 종합적 사고 능력 전반을 발달시킬 수 있게 된다.

육색 사고 모자 활용 화법 교육을 활용하면 지금까지 상황과 문제를 파악해 온 방식의 변화를 만들 수 있다. 또한 이런 훈련을 통하여 효과적이고, 창의적인 사고가 가능하게 되고, 다른 사람과 소통과정에서 상대와 서로 다른 관점의 사고를 이해하고 합의를 이루는 것도 가능하게 된다. 육색 사고 모자 훈련은 한 번에 한 가지 사고에만 집중하게 함으로써 효율을 높이고, 결국에는 모든 색깔이 드러내는 사고를 종합할 수 있는 능력을 높이는 것이 목적이다.

육색 사고 모자 화법 교육은 회의, 토의, 토론에 참여하는 사람의 사고를 논쟁식 혼합 사고방식에서 문제 해결을 위해 목표와 방향을 결정하도록 하는 '지도 만들기'와 여러 생각 중에 더 효과적 방안을 취하도록 하는 '길 선택하기'의 두 단계 사고방식으로 바꾸어 집중적 사고와 규칙에 따른 효율적 사고를 가능하게 만들 수 있다. 처음에는 여러 색깔의 모자를 이해하고 이용하는 게 어색하거나 말할 내용을 제한하는 것처럼 느낄 수도 있으나 한 번에 한 가지 색깔의 본질에 맞는 내용만 생각하고 말하게 하여, 훈련을 거듭할수록 명확하고 초점이 분명한 발표를 할 수 있게 된다. 토의, 토론에서 자신이 어떠한 색깔에 해당하는 방식으로 말하는지 점검하면서 말하는 것이 가능하고, 또 상대를 향하여서 감정을 상하게 할 위험을 낮출 수 있으며, 계속 부정적 내용만 말하는 사람에게 "이제 검정 모자 벗고 노란 모자로 바꿔 쓰고 말하세요."라고 말함으로써 상대의 말하는 태도와 내용을 원만하고도 합리적으로 조정할 수 있게 된다.

2) 육색 사고 모자 활용 화법 교육의 두 모형

(1) 순환 모형(돌아가며 모자 바꿔 쓰기): 체계적 사고 훈련
오케스트라가 웅장한 음악을 만들어 내기 전에 각 악기가 담당하는 악보대로 정확하게 연주하는 법을 가르치듯이, 또는 총천연색 인쇄물을 만들 때 한 번에 한 가지 색만을 인쇄하고 다시 다음 색을 인쇄하여 순차적

순환 모형의 단계

으로 천연색 인쇄물을 만들듯이 종합적, 총체적 사고를 하기 전에 여섯 가지 분리된 관점과 방식으로 사고하고 말하는 것을 훈련하기 위한 모형이다.

이 모형은 먼저 육색 사고 모자를 설명한 후에 여섯 명이 한 조를 이루게 하고 여섯 색깔 모자를 각 사람에게 나누어 준다. 그다음 그림, 노래, 이야기, 문제 상황 등 토론 주제를 제시하고, 그것에 대해 각각의 색깔의 모자를 쓴 사람이 자신의 색깔의 특성에 따라 발표한다. 여섯 명이 각자의 모자 색깔에 해당하는 발표를 한 다음 그림과 같이 돌아가면서 모자를 바꾸어 쓰고 다시 발표한다. 이렇게 1단계에서 6단계까지 각 참여자가 여섯 가지 모자를 모두 써 보게 하는 모형이다. 모자를 바꾸어 썼을 때 다른 조원이 발표했던 내용을 그대로 다시 말해도 되고, 모자 색깔에 맞는 다른 내용을 말해도 된다. 주어진 자료가 복잡한 경우에는 앞의 사람이 말했던 내용을 그대로 말하지 말고, 그 색깔에 해당하는 다른 내용을 말하도록 조건을 두어 말하게 할 수도 있다. 교사가 참여하는 경우에 교사는 파란 모자를 쓰고 진행, 통제, 종합, 요약, 정리하는 역할을 맡을 수 있다.

순환 모형(돌아가며 모자 바꿔 쓰기)은 모둠에 참여하는 사람이 각각 다른 관점에서 이야기하게 되므로 참여하는 사람이 비교하거나 충돌할 위험이 적고, 여섯 단계를 모두 마치고 나면 다른 사람이 말했던 내용을 자신도 같은 입장이 되어서 말하게 됨으로써 상대 입장을 다시 생각하고 이해하며 공감할 수 있다는 장점이 있다. 다만, 여섯 명(교사가 참여하는 경우 다섯 명)으로 모둠을 형성해야 하는 제한이 있어 인원이 모자라거나 남는 경우 활용에 제약이 생길 수 있다.

(2) 교환 모형(각자 모자 바꿔 쓰기): 효율적인 문제 해결 과정 훈련

둘째 모형인 교환 모형은 회의, 토의, 토론에 참여하는 집단의 모든 사람이 여섯 가지 모자를 각각 준비한 후에 백색 모자부터 청색 모자까지 차

례로 바꿔 가면서 발표한다. 이 모형은 반드시 여섯 명이 조를 짜서 발표할 필요가 없고 회의, 토의, 토론에 참여하는 모든 사람이 정보와 감정, 사실과 해석, 긍정과 부정 등 여러 정리되지 않은 내용을 순서 없이 발표하려고 하다가 시간을 낭비하거나 진행이 혼란스러워지는 것을 방지하고, 효율적인 상황 파악과 문제 해결 과정을 경험하게 한다.

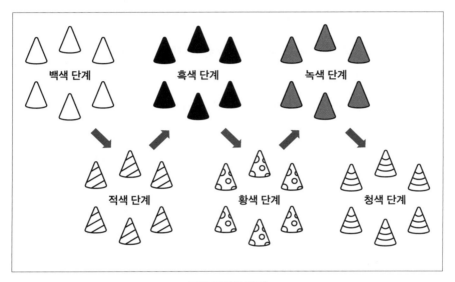

교환 모형의 단계

　그림에 나타난 교환(각자 모자 바꿔 쓰기) 모형은 순환(돌아가며 모자 바꿔 쓰기) 모형과 달리 각각의 참여자 모두 여섯 가지 색깔 모자를 준비해서 각 단계 진행에 따라 모자를 바꿔 쓰고 그 모자의 본질에 충실하게 말하는 모형이다. 인원의 제한이 없고 많은 사람이 참여해도 여섯 가지 모자를 바꿔 쓰면서 논의를 진행하여 혼란을 방지하고 시간을 줄일 수 있다. 또한 다른 색깔의 모자를 바꿔 쓰는 단계마다 참여자 스스로 다른 관점에서 상황이나 문제를 바라봄으로써 이전에 자신의 성향에 따른 판단과 말하기의 편향성을 보완하고 종합적으로 판단하게 하는 장점이 있다.

3. 교수·학습 방법

1) 수업 계획과 시행

육색 사고 모자 활용 화법 교육은 본격적인 발표, 회의, 토의, 토론 학습을 시행하기 전에 학습자들의 혼합된 복합적 사고방식을 바꾸기 위한 체계적 훈련이라는 점에서 기초 사고 훈련 학습법이다. 학생들이 자신의 지식, 생각이나 느낌을 언어로 표현하는 힘을 길러 줄 뿐 아니라 상대의 감정을 상하게 하지 않고 육색 사고 모자 사용 규칙을 사용해 소통하는 능력을 길러 주는 효과를 거둘 수 있다. 발표, 회의, 토의, 토론 등의 담화 유형을 학습하는 데 활용할 수 있으며, 이들 담화 유형을 학습하기 전에 학습자의 사고를 활성화하고 학습자가 가지고 있는 편향적 사고를 수평적 사고로 바꾸는 사고 학습으로 활용할 수도 있다.

육색 사고 모자 활용 화법 교육의 구체적 활용 방법은 학습 목표와 주제, 학습자 수준, 허용된 차시 수, 화법 유형 등 다양한 요인에 따라 달라질 수 있다. 학습자의 사고 활성화와 원만한 의사소통 상호작용을 위한 기초 훈련으로 사용할 경우는 1차시만으로 끝날 수도 있고, 기본 3차시를 계획할 수도 있다. 1차시는 먼저 육색 사고 모자 이론을 설명하고, 다음 간단한 예를 가지고 색깔에 따른 사고와 발표 훈련을 한다. 2차시는 순환 모형(돌아가며 모자 바꿔 쓰기) 모둠 학습으로 여섯 명을 한 조로 구성해서 여섯 개의 모자를 돌아가면서 쓰고, 교사가 제시한 사물, 사건, 상황 등을 가지고 각 색깔 모자를 쓴 학습자가 그 모자 색깔의 본질에 맞는 방식으로 발표, 토의, 토론에 참여하게 할 수 있다. 3차시는 교환 모형(각자 모자 바꿔 쓰기) 방식으로 참여자 수에 제한받지 않고, 교사가 제시한 주제를 가지고 개별 참여자가 여섯 가지 모자를 가지고 백색 모자부터 적색, 흑색, 황색, 녹색, 청색 모자를 쓰고, 그 주제에 대해서 모자 색깔에 맞는 발표, 토의,

토론 내용을 말함으로써 청색 모자 사고를 활용한 발표가 끝나고 나면 자연스럽게 주제에 대한 이해와 문제 해결로 결론을 내리도록 수업을 진행할 수 있다.

육색 사고 모자 활용 화법 교육 차시별 학습 활동

	학습 활동	평가
1차시	기존의 회의, 토의, 토론에서 사용해 온 사고방식의 문제를 점검하고, 육색 사고 모자 활용 화법 교육 모형의 원리 학습	자기 평가 동료 평가
2차시	육색 사고 모자 화법 교육 순환 모형(돌아가며 모자 바꿔 쓰기): 체계적 사고 훈련 학습	자기 평가 교사 평가
3차시	육색 사고 모자 화법 교육 교환 모형(각자 모자 바꿔 쓰기): 효율적인 문제 해결 과정 훈련 학습	자기 평가 교사 평가

육색 사고 모자 활용 교육은 국어 화법 교육뿐만 아니라 사회, 과학, 도덕 등 다양한 과목의 주제를 가지고 수업을 진행할 수 있고, 차시도 3차시를 넘어 10차시 이상으로 실시할 수도 있다. 교과 내용 이외에 학습자들의 학습 경험을 실제 생활에 적용하게 한 다음 그 경험과 느낌, 문제점, 개선된 것을 가지고 메타 점검 방식으로 수업을 늘려 갈 수도 있다.

육색 사고 모자 활용 화법 교육의 기대 효과는 드 보노(De Bono, 1999 / 2011: 210-211)에서 다음과 같이 정리하고 있다. ① 회의, 토론을 할 때 한정된 시간 안에 효과적인 결론을 도출할 수 있다. ② 효율적인 문제 해결과 의사 결정을 할 수 있다. ③ 창의적 아이디어 도출, 소요 시간 및 예산 절감의 효과를 얻는다. ④ 성과 지향적 기획서, 보고서를 작성할 수 있다. ⑤ 비판이나 논쟁에서 벗어나 갈등을 건설적으로 해결한다.

2) 교수·학습 유의점

육색 사고 모자 활용 화법 교육 모형은 여러 과목의 회의, 토의, 토론 수업에 적용할 수 있지만 다음 몇 가지 사항을 유의해야 효과적인 교육 목표를 달성할 수 있다.

첫째, 수업에 참여하는 교사가 이 방법을 충분히 숙지해야 한다. 또한 학습자들에게 회의, 토의, 토론할 주제에 대해서 미리 알려 주고 학습 과제를 부여하여, 학습자들이 학습 동기를 갖고 그 주제 관련해서 충분한 정보를 수집하고 공부해 와야 더 나은 효과를 거둘 수 있다.

둘째, 육색 모자 사고 활용 화법 교육을 시행할 경우 회의, 토의, 토론에 참여하는 모든 사람은 각각의 모자가 가진 의미를 정확하게 파악하고 있어야 한다. 그래야 미리 계획된 순서대로 모자를 쓰고 그 본질에 맞는 내용을 말할 수 있게 된다.

셋째, 육색 사고 모자 활동을 할 때 규칙을 자세히 설명하고, 각 단계에서 참여자들이 할 수 있는 것과 해서는 안 되는 것을 규정으로 정해 두어야 한다. 특히, 청색 모자(계획과 통제, 진행과 요약) 기능을 수행하는 사람은 이 진행 규칙을 잘 알고 있어야 한다.

육색 사고 모자는 특정한 사람의 성향을 판단하게 하는 것이 아니라 사람마다 다양한 시각을 가지고 다양한 관점에서 본다는 것을 확인하도록 한다. 사물, 사태, 상황의 다양함이 서로 측면적, 수평적 가치를 가짐으로써 전체적으로는 종합적 사고를 가능하게 한다는 점을 학습자들이 인지하도록 미리 교육하는 것이 중요하다. 특히 다른 사람을 판단하거나 비판하지 않고 상대의 기분을 상하게 하지 않으면서, 회의, 토의, 토론 과정에서 모자를 바꿔 쓰게 함으로써 각 참여자가 생각과 느낌을 표현하는 여러 가지 방식을 경험하고 그 가치를 인정하게 하는 것이 중요하다.

참고문헌 ───

이창덕 외(2000), 『삶과 화법』, 박이정.

De Bono, E.(1985), *Six Thinking Hats*, Penguin Books.

De Bono, E.(2001), 『여섯가지 사고모: de Bono의 사고개발기법』, 박권생·손기준(역), 교육과
학사(원서출판 1985).

De Bono, E.(2011), 『생각이 솔솔~ 여섯 색깔 모자』, 정대서(역), 한언(원서출판 1999).

3장

학습 목적의 대화적 발표 교육 모형[1]

백정이

'학습 목적의 대화적 발표'는 학교에서 수업 시간에 학습자 중심적 교과 학습을 위하여 수행되는 학생의 발표를 더욱 효과적으로 실천하기 위하여 고안된 개념이다. 이를 교수·학습하기 위해서는 발표 계획부터 발표 연습, 발표 수행에 이르기까지 발표의 각 단계가 '학습자 중심적'이자 '대화적'인 성격이 반영될 필요가 있다. 학습 목적의 대화적 발표 교육 모형은 학습자의 자기 주도적 학습이 발표자와 발표 참여자의 두 측면에서 수행될 수 있도록 고안되었다.

....

[1] '학습 목적의 대화적 발표'의 개념 및 성격, 교육 내용은 백정이(2018), 「학습 목적의 대화적 발표 교육 연구」를 바탕으로 정리한 것이다.

1. 이론적 배경

학습 목적의 대화적 발표 교육 모형의 내용적 측면으로는 학습자 중심적 학습을 전제로 하여 자기 주도적 학습, 대화 및 학습 대화의 성격, 교실 발표의 특징이 반영되어 있고, 형식적 측면으로는 수업 발표의 단계(Sha-ran & Sharan, 1992; Foster, 2009), 발표 단계 혹은 절차(Sprague & Stuart, 2005 / 2008)와 성찰의 과정(Schön, 1987; Mezirow, 1991)이 반영되어 있다.

1) 학습 목적의 대화적 발표

'학습 목적의 대화적 발표'는 "일대다의 상황에서 준비된 내용을 전달하는 담화 유형"인 '발표'의 한 종류이다. 그런데 '프레젠테이션'과 같이 생각되는 일반적인 발표는 일방향성이 강한 공적 말하기로 분류되어 발표자 단독으로 발언권을 가지고 대중에게 발표자의 지식이나 정보를 전달하는 방식을 취하는 반면, 학습 목적으로 수행되는 발표는 일반적인 발표와 그 성격에 다소 차이가 있다. 첫째, 학습 목적의 발표에서는 발표자와 청중 간 지식이나 정보의 격차가 크지 않다. 일반적인 발표에서는 지식이나 전문성을 갖추었다는 점에서 발표하게 된 발표자가 자신의 전문적 지식을 비전문가 또는 지식을 덜 갖춘 자에게 전달한다. 이와 달리 학습 목적의 발표에서는 학습 공동체가 공동의 학습을 하기 위하여 지식이나 정보 등을 공유하며, 발표자로 선정된 학생에게 이를 수행하기 위하여 노력해야 하는 의무가 부여된다. 둘째, 학습 목적의 발표는 낯선 청중을 상대로 발표하는 것이 아니라, 발표자와 청중이 학교생활을 함께하는 동료로 서로에 대해 알고 경험을 공유하며 심리적 거리가 좁은 편이다. 셋째, '공적'이자 '공식적'인 일방향적 말하기인 발표가 '사적'이자 '비공식적'인 양방향적 말하기로서의 대화의 성격을 띤다. 학습 목적의 발표는 일반적인 발표의 개념과 비교할 때 '준비된 내용'에서 준비된 정도가 줄어들며 '전달하는'에서 '전달'의 비중이 감소한다. 또한 청중은 경청과 적극적 듣기의 역할을 넘어서서 말하는 이가 될 수 있으며 발표자도 듣는 이가 될 수 있다. 또 발표를 함께 만들어 가는 능동적이고 적극적인 행위를 하는 청중은 '듣기'의 역할을 넘어서므로 '발표 참여자'라고 할 수 있다.

이와 같은 언어 공동체의 언어 사용 목적과 이를 둘러싼 상황 및 환경의 특수성을 고려할 때 '학습 목적의 대화적 발표'는 공식성에서부터 일상성과 비격식성을 갖추는 방향으로, 그리고 언어 중심적이고 결과적이기보다는 내용 중심적이고 과정적인 방향으로, 단독적(독백적), 불평등한, 동질적인 데서 상관적(상호작용적), 동등한, 이질적인 방향으로, 그리고 공감을 증진하는 방향으로 나아가야 한다. 종합하면 '학습 목적의 대화적 발표'란 학습자 중심 수업에서 학습 주제에 맞추어 일정 정도 사전에 준비된 정보와 지식을 갖춘 비전문가로서의 발표자의 주도로 발표자와 발표 참여자 및 청중이 상호작용함으로써 지식을 공유하고 공동의 지식을 구성 및 생성하는 의사소통이다.

2) 학습 목적의 대화적 발표 교육 내용

'학습 목적의 대화적 발표' 교육 내용은 크게 인식과 수행의 두 측면으로, 그리고 수행은 다시 거시적 층위와 미시적 층위로 나누어 볼 수 있다.

(1) 인식 측면

인식의 측면에서는 발표의 상(象)을 재구성해야 한다. 첫째, 청자의 동급생으로서의 동질성과 관심이나 흥미, 수준에서의 다양성을 동시에 고려해야 하며, 학습 공동체 공통 및 개인적 사전 정보를 적극적으로 활용할 수 있다. 둘째, 발표 내용은 ① 발표를 위해 준비된 것으로서 발표자가 조사하고 수집하여 학습한 지식과 정보(객관적, 요약적), ② 발표자로부터 비롯된 것으로서 발표자가 가지고 있던 지식이나 정보와 의문, 발표자만의 흥미와 관심, 가치관이나 관점, 재해석하여 발표자화한 내용(주관적), ③ 말하기를 의도한 것으로서 발표자에게 생소한 것이거나 새롭거나 공유할 만한 가치가 있다고 판단하는 등 발표자에 의해 선정된 내용(참신성, 유용성), ④ 발표자가 청중보다 지식이나 정보의 깊이나 양의 측면에서 상대적 우위를 점한 내용(정보성), 그리고 지금까지와는 다른 층위에서 ⑤ 발표를 위한 발표자의 학습 과정 등이 있을 수 있다. 셋째, 발표자는 학습한 내용을 요약하여 제시할 뿐 아니라(①), 상세화할 수도 있고(④), 특정 내용을 강조할 수도 있다(②, ③). 또 이와 같은 발표 내용은 발표 준비 중 청중에 대한 사전 고려를 통하여 조정되어야 하며, 준비된 그대로 공유되는 것이 아니라 발표 수행 중 청중을 반영하여 역동적으로 다시 구성될 수 있다. 마지막으로 발표는 발표자와 참여자가 함께 공동의 학습을 만들어 가는 것임을 이해해야 한다. 발표자만이 청중의 학습을 이끌어 가거나 책임지는 것이 아니며 발표자 또한 발표의 전 과정에서, 그리고 발표 참여자와의 소통을 통하여 성장한다. 마찬가지로 발표자를 제외한 학습 공동체는 청중으로서 일방적인 수혜자로 머무르는 것이 아니라 발표 참여자로서 공동의 학습에 적극적인 역할을 담당해야 한다.

(2) 수행 측면

수행 측면의 거시적 층위에서 담화 구조는 다음 그림과 같이 나타낼 수 있다. 크게 발표자가 주도하는 '발표'와 발표 참여자가 주도하는 '논의'의 두 부분으로 나뉘며, '발표'는 '도입, 서론, 본론, 결론'으로 구성된다. 발표, 주제, 텍스트의 차원에서 처음, 가운데, 끝의 구조가 중첩적으로 나타난다. '발표'는 '논의'를 위하여 마련된 공통 기반이자 출발점이며, '발표'와 그것을 심화·발전시키는 '논의'의 관계는 누적적, 논쟁적, 탐구적 관

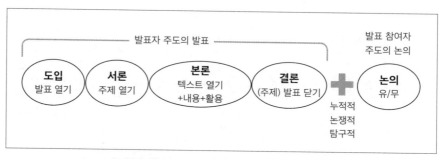

학습 목적의 대화적 발표의 담화 구조(백정이, 2018: 98 수정)

계로 나타난다.

누적적 관계는 발표자 주도적 발표에 대하여 긍정적이나 무비판적으로 논의를 쌓아 가는 것이고, 논쟁적 관계는 발표자 주도적 발표와 논의 간 조정되지 못하는 충돌과 개인화된 의사 결정이 특징이다. 탐구적 관계에서는 비판적이지만 건설적으로 발표자와 발표 참여자가 서로의 생각에 관여하며, 공동의 고려를 위하여 진술과 제안이 제공된다. 학습 대화로서 이들 세 가지 유형 가운데 탐구적 대화가 교육적으로 가장 바람직하나(Barnes, 1976; Mercer, 1995), 누적적 대화 또한 교육적으로 가치 있는 것으로 여겨지고 있기도 하다.

발표의 내용 구성은 다음의 그림과 같이 나타낼 수 있다. 가장 낮은 1수준은 발표의 중심 텍스트의 주요 내용만을 전달하는 것으로, 하나의 목소리를 있는 그대로 전달한다. 2수준은 발표자가 발표의 중심 텍스트의 주요 내용을 수용하거나 여기에 발표자의 생각을 덧붙이는 것으로, 하나의 목소리를 제시하기는 하지만 논쟁적이다. 3수준은 발표의 중심 텍스트의 주요 내용과는 다른 관점을 함께 제시하는 것으로, 다수의 목소리를 전달하는 것이다. 4수준은 이에 더하여 관점 간 관계나 가치 판단을 드러내는 것이다. 5수준은 충분한 검토를 거쳐 여러 관점 가운데 발표자 자신의 관점을 확립하고 이를 주장하는 것이다.

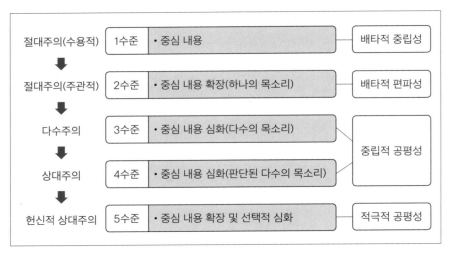

학습 목적의 대화적 발표 내용 구성에 따른 수준 및 발표 성격의 유형(백정이, 2018: 120 수정)

이와 같은 발표자가 주도하는 발표의 수준은 발표가 수행되는 동안 교사를 비롯한 발표 참여자와의 상호작용을 통하여, 또 발표 후 이어지는 논의를 통하여 변화할 수 있다.

미시적 층위에서의 상호작용으로, 발표자 주도적 발표에서의 상호작용은 발표자 내부적 상호작용(발표자 자신과의 상호작용, 발표자 간 상호작용)과 발표자 외부적 상호작용(발표자와 청중 간 상호작용, 발표자와 교사 간 상호작용)이 있다. 발표 참여자 주도적 논의에 나타난 발표 참여자의 참여 내용과 초점, 발표자의 부담은 다음 표와 같이 정리할 수 있다.

논의에서 발표 참여자의 참여 유형 및 성격(백정이, 2018: 208 수정)

논의의 초점	논의의 대상	논의 참여의 성격	논의에 대한 발표자의 부담	
저자의 텍스트 내용	지식이나 정보	• 텍스트 내 지식이나 정보에 대한 반복적 또는 추가적 지식이나 정보 요구	학습 목적 발표의 본질(일차적)이나 저자에게 책임이 있음	중
	저자의 견해	• 텍스트 저자의 주장에 대한 정당화 요구		

발표자의 학습	텍스트 지식이나 정보 해석	• 발표자의 이해 또는 해석에 대한 정당화 요구	학습 목적 발표의 본질(이차적)이며 발표자의 책임이 큼	고
	발표자의 견해	• 주요 텍스트 관련 발표자의 의견 제시 요청 • 주요 텍스트 관련 발표자의 의견에 대한 정당화 요구		
	학습 과정	• 발표의 목적 질문 • 텍스트 선정의 이유, 신뢰성 질문 • 자료의 다양성 요구 • 텍스트 외 추가 정보 요청		
발표자의 발표 형식	준비	• 발표자의 역할 분배	학습 목적 발표의 본질이 아니므로 발표자의 책임이 작음	저
	내용 조직	• 이해를 돕는 사례의 필요성		
	전달력	• 목소리의 크기, 말의 빠르기		

발표자 주도적 발표에 대한 논의의 초점은 크게 세 가지로 나누어 볼 수 있으며, 각 초점별 논의의 대상에 따라 논의에서 나타나는 발표 참여자의 참여 성격에 차이가 나타난다. 논의에 대하여 발표자에게 지워지는 부담은 논의의 초점이 학습 목적 발표의 본질에 가까운지, 발표자가 발언한 내용에 대한 책임이 누구에게 있는지에 따라 차등화될 수 있다.

3) 발표의 절차 및 단계

기존의 발표 교육은 발표를 계획하는 데서부터 수행하기까지의 과정을 중심으로 이루어졌다. 발표의 절차 모형을 구안하기 위하여 참고한 발표의 단계 및 각 단계에서 수행해야 하는 것들은 다음의 표와 같으며, 이로부터 '계획하기', '조직하기', '다듬기'로 이루어지는 '발표 준비'와 '발표하기'와 '논의하기'로 이루어지는 '발표 수행'의 두 단계를 설정하였다.

발표의 과정

	계획	준비		연습	수행
스프레이그 와 스튜어트 (2005/2008: 110) ① 발표 계획과 연습	초기 결정과 분석	연구	발표 자료 개발	연습	
	• 화제 선정, 범위 좁혀 분석 • 목표 명시 • 주제 진술 • 청중 분석	• 예비 연구 • 기초 자료 탐독 • 자료 찾기	• 개요서 작성	• 지속적으로 대화 • 단계별 연습 • 조언 받으며 연습 • 고쳐 가며 연습	

	준비하기	조직하기	다듬기	발표하기	
스프레이그 와 스튜어트 (2005/2008) ② 발표 전반	• 계획하기 • 화제의 선택과 분석 • 청중 분석 • 연구	• 생각 말하기 및 요점으로 전환 • 요점 배열 • 개요 짜기 • 접속어로 연 결 • 시작 및 결 론 생성	• 근거 자료 마 련 • 추론 • 언어와 문체 • 주의와 흥미 • 신뢰도 • 호소력 있는 동기 유발 • 정보 전달· 설득 전략 • 말하기 맥락 적용	• 말하기 전달 양식 • 말하기 연습 의 단계	• 음성 전달 • 신체적 전달 • 프레젠테이 션 보조 자료 • 말하기 상황 의 적용 • 질의응답의 방법

	발표 계획			발표 연습	발표 실전
한연희 (2012)	• 상황 파악 • 화제 결정 • 내용 구성 • 보조 자료 구성			• 표현 연습과 결정	• 표현과 전달 • 상호작용과 관계 형성 • 추론과 평가

학습 발표 또는 수업 발표의 단계로, 샤란과 샤란(Sharan & Sharan, 1992)에서는 모둠 조사 발표의 단계를 제시하였다. 1단계로 교사가 화제를 도입하면 학급 학생들이 하위 화제를 협상하여 선택하고, 2단계로 모둠

원이 화제를 핵심어로 바꾸어 어떤 정보원을 활용할지 조사를 계획하고, 3단계로 모둠원이 조사를 수행하고, 4단계로 모둠원이 집합적으로 수집한 정보를 논의 및 통합하고 결과 발표를 계획하고, 5단계로 학급 학생들에게 발표하고, 6단계로 교사와 학생이 조사를 평가하며 마무리한다. 포스터(Foster, 2009)에서는 발표 계획 과제에서 생성된 담화를 분석하여 정보 공유, 초점 형성, 정보 수집, 완성의 네 단계를 설정하고, 단계별로 구조화하기, 이끌어 내기, 정보 주기, 요약하기 연속체로 나타냈다. 이로부터 '발표 준비' 및 '발표 수행' 단계에 더하여 '수업 설계' 단계를 설정하였다.

4) 순환적인 실천적 성찰

쇤(Schön, 1987)에서는 학문적 지식보다 경험을 통한 지식을 중요하게 보고, 전문가를 기르기 위해서 그들이 실천 상황에서 지식을 적절하게 활용하기 위한 '행위 중 성찰'에 주목해야 한다고 하였다. 행위 중 성찰이란 규정되지 않은 실세계의 실천 상황에서 고유한 문제를 포착하고 그 해결 방안을 즉석에서 판단하여 찾아내는 것이다. 메지로우(Mezirow, 1991)는 문제의 내용이 무엇인지에 대한 '내용 성찰'과 문제를 어떻게 해결해야 하는지에 대한 '과정 성찰'로 세분화하였고, 문제를 인식하고 해결하는 자기 자신에 대하여 돌아보는 '전제 성찰'을 제안하였다. 박성석(2019)의 대화 성찰을 위한 수행 학습 모형을 참고하여, 개인적 성찰 과정은 경험으로부터 문제를 발견하고 문제를 설명한 뒤 대안 행동을 계획하는 단계로 제시할 수 있으며, 각각의 단계에 대하여 학습 공동체가 대화를 통한 협력적 성찰을 할 수 있다. 김미화·임정훈(2021)에서는 실천적 성찰에 기초하여 자기 수업 컨설팅 모형을 '수업 준비 – 수업 실행 – 성찰적 수업 관찰 – 체계적 수업 분석 – 문제 발견 – 개선할 문제 선정 – 개선안 탐색 – 개선안 실천'의 순환적 형태로 제시하였으며, 이를 발표자가 실천적 성찰에 기반하여 자신의 발표를 개선하는 데 활용할 수 있다.

2. 학습 목적의 대화적 발표 교육 모형

'학습 목적의 대화적 발표'의 교수·학습 모형은 대화가 쌍방향성을 가진다는 점에서 크게 '발표자'와 '발표 참여자'의 두 부분의 결합으로 이루어진다. 일반적인 발표가 발표자의 발표 준비 과정에만 주목한다면, 학습 목적의 대화적 발표는 발표자뿐 아니라 발표 참여자 또한 공동의 지식 구성에 대하여 함께 책임을 지기에 대화 참여자가 되기 위한 과정이 필요하다. 소위 '준비된' 말하기와 함께 '준비된' 듣기가 요구되는 것이다. 백정이(2018)에서는 '수업 발표의 단계'로 1단계 '수업 설계(교수자의 화제 도입,

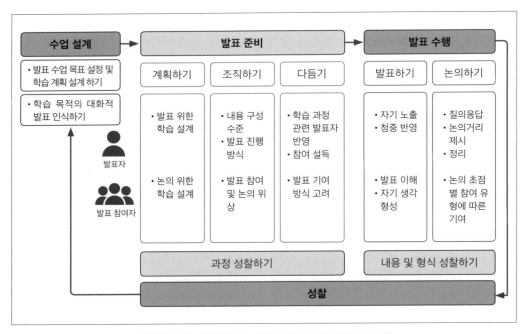

실천적 성찰 기반의 학습 목적의 대화적 발표 교육 모형

학습자의 선택)', 2단계 '발표 준비(학습자의 학습 계획 및 수행, 발표 수행 계획)', 3단계 '발표 수행(학습자의 발표 및 논의)'을 제시하였는데, 이를 상세화하고 '성찰' 단계를 추가 설정하여 앞의 그림과 같이 제시한다.

1) 수업 설계 단계

수업 설계 단계에서 ① '발표 수업의 목표 설정 및 학습 계획 설계하기'는 교사와 학생이 함께 발표 수업 전체의 목표를 설정하고 발표 수업을 어떻게 장기적으로 운영해 갈 것인지 학생들의 학습 계획을 만드는 것이다. 이 과정에서는 학생들이 자기 주도적 학습을 할 수 있도록 학생들의 학습 욕구를 진단하고, 이에 따라 학습 목표를 설정하고 학습을 위한 인적·물적 자원을 파악한 뒤 적절한 학습 방법을 선정할 수 있다. ② '학습 목적의 대화적 발표 인식하기'는 앞에서 살펴 본 내용과 같이 발표의 상을 재구성하고 새롭게 설정된 발표의 상에 알맞게 발표 내용 구성의 가능성을 인지하며 이와 관련한 발표 태도 등을 다룬다.

2) 발표 준비 단계

(1) 발표/참여 계획하기

'발표/참여 계획하기'는 '학습 목적의 대화적 발표'에서 새롭게 요구되는 것, 그리고 발표자와 발표 참여자 모두 각자 이전의 발표에서 발표자와 발표 참여자였던 경험에 비추어 예상되는 문제 또는 개선하기 위해 반영해야 할 것을 바탕으로 수업 설계 단계에서 결정된 하위 화제에 대하여 발표 및 논의를 설계하는 것이다. 발표자뿐 아니라 발표 참여자 또한 하위 화제와 관련하여 학습하는 것이 요구되며, 발표자가 청중 분석을 하듯 발표 참여자도 발표자를 예상해 보는 것이 도움이 된다.

(2) 발표/참여 조직하기

'발표/참여 조직하기'는 학습한 결과를 정리하고 선별하여 내용을 마련하는 것이다. 이때 발표자는 내용 구성 수준에 따라 내용 구성 방식을 결정할 수 있으며, 발표 참여자 또한 내용 구성 수준을 참고하여 학습 결과를 정리함으로써 발표 참여에 준비된 상태가 된다. 전문성이 기대되는 것은 아닐지라도 자신이 설정한 목표와 계획에 따라 내용을 철저히 조사하고 충분히 숙지해야 한다.

발표자 주도의 발표 및 발표 참여자 주도의 논의를 구조에 따른 구성 요소로 나누어 보면, '도입'은 발표의 일부로 인식될 수도 있고, 발표와는 별개의 것으로 인식될 수도 있다. 발표 시작 인사, 발표자의 모둠, 학번, 이름 등 발표자 소개, 텍스트 저자와 제목이 주로 포함되나 모든 요소가 유동적으로 포함될 수 있다. 이 외에 발표 시간, 발표 순서, 발표 난이도, 발표의 재미 등 발표에 대한 개괄적 안내, 발표를 어떻게 들어야 하는지에 대한 발표자의 당부 등이 포함되며, 발표에 대한 메타적 지식을 제공하기도 하고, 청중의 흥미를 끌기 위한 동기 유발을 할 수도 있다. '서론'은 발표에서의 문제의식, 텍스트 또는 중심 내용 선정 이유, 관련된 우리 사회의 문제 현상이나 이슈 등을 포함한다. 이 가운데 텍스트 또는 중심 내용 선정 이유는 학습 목표의 중요성이나 효용 등을 통하여 학습 동기를 유발하는 것과 같은 역할을 하는 것이다. '본론'은 텍스트 내용이 주를 이루고, 저자의 생애, 텍스트가 쓰인 시대적 상황과 같은 텍스트에 대한 배경지식, 우리나라나 현실에의 적용, 발표자의 견해 등을 포함한다. '결론'은 발표 내용의 요약적 정리이고, '논의'는 발표 참여자의 추가 발언이나 교사의 정리로 대체될 수 있다. 발표자는 각 구성 요소를 긴밀하게 연결해야 한다. 예를 들어, '저자 정보'가 기계적으로 저자의 일생을 보여 주는 방식으로 제시된다면, 잉여적 정보가 될 수 있기 때문이다. 또, 발표자는 질문과 답같이 대화를 활용할 것인지, 상황극이나 퀴즈 등의 활동을 설계하여 적극적인 참여를 유도할 것인지 발표 진행 방식 또한 선택할 수 있다.

(3) 발표/참여 다듬기

'발표/참여 다듬기'는 앞서 조직한 내용을 검토하고 효과적인 정보 전달과 설득, 원활한 소통을 위하여 보완하는 것으로, 발표 상황을 예상하며 연습하는 가운데 이루어진다. 발표자는 특히 학습 과정을 담아내는 데 대한 고민이 필요한데, 발표자의 학습 방식과 발표 관여 정도 등의 열정과 성실성이 발표 참여자에게 큰 영향을 미치기 때문이다.

그리고 발표자는 차례를 소개하면서 발표를 시작할 것인지, 학생의 흥미를 유지하기 위하여 귀납적으로 발표의 흐름을 만들어 나갈 것인지 선택할 수 있다. 또, 이해하기에는 수월하지만 단조롭지 않도록 구성함으로써 발표 참여자의 주의 집중을 유도할 수 있다. 마치 교사가 수업에서 학습 목표를 설득적으로 제시하는 것과 같이, 발표 참여 동기 유발을 위하여 '중심 내용 선정 이유'를 통하여 발표 참여자를 다각도로 설득하려고 할 수 있다. 활용할 전략도 구상해 볼 수 있다. 예를 들어, 공감할 수 있는 화제로 시작하거나 소재 제시하기, 타교과 시간에 학습한 내용이나 일화를 제시하는 등 공동의 직접 경험 활용하기, 농담이나 웃음을 유발할 수 있는 요소 배치하기 등을 선택할 수 있다. 이러한 과정에서 시각 매체 활용 목적과 방식도 함께 고려해야 한다. 시각 매체는 발표자의 내용 숙지를 위해, 발표 참여자의 관심을 유도하기 위해, 발표 참여자의 이해를 돕기 위해 등 여러 목적에 따라 간단하게 키워드나 구절만 포함하거나 사진을 주로 제시하는 등 다양하게 제작될 수 있다.

상호작용을 고려하면서 발표자와 발표 참여자 모두 자신의 생각을 분명하게 정리한다. 발표자와 발표 참여자가 서로에게 던질 질문을 만들어 볼 수도 있고, 발표자는 발표 참여자로부터 제기될 만한 질문을 예상하여 이에 대한 생각을 미리 정리하고, 발표 참여자는 자신이 논의에서 기여하고 싶은 부분을 고민하고 정교화할 수 있다.

3) 발표 수행 단계

(1) 발표하기

'발표하기'는 발표자와 발표 참여자 간 상호작용을 통하여 공동의 지식이자 학습을 구성하는 것이다. 발표자는 청중을 반영하며 발표 참여자는 문자 그대로 발표에 참여한다. 청중 반영하기란 청중 고려하기보다 적극적인 소통을 의미하는 것으로, 발표자 관점에서의 발표자와 청중 간 상호작용의 한 가지이다. 발표 중 언어적 상호작용으로 질문하기와 대답하기, 의견 교환하기, 토론하기, 피드백 주고받기, 발표 참여자의 간단한 발표하기, 도전하기 등이 있으며, 비언어적 상호작용 또한 고려되어야 한다. 거수하거나 발표자를 따라 하게 하는 등 특정 행위를 요구할 수도 있으며, 앞서 설계한 퀴즈나 게임 등의 활동을 운영할 수도 있다.

표출적 상호작용 가운데 하나로, 발표자는 자신의 생각을 소리 내어 말함으로써 즉흥적으로 점검하는 데 도움을 받는다. 자신의 학습 측면에서 기억하지 못하거나 부정확한 지식을 포착하여 정교화할 수 있고, 자신의 생각을 객관적으로 보고 메타적으로 평가할 수 있으며, 이것이 새로운 깨달음으로 연결되기도 한다. 종종 이것은 발표자의 발표 중 사고 과정을 드러내는 혼잣말이나 바꿔 말하기 등과 같은 형태로 나타나, 충분한 이해에 도달하지 못하여 논의가 필요한 부분, 혹은 발표 참여자나 교사의 도움을 구하는 표지로 작용한다. 발표자와 발표 참여자가 감정이나 선호를 드러내고 감사나 사과 표현을 하는 등의 자기 노출 또한 원활한 소통을 증진하는 데 중요한 역할을 한다. 이에 더하여 발표 참여자가 집중하고 이해하는 데 어려움은 없는지 판단하여 설명이나 흐름을 상황에 맞게 조정한다.

발표 참여자는 다음 표와 같이 상호작용한다.

발표 참여자로서 행위적 및 사고 중심적인 효과적 소통 시도(백정이, 2018: 93)

행위 중심적		사고 중심적	
발표 참여자 내적	집중하기	발표 이해하기	부분적 이해하기
	경청하기		중심 내용 파악하기
	메모하기		전반적 흐름 파악하기
발표 참여자와 발표자 간	반응하기		발표에 도전하기
	호응하기		발표 간 연결하기
	질문하기	자기 생각 형성하기	질문 생각하기
			내 생각과 비교하기

이 가운데 '메모하기'의 경우, 발표 내용 전부, 중요한 내용, 마음에 드는 구절, 새롭게 알게 된 점, 질문거리나 피드백하고 싶은 내용 등을 메모하여 발표 참여자가 다양하게 의미화할 수 있다. '반응하기'는 발표자의 질문에 대답하는 것, 발표자가 시키는 일을 잘하는 것, 발표자의 유머에 박수치거나 환호하는 것 등이 해당하고, '호응하기'는 발표자를 배려하기 위하여 눈을 마주치거나 웃거나 박수를 치기도 하고, 공감을 보이기 위하여 고개를 끄덕이거나 반응을 크게 하는 것 등이 있을 수 있다. '발표에 도전하기'는 발표 내용을 깊이 있게 이해하기 위한 시도로 발표 내용에 지속적으로 반박함으로써 타당성을 따지거나 기존에 수행된 다른 발표와 연결하여 봄으로써 맥락화, 구조화하는 것이다.

(2) 논의하기

'논의하기'는 앞서 담화 구조에서 살펴본 바와 같이 발표와의 관계를 보았을 때, 발표자의 발표에 대하여 긍정적이나 무비판적으로 쌓아 가는 누적적 관계, 조정되지 못하는 충돌과 개인화된 의사 결정이 특징적인 논쟁적 관계, 비판적이지만 건설적으로 발표자와 발표 참여자가 서로의 생각에 관여하며, 공동의 고려를 위하여 진술과 제안이 제공되는 탐구적 관계로 나타날 수 있다. 발표자 주도적 발표를 통하여 공통의 기반을 마련하지 못한 경우 논의가 나타나지 못하므로 교사의 개입이 특별히 요구된다.

4) 발표 성찰 단계

발표 성찰 단계에서 ① '과정 성찰하기'는 학습 과정을 비롯하여 발표 준비를 집중적으로 성찰하며, ② '내용 및 형식 성찰하기'는 수행된 발표로써 공동으로 구성한 결과물의 내용적 측면과 언어적 형식의 측면에서 성찰하는 것으로 학습 내용 및 과정에 대한 성찰과 발표 형식에 대한 성찰을 모두 포함한다. 이것은 발표자와 발표 참여자가 자성적이자 관찰자적으로 함께 성찰하는 것을 포함한다. 예컨대, 발표자는 자신의 발표 상대방으로서 발표 참여자를 관찰할 수도 있고, 이에 비추어 발표 참여자로서의 자신에 대하여 숙고할 수도 있다. 발표자와 발표 참여자 모두 자신의 역할과 상대의 역할에 대하여 자성적이자 관찰자적으로 과정, 내용 및 형식을 성찰하며, 각각의 문제 발견, 문제 설명, 대안 행동 계획에 대하여 함께 이야기 나눔으로써 협력적으로 성찰하고, 이를 다음 번 '발표 / 참여 계획하기' 단계에 반영하여 실천함으로써 지속적인 발전을 도모하게 된다.

3. 교수·학습 방향

학습 목적의 대화적 발표의 교수·학습은 다음의 그림에서 '대화적'의 의미가 실현되는 것과 관련하여 '동등성', '다양성', '상관성'의 세 가지 성

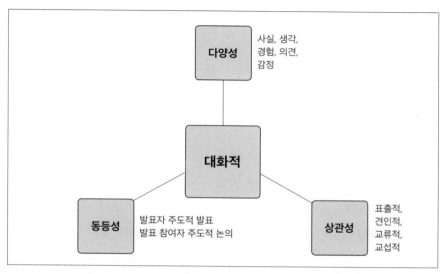

학습 목적의 대화적 발표 수행에서 '대화적'의 의미 실현(백정이, 2018: 205 수정)

격을 담아내는 방향으로 탐색해 볼 수 있다.

　'동등성'은 '불평등'과 '불균형'에 대비되는 것으로서 의사소통 주체 간, 그리고 발표자 주도적 발표와 발표 참여자 주도적 논의 간 관계가 동등한 것을 의미한다. '다양성'은 '동질성'에 대비되는 것으로서 발표자 주도적 발표와 발표 참여자 주도적 논의에서 소통되는 것이 사실적 지식이나 정보뿐 아니라 의사소통 주체의 생각이나 의견, 경험에 더하여 감정이나 정서까지 다양하다는 것을 의미한다. '상관성'은 '단독성'에 대비되는 것으로서 소통되는 담화가 얼마나 양방향적인가에 따라 표출적, 견인적, 교류적, 교섭적일 수 있음을 의미한다. 이러한 방향을 반영하여 학습 목적의 대화적 발표 교수·학습은 지식, 수행, 태도의 측면에서 다음과 같은 목표 및 수업 내용을 설정할 수 있으며, 이와 함께 교수·학습 시 주의점을 다음과 같이 제시할 수 있다.

1) 지식

학습 목적의 대화적 발표에 관한 지식의 측면에서는 '학습 목적의 대화적 발표의 교실 의사소통으로서의 성격과 중요성을 이해한다'. 이것은 언어와 학습의 관계를 이해하고 이를 바탕으로 학습 목적의 대화적 발표에서 공동의 지식을 구성해 나가는 과정의 중요성을 인식하는 것이다. 그리고 학습 목적의 대화적 발표의 교실 의사소통으로서의 성격 및 특징, 발표자 및 발표 참여자로서의 역할을 이해한다. 학생들의 발표 경험으로는 수업 시간에 수행되는 언어 중심적이거나 교과 중심적인 발표 외에 발표 대회에서의 평가받는 결과 중심적 발표, 학생 자치 활동에서의 발표, 사회적 참여의 일환으로서의 발표 등이 있을 수 있으며, 대체로 일방향적으로 전달하는 발표 경험에 익숙한 학생들에게 보다 자유롭게 청중과 소통하고 청중이 참여하도록 하는 대중 말하기 영상을 보여 주고 대화적 발표에 대하여 생각해 보게 함으로써 발표의 상을 새롭게 설정하는 데 도움을 줄 수 있다.

2) 수행

학습 목적의 대화적 발표 수행에서는 첫째, '발표자로서 학습 목적의 대화적 발표의 목적과 수준을 결정하여 발표한다'. 발표자는 학습 과정 선별과 함께, 중심 텍스트만 다룰 것인지, 관련 자료를 얼마나 함께 활용할 것인지, 객관적으로 정보 전달만 할 것인지, 주관적으로 정보를 판단하거나 발표자의 시각을 제시할 것인지에 따라 내용 구성 수준을 결정하여 발표한다. 이것은 학생의 학습 주도성과 관련되는 지점으로서 학생의 자기 주도적 학습 목표 설정과 계획 실행에 따르는 것으로 학생에게 맡겨 둘 수도 있고, 교사가 학생들의 교실 밖 학습에 개입하여 특정한 수준을 요구할 수도 있다. 높은 수준을 요구하는 경우에는 학생들이 정보를 먼저 찾고 나서 이를 재배열하는 것이 아니라 주제에 부합하게 자신의 관점을 구성하고 나서 이에 알맞은 정보를 찾아 활용하도록 지도할 수 있다.

둘째, '발표 참여자로서 발표에 적극적으로 참여하여 학습 목적의 대화적 발표를 함께 구성한다'. 발표 참여자는 논의의 초점과 이에 따른 발표자의 부담을 고려하여 사실, 의견, 경험을 다루면서 발표에 참여한다. 교사는 논의의 유형에 따라 교사의 개입 정도를 결정할 수 있다.

셋째, '발표자 및 발표 참여자 모두 상호작용을 통하여 형성되는 학습 목적의 대화적 발표의 흐름을 파악하고 조정하며 운영한다'. 학습 목적의 대화적 발표에서 발표와 논의의 누적적, 논쟁적, 탐구적 관계라는 흐름을 파악하고 생산적이고 효과적인 방향으로 이 흐름을 함께 만들어 가며 학습 목적의 대화적 발표에 참여한다. 논의에서 발표자 응답의 불충분성이 오히려 발표 참여자들의 자발적 사고와 도전, 이에 따른 비판적 논의를 촉진할 수 있으므로 발표자가 불충분한 반응을 보일지라도 교사가 바로 개입하기보다는 가급적 개입을 지연하는 편이 효과적일 수 있다. 발표 내용이 이해하기에 지나치게 어려운 경우에는 청중이 발표에 참여하지 못할 수 있는데, 이러한 때에는 발표자의 주도로 논의를 진행하거나 발표자의 추가 발언으로 논의를 대체할 수 있다. 수업 시간이 부족한 경우 논의가 교사의 정리로 대체될 수 있으며, 이러한 경우에 대비하여 교사는 발표와 논의를 구성하는 데서 자신의 위치를 분명하게 인식해야 한다. 또한, 교사의 수준도 마찬가지로 '적극적 공평성'에 도달하지 못할 수 있음을 인정하고 수용해야 한다.

수행과 관련한 교수·학습 시 내용 파악에 영향을 미치지 않는다면 비문법적이거나 비표준적 표현, 담화표지나 명시적 수정구의 포함, 단순 반복이나 오류 수정, 상세화나 예시 대치 등 구어 비유창성 현상(남길임, 2011)에 대해서는 엄격하게 성찰하지 않는다. 이러한 특징은 오히려 대화적 성격을 지향하기 위한 노력으로 볼 수 있으며, 편안한 대화 분위기를 조성하는 데 도움이 될 수 있다.

3) 태도

태도로서는 '자신 및 언어 공동체의 학습 목적의 대화적 발표 관습을 성찰하고 이를 발전시키려는 태도를 가진다'. 발표자 및 발표 참여자는 모두 학습 목적의 대화적 발표 과정에서 지식이나 정보의 격차, 생각이나 의견의 차이를 관계를 고려하며 소통한다.

참고문헌

김미화·임정훈(2021), 「실천적 성찰에 기초한 순환적 자기수업컨설팅 모형 개발」, 『교육공학연구』 37(2), 375-402.
남길임(2011), 「구어 비유창성 현상의 주석 체계 연구」, 『텍스트언어학』 30, 45-72.
박성석(2019), 「대학 화법 교육에서 대화 성찰 교육의 적용과 효과」, 『리터러시연구』 10(1), 269-312.
백정이(2018), 「학습 목적의 대화적 발표 교육 연구」, 서울대학교 박사학위 논문.
한연희(2012), 「발표 교육과정 설계」, 『화법연구』 21, 349-377.
Barnes, D.(1976), *From Communication to Curriculum*, Penguin Education.
Foster, J.(2009), "Understanding Interaction in Information Seeking and Use as A Discourse: A Dialogic Approach", *Journal of Documentation* 65(1). 83-105.
Mercer, N.(1995), *The Guided Construction of Knowledge: Talk Amongst Teachers and Learners*, Multilingual Matters.
Mezirow, J.(1991), *Transformative Dimensions of Adult Learning*, Jossey-Bass.
Schön, D. A.(1987), *Educating the Reflective Practitioner: Toward a New Design for Teaching and Learning in the Professions*, Jossey-Bass.
Sharan, Y. & Sharan, S.(1992), *Expanding Cooperative Learning Through Group Investigation*, Teachers College Press.
Sprague, J. & Stuart, D.(2008), 『발표와 연설의 핵심 기법』, 이창덕·임칠성·심영택·원진숙·민병곤·전은주·권순희·노은희·유동엽·서현석(역), 박이정(원서출판 2005).

4장

텍스트 간 환언 중심
설명 화법 교수·학습 모형[1]

박종훈

텍스트 간 환언 중심 설명 화법 교수·학습 모형(이하 환언 모형)은 설명 화법에서 요구되는 언어적 표현 능력을 기르기 위한 모형이다. 학생들은 다수의 청중을 대상으로 정보를 전달하는 발표를 수행할 때 상황에 적절하면서도 효과적인 언어적 표현을 사용하지 못할 때가 많다. 예컨대 학생이 발표를 위해 수집한 자료는 문어 텍스트이고 예상 독자의 특성도 학생 발표의 청중과 다를 때가 많다. 이런 경우 문어 텍스트 자료에 사용된 언어적 표현을 발표에 그대로 사용하게 되면 전달 매체와 수신자 특성의 차이로 인해 효과적으로 정보를 전달하지 못하게 될 가능성이 크다. 이러한 현상이 발생하는 것은 기존의 설명 화법 교육의 내용이 내용 구성 중심의 추상적인 원리 위주로 편성되어 있고 학생들이 상황 맥락에 따른 언어적 표현의 효과에 대한 민감성이 부족하기 때문일 수 있다. 이에 환언 모형은 상

....

1   이 내용은 박종훈(2007), 「설명 화법의 언어 형식화 교수·학습 방안 연구」의 주요 내용을 수정·보완한 것이다.

황 맥락의 차이에 따른 언어적 표현의 효과에 대한 인식을 바탕으로 문어 텍스트를 구어 텍스트로 전환하는 활동을 통해 설명 화법의 언어적 표현 능력을 신장하도록 하였다.

1. 이론적 배경

환언(paraphrase)은 의미가 크게 훼손되지 않는 범위 내에서 한 표현을 다른 표현으로 바꾸는 것을 말한다. 대개 환언은 구절이나 문장 정도의 작은 단위에 대해 이루어지는 행위를 뜻하지만, 환언 모형에서의 환언은 텍스트 간 환언, 즉 한 텍스트를 다른 텍스트로 바꾸어 표현하는 행위를 말한다. 여기에서 바꿀 텍스트를 원천 텍스트라고 하고 바꾼 결과로서 생성되는 텍스트를 환언 텍스트라고 한다.

환언 모형은 자신의 언어 수행에 대한 성찰이 곧 언어 수행 능력 향상의 기틀이 될 수 있다는 관점을 전제로 한다. 따라서 환언 모형에서는 원천 텍스트인 문어 텍스트와 환언 텍스트인 구어 텍스트에 사용된 언어적 표현의 효과를 분석하는 것이 중요하다. 이때 특정한 언어적 표현이 어떤 효과를 지니는지는 곧 맥락 속에서 그 언어적 표현이 어떤 기능을 발휘하는지와 상통하므로 기능 중심으로 언어를 분석할 수 있는 틀이 필요하다.

이러한 틀이 될 수 있는 것이 '체계기능언어학'이다. 학생들이 환언 모형에 따른 학습 활동을 수행하기 위해 체계기능언어학의 이론적 지식을 학습해야 하는 것은 아니지만, 체계기능언어학은 교사나 교과서 개발자가 환언 모형을 적용할 교수·학습의 내용을 선정하고 체계화하는 데 도움을 주며, 교수·학습 과정에서 교사와 학생이 텍스트를 분석하는 데 필요한 기본적인 관점을 제공해 준다. 체계기능언어학의 주요 이론은 마틴(Martin, 1992), 에긴스(Eggins, 1994), 에긴스와 마틴(Eggins & Martin, 1997), 톰슨

(Thompson, 1996), 할리데이(Halliday, 1994) 등에서 찾아볼 수 있다. 국내에서는 최근 이관규 외(2021)에서 한국어 및 국어교육과 관련지어 체계기능언어학 이론을 전반적으로 정리하고 소개한 바 있다. 한편, 환언 모형의 교수·학습 절차 중 '언어적 표현 원리 교수·학습 단계'는 캘러헌과 로더리(Callaghan & Rothery, 1988)의 '순환 교육과정'을 바탕으로 구성하였다.

1) 체계기능언어학

체계기능언어학(systemic functional linguistics)에서 어휘나 문법 구조는 의미를 실현하기 위한 선택의 체계를 이루고 있다. 즉, 화자는 의미를 나타내기 위해 특정 단어나 문법 구조를 선택하게 된다. 언어가 의미를 나타내기 위한 수단이라는 명제는 언어 이론에 관계없이 진리에 해당하지만, 체계기능언어학은 화자가 언어를 통해 나타내는 의미를 세 가지로 유형화하고 있다는 점, 그리고 각각의 의미 유형이 맥락의 유형과 대응 관계를 이루고 있다는 점에서 다른 언어 이론과 구분되는 차별성을 갖는다.

체계기능언어학에서 의미는 크게 관념적(ideational) 의미, 대인적(interpersonal) 의미, 텍스트적(textual) 의미로 구분되며, 관념적 의미는 다시 경험적 의미와 논리적 의미로 구분된다. 먼저, 화자는 언어를 통해 사건이나 현상에 대한 의미를 표상한다. 예컨대 "포수가 호랑이를 잡았다."라는 발화는 포수와 호랑이라는 존재가 관여하여 발생하는 사건을 나타낸다. 체계기능언어학에서는 이러한 사건이나 현상을 아울러 '과정(process)'이라고 한다. 이처럼 사건이나 현상, 즉 과정을 언어로 표상할 때, 그 표상되는 의미를 '경험적 의미'라고 하는데, 우리가 통상적으로 '문장의 의미'라고 할 때 전형적으로 떠올릴 수 있는 의미가 바로 경험적 의미이다. 그리고 경험적 의미를 나타내는 절(phrase)과 절이 복합될 때 각각의 경험적 의미가 서로 관계를 맺으며 발생하는 의미를 '논리적 의미'라고 한다.

예컨대 "비가 와서 땅이 젖었다."라는 발화에서 '비가 온 것'과 '땅이 젖은 것' 간에 인과관계를 읽어 낼 수 있는데 이는 두 절의 연결에 의해 실현된 논리적 의미를 파악한 것이라 할 수 있다.

다음으로, 화자는 언어를 통해 경험적 의미 외에도 의사소통에서 화자가 청자와 어떤 관계를 지니며 어떤 역할을 수행하는지를 나타낼 수 있는데 이를 '대인적 의미'라고 한다. 예컨대 "포수가 호랑이를 잡았어."와 "포수가 호랑이를 잡았습니다."는 경험적 의미가 동일한 발화이지만 두 발화에서 화자와 청자의 관계는 다르게 설정되어 있다. 극단적으로 두 발화가 모두 인물 A가 인물 B에게 한 것이라 하더라도, 앞 발화에서는 A가 두 사람을 '사적인 친구 관계'로 설정한 것일 수 있고, 뒤 발화에서 A가 두 사람을 '공적인 상황에서의 화자와 청자의 관계'로 설정한 것일 수 있다. "포수가 호랑이를 잡았어."와 "포수가 호랑이를 잡았니?" 역시 경험적 의미가 동일하지만 화자는 청자에 대해 앞 발화에서는 '정보 제공자'의 역할을, 뒤 발화에서는 '정보 요청자'의 역할을 수행하고 있다고 할 수 있다. 한국어에서 문장 종결법, 상대 높임법, 양태 서법 등은 대인적 의미를 나타내는 데 사용할 수 있는 대표적 언어적 수단이다.

한편, 우리는 언어를 통해 메시지가 어떻게 짜여 있는지를 알 수 있다. 즉, 언어는 메시지의 조직에 대한 정보를 드러낸다. 예컨대 엘보(Elbow, 2012 / 2021: 189)가 1987년에 나온 할리데이의 책을 활용하여 제시한 예문 "별들의 내부에서 이루어지는 수소원자의 헬륨으로의 전환은 빛과 열의 엄청난 방출을 위한 에너지원이다."와 "별들은 자신의 핵에서 수소를 헬륨으로 전환시킬 때 아주 많은 빛과 열을 방출하는 데 필요한 에너지를 얻는다."를 비교해 보면, 후자에서 '전환되다', '방출하다', '에너지를 얻는다' 등과 같이 사건이나 과정을 나타내는 표현이 전자에서는 '전환', '방출', '에너지원' 등과 같이 명사화(nominalization)되었음을 알 수 있다. 명사화는 구어보다 문어에서 훨씬 많이 나타나는 현상으로서, 사건이나 과정을 마치

사물처럼 표현하고 있다는 점에서 문법적 은유(grammatical metaphor)의 일종이라고 할 수 있다. 이처럼 청자가 언어를 통해 얻을 수 있는 메시지의 짜임에 대한 정보를 '텍스트적 의미'라고 한다.

언어는 관념적 의미, 대인적 의미, 텍스트적 의미를 나타내는 기능을 수행한다. 언어적 표현들이 수행하는 이러한 의미 실현의 기능을 총체적으로 '대기능(metafunction)'이라고 한다. 의미의 유형이 세 가지가 있으므로 언어가 지닌 대기능 역시 세 가지 대기능, 즉 관념적 의미를 실현하는 관념적 대기능, 대인적 의미를 실현하는 대인적 대기능, 텍스트적 의미를 실현하는 텍스트적 대기능으로 나뉜다.

의미를 실현하기 위한 언어적 표현을 선택하고 조직하는 데는 맥락 (context)이 작용한다. 체계기능언어학에서는 맥락을 크게 사회·문화적 맥락과 직접적 상황 맥락으로 구분하는데 전자를 장르(genre)라 하고, 후자를 사용역(register)이라 한다. 이 중 장르는 주로 담화 층위에서 텍스트의 거시적인 구조 설정에 영향을 미치고, 사용역은 어휘·문법 층위에서 언어의 대기능에 따른 언어 항목의 선택과 조직에 영향을 미친다. 사용역은 크게 장(field), 주체(tenor), 양식(mode)으로 구분되는데, '장'은 담화의 화제나 초점, '주체'는 화자가 청자와 관련하여 지니는 역할 관계, '양식'은 언어의 역할을 각각 뜻한다(Eggins, 1994: 52). 여기서 '장'은 관념적 의미의 실현에, '주체'는 대인적 의미의 실현에, '양식'은 텍스트적 의미의 실현에 각각 영향을 미친다.

맥락, 의미, 언어적 표현 간의 관계를 다음과 같이 나타낼 수 있다.

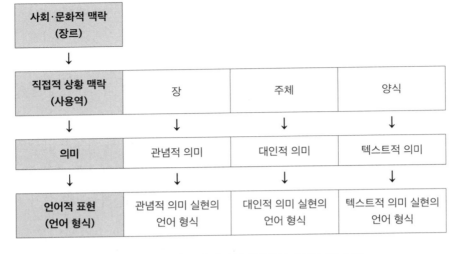

사회·문화적 맥락 (장르)			

직접적 상황 맥락 (사용역)	장	주체	양식

의미	관념적 의미	대인적 의미	텍스트적 의미

언어적 표현 (언어 형식)	관념적 의미 실현의 언어 형식	대인적 의미 실현의 언어 형식	텍스트적 의미 실현의 언어 형식

맥락, 의미, 언어적 표현 간의 관계(박종훈, 2007: 32 수정)

체계기능언어학의 성과가 환언 모형에 적용되기 위해서는 일정한 교수학적 변환을 거쳐야 한다. 일단 체계기능언어학에서 사용하는 각종 용어가 현행 학교 문법 용어와 달라 생소한 데다가 각 용어의 구체적인 개념 또한 초·중·고 수준의 학생들이 다루기가 어렵기 때문이다. 따라서 환언 모형을 활용한 교수·학습에서는 체계기능언어학적 관점에서 수행한 기존 연구들이 거둔 성과를 바탕으로 교수·학습 내용을 선정하되 학생들이 구체적인 언어적 표현과 구체적인 맥락 간의 연관성에 초점을 맞추도록 하는 데 주안점을 둘 필요가 있다.

2) 순환 교육과정

순환 교육과정(curriculum cycle)은 체계기능언어학 기반의 장르 중심 작문 교육을 위한 교수·학습 모형으로 만들어진 것으로 캘러헌과 로더리 (1988)에 의해 개발되었다. 이 모형은 텍스트의 언어적 특성을 맥락과 관런하여 이해하는 과정을 중시한다는 점에서 환언 모형의 관점과 상통한다고 할 수 있다.

순환 교육과정의 한 주기는 '예시 단계→텍스트 분석 단계→텍스트 구성 단계'의 순으로 구성된다. 예시(modelling) 단계에서는 특정 맥락에 적절한 언어적 표현의 특성을 보여 줄 수 있는 텍스트가 제시되고, 텍스트 분석(joint negotiation of text) 단계에서는 학생들 간의 협의를 통해 해당 맥락에 대응하는 언어적 표현의 특성이 분석되며, 텍스트 구성(independent construction of text) 단계에서는 개인별 작문 수행이 이루어진다.[2] 이러한 주기가 몇 차례 반복되면서 학생들은 특정 맥락에 적합한 언어적 표현을 사용하여 글을 쓸 수 있는 능력을 기르게 된다.

환언 모형은 언어적 표현을 중심으로 설명 화법을 가르치기 위한 모형이므로 학생들이 텍스트 간 환언을 수행하기 위해서는 사전에 설명 화법의 언어적 표현 원리를 학습하고 내면화해야 한다. 바로 이 '언어적 표현 원리'가 순환 교육과정의 '맥락에 적절한 언어적 표현의 특성'에 대응한다고 할 수 있다. 박종훈(2007)에서는 이 점에 착안하여 순환 교육과정의 절차를 기반으로 설명 화법의 언어적 표현 원리를 학습하기 위한 단계의 절차를 구안하였다.

2. 텍스트 간 환언 중심 설명 화법 교수·학습 모형

환언 모형은 크게 '언어적 표현 원리 학습'과 '텍스트 간 환언 수행 및 분석'의 두 단계로 구성된다. 각 단계는 시간을 들여 순차적으로 진행될 수도 있으나, 환언 모형을 적용한 수업에 익숙해진 학생들을 대상으로 한다

....

2   각 단계의 명칭은 원어를 직역하기보다는 각 단계의 내용과 특성을 고려하여 의역하였다.

면, 각 단계는 독립적인 모듈처럼 실행될 수도 있다. 즉 특정 담화 유형과 맥락에 적합한 언어적 표현 원리를 학습하기 위한 모듈과 텍스트 간 환언 및 분석 활동을 통해 실제적인 설명 화법 능력을 기르기 위한 모듈로서 각각 독립적으로 실행될 수 있다. 또 학생들이 설명 화법의 언어적 표현 원리를 이미 충분히 이해하고 있다면 '텍스트 간 환언 수행 및 분석' 단계만을 선택하여 실행할 수도 있다.

환언 모형의 개요를 그림으로 나타내면 다음과 같다.

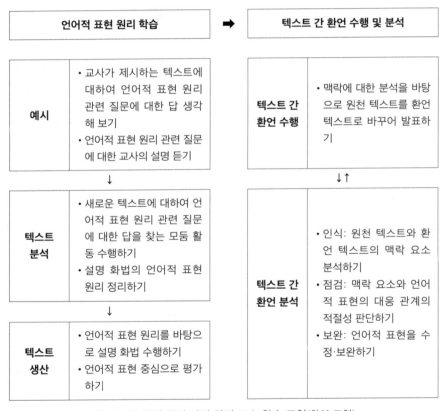

텍스트 간 환언 중심 설명 화법 교수·학습 모형(환언 모형)

1) 언어적 표현 원리 학습

정보의 효과적인 전달을 위한 설명 능력이 요구되는 담화 유형으로는 발표, 강연, 보고 등이 있다. 이들 담화 유형의 특성에 맞게, 그리고 맥락(청중, 시공간, 화제, 매체 등)에 어울리게 어휘나 문법 요소 등을 선택하고 조직하는 원리가 바로 환언 모형에서 말하는 언어적 표현 원리이다. 환언 모형의 언어적 표현 원리 학습 단계에서는 교사의 도움을 바탕으로 학생이 주도적으로 담화 자료의 맥락과 언어적 특성을 분석하는 과정을 통해 설명 화법의 언어적 표현 원리를 발견하고 적용하는 경험을 하게 된다.

언어적 표현 원리 학습 단계는 캘러헌과 로더리(1988)의 '순환 교육과정' 모형을 기반으로 하여 '예시 단계', '텍스트 분석 단계', '텍스트 생산 단계'의 하위 단계로 구성된다. 각 단계에서 수행되는 교사와 학생의 활동은 다음과 같다.

(1) 예시 단계

이 단계는 설명이 효과적으로 이루어진 모범적 설명 담화 자료가 학생들에게 제시되는 단계이다. 학생들에게 제시되는 설명 담화는 설명의 효과를 높일 수 있는 언어적 표현이 잘 드러나 있는 것으로 선택한다. 또 화법 영역의 특성을 살려 음성 녹음 자료나 동영상 자료의 형태로 제시하되, 이어지는 '텍스트 분석 단계'에서 학생들이 좀 더 수월하게 텍스트를 분석할 수 있도록 전사본(스크립트)도 함께 제공하는 것이 좋다.

교사는 학생들이 담화를 듣거나 전사본을 읽으면서 담화의 맥락적 특성과 언어적 특징의 관계를 파악할 수 있도록, 질문을 통해 학생들에게 생각할 거리를 제공한다. 예시 단계에서는 텍스트 분석 단계에 앞서 사고를 활성화하기만 하면 되므로 학생들의 대답을 적극적으로 요구할 필요는 없다. 이러한 목적에 알맞은 질문의 예로 박종훈(2007: 111)이 제시한 다음 질문들을 참고할 수 있다.

- 이 말하기의 목적은 무엇인가? 어떤 특징을 통해 알 수 있는가? 어떤 언어적 표현(들)이 이 목적과 어울리는가?
- 이 말하기에서 다루고 있는 화제는 무엇인가? 어떠한 언어적 표현(들)이 이 화제와 어울리는가?
- 이 말하기에서 화자와 청자 간의 심리적 거리는 어떠한가? 어떤 언어적 표현(들)을 통해 이를 알 수 있는가?
- 이 말하기는 구어에 가까운가, 문어에 가까운가? 어떤 언어적 표현(들)을 통해 이를 알 수 있는가?

이 단계에서는 학생들에게 생각할 시간을 어느 정도 준 뒤에 위 질문에 대한 답을 교사가 정리하여 학생들에게 제공한다. 학생들이 주도적으로 질문에 대한 답을 찾는 것은 다음 단계에서 이루어지게 된다.

(2) 텍스트 분석 단계

이 단계에서 교사는 '예시 단계'에서 제시했던 텍스트와 담화적 특징은 유사하지만 다른 텍스트를 학생들에게 제공한다. 학생들은 새롭게 제공받은 텍스트에서 '예시 단계'에서 제시된 질문의 답을 찾으며 설명 화법의 언어적 표현을 분석해 본다. 언어적 표현의 특징은 맥락에 대응하여 나타나므로, 이 단계에서 제공하는 텍스트는 '예시 단계'에서 제시한 텍스트와 맥락은 유사하지만, 화제는 다른 것이 바람직하다. 또한 분석의 용이성을 위해 이 단계에서도 동영상 자료나 음성 녹음 자료뿐만 아니라 전사본을 함께 제공해야 한다. 한편, 이러한 활동은 메타언어적 사고를 요구하므로 이질 집단으로 소집단을 구성하여 활동하는 것이 효과적이다.

(3) 텍스트 생산 단계

이 단계에서 학생들은 '예시 단계'와 '텍스트 분석'을 통해 파악한 설명 화법의 언어적 표현에 나타난 특징을 활용하여 설명 담화를 생산한다. '예시 단계'와 '텍스트 분석 단계'에서 다루었던 화제와 다른 화제를 교사가 제시하거나 학생 스스로 선정하여 설명하게 하되, 청중 특성이나 담화 상황 등 맥락적인 조건은 앞 단계와 유사하게 설정한다. 학생들은 해당 맥락에 적절한 언어적 표현을 사용하여 설명 화법을 수행하게 된다. 학생의 수행이 끝나면 교사는 언어적 표현이 맥락에 적절한지에 대한 평가를 중심으로 피드백을 제공한다.

2) 텍스트 간 환언 수행 및 분석

환언 모형의 텍스트 간 환언 수행 및 분석 단계는 설명 화법의 언어적 표현 원리를 적용하여 텍스트 간 환언 활동을 수행하고 이에 대해 환언 텍스트의 언어적 표현이 맥락에 비추어 적절한지를 스스로 점검하는 과정을 통해 설명 화법의 언어적 표현 능력을 효과적으로 신장시키는 것을 목표로 한다. 따라서 이 단계는 '텍스트 간 환언 수행'과 '텍스트 간 환언 분석'의 두 가지 하위 단계로 이루어진다.

(1) 텍스트 간 환언 수행 단계

이 단계에서는 학생들이 '언어적 표현 원리 학습'을 통해 알게 된 설명 화법의 언어적 표현 원리를 기반 지식으로 텍스트 간 환언 활동을 수행하게 된다. 단계 내의 교수·학습 흐름은 학생들의 언어적 표현 능력 수준이나 언어적 표현 원리에 대한 이해 정도에 따라 직접 교수법이나 현시적 교수법 등의 교사 주도형 교수·학습 모형을 활용할 수도 있고 문제 해결 학습 모형이나 지식 탐구 학습 모형 등과 같은 학습자 주도형 교수·학습 모형을 활용할 수도 있다. 즉, 수준이 높은 학생들 대상으로는 학습자 주도형 모형을, 수준이 낮은 학생들 대상으로는 교사 주도형 모형을 적용하는 것이 효과적이다.

학생들이 텍스트 간 환언을 수행하여 생산한 담화는 녹화 또는 녹음을 통해 기록하고 가능하다면 음성 기록 앱 등을 활용하여 문자로 전사하는 것이 좋다. 다음 단계인 '텍스트 간 환언 분석' 단계에서 학생들이 스스로 산출한 환언 텍스트를 분석할 때, 전사본을 보면서 분석하는 것이 좀 더 효과적이기 때문이다. 또한 학생들은 환언 텍스트를 원천 텍스트와 비교하며 분석할 것이기 때문에 학생들이 사용한 원천 텍스트를 잘 보존하는 것에도 유의할 필요가 있다.

(2) 텍스트 간 환언 분석 단계

이 단계에서는 학생들이 자신의 텍스트 간 환언 수행에 대해 분석하고 개선할 점을 발견하게 된다. 이러한 활동은 어느 정도 수준이 있는 메타언어적 능력을 요구하게 되므로 활동에 대한 교사의 안내와 시범을 바탕으로 하는 직접 교수법이나 현시적 교수법을 적용하는 것이 효과적이다. 활동은 '인식→점검→보완'의 과정을 거치는데, 이는 초인지의 요소를 반영한 것이다. 본래 언어 기능과 관련하여 초인지적 활동은 언어 수행 중에 실시간으로 이루어지는 것이 일반적이지만, 이 활동은 텍스트의 언어적 표현에 대한 숙고를 거쳐야 하므로 텍스트 간 환언 수행이 완료된 후 수행하게 된다. 여기서 '인식'은 원천 텍스트와 환언 텍스트 각각의 맥락 요소를 분석하는 것이고, '점검'은 각각의 텍스트에서 맥락 요소와 언어적 표현의 대응 양상을 분석하고 그러한 대응 관계의 적절성을 판단하는 것이며, '보완'은 적절하지 않은 언어적 표현을 수정·보완하는 것이다. 이러한 활동의 결과를 바탕으로 학생들은 이다음의 텍스트 간 환언을 더욱 효과적으로 수행할 수 있게 된다.

3. 교수·학습 안내

환언 모형은 설명의 효과를 높이기 위해 맥락에 적절한 언어적 표현을 선택하는 원리를 학습하는 데 중점을 둔다. 이때 맥락은 화제, 목적, 화자, 청자, 시공간적 배경, 담화의 종류(발표, 강연, 보고, 안내 등) 등 다양한 요인에 따라 달라지므로 설명 화법의 유일하고 절대적인 맥락을 상정하는 것은 적절하지 않다. 다만 대부분의 설명 화법에서 공통으로 지향해야 하는 목표를 체계기능언어학의 대기능별로 상정할 수 있다. 즉, 관념적 대기능과 관련하여 '내용을 정확하게 언어로 표현해야 한다.'는 목표, 대인적 대기능과 관련하여 '청자와의 거리를 적절히 조절해야 한다.'는 목표, 텍스트적 대기능과 관련하여 '구어성의 정도를 적절히 조절해야 한다.'는 목표를 상정할 수 있다. 이를 종합하면 설명 화법에서는 '내용을 정확하게 언어로 표현하고, 효과적으로 정보를 전달하기 위해 언어적 표현을 활용하여 청자와의 거리를 조절하며, 맥락에 적절한 수준의 구어성을 구현해야 한다.'는 목표를 설정할 수 있다. 이러한 목표는 학생들이 세부적인 언어적 표현을 선택하기 위한 최상위의 원리로서 기능하게 된다.

설명 화법의 구체적인 언어적 표현 원리의 예로는 박종훈(2007: 107-109)에서 제시된 것을 활용할 수 있다.

설명 화법의 언어적 표현 원리(박종훈, 2007: 107-109 일부 발췌, 수정)

관념적 원리: 내용을 정확하게 언어로 실현하라.	• 중요 어휘소들을 중심으로 어휘적 결속 관계가 이루어지도록 텍스트를 조직함으로써 텍스트의 주된 관심사가 무엇인지를 효과적으로 드러낼 수 있다. • 원천 텍스트로부터 얻은 내용 중 부족한 점은, 특히 사례를 중심으로 보완한다. • 원천 텍스트로부터 얻은 내용 중 불필요한 것은, 특히 일반적 진술을 중심으로 삭제한다. • 원천 텍스트로부터 얻은 내용 중 적절하지 않은 것은 맥락에 적절한 다른 내용으로 대체한다.

대인적 원리: 청자와의 거리를 조절하라.	• 화자가 답을 알고 있는 상황에서 의문법을 사용함으로써 청자의 적극적 반응을 유도할 수 있으며, 화자와 청자의 거리를 가깝게 하여 텍스트의 전달력을 높일 수 있다. • 간접 요청법을 사용함으로써 화자와 청자 모두의 심리적 부담을 감소시키고 둘 사이의 거리를 가깝게 하여 텍스트의 전달력을 높일 수 있다. • 추측 양태를 사용함으로써 화자와 청자 간의 거리를 가깝게 하여 텍스트의 전달력을 높일 수 있다.
텍스트적 원리: 전달의 효과를 높이기 위해 구어성을 적절히 구현하라.	• 부르는 말을 이용함으로써 구어성을 구현하여 청자와의 거리를 가깝게 할 수 있다. • 명사화 구조를 동사 중심으로 풀어냄으로써[3] 구어성을 구현하여 청자와의 거리를 가깝게 할 수 있다. • 상황 맥락 속의 대상을 지시하는 표현을 이용함으로써 구어성을 구현하여 청자와의 거리를 가깝게 할 수 있다.

　다만 이는 수업 중에 이루어진 교사의 설명 화법으로부터 추출한 것이고 제한된 수의 자료로부터 도출한 것이기 때문에 절대적 지식으로 간주해서는 안 되며, 학생이 수행하는 발표와 같은 상황에 맞추어 적절히 수정·보완될 필요가 있다.

　설명 화법 교육의 내용 요소로는 언어적 표현 외에도 비언어적 표현이나 내용 조직 등과 관련된 것들도 중요하게 다루어지기 때문에 설명 화법의 언어적 표현 원리를 반드시 완결성과 체계성을 갖춘 전체로서 가르쳐야 하는 것은 아니다. 예컨대 환언 모형의 '언어적 표현 원리 학습'에서 제시되는 몇 가지 질문에 대한 답을 찾고 이를 바탕으로 하는 소수의 원리를 학습하는 것만으로도 학생들은 맥락이 달라짐에 따라 원천 텍스트와 환언 텍스트의 언어에 차별성이 있어야 함을 깨닫고 이후의 다양한 화법 수행을 통해 스스로 암묵적 지식으로서의 언어적 표현 원리를 학습할 가능성

....

3　이 글의 마무리 부분에 제시된 질문의 예에 등장하는 환언 사례("맥락에 따른 사회방언 사용의 적절성 평가가 필요하다."를 "맥락에 비추어 보았을 때 사회방언을 사용하는 것이 적절했는지 평가할 필요가 있습니다."로 바꾸어 표현한 것)를 예로 들 수 있다.

이 있다. 그러한 질문의 예는 다음과 같다.

- 여기서 화자는 하십시오체와 해요체를 섞어서 사용하고 있다. 이러한 방식은 하십시오체만 사용하는 경우, 해요체만 사용하는 경우와 비교했을 때 어떠한 효과가 있는가? 이러한 방식은 다른 두 방식과 비교했을 때 맥락에 적절한 방식인가?
- 여기서 화자는 원천 텍스트에서 '맥락에 따른 사회방언 사용의 적절성 평가가 필요하다.'로 표현되었던 것을 환언 텍스트에서는 '맥락에 비추어 보았을 때 사회방언을 사용하는 것이 적절했는지 평가할 필요가 있습니다.'라고 바꾸어 표현했다. 이렇게 표현을 바꾼 것은 어떤 효과가 있는가? 이러한 표현은 환언 텍스트의 맥락에 적절한 방식인가?

참고문헌

박종훈(2007), 「설명 화법의 언어 형식화 교수·학습 방안 연구」, 서울대학교 박사학위 논문.

이관규 외(2021), 『체계기능언어학 개관』, 사회평론아카데미.

Callaghan, M. & Rothery, J.(1988), *Teaching Factual Writing: A Genre-based Approach: the Report of the DSP Literacy Project, Metropolitan East Region*, Metropolitan East Disadvantaged Schools Program.

Eggins, S.(1994), *An Introduction to Systemic Functional Linguistics*, Printer Publishers.

Eggins, S. & Martin, J. R.(1997), "Genres and Registers of Discourse". In T. A. van Dijk(ed.), *Discourse as Structure and Process*, Sage Pub.

Elbow, P.(2021), 『일상어 문식성: 글쓰기에 스며드는 말하기의 힘』, 민병곤·박종훈·김정자·강민경·김혜연(역), 사회평론아카데미(원서출판 2012).

Halliday, M. A. K.(1994), *An Introduction to Functional Grammar*, Edward Arnold.

Martin, J. R.(1992), *English Text: System and Structure*, John Benjamins Publishing Company.

Thompson. G.(1996), *Introducing Functional Grammar*, Arnold.

5장

청중을 고려한 설득적 발표 수업 모형[1]

최영인

청중 고려는 "화자가 청중의 여러 측면에 대해 분석하고 해석한 후 그 청중에 대한 분석 및 해석을 담화에 반영하는 행위"(최영인, 2014: 41)로서 담화 목적, 담화 유형과 관계없이 모든 수준의 학습자에게, 모든 말하기 상황에 필수적으로 요구되는 기능이라 할 수 있다. 여기에서 다루는 청중을 고려한 설득적 발표 수업 모형은 '청중 고려'를 연습할 수 있는 다양한 수업 모형 중 하나이다. 다만 '청중 고려'를 보다 집중적으로 학습하고 연습할 수 있도록 담화 유형 중에서는 '발표'를, 그리고 의사소통 목적 중에서는 '설득'을 중심으로 하여 모형을 개발하였다.

....

1 이 내용은 최영인(2019), 「청중 고려를 위한 발표 수업 모형 설계 및 적용에 대한 연구: 대학 강좌 사례를 중심으로」와 최영인(2014), 「설득 화법의 청중 고려 양상과 교육적 적용」을 바탕으로 정리한 것이다.

1. 이론적 배경

설득적 의사소통은 '수용자(청자/독자)의 태도나 의견, 행동 등을 변화시키고자 하는 의도를 가진 송신자', '그러한 목적 달성을 위한 메시지 구성 및 구두 의사소통의 방법으로 전달', '수용자(청자/독자)에게 의도했던 반응을 유발하는 행위'로 설명할 수 있다(차배근, 1989; 박재현, 2006). 설득적 의사소통은 청중의 태도 변화를 목표로 하며 그 목표 달성 수준에 따라 의사소통의 성패가 결정된다. 즉, 화자가 대면한 청중을 설득하는 말하기에서 '청중'의 특성을 고려하여 말하기를 수행할 수 있는 능력은 설득 담화의 성패를 가늠하는 중요한 요소이다. 이를 위해 '청중 고려'의 과정을 연습하는 발표 수업 모형을 구성하기 위해 신수사학과 커뮤니케이션 이론에서 '청중' 그리고 '청중 분석'을 어떻게 다루어 왔는지를 살펴보았다.

1) 신수사학에서의 청중

'설득의 학문'으로 불렸던 수사학은 아리스토텔레스 이후 수 세기 동안 부침을 겪다가 수사학의 폐해에 대한 반성을 시도한 신수사학 연구를 계기로 부활하게 된다. 페렐만과 올브레히츠티테카(Perelman & Olbrechts-Tyteca, 1971)는 고대 그리스와 로마의 고전적 수사학의 논의를 계승하면서 특히 '청중'에 주목하여 일상적인 담화에서 공통적으로 발생하는 다양한 유형의 논증 활동을 설명하였다.

페렐만과 올브레히츠티테카를 비롯한 신수사학자들의 가장 중요한 업적은 아리스토텔레스 수사학의 창조적 재해석이라 할 수 있는데, 신수사학에서는 타당한 것과 합리적인 것을 구분하는 해결 방안이자 기준으로 '청중'의 개념을 제안하였다. 논리학에서 강조하는 '타당한 논증(valid argument)'이란 모든 전제가 참일 때 결론도 참인 명제들로 구성된 복합 명제를 말한다. 여기에서는 전제와 결론의 진릿값과 전제와 결론의 필연적 귀결 관계가 핵심(하병학, 2011: 334)이므로 논리학 본연의 임무는 이러한 진리들 사이의 필연적 관계에 대한 법칙을 탐구하는 것이 된다. 그러나 수사학의 논증 행위(argumentation)는 자명한 진리에 도달하기 위한 논리적 증명이 아니라, 화자와 청중을 포함하는 사회적 참여자들의 동의 혹은 상호 이해 가능성을 증진시키는 것이 핵심이라 할 수 있다. 논리학에서는 존재의 가치를 인정받지 못했던 다양한 '의견'들이, 수사학에서는 그 가치를 인정받을 가능성을 확보하는 것이다.

절대불변의 진리를 전제하고 그것에 도달하기 위한 시도로서 형식 논리학을 확립했던 데카르트로부터의 단절은 20세기 말 전 세계적으로 이데올로기의 혼란과 좌초를 겪는 시기에 일어났다. 논증을 통해 이루어지는 설득의 목표는 '다른 사람들의 지지를 얻는 것'으로 상정되고, 이를 통해 신수사학은 설득의 중심에 '청중'을 위치시키게 된다. 이러한 변화는 논증을 평가할 때, 논증을 구성하는 명제들이 진리인가뿐만 아니라 화자와 청중을 포함하는 참여자들이 그 명제들, 그리고 결론적으로 도출된 주장에 얼마나 동의했는가가 중요한 기준으로 작용하게 됨을 의미한다.

2) 설득 담화 생산 및 이해에서의 '청중'

설득적 의사소통의 생산과 이해 전 과정을 포괄적으로 다루는 연구 분야로 커뮤니케이션 이론이 있다. '아리스토텔레스 수사학의 이해'라는 기초 위에서, 그리고 행동주의 심리학의 도움으로, 호블랜드(Hovland) 학파는 '사람들의 생각에 영향을 미치는 과정'을 연구하고 실험적으로 검토하기 시작했고(Ueding, 2000 / 2010:114), 그 이후 방대한 연구가 이루어졌다. 호블랜드 학파의 연구에서의 중요한 초점 중 하나는 수용자에게 설득적 효과를 발생시킨 요인을 탐색하는 것이었다. 예를 들어, 설득 담화를 구성하는 어떤 내용, 어떤 표현이 혹은 설득을 시도하는 화자의 어떤 특성이 수용자의 태도 변화에 영향을 주는가를 연구하였다.

수사학과 그로부터 파생된 커뮤니케이션 이론에서는 설득 행위 및 설득적 의사소통을 수용자인 청자(청중)의 인지적, 정의적, 태도적 측면에 변화를 일으키기 위한 시도로 정의한다. 이러한 본질에 따라 그 행위 및 의사소통의 성패는 청중의 동의 가능성이나 수용 가능성, 태도 변화의 정도 등으로 판가름할 수 있다.

3) 대중적 말하기에서의 '청중 분석'

'청중'은 '청자'의 복수형이라 할 수 있다. 그러므로 '청중'은 본질적으로 다양한 특성을 복합적으로 가진 개별 존재들의 집합이다. 여러 사람 앞에서 수행하는 말하기를 '공적 말하기' 혹은 '대중적 말하기(public speaking)'라 한다. 대중적 말하기에서는 청중을 대면하여 그들에게 정보를 전달하거나 설득하는 것을 목적으로 하므로 화자가 청중을 면밀히 분석하는 것이 중요하다. 발표의 목적에 따라 청중의 '무엇'을 파악할 것인가는 달라지겠지만, 청중이 이미 알고 있는 정보를 분석해야 그들에게 새로운 정보를 전달할 수 있고, 청중의 입장을 분석해야 그들의 입장에 변화를 도모할 수 있기 때문이다.

화자가 청중을 대상으로 공식성을 띠는 상황에서 발표할 때, 그 준비 과정은 크게 일곱 단계로 이루어진다. 즉 ① 화제 및 주제의 결정, ② 청중 분석, ③ 자료 수집과 내용 구성, ④ 내용 조직, ⑤ 개요 및 발표문 작성, ⑥ 모의 연습, ⑦ 발표 수행으로 정리할 수 있다(Beebe & Beebe, 2011; Jaffe, 2006: Lucas, 2020). 발표 준비의 두 번째 단계에 해당하는 '청중 분석'은 청중에 대한 정보를 수집하고 그 정보를 분석하여 발표 수행이라는 인지적 문제를 해결하기 위해 활용하는 행위를 의미한다.

청중을 이해하기 위해 화자가 수행하는 절차를 '청중 분석(audience analysis)'이라 하는데 이는 청중에 대한 정보를 수집하고 그 정보를 정련하는 행위까지를 의미한다(Beebe & Beebe, 2011: 79). 청중 분석을 위해 먼저 청중에 대한 정보를 모으는 절차가 필요하고, 이후에 수집된 정보 및 응답을 분석하여 '청중들의 특성이 어떻게 분포해 있는지'에 대한 파악, 여러 하위 집단으로 구성되는 전체 청중 중 특정 하위 집단을 목표 청중으로 택할 것인지 아닌지에 대한 판단, 최종적으로 선택한 청중 집단을 고려하기 위한 설득 방법 및 전략에 대한 탐색으로 이어진다.

2. 청중을 고려한 설득적 발표 수업 모형

청중을 고려한 설득적 발표 수업 모형은 일반적인 발표 수업 모형의 흐름을 따르지만 몇 가지 차이가 있다(최영인, 2019). 먼저, 발표 준비 단계와 발표 수행 단계 전반에서 화자의 '청중 고려' 인식이 지속적으로 작용한다. 이를 위해 개별 화자가 동일한 논제(주장)에 대해 한 번의 발표 수행이 아니라 두 번(혹은 그 이상)의 발표 수행을 하되 각각의 발표에서 고려해야 할 '청중 특성'을 달리한다. 다음으로, 교수자 및 학습자가 사전에 '청중 특성'을 결정하여, 발표 수행 전에 화자가 '청중 특성'을 면밀히 분석하고 그 특성을 고려하여 발표를 구성, 조직, 표현하게 한다. '청중 특성'에 따른 설득 전략을 보다 면밀히 비교하기 위해 다른 변수들은 일정하게 유지할 필요가 있어, 두 번의 발표에서 화자가 다루는 논제(주장)를 동일하게 유지하도록 한다. 마지막으로 화자의 청중 특성 분석 및 청중 고려 방법에 대해 화자와 청중이 상호 간에 평가하고 더 적절한 청중 고려 방법을 탐색할 수 있는 절차를 마련함으로써 '화자-청중'의 역할을 번갈아 수행하는 화법 교실에서 학습자들이 각각의 역할 수행을 종합하여 기대한 학습 목표에 도달할 수 있도록 하였다.

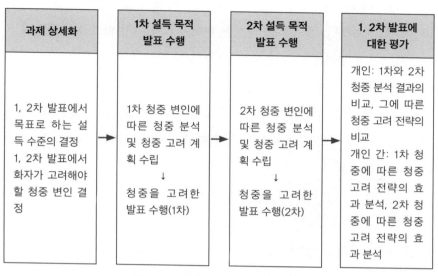

과제 상세화	1차 설득 목적 발표 수행	2차 설득 목적 발표 수행	1, 2차 발표에 대한 평가
1, 2차 발표에서 목표로 하는 설 득 수준의 결정 1, 2차 발표에서 화자가 고려해야 할 청중 변인 결 정	1차 청중 변인에 따른 청중 분석 및 청중 고려 계 획 수립 ↓ 청중을 고려한 발표 수행(1차)	2차 청중 변인에 따른 청중 분석 및 청중 고려 계 획 수립 ↓ 청중을 고려한 발표 수행(2차)	개인: 1차와 2차 청중 분석 결과의 비교, 그에 따른 청중 고려 전략의 비교 개인 간: 1차 청 중에 따른 청중 고려 전략의 효 과 분석, 2차 청 중에 따른 청중 고려 전략의 효 과 분석

청중을 고려한 설득적 발표 수업 모형

청중을 고려하는 말하기 수업 모형에서는 교수자의 '과제 상세화'가 매우 중요하다. 발표 과제를 구성하는 요소를 결정할 때 화자가 도달하고자 하는 '설득 목표'에 주목해야 한다. 설득적 의사소통 상황에서 수용자의 태도 변화를 측정할 때 '변화 여부'로 접근하기보다 '변화 정도'로 접근할 필요가 있다. 설득적 발표를 준비하는 화자가 목표로 하는 '수신자의 태도 변화 정도'가 어느 정도인지는 화자마다 다를 수 있고, 목적으로 하는 '수신자의 태도 변화'의 폭이 곧 화자에게는 '청중 고려 과제의 난도'를 의미한다. 화자의 입장과 거리가 먼 청중의 입장을 화자 쪽으로 '더 가깝게' 변화시키겠다는 목표, 되도록 '더 많은' 청중을 변화시키겠다는 목표는 그렇지 않은 것에 비해 어려운 과제가 된다. 화자의 역할을 하게 될 학습자의 말하기 능력 및 태도 등을 고려하여 교수자가 1차 발표와 2차 발표에서 고려해야 할 청중 특성을 제시한다.

교수자의 사전 계획에 따라 개별 학습자들은 2회의 발표를 수행하게 된다. 1차 발표와 2차 발표 각각에서, 학습자들은 자신들에게 주어진 '청중 변인' 정보에 따라 청중을 구체화하며, 그 구체화된 청중에 적합한 설득 전략들을 탐색하여 그 청중들의 태도를 변화시키기 위한 발표를 수행한다.

1차, 2차 발표가 끝난 이후에는 '청중 특성 분석에 따른 청중 고려 전략'에 대한 평가가 진행되는데, 이를 화자 개인 차원의 평가(1차 발표 – 2차 발표의 비교)와 개인 간 차원의 평가(학습자들 간의 비교)로 구분할 수 있다. 이어 두 차원의 평가 결과와 함께 교수자의 평가 결과가 동시에 혹은 시간 차를 두고 공유된다.

3. 교수·학습 방안

1) 교수·학습 과제 설계

학습자들에게 말하기 준비 및 수행 과정에서 '청중 고려'를 연습하게 하려면, 교수자가 청중 고려 과제 난이도를 결정하고 조정하는 것이 중요하다. 과제의 수준을 통제하는 방법 중 하나는 고려해야 할 청중 변인의 특성을 교수자가 제시하는 것이다. 개별 화자가 2회의 발표를 수행한다고 할 때 1차 발표의 청중과 2차 발표의 청중을 어떻게 달리하느냐가 관건이다.

화자가 고려해야 할 청중 특성을 부여하기 위해 교수자가 의사 결정해야 할 것은 여러 층위이다. ① 학습자들이 대면하게 될 청중의 특성을 직접 파악하게 할지, 고려해야 할 청중 특성을 교수자가 부여할지에 대한 선택이다. 다음은 ② 전체 학습자들이 고려해야 할 청중 특성을 동일하게 할 것이냐, 화자에 따라 서로 다른 청중 특성을 부여할 것이냐를 선택한다. 이어 ③ 개별 화자들이 고려해야 할 청중 특성 즉, 청중 변인으로 무엇을 제시할 것인가를 선택한다. 설득적 의사소통에서 화자가 중요하게 고려해야 할 청중 변인으로는 논제에 대한 입장, 관련성(관여도), 배경지식, 논제 및 담화에 대한 동기, 담화 처리 능력 등이 있을 수 있다. ④ 개별 화자들이 고려해야 할 청중 변인을 단수로 제시할 것인가, 복수로 제시할 것인가도 선택한다.

위의 네 가지 선택지에 대해 교수자가 내릴 수 있는 일련의 의사 결정을 예시하면 다음과 같다. ①번의 선택에서 교수자가 화자들이 고려해야 할 청중 특성을 사전에 정하여 제시하기로 하고, ②번의 선택에서 전체 학습자를 네 개 군으로 나누어 각 화자 군집마다 서로 다른 청중 특성을 제시하기로 하고, ③번, ④번의 선택과 관련하여 1차 발표에서는 단수의 청중 변인(입장)을 제시하고, 2차 발표에서는 복수의 청중 변인(입장×관련성)을 제시하겠다고 결정했다면 다음과 같은 교수·학습 활동 과제가 학습자들에게 제시될 수 있다.

청중 변인을 고려한 발표 과제 설계 예시(최영인, 2014: 23)

	(가)군	(나)군	(다)군	(라)군
1차 발표 (변인: 입장)	반대 입장		무입장	
2차 발표 (변인: 입장×관련성)	반대 입장 저 관련성	반대 입장 고 관련성	무입장 저 관련성	무입장 고 관련성

이런 경우 각 군집의 학습자들이 경험하는 청중의 난도가 달라지므로 교수자가 학습자의 말하기 능력 및 동기 등을 고려하여 과제를 배분해야 한다. 예를 들어, 위의 표의 상황에서 (나)군 학습자는 1차 과제에서는 '(화자의 주장과 비교할 때) 반대 입장' 청중을 대상으로 설득하는 말하기를 수행하고, 2차 과제에서는 '반대 입장을 견지하면서 논제와의 관련성이 높은' 청중을 대상으로 설득하는 말하기를 수행하게 되는데, 4개의 군집 중 가장 어려운 청중에 해당한다. 이에 반해 (다)군 학습자가 경험하는 청중은 상대적으로 심리적 부담이 좀 덜한 존재일 수 있으므로 말하기 능력이 낮은

편이거나, 말하기 불안이 높은 화자를 (다)군에 배정하는 것이 적절하다.

2) 교수·학습 절차

학습자들에게 단수 청중 변인으로 '입장'을 제시하되, 1차 발표에서는 '무입장 청중'을 2차 발표에서는 '반대 입장 청중'을 상정하여 설득하는 말하기 과제를 부여한 수업 사례를 통해 교수·학습 절차를 상세하게 제시하면 다음과 같다.

청중을 고려한 설득적 발표 수업은 0~6단계로 계획하였다. 모든 학습자는 순차적으로 ① 발표 주제 선정, ② 청중 분석 및 설득 담화 목표 수립, ③ 화자로서 2회의 설득적 발표 수행, 청자로서 동료 학습자 발표에 대한 평가, ④ 자신의 발표에 대한 분석 및 평가를 경험하게 된다.

청중을 고려한 설득적 발표 수업 계획: '입장' 변인 통제(최영인, 2019: 231 수정)

단계	강의 내용 및 활동	비고
0	설득 의사소통의 개념과 담화 구성 원리, 설득 전략 및 방법의 탐색과 효과, 담화 유형으로서의 발표에 대한 이론, 청중 분석의 방법	
1	발표 주제 선정	
2	1차: 청중 분석과 설득 목표 수립 - 조별 활동: 무입장 청중에 대한 분석 - 개인 활동: 1차 청중 분석과 설득 목표 수립	[학습자 제출] 청중 분석과 설득 담화 구성 계획 (1차)
3	1차 발표: 무입장 청중을 대상으로	
4	2차: 청중 분석과 설득 목표 수립 - 조별 활동: 반대 입장 청중에 대한 분석 - 개인 활동: 2차 청중 분석과 설득 목표 수립	[학습자 제출] 청중 분석과 설득 담화 구성 계획 (2차)
5	2차 발표: 반대 입장 청중을 대상으로	
6	개인 활동: 2회의 자기 발표에 대한 분석과 평가 조별 활동: 상호 평가 및 피드백	

| 과제 | 보고서: 1차 발표와 2차 발표에 대한 비교 분석(청중 특성에 따른 설득 전략과 그 효과) | [학습자 제출] 1차와 2차 발표에 대한 분석 보고서 |

　　위에서 제시한 각 단계를 구체적으로 살펴보면 다음과 같다. 0단계와 1단계는 시간적으로 중첩되기도 하고 선후관계를 두고 진행되기도 한다. 첫 단계를 굳이 0단계라고 명명한 이유는 이 단계에서 다루어야 할 강의 내용을 학습자들이 이미 이해하고 있다면 생략할 수도 있는 단계이기 때문이다. 학습자들은 '설득 의사소통의 특성', '설득 목적의 발표 담화의 구성과 조직' 등과 관련된 다양한 이론을 배우면서(0단계), 개별적으로 다양한 사회적 쟁점들을 탐색하고 자신의 가치관 및 관심사를 조회하면서 발표에서 다룰 설득 논제를 선정하게 된다(1단계). 0단계가 교실 수업을 통해 주로 이루어진다면, 1단계의 '발표 주제 선정'은 대부분 학습자 개인의 시공간에서 이루어진다. 1단계의 종료 시점에 화자가 선정한 발표 주제를 교실에서 공유하고 그에 대해 교수자 및 동료들로부터 검토 의견을 받을 기회를 제공할 수도 있는데, 이 과정은 학습자의 요구 및 교수·학습 상황에 따라 교수자가 선택적으로 시행한다.

　　2단계와 4단계에서는 '청중 분석과 설득 목표의 수립'이 이루어진다. 이 수업에서 학습자들은 2회의 '청중 분석'을 실시하게 된다. 모든 학습자에게 제시된 청중 변인이 동일할 경우 소집단 협력 학습을 통해 '청중 분석'을 실시하는 것이 도움이 된다. 1차 청중 변인, 2차 청중 변인의 개별 특성, 그러한 청중 변인으로부터 파생되는 또 다른 청중 특성 등에 대한 심층적 논의가 조별 활동으로 진행될 수 있다. 조별 활동 이후 이어진 개인 활동에서는 화자 자신이 최종적으로 분석한 청중의 상(像)과 그 청중을 어떤 상태로 변화시킬 것인지에 대한 목표를 기술하게 한다.

　　다음은 위의 수업을 대학의 화법 강좌에 적용했을 때, 한 학습자가 수행한 '청중 분석과 설득 목표 수립'의 양상을 발췌한 것이다(최영인, 2019). 좌측은 화자가 1차 발표에서 '무입장 청중'을 설득하기 전에 자신이 직면하게 될 청중을 구체화한 내용이다. 화자는 '영화관 스크린 독과점에 대해 들어 본 적이 없거나 그에 대해 진지하게 생각해 본 적이 없는 청중'으로 청중을 구체화하면서 '발표 도입부에서 청중의 관심을 환기하는 것'을 중요한 하위 목표로 상정했음을 확인할 수 있다. 반면 우측은 이 화자가 2차 발표에서 부여받은 '반대 입장'의 청중 특성을 구체화한 내용이다. 그는 '영화관 스크린 독과점 문제에 대한 반대 입장을 취하는 청중들은, 그와 관련된 사전 지식이 많을 것이며 해당 논제에 대한 관여도가 높은 청중, 화자로서 부담을 갖게 되는 청중'으로 청중의 상을 구체화하였고, 그래서 '되도록 완곡한 방식으로 접근하겠다'는 하위 목표를 수립하게 된다.

청중 분석과 설득 목표 분석의 예시(최영인, 2019: 233)

1차 청중 분석과 설득 목표(무입장 청중)	2차 청중 분석과 설득 목표(반대 입장 청중)
1차 발표의 청중은 무입장 청중이었다. 따라서 '영화관 스크린 독과점에 대해 들어 본 적도 없거나 뉴스로 나오는 것을 얼핏 들어 봤으나 이 문제에 대해 진지하게 생각해 본 적 없는 사람들'을 청중으로 정하였다. 이들이 이 문제에 대해 관심을 갖게 하는 것을 목표로 설정하였다. 무입장 청중을 대상으로 설득하는 말하기를 진행할 때는 발표의 도입 부분이 가장 중요하다고 생각했다. 초반에 내 입장을 어떤 식으로 자연스럽게 전달하는지에 따라 무입장 청중의 생각이 크게 바뀔 수 있다고 생각했기 때문이었다. 따라서 최대한 편안하고 가볍게 주제에 접근하려고 노력했다. 또한 내 입장을 분명하게 드러낼 수 있는 어휘, 현 상황은 문제가 있다는 프레임을 사용함으로써 청중이 발표자와 생각을 같이하도록 유도하였다.	2차 발표의 청중은 사전 지식이 많으면서 반대하는 입장의 청중이었다. 따라서 '영화관 스크린 독과점 문제가 자신의 이익과 직결되는, 대형 배급사나 극장에서 일하는 사람들'을 청중으로 상정하였다. 아무래도 가장 부담이 큰 청중이라 1차 발표에 비해 조심스러울 수밖에 없었다. 내가 내 주장을 강력하고 분명하게 말하고, 나와 청중 사이에 선을 그을수록 이들은 나의 발표에 더욱 적대적인 입장을 취할 것이라고 생각했다. 따라서 1차보다 좀 더 조심스럽게 말하고 완곡한 표현을 사용하였다. 청중이 자신의 입장에 대해 다시 생각해 보고 현 상황에 대해 스스로 결론을 내리게끔 유도하였다.

3단계와 5단계에서는 개별 화자의 말하기 수행이 이루어진다. 이 과정

을 녹화나 녹음의 방식으로 기록하면 이후 학습자의 '청중 고려'에 대한 평가 및 피드백이 보다 용이하다. 또한 개별 화자가 발표하는 과정에 다른 학습자들이 청중 평가를 수행할 수 있도록 계획할 필요가 있다. 학습자들이 '화자'의 역할을 번갈아 수행하는 발표 수업에서 나머지 학습자들이 '청중'으로서 발표자들의 담화를 평가한다면 듣기·말하기 통합 교육을 실현할 수 있다. 다만, 청중들이 수행할 평가 항목을 초점화하는 것이 필요한데, '청중 특성을 고려한 설득 전략 및 방법을 찾고, 그 설득 효과를 분석'하며 듣는 것을 중심으로 청중 평가를 설계하는 것이 수업의 목표인 '청중 고려'에 적합할 것이다.

6단계에서는 '1차 발표와 2차 발표의 비교 분석'을 수행하게 되는데, 이때 초점은 두 번의 발표에 나타난 '청중 특성에 다른 설득 전략과 그 효과'에 있다. 다음의 표에서 확인할 수 있듯이 개별 화자는 두 차례의 발표에서 '청중 특성'이 달라졌기 때문에 발표의 내용 선정 – 조직 – 표현 및 전달 측면에서 '무엇을, 어떻게 달리 선택했는가'를 기술하고 그 효과에 대해 평가하게 된다. 다음에서 제시한 전사본은 개별 화자 A가 자신이 수행한 '1차 발표'와 '2차 발표'를 비교하면서 각각에서 '청중 특성'이 작용한 부분을 표시한 것이다.

화자 A는 1차 발표에서 청중을 '해당 논제에 대해 진지하게 생각해 본 적이 없는 사람들'로 분석하였다. 이에 따라 도입부에는 그 문제에 대해 청중이 자연스럽게 이 문제에 접근할 수 있도록 화자 자신이 최근 영화관에 가서 겪은 일을 이야기하는 것으로 발표를 제시한다(㉠, ㉡). 특정 감독을 좋아하는 자신의 취향 소개, 그날 보려고 한 영화를 상영하는 영화관이 없어서 고생한 이야기를 하나의 경험담으로 제시하되, 그것이 자신만의 특별한 경험이 아니라 청중들도 한 번쯤은 겪어 보았을 것으로 일반화를 시도하면서(㉢), 누구나 겪을 수 있는 이 문제가 개인적 경험이 아니라 하나의 제도적 문제일 수 있음을 언급한다(㉣).

청중 특성에 따른 설득 전략 분석 예시(최영인, 2019: 234-235)

1차 발표(무입장 청중)	2차 발표(반대 입장 청중)
㉠ 여러분은 영화를 좋아하시나요? 저는 영화를 정말 좋아하는데 어… 제가 재미있게 본 영화 중에 인터스텔라나 인셉션, 다크나이트 이런 것들이 있는데 혹시 세 영화를 아시나요? 이 세 영화는 모두 크리스토퍼 놀런 감독의 영화입니다. 저는 놀런 감독의 영화를 굉장히 좋아하는데 올해 여름에 놀런 감독의 영화 덩케르크가 개봉을 했습니다. (웃음) 저는 굉장히 두근거리는 마음으로 이 영화를 예매하기 위해서 상영시간표를 확인했는데 크게 놀라고 말았습니다. 비슷한 시기에 개봉했던 영화 군함도가 상영관의 대부분을 차지하고 있었기 때문입니다. ㉡ 군함도가 한 시간마다 상영을 하고 하루 종일 상영을 하는 반면에 덩케르크는 단 하나의 상영관에서 하루에 단 두 번 상영을 했습니다. ㉢ 여러분도 저와 비슷하게 보고 싶었던 영화가 상영관의 수가 적거나 상영 시간이 없어서 당황스러우셨던 경험 다 한 번씩은 해 보셨을 것 같습니다. ㉣ 여러분과 저는 지금부터 영화관 스크린 독과점에 대해서 이야기를 나누어 볼까 합니다.	저는 영화를 정말 좋아하는 사람입니다. 특히 크리스토퍼 놀런 감독의 영화를 정말 좋아하는데, 올해 여름에 놀런 감독의 영화인 덩케르크가 개봉했습니다. 저는 두근거리는 마음으로 영화를 예매하기 위해 상영시간표를 클릭한 순간 깜짝 놀랄 수밖에 없었습니다. 덩케르크와 비슷한 시기에 개봉한 영화인 군함도가 상영관의 대부분을 차지하고 있었기 때문입니다. 아마 여기 앉아 계시는 여러분들도 보고 싶었던 영화의 상영관, 상영 횟수가 적어서 당황스러우셨던 경험 한 번씩 해 보셨을 겁니다. ⓐ 저는 오늘 여러분들과 특정 영화가 대부분의 상영관을 차지하는 현 상황에 대해서 이야기를 해 볼까 합니다.

그러나 2차 발표에서 A는 자신과 '반대 입장'을 가진 청중에 대해, 그들이 명시적이고 분명한 입장을 견지한다는 점과 관련하여 청중이 이 논제와 관련한 이해관계에 얽혀 있을 수 있음을 추론한다. 이해 당사자로 설정된 2차 청중을 대할 때 화자 A의 경험담은 1차에 비해 그 내용이 상당히 압축되었고, 전달 측면에서는 담담하고 침착한 어조가 두드러졌다. 화자가 2차 청중과 관련하여 도입부에서 특별히 고려한 것은 영화와 관련된 이해 당사자들에게 '스크린 독과점'이라는 용어를 의도적으로 배제한 것이다(ⓐ). 화자는 '독과점'이라는 용어를 사용하면 '나는 당신들이 관련된 지금 행위가 불공정한 점유 행위라고 간주한다.'는 메시지가 전달될 수 있다고 생각했고, 청중들이 '스스로 현재의 상태나 자신의 입장에 대해 진지하

게 점검해 보게 하겠다.'는 담화 목표를 달성하기 위해 청중과의 전면적인 대치를 피할 필요가 있다고 판단한 것이다. 이렇게 두 차례의 발표가 끝난 후 화자는 자신의 발표에 작용한 '청중의 특성'과 그에 따라 '채택한 설득 전략과 효과'를 비교하는 작업을 수행하게 된다.

6단계에서 개별 화자 차원의 평가가 끝나면, 다른 동료 학습자들과 '청중 특성에 따른 설득 전략'을 상호 공유하고, 그 효과를 평가하며 피드백하는 절차가 이어진다. 앞의 표에서 확인한 것처럼 개별 화자들은 나름의 이유로 '청중 고려 방법'을 선택했지만, 그 모든 방법이 효과적인 것은 아니다. 이런 평가 결과 공유를 통해 화자들은 청중 특성을 고려하는 '서로 다른' 다양한 설득 전략과 방법을 목록화하게 되고, 제시된 청중 특성을 고려할 때 무엇이 더 효과적인지를 평가하여 더 효과적인 방법을 파악하고 그 방법을 습득하는 기회를 얻는다.

참고문헌 ————————————————————————

박재현(2006), 「설득 담화의 내용 조직 교육 연구」, 서울대학교 박사학위 논문.

차배근(1989), 『설득 커뮤니케이션 이론: 실증적 연구입장』, 서울대학교출판부.

최영인(2014), 「설득 화법의 청중 고려 양상과 교육적 적용」, 서울대학교 박사학위 논문.

최영인(2019), 「청중 고려를 위한 발표 수업 모형 설계 및 적용에 대한 연구: 대학 강좌 사례를 중심으로」, 『국어교육학연구』 54(2), 211-248.

하병학(2011), 「논리학과 수사학의 갈등과 공존: 페렐만의 논증행위이론을 중심으로」, 『수사학』 15, 329-350.

Beebe, S. A. & Beebe, S. J.(2011), *Public Speaking: An Audience-Centered Approach*, Pearson/Allyn & Bacon.

Jaffe, C.(2006), *Public Speaking: Concepts and Skills for a Diverse Society*, Wadsworth.

Lucas, S. E.(2020), *The Art of Public Speaking*, McGrawHill Education.

Perelman, C. & Olbrechts-Tyteca, L.(1971), *The New Rhetoric: A Treatise on Argumentation*, J. Wilkinson & P. Weaver(trans.), University of Notre Dame Press.

Ueding, G.(2010), 『수사학의 재탄생: 계몽주의에서 현대까지』, 안미현(역), 고려대학교출판부 (원서출판 2000).

찾아보기

지은이 소개

박재현 _ II부 1장 집필
상명대학교 국어교육과 교수
서울대학교 국어교육과 박사
『화법 교육을 위한 의사소통 이론』(2023)
『교육토론의 원리와 실제』(2018)

구영산 _ II부 8장 집필
충남대학교 국어교육과 교수
서울대학교 국어교육과 박사
「공적 사과 교육의 내용 연구: 사과에 대한 수용 반응을 중심으로」(2017)
「초등 국어수업에서 행위지향적 표현의 형성과 의미, 기능, 인식」(2010)

김승현 _ IV부 1장 집필
홍익대학교 국어교육과 교수
서울대학교 국어교육과 박사
「좋은 수업에 대한 중등 예비교사의 인식 연구: 교육실습 전후 국어과 학생들의 인식 변
    화를 중심으로」(2021)
「듣기·말하기에 대한 학습자의 인식 연구: 중학교 3학년의 경험 서술을 중심으로」
    (2020)

김유경 _ II부 7장 집필
동우여자고등학교 교사
상명대학교 국어교육과 박사 과정
「또래 간 갈등 대화에서 대화적 듣기 수업 설계 연구」(2021)
「공감 순환 대화 교육 모형의 교육적 효과」(공동, 2021)

김윤경 _ II부 3장 집필
서울사이버대학교 위즈덤 교양대학 객원교수
이화여자대학교 국어교육과 박사
『담화 서사적 정체성 형성을 위한 경험 대화 교육 연구』(2020)
『사이버 의사소통과 국어교육』(공저, 2016)

김윤옥 _ I부 3장 집필
세종 다정초등학교 교사
한국교원대학교 대학원 국어교육학과 박사
『초등 국어 수업의 이해와 실제』(공저, 2018)
『상호주관성에 바탕을 둔 화법 교육』(2016)

김윤정 _ III부 4장 집필
덕성여자대학교 차미리사교양대학 조교수
이화여자대학교 국어교육과 박사
『융합의 시대: 공공 언어, 공적 리터러시』(공저, 2022)
『AI 면접을 대비하기 위한 화법 교육 방안』(공저, 2021)

김정란 _ I부 4장 집필
진례중학교 교사
경남대학교 국어교육과 박사
『초국적 관점에서 본 유학생의 경험과 유학정책: 교육 현장에서의 연구 결과를 중심으
　로』(공저, 2023)
『서사적 말하기·쓰기 능력 신장을 위한 이야기 표현 교육론』(2014)

박성석 _ II부 4장 집필
춘천교육대학교 국어교육과 교수
서울대학교 국어교육과 박사
『국어과 수업 지도안 작성의 방법과 사례』(공저, 2023)
『다문화 시대 이주민의 한국어 의사소통: 다문화 시대와 한국의 사회통합』(공저, 2016)

박종훈 _ IV부 4장 집필
부산교육대학교 국어교육과 교수
서울대학교 국어교육과 박사
「정보 전달 표현 교육 내용의 보완 모색: '대인적 의미'의 실현 양상을 중심으로」(2015)
「텍스트의 기능적 분석과 그 국어교육적 의미: 동성(transitivity)을 중심으로」(2008)

박준홍 _ III부 7장 집필
한국교육과정평가원 부연구위원
서울대학교 국어교육과 박사
「연설에서의 설득 전략에 관한 교육 내용 분석」(2020)
「매체 언어 교과서에 대한 비판적 고찰」(2019)

박창균 _ I부 2장, II부 5장 집필
대구교육대학교 국어교육과 교수
고려대학교 국어교육학과 박사
『예비교사와 현직교사를 위한 의사소통의 이해와 실천』(공저, 2022)
『수업을 살리는 교사 화법』(공저, 2019)

박현희 _ III부 2장 집필
서울대학교 기초교육원 강의교수
서울대학교 정치학과 박사
『영화를 읽다, 영화로 잇다』(공저, 2022)
『영화 로그인: 사고와 표현 교육』(공저, 2018)

백정이 _ IV부 3장 집필
경인교육대학교 국어교육과 강사
서울대학교 국어교육과 박사
「실제성 제고를 위한 모의 수업 시연 설계 시론: 예비 교사의 국어과 모의 수업 시연 및
    수업 실연 경험을 바탕으로」(2022)
「국어과 모의 수업 시연 과제 설계 동향 분석」(2021)

서영진 _ III부 6장 집필

순천대학교 국어교육과 교수

부산대학교 국어교육과 박사

『국어 교사를 위한 논증 교육론: 설득 목적의 논증부터 합리성 탐구 목적의 논증까지』
   (2023)

「국어과 교육과정을 위한 빅 아이디어 탐색: 교육 현장의 요구에 대한 언어 네트워크 분
   석을 바탕으로」(2021)

서현석 _ II부 2장 집필

전주교육대학교 국어교육과 교수

한국교원대학교 대학원 국어교육과 박사

『리터러시와 시민성교육』(공저, 2022)

『학생과 소통하는 행복한 학급 만들기』(공저, 2021)

손다정 _ II부 6장 집필

서울여자대학교 교양대학 조교수

고려대학교 국어국문학과 박사

『세종통번역1 러시아어-한국어』,『세종통번역2 비즈니스 러시아어-한국어』(공저, 2022)

『한국문화의 이해』(공저, 2013)

송유경 _ III부 3장 집필

플로리다대학교 교육과정 및 교수법 교육공학 프로그램 박사과정

서울대학교 교육학과 석사

「초등학생을 위한 데이터 과학 교육 프로그램 개발 및 적용」(공동, 2022)

「데이터 리터러시 향상을 위한 데이터 기반 토론 수업 모형 및 교수전략 개발 연구」(공
   동, 2021)

이민형 _ III부 1장 집필

한국교육과정평가원 부연구위원

서울대학교 국어교육과 박사

「정책 논제 토론에서의 반대 측 내용 구성 양상」(2017)

「가치 논제 토론의 입론 형식 유형 연구: 필수 쟁점의 논리 구조를 중심으로」(2015)

이창덕 _ IV부 2장 집필

경인교육대학교 국어교육과 교수

연세대학교 국어국문학과 박사

『수업을 살리는 교사 화법』(공저, 2019)

『화법 교육론』(공저, 2017)

전은주 _ I부 1장, 5장 집필

부산대학교 국어교육과 교수

고려대학교 국어국문학과 박사

『말하기 불안, 어떻게 극복하는가?: 말하기 불안을 겪는 학생을 지도하기 위한 교사용 안
   내서』(번역, 2008)

『말하기·듣기 교육론』(1999)

정다운 _ II부 6장 집필

한국학중앙연구원 책임연구원

고려대학교 국어교육학과 박사

「재외동포 대상 한국어 교사의 핵심역량 탐색」(2019)

「한국어 학습자의 학문 목적 프레젠테이션 능력 향상을 위한 PPT 활용 교육 내용 제안」
   (공동, 2013)

정민주 _ III부 5장 집필
한남대학교 국어교육과 교수
서울대학교 국어교육과 박사
「화법 교육을 위한 협상 담화 절차의 구조화 방안」(2022)
「협상의 개념과 전략에 관한 국어교육적 고찰」(2008)

조재윤 _ I부 6장 「면담 교육 모형」 집필
목원대학교 국어교육과 교수
고려대학교 국어교육학과 박사
『읽었다는 착각: 어른들을 위한 문해력 수업』(공저, 2022)
『돌려 읽기는 이제 그만!: 독서 능력을 신장시키는 음독 전략 25』(공역, 2018)

최영인 _ IV부 5장 집필
서울교육대학교 국어교육과 교수
서울대학교 국어교육과 박사
「'목표 청중(target audience)'을 경험하는 대중 설득 화법 프로그램 개발: 대학 교양 화
    법 강좌를 중심으로」(2022)
「화법 수업의 특성을 반영한 동료 평가 방안 탐색: 성찰적 담화 분석 평가를 중심으로」
    (2021)

화법 교수학습 모형

2023년 7월 17일 초판 1쇄 인쇄
2023년 8월 10일 초판 1쇄 발행

지은이 박재현·구영산·김승현·김유경·김윤경·김윤옥·김윤정·김정란·박성석
　　　박종훈·박준홍·박창균·박현희·백정이·서영진·서현석·손다정·송유경
　　　이민형·이창덕·전은주·정다운·정민주·조재윤·최영인

편집 이소영·김혜림·조유리
디자인 김진운
본문조판 토비트
마케팅 김현주

펴낸이 권현준
펴낸곳 ㈜사회평론아카데미
등록번호 2013-000247(2013년 8월 23일)
전화 02-326-1545
팩스 02-326-1626
주소 03993 서울특별시 마포구 월드컵북로6길 56
이메일 academy@sapyoung.com
홈페이지 www.sapyoung.com

ISBN 979-11-6707-111-8(93700)